၁၉၇၈-ခုနှစ်
ထောင်စုနေ့

Apa Guides

Die Insight Guides erhielten 1980
den *Special Award for Excellence*
von der Pacific Area Travel Association

Auslieferung Deutschland: Geo-Center, Honigwiesenstr. 25, D-7000 Stuttgart 80.
Auslieferung Österreich: Freytag & Berndt, Schottenfeldgasse 62, A-1071 Wien.
Auslieferung Schweiz: Buchzentrum Olten, Postfach 522, CH-4600 Olten.

ISBN 3-88618-991-0
Satz: Ilmgaudruckerei D-8068 Pfaffenhofen
Lithos: Laserscan Co. Pte. Singapur
Colourscan Co. Pte. Singapur
Druck: Singapore National Printers (Pte.) Ltd.

burma

Herausgegeben und entworfen von Hans Höfer
Geschrieben von Wilhelm Klein
Fotografiert von Günter Pfannmüller
Redigiert von John Gottberg Anderson

Nelles Verlag GmbH
Erste Ausgabe 1982

Burma, der letzte Hort einer von westlicher Zivilisation noch unberührten Lebensart, liegt verborgen hinter einer hufeisenförmigen Kette von Bergern. Nach Jahren der Isolation öffnet es sich jetzt langsam einem steigenden Strom von Besuchern.

Diese teilweise selbstgewählte Isolation war schon immer beliebtes Thema in der Reisebranche. Sö auch bei APA in Singapur. Deren Mitarbeiter hatten bereits den größten Teil Südostasiens in ihrer preisgekrönten *Insight Guides* Serie beschrieben und fotografiert, die Herstellung eines *Burma Guides* jedoch aufgeschoben, da man unüberwindliche bürokratische Hindernisse vor sich sah.

Man stelle sich die Überraschung des Herausgebers Hans Höfer vor, als er auf der Frankfurter Buchmesse 1980 den österreichischen Autor Wilhelm Klein traf, der ein fertiges deutsch- und englischsprachiges Manuskript wie auch über 1000 außergewöhnliche Fotos über das Land zur Hand hatte.

Burma ist deshalb auch der einzige *Insight Guide*, der nicht ursprünglich von APA Experten geplant, geschrieben und fotografiert wurde. Klein, ehemals Mitherausgeber einer politischen Monatszeitschrift und einer Reihe länderkundlicher Bücher in Deutschland, kommt bereits seit Anfang der 60er Jahre, für eine deutsche Fluggesellschaft, in regelmäßigen Abständen nach Asien. Die einmalige Mischung von Buddhismus und Sozialismus in Burma hatte ihn schon lange fasziniert, enttäuscht war er, daß es noch keinen brauchbaren Führer über das Land gab. Er wandte sich deshalb 1978 an seinen Freund „Khun“ Suk Soongswang, Verleger in Bangkok, mit dem Angebot, eben diesen fehlenden Führer zu schreiben. Khun Suk war einverstanden; die Arbeit konnte beginnen.

Zuallererst mußte Klein einen Fotografen finden, der genug Einfühlungsvermögen besaß, um die Mystik und Vielschichtigkeit der burmesischen Realität einfangen zu können. Diesen Fotografen fand er in Günter Pfannmüller, einem Absolventen der Darmstädter Fachhochschule für Gestaltung. „Pfanny“, wie er von Freunden genannt wird, arbeitet als freier Fotograf für den Zeitschriftenverlag Gruner und Jahr, der *Geo*, *Stern* und *Brigitte* herausgibt. Er kannte zwar Südostasien, war aber nie in Burma gewesen. Kleins begeisterte Erzählungen über dieses außergewöhnliche Land überzeugten ihn schnell; er und seine Nikon waren für eine Arbeit gewonnen, die beiden noch viel Freude bereiten sollte.

Die Aufenthaltsbeschränkungen in Burma konnten die beiden nicht abschrecken; zwei Jahre und viele Einwochenaufenthalte später hatten sie all jene Orte, die für Touristen zugänglich sind, ausführlich bereist und dokumentiert. Klein wandte sich sodann an Martin Pickering, einen Deutschlehrer im schottischen Kirkcaldy, der sich um die englische Version des Manuskriptes bemühte. Pickering begeisterte sich bei dieser Arbeit so sehr für das Land, daß er und seine Frau Maureen sich sofort entschlossen, nach Burma zu reisen.

Hoefer

Klein

Ursprünglich sollte das Buch bereits im Herbst 1980 in Khun Suk's DK Bookhouse in Bangkok erscheinen. Klein und Pfannmüller, die bereits seit langem APA's *Ingsight Guides* bewunderten, hatten ihr Buch bewußt nach dieser Erfolgsserie entworfen. Als Klein – der Höfer schon seit einigen Jahren kannte – dem APA-Herausgeber das Material zeigte, kam es schnell zu einer Einigung. Khun Suk verzichtete auf seine Prioritätsrechte und ein neuer *Insight Guide* war geboren.

Höfer, der an der Krefelder Werkkunstschule 1967 in Grafik und Fotografie promovierte, ging 1968 nach Singapur, wo er APA Productions gründete.

Nach dem ersten, preisgekrönten Titel: *Bali*, der 1970 erschien, wurden *Insight Guides* über Java, Singapur, Malaysien, Thailand, Korea, die Philippinen, Hawaii und Hong Kong produziert. Neue Titel über Nepal, Sumatra, Florida, Mexiko sowie Nord- und

Südkalifornien sind in Arbeit. Klein und Pfannmüller freuten sich, daß *Burma* in diese ausgezeichnete Serie aufgenommen wurde.

Anfang 1981 reisten sie noch zwei Mal in dieses Land, um die Themen abzurunden. Diesmal wuchsen sie über sich hinaus. Sie schafften es, so abgelegene Orte wie den „Goldenen Felsen von Kyaiktiyo", das Reisanbauzentrum des Irrawaddydeltas rund um die Stadt Bassein sowie die bisher unzugänglichen „Verlorenen Städte von Arakan" zu besuchen. Besonders ihre Reise nach Arakan war ein Triumph der Ausdauer. Drei Jahre

Pfannmüller

Anderson

lang hatten sie das burmesische Innenministerium mit Anfragen überschüttet, um in dieses für Fremde gesperrte Gebiet zu gelangen. 1981 hatten sie endlich Erfolg, sie durften als Vorhut nach Arakan – um eine mögliche Erschließung für den Tourismus zu testen –. Die letzten Nachrichten aus Rangun lassen auch auf eine baldige Öffnung dieses Landesteiles schließen. Pfannmüllers Arakanfotos in diesem Buch sind die ersten, die seit Jahrzehnten in einer westlichen Publikation erscheinen.

Nachdem Text und Fotos zusammengestellt waren, hieß es nun, sie in typischem APA-Stil zu verarbeiten. Diese Arbeit übernahm John Anderson, ein Journalist und Redakteur, der davor für Zeitungen in Seattle und Honolulu gearbeitet hatte und selbst während ausgedehnter Asienreisen in den 70er Jahren Burma besucht hatte. Als er den APA-Auftrag übernahm, war er einer von sechs amerikanischen Journalisten, die ein Stipendium der Gannett Foundation für asiatische Studien an der Universität von Hawaii erhalten hatten.

Anderson war bereits an der Zusammenstellung des *Insight Guides Korea* beteiligt und hatte den demnächst erscheinenden *Insight Chronicle: The Hula* redaktionell betreut. Er gab das Kapitel „Überleben auf Burmesisch" an Sherry Cox, eine Absolventin der Universität von Hawaii, weiter. Cox gehört zu den wenigen Menschen im Westen, die fließend Burmesisch sprechen. Sie hat diese Sprache in Kalifornien und während eines Studienaufhaltes in Rangun erlernt.

Zwar hat Pfannmüller den Großteil der Aufnahmen für *Burma* gemacht, einige Fotos stammen jedoch von Kal Muller, Jan Whiting, Ronni Pinsler, John Anderson und Wilhelm Klein. *Burma* entstand auch unter Mithilfe von Mi Seitelman, der die Fotos vom 2. Weltkrieg aus den Archiven der amerikanischen Armee besorgte, sowie von Leo Haks, der seine Sammlung von Fotos aus dem 19. Jahrhundert zur Verfügung stellte.

Burma's prächtige Farbkarten und Pläne wurden von den Kartographen Everett Wingert und Jane Eckelman in Honolulu erstellt. Nedra Chung stellte den Index zusammen.

Auch einige Burmesen waren an der Verwirklichung des Buches beteiligt. So U Bokay in Pagan, Win Myint in Taunggyi, Kin Maung und Ba Ky in Rangun, U Tin Htway in Heidelberg, U Gyi Myint in Bonn und Khin Maung U aus Moulmein. Des weiteren haben auch Sabrina Will, Kurt Banse, Leonard Lueras, Linda Carlock-Anderson, Renate Klein, Steve Petranik, Albert Moscotti, Walter F. Vella, Rolf Steinberg und Samuel Oglesby den einen oder anderen unverzichtbaren Beitrag zur Verwirklichung des Buches erbracht. Auch die Mithilfe einiger Institutionen soll hier erwähnt werden, so die der Botschaft der Sozialistischen Republik der Birmanischen Union in Bonn, von Tourist Burma und dem Archäologischen Dienst in Rangun, der U.S.-Armee und des Imperial War Museums in London, des *Asia Record* sowie des Zentrums für asiatische und pazifische Studien an der Universität von Hawaii.

Ihnen allen ein *cei zu tin ba de.*

Apa Productions

INHALTSVERZEICHNIS

Vierter Teil

Fünfter Teil

Titelbild

– Günter Pfannmüller

Kartographie

– Jane Eckelman und Everett Wingert

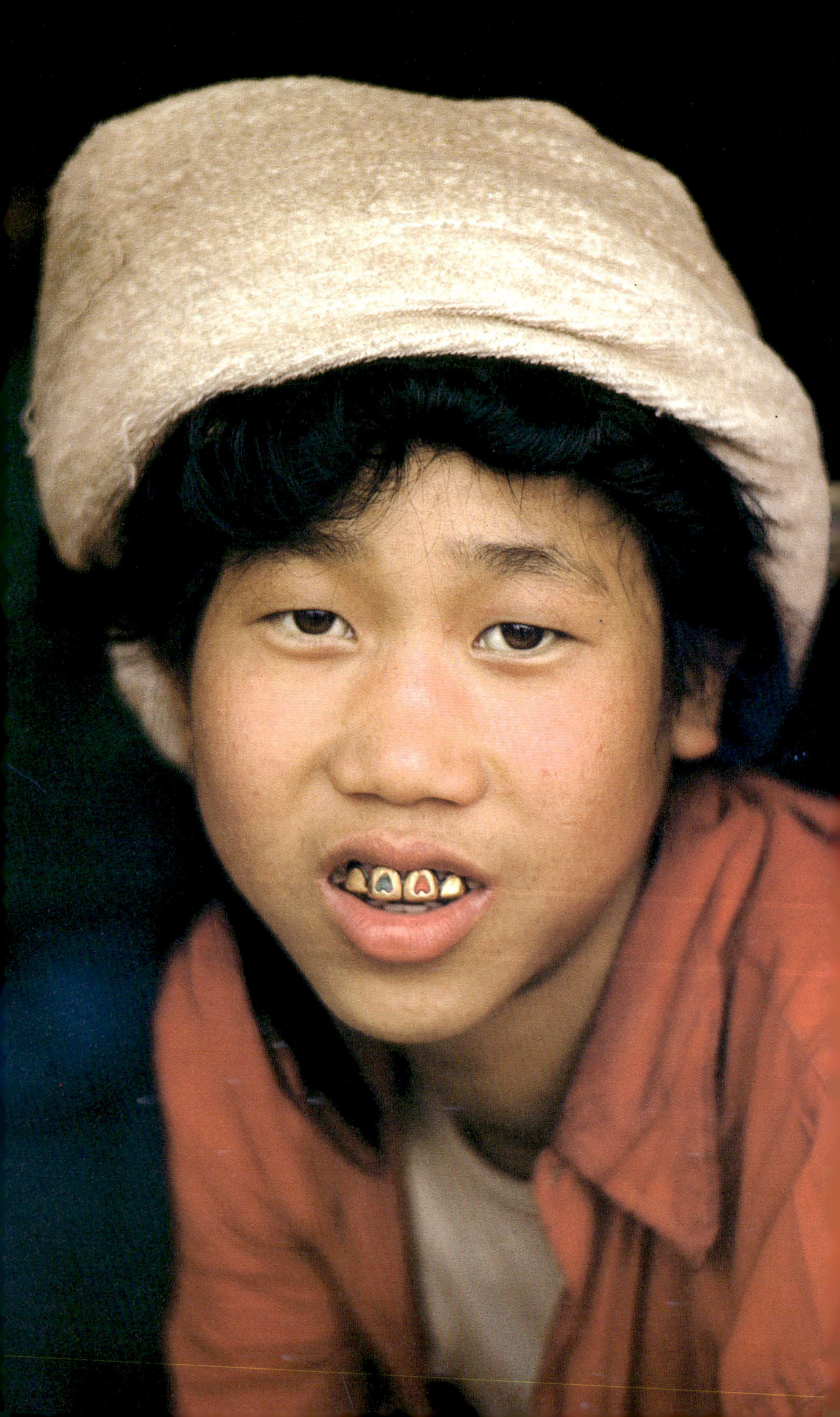

Eine Art von Zauber

Das Land umfängt seine Freunde mit einer Art von Zauber, den sie nicht durchbrechen können, selbst wenn sie es wollten.
John F. Cady
A History of Modern Burma (1958)

Wer zum ersten Mal nach Burma kommt und wie fast alle Besucher noch am selben Abend zum Sonnenuntergang die Shwedagon Pagode besucht, wird sofort jenen Zauber begreifen, von dem Cady spricht. Es ist nicht das Weltwunder der Shwedagon alleine, es ist die Atmosphäre, der Geruch, das Ambiente . . . das Gefühl der anderen Welt, von der man geglaubt hat, daß es sie schon lange nicht mehr gibt, was diesen Zauber ausmacht.

In Aldous Huxleys Buch *Island* wird eine solche Welt beschrieben – eine Welt der Ausgeglichenheit der Sinne und des Geistes. Hier auf der Hauptterrasse, rund um den goldenen Stupa, bewegt sich der Besucher auf eine solche Welt zu. Ein Zeichen in gutem burmesischem Englisch sagt *Footwearing Prohibited* und nach Jahren der Eingeschnürtheit in Kleider und westliche Vorurteile spürt man jetzt die tagsüber gespeicherte Wärme der Marmorplatten von den nackten Fußsohlen her aufsteigen. Schon auf dem Weg die Treppen zur Shwedagon hoch wird man sich einer neuen Freiheit bewußt und während man dann die Terrasse entlanggeht, den Stupa immer zur Rechten, taucht man unter in einer Menge gläubiger Buddhisten, die die *„Drei Juwelen"* rezitieren: „Ich nehme meine Zuflucht zum Buddha, ich nehme meine Zuflucht zur Dharma, ich nehme meine Zuflucht zur Sangha".

Alles ist in Bewegung

Der Buddhismus baut auf der Erkenntnis von der leidvollen Existenz des Menschen auf, seine Wirkung aber, die Ausgeglichenheit und eine leise Fröhlichkeit erzeugt, kann man in dieser Stunde zwischen Gebetshallen und Stupas verspüren: In Burma ist viel von einer Traumwelt erhalten geblieben, einer Welt jenseits von Coca Cola, Fernsehen und Raumfahrt.

An diesem Abend erwartet man viel, erwartet man, geschult zum Konsument, daß es nun tagelang so weitergehen wird, daß der ersten Attraktion des gerade entdeckten Disneylandes Burma weitere folgen werden. In gewisser Weise stimmt dies auch, das Land ist voller unerwarteter Überraschungen, von den Fußruderern am Inlesee zur pagodenbestückten Ebene von Pagan, von den entrückten Nattänzern in Taungbyon zu den unglaublichen „Giraffenfrauen" des Padaungstammes. Aber zuviele vorgefaßte Erwartungen können auch zur Enttäuschung führen; in der realen Welt ist Burma ein Entwicklungsland, ein Land, das, folgt man den Statistiken, zu den ärmsten Ländern der Welt gehört. Hier muß sich der Reisende mit weniger Komfort zufrieden geben, weniger Komfort, als ihm in anderen, touristisch bereits erschlossenen Ländern Asiens, angeboten wird. Die Devisenlage des Landes läßt es nicht zu, daß die von Touristen hereingebrachten Fremdwährungen wieder zur Verpflegung und Umschmeichelung eben dieser ausgegeben werden. Mit Devisen wird in Burma der Weg aus der Unterentwicklung für die eigene Bevölkerung finanziert.

Wandergesellen und Kulturbeflissene

Die meisten Besucher aus dem Westen sind Angehörige zweier deutlich unterscheidbarer Gruppen. Einmal sind da die Rucksacktouristen, die weltweite Bruderschaft der modernen Wandergesellen. Für sie ist Komfort sowieso synonym mit Erblindung, sie wollen an den Pulsschlag eines Landes, nahe an die Menschen heran, an ihre Freuden und Ängste.

Die andere Gruppe der Burmareisenden sind die Kulturbeflissenen, sie wissen bereits viel über das Land, das sie bereisen, sie gehen ein kalkuliertes Risiko ein und wissen, daß sie für entgangene physische Freuden mit einem vielfachen an Eindrücken und Erkenntnissen belohnt werden. Jene wenigen, die weder in die eine noch in die andere Gruppe gehören, erkennt man in diesem Land schnell: an der lauten Stimme an der Rezeption oder im Restaurant. Sie fühlen sich verirrt in einem Land, in dem es zwar Airconditioner gibt, wo

Vorhergehende Seiten: Aufmarsch beim Union Day; Krankenschwestern auf dem Weg zu einer Parade, 45 Buddhafiguren und ein einsamer Mönch in Sagaing; Stupaspitzen auf der Shwedagon Pagode und zwei junge Mönche auf dem Weg ins mystische Myohaung. Links: Ein Junge aus der Gegend von Mogok lächelt mit einem Jade- und einem Rubinzahn.

diese aber mit großer Wahrscheinlichkeit nicht funktionieren werden.

Ein Stein im Mosaik

Daß Rangun nicht Burma ist, scheint ein Gemeinplatz zu sein, daß diese Stadt nur ein Stein in einem schillernden Mosaik ist, dem man hier gegenübersteht und das erlebt sein will, auch. Aber in Rangun kann man stärker als anderswo jene Einflüsse von außen erkennen, die die Isolation bereits durchdrungen haben. Diese „Einflüsse von außen“ wird man in Kürze wohl auch tiefer im Landesinnern vorfinden.

Die Regierung gibt sich Mühe zu modernisieren. Düngemittelfabriken und Ölraffinerien, ein Automontagewerk und das noch in diesem Jahr zu erwartende Fernsehen werden auch außerhalb Ranguns Spuren hinterlassen, die man heute noch vergeblich sucht.

Noch sind die Farben Burmas natürlich. Die Mönche begegnen einem in allen Farbschattierungen von safrangelb bis purpurrot. Die Frauen, mit ihrem aus *Thanakarinde* hergestellten make-up und den grünen oder weißen Cheroots im Mund, erinnern an Bilder aus dem letzten Jahrhundert. Überhaupt wird man in diesem Land immer an bereits vergangene Zeiten erinnert – manchmal auch an Zeiten, die es nie gab. Dies mag es sein, was Burma so reizvoll macht.

Die späte Rache der Historiker

Noch vor 100 Jahren herrschte in Mandalay ein König, der von der modernen Zeit nichts wissen wollte, der sich und sein Land in einer zeitlosen Geschichtsauffassung sah, in der der britische Gesandte an seinem Hof weiter entfernt schien als König Anawrahta, der 800 Jahre vor ihm regierte. Den Briten hat das nicht gepaßt, so wenig wie wir es heute akzeptieren, wenn jemand das physikalische Weltbild des 20. Jahrhunderts nicht für voll nimmt.

Mit ihren Geschichtsschreibern haben die Briten sich revanchiert. Ein Jahrhundert lang wurde, mit wenigen Ausnahmen, burmesische Geschichte geschrieben wie der Kolonialherr sie sah: Die Geschichte eines barbarischen Volkes, eines Landes ohne liebenswerte Kultur. Und während sie solches von sich gaben, trampelten sie mit ihren Militärstiefeln in Tempeln und Pagoden, aber auch auf den geheiligten Gefühlen der Burmesen herum.

Die Briten waren in dieser Hinsicht nicht schlechter und nicht besser als andere Kolonialmächte des 19. Jahrhunderts. Mit ihrer Literatur haben sie aber das Bild des Landes außerhalb seiner Grenzen geprägt. Selbst ein so engagierter Mann wie George Orwell, der selbst jahrelang kolonialer Polizeibeamter in Burma war und diesen Dienst später aus Unvereinbarkeit mit seinen Ideen quittierte, konnte dem Land nichts Liebenswertes abgewinnen. In seinem Buch *Burmese Days* hat uns Orwell einen Einblick in die Atmosphäre gegeben, die entstand, als der Westen dem Land seine Ideen aufzwingen wollte. Eine seiner Hauptfiguren nennt die Burmesen in diesem Buch „einen Haufen verdammter schwarzer Schweine, die seit dem Beginn ihrer Geschichte Sklaven waren“. Wenn diese Worte aus dem Mund eines Streiters wider den Kolonialismus kamen, wie erst mögen die überzeugten Sachwalter seiner Majestät des britischen Königs gefühlt und gehandelt haben?

Man wundert sich wirklich, daß Burma die letzten anderthalb Jahrhunderte so scheinbar unverletzt überstand. In der zum Teil unfreiwilligen Isolation der letzten Jahrzehnte ist viel vernarbt und verheilt. Jetzt kommt das solange verschüttet gewesene nationale Selbstverständnis langsam an den Tag. An der Rangurner Universität ist man bemüht, das Geschichtsbild der Kolonialmächte auf ihren Wahrheitsgehalt zu überprüfen. Trotzdem wird es noch Jahre dauern, bis wir wissen, was an dem stimmt, was wir bisher über das Land in Erfahrung bringen konnten.

* * * * *

Unter *Burmanen* verstehen wir hier die ethnologisch dem Volk der Burmanen und dem tibeto-burmanisch sprechenden Bevölkerungsteil angehörenden Burmesen.

Unter *Burmesen* verstehen wir alle in Burma angesiedelten Volksgruppen, also auch jene, die einer anderen als der burmanischen Volksgruppe angehören.

Nach dem Sprachgebrauch des Auswärtigen Amtes heißt das Land am Irrawaddy *Birmanische Union*. Hier wird jedoch durchgehend das Wort Burma verwendet, da dies die internationale Schreibweise darstellt und so auch bereits starken Eingang im deutschen Sprachgebrauch gefunden hat. Mit der Ausnahme von Rangun, das so geschrieben im Deutschen geläufiger ist, wurden ansonst die englischen Ortsnamensbezeichnungen beibehalten.

Ein junger Burmese mit *Thanaka make-up*.

Begeistert von einem uralten Land

Die ersten Aufzeichnungen von Fremden, die Burma besuchten, stammen aus dem 6. Jahrhundert nach Christi. Diese und die Aufzeichnungen von Besuchern, die das Land in späteren Jahrhunderten bereisten, sagen uns eine Menge über seine Geographie, seine Bewohner und deren Lebensweise. Sie zeigen aber auch, wie sehr sich die Perspektive der Besucher veränderte, manchmal auch unabhängig von den Vorurteilen ihrer Zeit.

Zu den ersten Aufzeichnungen über das Land gehören die Anmerkungen in der Chronik von Chinas T'ang Dynastie:

Wenn der König der P'iao in seiner Sänfte getragen wird, liegt er auf einer Couch aus goldenem Samt. Bei größeren Entfernungen reitet er auf einem Elefanten. Er hat einige hundert Frauen, die ihn bedienen. Die Mauern seiner Stadt, die aus grünen gebrannten Ziegeln erbaut sind, sind 160 li lang, haben 12 Tore und an jeder der vier Ecken eine Pagode . . . Sie sind Buddhisten und haben hundert Klöster, die mit Gold, Silber, Zinnober, fröhlichen Farben und rotem Harz geschmückt sind.

Chronik der chinesischen T'ang Dynastie, 618–905 n. Chr.

Selbst ein so welterfahrener Mann wie Marco Polo stand erstaunt vor der Pracht Pagans, das er als „Mien" kannte:

Die Türme sind aus Stein erbaut; einer davon wurde mit Gold bedeckt; mindestens einen Finger dick. Er vermittelt so den Eindruck, als wäre er aus purem Gold. Ein anderer ist auf dieselbe Art mit Silber bedeckt und erweckt so den Eindruck, als wäre er aus purem Silber . . . Der König ließ diese Türme erbauen, um seine Größe zu demonstrieren, aber auch für sein Seelenheil. Sie sind wirklich einer der großartigsten Anblicke dieser Welt, so präzise gebaut, unschätzbar wertvoll. Wenn sie von der Sonne beschienen werden, erstrahlen sie weit über das Land.

Die Reisen des Marco Polo, 1298 n. Chr.

In späteren Jahrhunderten, nachdem Europäer schon öfter im Land erschienen, wurde auch die Beschreibung der Sitten konkreter:

(Der König) sitzt erhöht in einer großen Halle auf einem Richtersitz und tief unter ihm sitzen all seine Barone im Kreis, dann erscheinen jene, die zur Audienz kommen im großen Hof vor dem König und setzen sich vierzig Schritt von der Person des Königs entfernt nieder . . . und wenn der König es für angebracht hält, ihnen einen Gefallen zu tun oder ihnen Recht zukommen zu lassen, dann gebietet er, daß man das Geschenk aus ihrer Hand nähme; wenn er aber denkt, daß ihr Anliegen nicht richtig oder dem Recht entsprechend ist, schickt er sie weg, ohne ihr Geschenk anzunehmen . . .

Caesar Frederick, 1596

POLO

Was der Brite Michael Symes 200 Jahre später über die Burmesen berichtete, war um vieles freundlicher als das, was seine Landsleute in den Jahrzehnten danach zu sagen hatten:

Die Burmanen ... entwickeln sich schnell innerhalb der Palette orientalischer Nationen ... Sie haben ein unverweigerliches Recht, als zivilisiertes und gut ausgebildetes Volk anerkannt zu werden. Ihre Gesetze sind weise und voll mit gesunder Moral; ihre Polizei ist besser organisiert als in den meisten europäischen Ländern; ihre natürliche Veranlagung macht sie ... gastfreundlich gegenüber Fremden.

Michael Symes, An Account of the Embassy to the Kingdom of Ava Sent by the Governor-General of India, 1795

Einer der Gründe dafür, warum die britischen Kolonialisten auf die Burmesen herabschauten, lag an den verschiedenen Weltanschauungen. Ein Beispiel:

Mayor Phayre versuchte das Sonnensystem zu erklären; aber da nach Meinung der Burmesen im Zentrum der Welt der Berg Meru steht, einige Millionen Meilen hoch, umgeben von vier Inseln, wobei auf der südlichen Asien und Europa liegen, und die Sonne dementsprechend um den Berg Meru kreist, war es dem Gesandten natürlich nicht möglich, den Minister von der Richtigkeit unsererer Anschauung zu überzeugen ... Der Minister sagte nur indigniert: „Der Berg Meru wird in unseren heiligen Büchern erwähnt, wir kennen seine Größe und auch die Bewohner der verschiedenen Weltgegenden."

Sir Henry Yule, A Narrative of the Mission to the Court of Ava in 1855

Wenn die Briten von den Burmesen nicht viel hielten, so war es umgekehrt nicht viel anders:

Das Beste was ein Burmane einem guten Engländer wünschen kann, ist, daß er in einer zukünftigen Wiedergeburt, als Belohnung für gute Werke, als Buddhist und wenn möglich als Burmane zur Welt kommen soll.

Shway Yoe (Alias Sir James George Scott), The Burman: His Life and Notions, 1882

Es dauerte bis zum Zweiten Weltkrieg, bis die Welt die Burmesen so akzeptierte, wie sie sind:

Die Burmesen folgen in jeder Phase ihres Lebens einem tiefen Glauben, man kann sie wirklich nicht als unzivilisiert bezeichnen. Es ist falsch, wenn man sich über sie lustig macht, nur weil sie nicht unser Wissen besitzen. Sie besitzen dafür etwas Wunderbares, etwas, das wir noch nicht einmal zu verstehen begonnen haben.

Michio Takeyama, Harp of Burma, 1946

Der burmesische Sozialismus, jenes Gebilde, das nur in einem buddhistischen Land entstehen konnte, versetzt viele Fachleute in Erstaunen:

... Die Betonung lag auf dem burmesischen *Weg zum Sozialismus; auch wenn neue Werte und eine neue Lebensart die alte ablösen wird, so haben die Sozialingenieure des Landes doch versucht, den sozialen Frieden und die nationale Einheit zu erhalten. Dies, indem sie eine burmesische Lösung fanden und keine vorgefertigte von außen übernahmen.*

Josef Silverstein, Burma 1977: Military Rule and the Politics of Stagnation.

YULE

Riesige Reisberge, fruchtbare Flusstäler

Burma. Der Irrawaddy. In der Vergangenheit waren die Namen von Land und Fluß fast identisch.

Da die Wirtschaft des Landes auch heute noch vollkommen vom Reisanbau abhängig ist, kann man den Irrawaddy mit gutem Gewissen als die Lebensader des Landes bezeichnen. Er entspringt im südlichen Himalaya und durchquert Burma auf 2170 km von Norden nach Süden, wo er in einem neunarmigen Delta in die Andamanische See mündet. Von den Briten bereits als „die Straße nach Mandalay" bezeichnet, ist der Irrawaddy auch heute noch der wichtigste Transportweg des Landes.

Auf seinem Weg zum Meer durchfließt er alle Klimazonen Burmas. Im hohen Norden durchquert er das Kachin Bergland, die burmesischen Ausläufer des mächtigen Himalaya. Bei Bhamo, dem nördlichsten Punkt bis zu dem der Irrawaddy das Jahr über schiffbar ist (noch immer 1500 km von der Küste entfernt), erreicht er das Shan Bergland. Aus den Bergen hervordrängend, strömt er dann in die trockene Ebene Zentralburmas ein. Hier, wo ein weitverzweigtes Bewässerungssystem die Grundlage für das Entstehen der burmesischen Kultur schuf, ist der Fluß während der Trockenzeit mit unzähligen Sandbänken durchsetzt; hier liegen auch die Reste der antiken Städte Sri Ksetra und Pagan.

Noch immer 290 km von der Andamanischen See entfernt, beginnt er bereits mit der Bildung seines vielarmigen Deltas, dessen Landgebiet die Reiskammer Burmas darstellt. Schier endlose, während der Monsunzeit unter Wasser stehende Felder bestimmen hier, zwischen den Flußarmen, die Landschaft. Es ist die fruchtbarste Gegend Burmas und machte das Land bis vor kurzem noch zum größten Reisexporteur der Welt.

... an der Leine der Drachen

Bildlich gesprochen könnte man den Irrawaddy auch als die Leine bezeichnen, mit der der „Drachen" Burma kontrolliert wird. Sieht man den Umfang des Landes in Form eines Drachens, so stellt der schmale Tenasserimausläufer den Schwanz dar.

Mit 678 033 km² ist Burma der flächengrößte Festlandsstaat Hinterindiens. Obwohl noch vor dem 2. Weltkrieg geografisch zu Indien gerechnet, wird er heute als Teil Südostasiens gesehen. Burmas Einwohnerzahl schätzt man auf etwa 31,5 Millionen, von denen 80 % auf dem Land leben. Nach Rangun mit ca. 3,2 Millionen Einwohnern sind Mandalay mit 600 000, Moulmein mit 200 000 und Bassein mit 140 000 Einwohnern die größten Städte des Landes.

Es hat gemeinsame Grenzen mit Bangla Desh und Indien im Nordwesten, mit China im Nordosten und mit Laos und Thailand im Osten. Im Süden wird es durch die Andamanische See und im Westen durch den Golf von Bengalen begrenzt.

Burma liegt am Wendekreis des Krebses, auf dieser nördlichen Breite ist der Winter die angenehmste Jahreszeit. In den Monaten von November bis Februar liegt die Durchschnittstemperatur zwischen 21° und 28 °Celsius. Im Norden kann es zu dieser Zeit sehr kühl werden. Speziell in den Kachin- und Shanbergen kann es schneien und die Temperatur sinkt nachts manchmal unter den Gefrierpunkt.

Die Monate März und April sind die heißen und trockenen Monate des Jahres. In Zentralburma steigt die Temperatur dann bis auf 45 °Celsius. Im Laufe des Monats Mai beginnt die Regenzeit und dauert bis Ende Oktober. Dies ist eine Zeit hoher Luftfeuchtigkeit, die jedoch in Mandalay leichter zu ertragen ist als in Rangun. Mit dem täglichen Regen ist in dieser Periode am späten Nachmittag und am frühen Abend zu rechnen.

Ein Kranz von Bergen

Wie auch in den anderen Ländern Süd- und Südostasiens weht während der Sommermonate der Wind aus dem Südwesten und bringt dabei feuchte und heiße Luft vom Indischen Ozean heran. Ein Kranz von Bergen, der die zentralburmesische Ebene umschließt, schützt das Land jedoch vor den ungewünschten Nebeneffekten, unter denen Teile dieser Region zu leiden haben.

Burmas zentrales Flußsystem ist von Bergen umschlossen, die bis zu 3000 m hoch sind. Im Westen und Nordwesten sind dies die Arakan-, Chin-, Naga- und Patkaiberge, im Norden das Kachin-Bergland und im Osten die Shanberge, die weiter im Süden von der Tenasserimkette fortgesetzt werden.

Im Süden kann der Monsunregen ungehin-

Vorhergehende Seiten: Ein Frachtboot auf einem Fluß in Arakan; Burmas Reisfelder in der Regenzeit und eine Reismühle bei Bassein. Links: Bei Hlegu trägt eine Erntehelferin einen weiteren Sack auf einen bereits meterhohen Paddyberg.

dert nach Niederburma eindringen. Die jährliche Niederschlagsmenge erreicht deshalb auch 150 bis 250 cm.

In den Küstenhöfen von Arakan und Tenasserim, hinter denen die Monsunwolken an den Bergketten hängen bleiben, beträgt die Niederschlagsmenge sogar bis zu 500 cm per annum. Anders auf der Leeseite der Berge, dort fallen höchstens 200 cm Regen im Jahr. Die Trockenzone Oberburmas erhält davon nur die Hälfte. Der Arakan Yoma macht diese Gegend zur niederschlagsärmsten Südostasiens.

Es ist diesem Umstand zu verdanken, daß die Bauwerke Pagans über die Jahrhunderte hinweg so gut erhalten geblieben sind.

Während des Sommers sichert der Monsunregen das Wachstum der Reispflanzen, wäh-

rend der restlichen Zeit des Jahres sind es aber die Flüsse, die sich aus dem Schmelzwasser der Himalayagletscher speisen, von denen die Bewässerungssysteme des Landes abhängen.

Neben dem Irrawaddy sind es noch zwei weitere Flüsse, die für die Bewässerung und als Transporwege wichtig sind.

Zum einen ist dies der Chindwin, in dessen natürliches Flußtal der Irrawaddy 110 km südlich von Mandalay einschwenkt und der vom Zusammenfluß aus noch 180 km nach Norden schiffbar ist. Er erschließt die Provinz Sagaing und den nordwestlichen Teil des Landes.

Im Osten Burmas durchfließt der Salween in tiefen Schluchten das Shan-Bergland. Er liegt über weite Strecken, wie auch der Mekong, der Grenzfluß zu Laos ist, im Rebellengebie[t]. Trotz seiner Länge von 2816 km hat er zwischen seiner Quelle im Himalaya und seine[r] Mündung bei Moulmein wenig Nebenflüss[e]. Man kann ihn nur auf etwa 160 km von de[r] Mündung aus befahren, dahinter liegen tief[e] Schluchten, in denen die Wasserstandsschwankungen bis zu 20 m erreichen. Er eign[et] sich jedoch ausgezeichnet zum Flößen de[r] Hölzer, die in den Shanbergen geschlage[n] werden und so zum Exporthafen Moulmei[n] gelangen.

Der dritte Fluß im burmesischen Zentralland, der Sittang, ist als Transportweg nich[t] mehr geeignet. Im Laufe dieses Jahrhundert[s] ist er so sehr verschlammt, daß man ihn nur m[it] flachen Booten und auch damit nur streckenweise befahren kann.

Im Norden die weißen Berge

Geografisch läßt sich Burma in mehrer[e] Zonen einteilen. Im Norden liegt, wie scho[n] erwähnt, das Kachin-Bergland mit Spitzen, die über 3000 m hoch liegen. Hier an de[r] Grenze nach Tibet liegt der höchste Ber[g] Südostasiens, der 5887 m hohe Hkakabo Raz[i]. Tiefe Täler mit subtropischer Vegetation liegen zwischen den von Norden nach Süde[n] verlaufenden Bergen, an deren Flanken Terrassenfeldbau betrieben wird. Hier ist di[e] Heimat der Kachin und der Lisu, die man auc[h] auf der anderen Seite der Grenze nach Chin[a] antrifft.

Myitkyina ist das Verwaltungszentrum dieser Region, gleichzeitig auch der Endpunkt de[r] Eisenbahnlinie aus Rangun und Mandalay.

Sollte es die politische Situation in Zukunf[t] gestatten, so würde mit der zur Zeit gesperrte[n] Ledostraße die direkte Landverbindung zwischen Europa und Südostasien hergestel[lt] werden.

Diese Straße und andere Karawanenweg[e] durch das Land der Kachin waren früher vo[n] außergewöhnlicher wirtschaftlicher Bedeutung. Angeschlossen an die Burma Road verbanden sie das indische Assam mit der chinesischen Yünnan.

Während des 2. Weltkrieges waren sie vo[n] strategischer Wichtigkeit. Heute sind sie gesperrt und werden nur von den in diese[r] unwegsamen Region angesiedelten Minderheiten im kleinen Grenzverkehr benutzt.

Im Süden gehen die Kachinberge in da[s]

Die Segelschiffe im Golf von Bengalen sind di[e] gleichen wie im 17. Jahrhundert, als hier Pirate[n] ihre Schlupfwinkel hatten (links). Im straßenlose[n] Dschungel bei Moulmein übernehmen Elefante[n] den Transport von Schwergütern (rechts).

Shanplateau über, ein gewelltes Hochland, das im Durchschnitt etwa 1000 m über dem Meeresspiegel liegt und durch tief eingeschnittene Täler unterbrochen wird.

In diesem fast europäischen Klima, in dem die Temperatur während der kalten Jahreszeit bis zum Gefrierpunkt sinkt, gedeihen Obst, Gemüse und Zitrusfrüchte. Durch das Klima und die landschaftliche Schönheit bestimmt, hat sich um den Inlesee auch ein modernen Ansprüchen genügendes Touristenzentrum entwickelt.

Burma ist der Welt führender Teakholzexporteur. Dieses Holz kommt hauptsächlich aus den riesigen Wäldern des Shan-Berglandes. Eine ausgeprägte Landwirtschaft produziert dort aber auch Reis, Erdnüsse, Kartoffeln, Tee, Kaffee, Tabak, Baumwolle und

. . . Opium.

Östlich des Golfs von Martaban bildet die Wasserscheide des sich nach Süden fortsetzenden Gebirgszuges die natürliche Grenze zu Thailand. Der größte Teil dieser südlichen Zunge Burmas (der Schwanz des Drachen) wird von der Tenasserim Range ausgefüllt. Nur in den Küstenhöfen von Moulmein, Tavoy und Mergui findet man dichtere Besiedlung und intensive Landwirtschaft.

Tenasserim vorgelagert liegt der Mergui Archipel, eine der letzten landschaftlich unberührten Inselgruppen Südostasiens. Er gilt als Zentrum des florierenden Schmuggels zwischen Thailand und Burma und ist aus Sicherheitsgründen auch für Burmesen nur schwer erreichbar.

Westlich des Irrawaddys, zwischen dem Arakan Yoma und dem Golf von Bengalen, liegt die Provinz Arakan. Die flachen Küstenhöfe sind auch Mündungsgebiet für eine Anzahl von Flüssen, die aus den östlichen Bergen kommen. Der höchste dieser Berge ist der Mount Victoria mit 3053 m. Im Süden Arakans findet man lange, unberührte Sandstrände.

Zwischen dem Shan-Bergland und dem Arakan Yoma liegt Zentralburma, „Burma Proper" wie es die Briten nannten. Hier, am Mittellauf des Irrawaddy, liegt auch das ursprüngliche Siedlungsgebiet der Burmanen.

Aufgrund der klimatischen Verschiedenheit, aber auch der kolonialgeschichtlichen Entwicklung kann man Zentralburma nochmals in Nieder- und Oberburma unterteilen. Die Trennungslinie liegt etwa auf halber Höhe zwischen Rangun und Mandalay bei den Städten Prome und Toungoo.

Oberburma ist ein niederschlagsarmes Binnenland, in dem neben dem traditionellen Trockenfeldbau auch ein kompliziertes System von Teichen und Kanälen existiert. Es war bereits vor tausend Jahren die Grundlage der burmesischen Wirtschaft. Heute werden hier 607000 ha Reisfelder künstlich bewässert, was aber eine gelegentliche Mißerte nicht verhindert. Bevor das Irrawaddydelta in der 2. Hälfte des letzten Jahrhunderts erschlossen wurde, hatte dies noch katastrophale Nahrungsmittelknappheiten zur Folge. Jetzt, nach der Erschließung der „Reiskammer" in Südburma, können 1 ½ Millionen ha bewässertes Land für den Anbau von Baumwolle, Sesam,

Bohnen, Chillies, Mais und Tabak verwendet werden.

Ist man über die wirtschaftliche Ausnutzung Oberburmas erstaunt, so muß einen Niederburma in dieser Hinsicht noch mehr beeindrucken. Hier werden 3.6 Millionen ha Land künstlich bewässert; eine Fläche, die ausreicht, alle Einwohner Burmas ohne Schwierigkeiten zu ernähren. Das fruchtbare Schwemmland an der Küste wächst dazu noch um 5 km pro Jahrhundert in die Andamanische See hinein und erlaubt so eine dauernde Vergrößerung des Anbaugebietes.

Als die Briten Niederburma in der Mitte des letzten Jahrhunderts besetzten, war der größte Teil des Deltas noch ungerodete Wildnis. Der Anreiz, den die von den Briten eingeführte Geldwirtschaft hatte, führte zu einer kontinuierlichen Erschließung dieses durch den Monsunregen so fruchtbaren Gebietes.

Während der ersten Hälfte dieses Jahrhunderts, bis 1962, war Burma deshalb auch führend im Reisexport. Da seit der Unabhängigkeit des Landes das Bevölkerungswachstum aber deutlich stärker zunahm als der Ertrag, schrumpfte das Exportvolumen von mehr als 3 Millionen Tonnen in den Vorkriegsjahren auf etwa 1 Million Tonnen zur Zeit. Damit werden auch heute noch 60 % der Exporterlöse erwirtschaftet.

Andere landwirtschaftliche Produkte Niederburmas sowohl für den Binnen- wie für den Exportmarkt sind Baumwolle, Zuckerrohr, Kautschuk, Tee und Jute. Außer Teak sind auch andere tropische Harthölzer, besonders *Pandauk,* das andamanische Holz, begehrte Exportartikel.

Eine ungeöffnete Schatzkammer

Die Förderung von Bodenschätzen hat in Burma noch eine große Zukunft. Öl wird bereits seit langem am mittleren Irrawaddy gefördert. Im Golf von Martaban und vor der Küste Arakans werden mit deutscher und japanischer Hilfe Probebohrungen vorgenommen. Eisenerz, Wolfram, Blei, Silber, Zink und Zinn, Kupfer, Kobalt, Nickel, Antimon und Gold sind in abbaufähigen Mengen im Land vorhanden.

Rubine und Saphire werden bei Mogok im Norden gefunden und abgebaut. Jadeit kommt aus Mogaung im Kachin State.

So unterschiedlich wie der Niederschlag ist auch die Vegetation im Land. Fast die Hälfte wird noch von unerschlossenen Wäldern bedeckt. In Gegenden mit viel Niederschlag reicht der tropische Regenwald bis auf eine Höhe von 800 m. Hier wächst Bambus, der besonders wichtig für den Hausbau ist, zusammen mit Teak und anderen Harthölzern. Darüber, bis zur Schneegrenze bei etwa 3000 m, wachsen Eiche, Rhododendron, Silbertanne und Kastanie. Im trockenen Zentralburma sind Akazien und Kakteen ein alltäglicher Anblick.

Obwohl es hier weite, offene Flächen gibt, ist Weideland aufgrund des mangelnden Niederschlages selten.

Der *Taunggya*-Wanderfeldbau hat bereits einen großen Teil des Urwaldes in den höheren Regionen des Berglandes vernichtet. Bei dieser, für die Bergstämme typischen Anbauweise, wird der Urwald niedergebrannt, so daß für ein bis zwei Anbauperioden fruchtbarer Boden vorhanden ist. Danach bleibt er bis zu 15 Jahre ungenutzt, während er sich, von Elefantengras bewachsen, wieder regeneriert. Danach kann er wieder mit bis zu 40 verschiedenen Feldfruchtsorten bebaut werden. Etwa 2 ½ Millionen Einwohner Burmas betreiben heute noch diese antiquierte und für die Ökologie des Landes gefährliche Anbaumethode.

Elefanten, Tiger und Leoparden

In den noch unberührten Regenwäldern, von denen es in Burma noch riesige Flächen gibt, ist eine differenzierte Fauna vorhanden: Elefanten, Tiger, Leoparden, Büffel, Wildhunde, Rotwild und Wildschweine, Bären, Affen und Bergziegen . . . , auch eine schier endlose Vielfalt an Vögeln, Insekten und Reptilien. Besonders die Schlangen stellen ein Problem dar: Burma verzeichnet weltweit die höchste Todesrate als Folge von Schlangenbissen. Man trifft sie, besonders in den Wintermonaten, entlang der Flüsse der Trockenzone und im Delta an.

Die tödlichste ist die *Mwe-boai,* auch Russel's Viper genannt. Sie wird bis zu 1,70 m lang und greift auch an, wenn man sie nicht reizt. In dieser Gegend ist auch die Königskobra zu Hause, sie, die man als die Schönste unter den Schlangen bezeichnet, kann bis zu 5,5 m lang werden.

Tierzucht ist bei den Burmanen unbedeutend, sie wird nur vorgenommen, um den Bestand an Lasttieren zu erhalten: Ochsen im trockenen Norden, Wasserbüffel im Süden und Elefanten in den Bergen. Für Burmanen als gläubige Buddhisten ist töten, auch von Tieren, eine Todsünde. Die Mon und Karen im Südosten des Landes sind da flexibler. Sie züchten Rinder, Schweine, Pferde, Hunde und Hühner.

Ein typischer burmesischer Ochsenwagen am Irrawaddyufer. Mit seinen hohen Rädern ist er auch während der Regenzeit zu gebrauchen.

VON BRAHMA BIS BURMA: 2500 JAHRE GESCHICHTE

„Brahma, die ersten Einwohner der Welt." Dies ist der etymologische Ursprung von *Burma.* Symbolisch gesehen sehen sich die Burmesen heute noch in diesem Kontext.

Folgt man der *„Glaspalastchronik der Könige Burmas"*, einem historisch-mythologischen Geschichtswerk des letzten Jahrhunderts, dann stammten Burmas Könige aus der Familie des Buddha ab. Nach ihrer Flucht aus Nordindien ließ sich ein Zweig des Sakyerstammes am oberen Irrawaddy nieder und herrschte dort über die einheimischen Stämme. Sie nannten sich und ihr Volk *Brahma,* ein Wort, das viele Wandlungen durchgemacht hat: Mrâmmâ, Bamma, Mien, Myanma (wie die Burmesen heute noch ihr Land nennen) und Burma. Die Bedeutung blieb die gleiche.

Ethnologen sind der übereinstimmenden Meinung, daß die heutigen Bewohner Burmas von Einwanderern aus dem Norden abstammen.

Das Goldland

Die erste Gruppe, die Burma bereits vor der christlichen Zeitwende erreichte, waren die Mon. Dieses Volk, sprachgeschichtlich der Mon-Khmer Gruppe angehörend, kam aus Zentralasien und ist auch heute noch in Teilen Thailands und Kambodschas (Kamputschea) anzutreffen. Sie siedelten an den Flußmündungen des Salween und des Sittang. Ihr neues Siedlungsgebiet nannten sie *„Suvannabhumi"*, das Goldland; uns ist es aus chinesischen und indischen Beschreibungen aus dieser Zeit bekannt. Nach der Legende wurde die Shwedagon Pagode in Rangun bereits vor 2500 Jahren von ihnen erbaut. Da sie aber im Laufe der Jahrhunderte so oft umgebaut wurde, kann man sie heute nicht mehr als Zeugnis dieser Zeit betrachten.

Die Mon hatten bereits im 3. vorchristlichen Jahrhundert über die Hafenstadt Thaton enge Beziehungen zu König Ashokas Reich in Indien. Sie legten damals den Grundstein zur buddhistischen Tradition Burmas. Vor etwa 2000 Jahren siedelte in Oberburma das Volk der Pyu. Im Gegensatz zu den Mon gehörten sie der tibeto-burmanischen Sprachgruppe an. In ihrer ersten Hauptstadt Sri Ksetra (in der Nähe des heutigen Prome), hinterließen sie uns ausgedehnte Zeugnisse einer Ziegelsteinarchitektur. Auch sie waren bereits Buddhisten, jedoch mit starken bramahnischen Einflüssen. Etwa im 8. Jahrhundert verlegten sie ihre Hauptstadt nach Norden in die Gegend von Shwebo.

Aus Yünnan drängte zu dieser Zeit das Volk der Tai nach Süden. Zusammengefaßt im mächtigen Nan-chao Königreich unterwarfen sie im 9. Jahrhundert Oberburma. 832 überfielen sie Halin, die nördliche Hauptstadt des Pyuvolkes und entführten die Bevölkerung als Sklaven. Seither wurden die Pyu nur noch selten in der burmesischen Geschichte erwähnt.

Das 8. und 9. Jahrhundert war eine Zeit großer bevölkerungspolitischer Veränderungen in Südostasien.

Im 9. Jahrhundert erschienen die Burmanen; auch sie, wie der Name schon sagt, der tibeto-burmanischen Sprachgruppe angehörend, waren ursprünglich an der Grenze zwischen Tibet und China angesiedelt. Sie überrannten Kyaukse, ließen sich im bereits bewässerten Reisanbaugebiet des Nordens nieder und bauten Pagan zu einer befestigten Stadt aus. Von da aus kontrollierten sie die Flußtäler

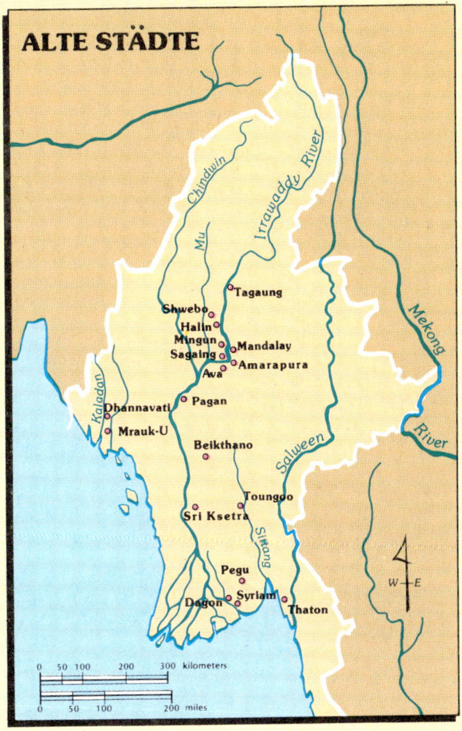

Vorhergehende Seiten: Pagans Tempel symbolisieren auch den Ursprung der Nation. Links: Der Hindugott Indra auf seinem Elefanten Erawon. Oben: Burmas alte Städte.

des Irrawaddy und des Sittang sowie die Handelsstraßen zwischen Indien und China.

Zwar wird in der *Glaspalastchronik* die Gründung der Pagandynastie auf das Jahr 108 n. Chr. zurückverlegt, die Glaubwürdigkeit dieser erst 1829 entstandenen Genealogie ist jedoch sehr zweifelhaft. Die durch Monumente und Inschriften belegbare Geschichte Pagans und damit der burmanischen Vorherrschaft beginnt mit König Anawrahta, der 1044 den Thron bestieg.

Ihm gelang es in einem Blitzkrieg die Monhauptstadt Thaton einzunehmen. Er brachte die königliche Familie, viele Mönche, Baumeister und Handwerker, insgesamt 30000 Gefangene, nach Pagan. Die restlichen Mon- und Pyustämme unterwarfen sich nach diesem Feldzug freiwillig der burmanischen Vorherrschaft.

Anawrahta, der 33 Jahre lang regierte, war ein brillanter Feldherr; er setzte zum ersten Mal Elefanten als militärische Speerspitze vor den nachfolgenden Soldaten ein.

Ironischerweise setzte sich trotz der Niederlage der Mon deren Lebensart bei den Burmanen durch. Bei königlichen Inschriften wurde Pali und Sanskrit bald von der Sprache der Mon abgelöst.

Die Mon unterhielten enge Beziehungen zu Ceylon, das zu dieser Zeit Zentrum des Theravadbuddhismus war. Diese „Lehre der Alten", deren Einfluß in Indien bereits abgeklungen war, wurde durch die Mon in ganz Südostasien verbreitet.

Unter diesem neuen Einfluß, vermittelt durch den Monmönch Shin Arahan, wurde Anawrahta ein gläubiger Theravadabuddhist. Er gab den Bau der Shwezigon Pagode in Nyaung U und anderer Andachtsstätten in Auftrag, damit begann auch die Epoche der Tempelbauer von Pagan.

Das Goldene Zeitalter Pagans

Unter Anawrahtas zweitem Nachfolger Kyanzittha (1084–1113), dessen Name Soldatenkönig bedeutet, kam der Tempel- und Pagodenbau zur ersten Blüte. Er kam an die Macht, nachdem seine Truppen einen Aufstand der Mon niederschlugen, bei dem Anawrahtas Sohn Sawlu getötet wurde.

Wie Anawrahta war auch er ein sehr frommer Mann, er ließ den Anandatempel erbauen und sandte ein Schiff voll mit Schätzen nach Bengalen, um den Mahabodhi Tempel in Bodhgaya restaurieren zu lassen. Seine Tochter verheiratete er mit Sawlus behindertem

Pagan, wie es zur Zeit der mongolischen Invasion im 13. Jahrhundert ausgesehen haben muß (links) und eine Galeone, mit der die Portugiesen im 16. Jahrhundert vor Arakan erschienen (rechts).

Sohn und bestimmte deren erstgeborenen Sohn Alaungsithu zu seinem Nachfolger.

Während des 12. Jahrhunderts war dann auch Pagans Blütezeit, in der sie sich den Namen „Stadt der vier Millionen Pagoden" erwarb. Das wirtschaftliche Rückgrat des Reiches war auch damals schon der Reisanbau, der durch ein hochentwickeltes System von Bewässerungskanälen ermöglicht wurde.

Etwa in der Mitte des 13. Jahrhunderts ließ jedoch die kulturtragende Kraft des Buddhismus nach und das Reich wurde von den inzwischen in Nordburma ansässigen Shan (Nachkommen der Tai) bedroht. Kublai Khans mongolische Armee hatte, aus Zentralasien kommend, bereits das Nan-chao Reich unterworfen und erwartete nun auch vom Königreich Pagan Tribut. König Narathihapate verweigerte dies in einer fatalen Überschätzung der eigenen Kräfte. Seine Truppen wurde in der Schlacht von Vochan vernichtend geschlagen und 1287 nahmen die Mongolen dann Pagan ein. Nach dem Fall von Pagan sagten sich die Mon mit Unterstützung des Shanführers Wareru vom Ersten Burmesischen Königreich los. Dasselbe taten auch die Arakaner an der Küste des Golfs von Bengalen.

Nach dem Untergang Pagans blieb Burma für fast 300 Jahre in mehrere kleine oder größere Staaten aufgeteilt. In Niederburma gründeten die Mon um die Stadt Pegu ihr eigenes Königreich. Sie mußten sich in der Mitte des 14. Jahrhunderts gegen einen Einfall der Tai aus Ayutthia zur Wehr setzen, verloren dabei Tenasserim, konnten aber den Rest ihres Reiches zusammenhalten. In Oberburma gab es zu dieser Zeit ein unter Shanhoheit geführtes Burmesisches Reich mit der Hauptstadt Ava.

Das dritte erwähnenswerte Königreich war das von Arakan am Golf von Bengalen, das sich nach Norden ausbreitete und die Stadt Chittagong im heutigen Bangla Desh eroberte.

Zwischen 1385 und 1425 gab es einen 40jährigen Krieg zwischen den Burmanen aus Ava und den Mon aus Pegu. Trotzdem fand in Pegu eine Renaissance des Theravdabuddhismus statt, die Mönche und Gelehrte aus ganz Südostasien anzog.

Im 15. Jahrhundert erschienen die ersten Europäer in Burma. 1435 kam der venezianische Kaufmann Nicolo di Conti an den Hof von Pegu, wo er vier Monate lang blieb. 1498 umrundete Vasco da Gama dann das Kap der Guten Hoffnung und öffnete so den Seeweg nach Asien. Von da an hatten die europäischen Mächte ihre Hand mit im Spiel der südostasiatischen Politik.

Die portugiesische Periode

Affonso d'Albuquerque eroberte 1510 Goa

Wenn die Erde bebt, stehen grosse Veränderungen bevor

Erdbeben gab es im Laufe der burmesischen Geschichte immer wieder. Seit Urzeiten leben die Menschen in diesem Land mit dem Beben – mit Flüssen, die bergauf fließen, mit Küstenstreifen, die sich aus dem Meer erheben und mit goldenen *Sikharas,* die von Stupas und Tempeln stürzen.

Im Gegensatz zur wissenschaftlichen Denkungsweise des westlichen Menschen sieht der Burmese hinter diesen Katastrophen verborgene Zeichen. Schon Buddha sagte seinen Anhängern, daß die Erde jedesmal beben würde, wenn ein zukünftiger Buddha, gezeugt, geboren und erleuchtet wird, wenn er seine erste Predigt hält und wenn er ins Nirvana eingeht. Auch das Auftreten eines Universalen Monarchen, eines *Chakravarti,* seine Krönung und sein Tod würden durch das Aufbrechen der Erdscholle angezeigt.

Dazu kommt, daß in der burmesischen Kosmologie unsere physische Welt in Verbindung mit allen anderen Ebenen der kosmischen Existenz steht. Das Beben der Erde weist deshalb auch darauf hin, daß *Jambudipa,* die südliche Insel auf der wir leben, nur ein unscheinbarer Teil des Kosmos ist. Große Veränderungen, auch auf anderen Ebenen der Existenz, werden uns so kundgetan.

Eine Legende erzählt von einem gewaltigen Beben, das im fünften vorchristlichen Jahrhundert (vielleicht zu Buddhas *Parinirvana)* Burma erschütterte. Damals stieg der Küstenstreifen, auf dem später Sri Ksetra erbaut wurde, aus dem Meer, zwei neue Flüsse entsprangen und der Mount Popa, der heilige Berg Burmas, brach aus der Ebene Zentralburmas.

Eine andere Legende beschreibt uns den Untergang der nördlichen Pyustadt Halin so: Jedesmal wenn der Bruder des Königs lächelte, ergoß sich vom Himmel ein goldener Regen über die Stadt, zum Wohle der Bürger und des Staatssäckels. Als dieses nun wieder einmal leer war, befahl der König seinem Bruder zu lächeln. Aber dieser hatte nun gerade von der bevorstehenden Zerstörung der Stadt erfahren und konnte deshalb nur weinen. Dies brachte den König derartig in Wut, daß sein Gebrüll ein Erdbeben hervorrief, von dem die Stadt mitsamt ihren Einwohnern verschlungen wurde.

Über viele Erdbeben liegen uns schriftliche Zeugnisse vor. Immer wenn ein Stupa oder Tempel Opfer der Naturgewalten wurde, fand sich jemand, der ihn renovierte und diese seine gute Tat schriftlich auf Steintafeln festhalten ließ.

Es gibt in Burma heute fast keinen Tempel und keine Pagode, die nicht irgendwann von einem Erdbeben beschädigt worden wären. Sei es die Shwedagon oder die Shwemawdaw, der Ananda oder der Gawdawpalin Tempel, sie alle haben irgendwann einmal ihren *Hti* (den Schirm) verloren oder wurden sogar total zerstört. Buddhisten sehen dies differenziert – gibt es ihnen doch die Möglichkeit, durch Restaurierungsarbeiten ihr Karma zu verbessern.

In unserem Jahrhundert gab es zwei große Beben, deren Narben noch deutlich zu sehen sind. Am 5. Mai 1930 wurde Südburma von einem davon heimgesucht. Das Epizentrum lag bei der alten Monhauptstadt Pegu. Dabei wurden die meisten alten Bauwerke der Stadt zerstört: Die Shwemawdaw und die Mahazedi Pagode sowie die Kalyani Sima sind nur die bekanntesten davon. Es dauerte fünf Jahrzehnte, bis die Shwemawdaw und die Kalyani Sima Ordinationshalle wieder aufgebaut wurden. Am großen, dem Mahazedi Stupa, wird noch immer gearbeitet.

Das letzte der großen Beben kam am 8. Juli 1975. Damals bebte Pagan, das Herz der burmesischen Kultur, wie nie zuvor. Der erste Eindruck war, daß die Monumente nicht mehr zu restaurieren wären. Glücklicherweise war dem nicht so. Heute sind die meisten Monumente Pagans wieder wie vor dem Beben. Nicht zuletzt aufgrund der internationalen Hilfeleistungen, die die UNESCO organisierte. Die burmesische Regierung nahm gerne jede finanzielle Unterstützung von außen an, bestand aber darauf, die Restaurierungsarbeiten selbst durchzuführen. Kein ausländischer Architekt oder Bauingenieur sollte Hand an die geheiligen Monumente legen. Was hätten sie auch gewußt von der Verbesserung des Karmas, das diese Arbeit mit sich bringen würde?

und bereits ein Jahr darauf hatte er auch Malakka, das Gewürzhandelszentrum des Ostens eingenommen. Von diesen beiden Basen aus beherrschten die Portugiesen die Schiffahrtswege und ihre Niederlassungen im Osten.

1519 erschien Antony Correa in Martaban und schloß mit dem dortigen Vizekönig einen Handels- und Niederlassungsvertrag ab. Von hier und einem zweiten Stützpunkt in Tenasserim aus, konnten die Portugiesen mit Siam Handel treiben, ohne den langen Umweg durch die Straße von Malakka machen zu müssen.

Tabinshweti, zu dieser Zeit König in Pegu, sah der Machtanreicherung seines nominellen Vasallen in Martaban nicht lange zu. 1541 ließ er die Stadt belagern. Auf seiner Seite kämpften 700 Portugiesen unter Cayero. Als den für den Vizekönig kämpfenden Portugiesen unter Seixas klar wurde, daß die Stadt nicht mehr zu halten war, machten sie sich bei Nacht und Nebel davon. Auf diese Art und Weise waren sie immer auf der siegreichen Seite; in Martaban konnten die Portugiesen bis 1613 bleiben. In Arakan verbündeten sie sich mit dem König von Mrauk U und beherrschten dort ein Jahrhundert lang die Küste und den Seehandel, zwar mehr in Form von Seeräubereien denn als Vertreter einer staatlichen Macht.

Hier nimmt auch die unglaubliche Geschichte des Portugiesen Philip de Brito y Nicote Form an. Er kam als Schiffsjunge in den Osten und übernahm eine Stelle am Hof von König Razagyi. Als dieser auf einem überraschenden Feldzug 1599 Pegu eroberte, übertrug der de Brito die Aufgabe, in Syriam (das damals Thanhlyn hieß) die Zollverwaltung zu übernehmen.

De Brito vertrieb kurz darauf die Garnison arakanischer Soldaten und unterstellte die inzwischen befestigte Stadt portugiesischer Oberhoheit. Während er sich in Goa seinen Herrschaftsanspruch bestätigen ließ und auch die Tochter des Vizekönigs heiratete, belagerten Burmesen und Arakaner erfolglos Syriam. Nach seiner Rückkehr ließ sich de Brito zum König Niederburmas ausrufen.

De Brito, den die Einheimischen Nga Zinga nannten, zwang mit seinen Schiffen den gesamten Handel nach Syriam. Während er 13 Jahre seiner Herrschaft soll er 100000 Talaing zum Christentum bekehrt haben.

Seine Mißachtung für buddhistische Bauten und Reliquien, die er überall im Land zerstören und ausrauben ließ, hat ihm dann auch sein schreckliches Ende eingebracht. Die Schändung von heiligen Stätten wurde schon immer mit den schwersten Strafen und der nicht enden wollenden Verdammnis in der tiefsten Hölle des buddhistischen Kosmos geahndet.

1613 erstürmte Anaukhpetlun, der Enkel Bayinnaungs, mit 12000 Mann Syriam. 34 Tage lang konnten sich die 400 Portugiesen verteidigen, dann ging ihnen buchstäblich das Pulver aus. De Brito wurde gefangengenommen und gepfählt. Er brauchte 3 Tage zum

Oben: Ein Prinz und eine Prinzessin aus der Konbaungdynastie.

Sterben. Die restlichen Portugiesen und Eurasier wurden in ein Dorf bei Shwebo gebracht, wo sie als *Bayingyi* (Ausländer) den Grundstock einer jahrhundertelang existierenden Ausländerkolonie bildeten.

Nachdem Ava 1527 von Bergstämmen aus dem Norden niedergebrannt wurde, zog sich die burmanische Bevölkerung in die befestigte Stadt Toungoo zurück. Dort gründete König Tabinshweti 1551 das Zweite Burmesische Königreich. Er hatte die Unterstützung der Mon, verlegte seinen Hof nach Pegu und beherrschte ein Gebiet, das von Tavoy in Tenasserim bis Prome in Mittelburma reichte. Sein Schwiegersohn und Nachfolger Bayinnaung besiegte die Shan in Ava und eroberte die Tai-Königreiche von Chiengmai und Ayutthia. Burma hatte zu diesem Zeitpunkt seine größte Ausdehnung.

Während des 17. Jahrhunderts unterhielten auch die Holländer, die Briten und die Franzosen Handelsniederlassungen in den Hafenstädten an der Küste. Die Hauptstadt wurde wieder nach Ava verlegt, aber 1752 von den Mon mit französischer Waffenhilfe eingenommen. Damit ging auch das Zweite Burmesische Reich unter.

Kurz darauf gründete Alaungpaya, ein Burmane aus Shwebo, das Dritte Burmesische Reich. Dazu mußte er erst die Mon aus Ava vertreiben und auch ihre Hauptstadt Pegu den Erdboden gleichmachen. Er deportierte di den Mon behilflichen Franzosen in das *Bayin gyidorf* und brannte auch gleich die englisch Handelsniederlassung vor Bassein nieder. De Widerstand der Mon hörte damals endgülti auf, sie flüchteten nach Thailand oder wurde assimiliert.

Alaungpayas zweiter Nachfolger Hsin byushin zerstörte in einem Feldzug 176 Ayutthia. Auch er, wie einst Anawrahta brachte von seinem Feldzug Künstler un Handwerker mit, die einen kulturellen Auf schwung einleiteten.

Bodawpaya, der 1782 König aller Burmese wurde, eroberte Arakan und eliminierte so de Pufferstaat, der zwischen Burma und Britisch Indien lag. Auf Anraten seiner Astrologe verlegte er die Hauptstadt seines Reiches nac Amarapura.

Seidem Britisch-Indien und Burma ein gemeinsame Grenze hatten, häuften sich auc die Grenzzwischenfälle. Königlich burmesi sche Truppen verfolgten oft arakanische Re bellen bis tief in indisches Gebiet. 1819, a

Burmas Geschichte ist auch eine Geschichte vo Kriegen. 1767 wurde Ayutthia mit Kriegselefante erstürmt (links). Im Ersten Anglo-Burmesische Krieg wurde an den Palisaden von Rangun ge kämpft (rechts).

Bagyidaw den Thron bestieg, fehlte bei der Krönung der Raja von Manipur, der bis dahin dem burmesischen Königshaus tributpflichtig war. Die darauffolgende Strafexpedition, die die Burmesen bis in den indischen Staat Cachar brachte, nahmen die Briten zum Vorwand für den Ersten Anglo-Burmesischen Krieg. Die Burmesen, die die britische Stärke unterschätzt hatten, mußten mit dem Vertrag von Yandabo (1826), Arakan, Tenasserim, Assam und das Grenzgebiet von Manipur an die Briten abtreten. Die Flankensicherung der Briten am Golf von Bengalen, ihr ursprüngliches Kriegsziel, war damit erreicht.

In der ersten Hälfte des 19. Jahrhunderts hatten die Burmesen keine fähigen Führer. Dies lag zum Teil daran, daß es nach dem Tod eines Herrschers kein institutionalisiertes Sy-

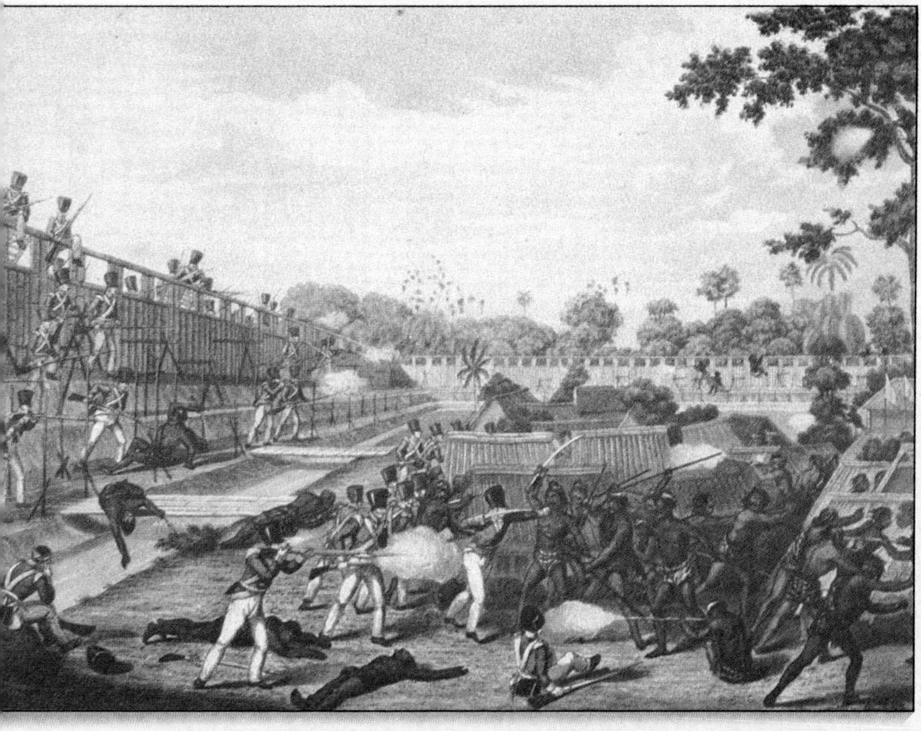

stem des Machtwechsels gab. Als 1846 König Pagan an die Macht kam, veranstaltete er, wie schon viele seiner Vorgänger, ein Massaker unter allen anderen potentiellen Thronanwärtern. Diesmal passierte dies aber in Anwesenheit europäischer Gesandter. Das Vertrauen in das burmesische Königshaus wurde dadurch nicht gesteigert. Als sich dann 1852 zwei englische Schiffskapitäne über unfaire Behandlung durch ein burmesisches Gericht beschwerten, war dies für das Empire Anlaß genug, ein Expeditionsheer nach Burma zu entsenden. Dieses eroberte Niederburma, das kurz darauf an Britisch-Indien angeschlossen wurde. Während dieses Zweiten Anglo-Burmesischen Krieges bestieg in Amarapura König Mindon (1853–1878) den Thron. Er versuchte Anschluß an westliche Ideen zu finden, sandte Untertanen zum Studium nach Europa, reformierte die Verwaltung und unternahm erste, zaghafte Schritte zur Industrialisierung des Landes.

Mindons märchenhaftes Mandalay

Zum zweitausendvierhundertsten Todestag Buddhas verlegte Mindon seine Hauptstadt nach Mandalay. Englischen Quellen zufolge wurden bei der Grundsteinlegung 52 Menschen nach brahmanischem Brauch lebendig unter den Toren und Ecktürmen der Stadt begraben.

Mandalay, ganz dem Buddhismus geweiht, wurde 1872 zum Austragungsort der 5. Großen Synode. Diese Synode, die zum ersten Mal nach 2000 Jahren wieder abgehalten wurde, sollte angesichts der britischen Expansion zu einer alle Burmesen in ihrem Glauben vereinigenden Demonstration werden. 2400 Schriftgelehrte erstellten den heute als verbindlich anerkannten Text des *Tripitaka Kanons*, der sodann in 729 Marmortafeln gemeißelt wurde. Über jede dieser Tafeln wurde eine Pagode gebaut – eine Anlage, die man heute das größte

Buch der Welt nennt. Eine inzwischen gefertigte Papierabschrift besteht aus 38 Bänden zu je 400 Seiten. Aber auch diese Rückbesinnung König Mindons auf die staatstragenden buddhistischen Werte konnte den Gang der Geschichte nicht mehr ändern.

Mindon wurde von seinem Sohn Thibaw, der beim Machtwechsel 80 seiner Brüder und engeren Verwandten hinrichten ließ, auf dem Goldenen Thron abgelöst. Thibaw war rücksichtslos; er kümmerte sich auch nicht um die Meinung der Briten und versuchte mit den Franzosen einen Vertrag über Schiffahrtsrechte auf dem Irrawaddy abzuschließen. Zu dieser Zeit sahen die Großmächte den Weg Irrawaddy-Bhamo-Yünnan als den Hintereingang zur Schatzkammer China. Ein Weg, den sich die Briten selbst vorbehalten wollten. Sie nahmen

deshalb den Streit einer britischen Holzfirma mit dem burmesischen Staat zum Anlaß, um nach einem kurzfristigen Ultimatum mit ihren Truppen fast kampflos in Oberburma einzumarschieren.

Am 1. Januar 1886 erlosch Burmas Souveränität. König Thibaw und seine Frau Supyalat mußten ins Exil, Burma wurde eine Provinz Britisch-Indiens.

Um ihre Herrschaft über das Land leichter durchzusetzen, bedienten sich die Briten der ethnischen Vielfalt des Landes. Schon 1875 erzwangen sie die Autonomie der Karenni-Staaten, indem sie König Mindon die Waffen zur Niederwerfung eines Karenaufstandes verweigerten.

Im burmesischen Zentralland übernahmen die Briten selbst alle Verwaltungspositionen bis hinunter zur Ebene des Distriktoffiziers. In den Randstaaten, in denen die Chin, Kachin, Shan und andere Minderheiten siedelten, verließen sie sich auf die indirekte Machtausübung, indem sie die jeweiligen Stammesfürsten für sich herrschen ließen. Auch für ihre Streitkräfte rekrutierten sie in erster Linie Inder und Stammesangehörige aus dem Norden. Den Burmanen war während der Kolonialperiode der Zugang zu den Streitkräften verwehrt, was zu einer weiteren Verschärfung des bereits bestehenden völkischen Spannungsverhältnisses führte.

Da die britischen Interessen vorrangig ökonomischer Natur waren, ist es nur zu verständlich, daß in der Periode nach 1886 ein wirtschaftlicher Aufschwung stattfand. Die Erschließung des Irrawaddydeltas kam in erster Linie den Briten selbst, die den Reisexport kontrollierten, sowie den indischen Händlern und Geldverleihern zugute. Besonders die letzteren, die der südindischen Kaste der Chettyars angehörten, profitierten von der expandierenden Landwirtschaft und dem Unvermögen der Burmesen, sich in der für sie fremden Geldwirtschaft zurechtzufinden.

In den ersten fünf Jahren nach der Annexion Oberburmas herrschte quasi Guerillakrieg, der zehntausende indischer Soldaten in Burma band. Geführt wurden die Rebellengruppen von sogenannten *Myothugyis*, den lokalen Autoritäten der alten Gesellschaftsordnung. Nach 1890 ließ dieser Widerstand nach und die Burmesen versuchten mit den weitreichenden gesellschaftlichen und wirtschaftlichen Veränderungen Schritt zu halten.

Nationale Selbstbestimmung

Eine Gruppe in London geschulter Anwälte schloß sich 1906 mit der buddhistischen Elite in der „Young Men's Buddhist Association" (YMBA) zusammen, um so die erste wichtige nationalistische Gruppe zu bilden.

Während in der Folge des Ersten Weltkrieges den Indern eine gewisse Selbstverwaltung zugestanden wurde, blieb Burma unter der direkten Kontrolle des britischen Kolonialgouverneurs. Ein Zustand, der einen weitreichenden Widerstand im Land hervorrief und dazu führte, daß die bereits in Indien ange-

Vorhergehende Seiten: Rangun in der ersten Hälfte des 19. Jahrhunderts. Links: König Mindons Portrait in der Kyauk-Tawgyi Pagode in Mandalay. Rechts: Ein britischer Soldat vor einer Buddhafigur auf der Shwedagon Pagode 1825.

/andte *Dyarchy Reform* auch auf Burma usgedehnt wurde.

Zwischen 1930 und 1932 kam es in der 'harrawaddyregion zu einem Aufstand, der on Saya San, einem ehemaligen Mönch, ange-ührt wurde. Er machte seiner Gefolgschaft, ie sich nach dem mythologischen Vogel Ga-uda, Galons nannten, klar, daß ihnen briti-che Kugeln nichts anhaben könnten. Im fol-enden, einseitigen Gefecht, fielen 3000 seiner nhänger, 9000 wurden gefangen genommen nd von diesen 78 hingerichtet.

In den dreißiger Jahren waren die Burmesen eteilter Meinung, ob sie für eine Trennung on Britisch-Indien stimmen oder besser in iesem Verband bleiben sollten. Die Briten ntschieden für sie. 1935 wurde der *Gouverne-ıent of Burma Act* in London beschlossen und

Doch größere Ereignisse lagen in der Luft. Die in den dreißiger Jahren gebaute Burma Road schien den Japanisch-Chinesischen Krieg auch nach Burma zu bringen. Über diese Straße kam der Nachschub für die nationalchinesischen Truppen nach Yünnan.

Als die Kolonialregierung 1940 die Anführer der Thakingruppe verhaften ließ, gelang es Aung San nach Amoy zu fliehen. Dort nahm er Kontakt mit der ihm verhaßten japanischen Regierung auf und war bereit, für den Preis der nationalen Unabhängigkeit mit ihnen zu kollaborieren. 1941 kehrte er in aller Stille nach Rangun zurück, wählte dort 30 Mitglieder der Thakingruppe aus, mit denen er dann in Hainan im Guerillakrieg ausgebildet wurde. Unter ihnen befanden sich die späteren Führer des Landes, Nu und Ne Win.

1937 wurde Burma dann eine separate Kolonie nit einem eigenen Abgeordnetenhaus. Dies galt aber nur für *Burma Proper* und nicht für lie indirekt regierten Randgebiete.

Noch während die Briten den Burmesen nehr Autonomie zugestanden, bildete sich an der Ranguner Universität das *All Burma Student Movement*. Die marxistisch geschulten Führer dieser Gruppe, die sich selbst *Thakin* nannten, ein Wort, das dem indischen *Sahib* entspricht und Herr heißt, sollten Geschichte machen. Thakin Aung San und Thakin Nu riefen 1936 zu einem Vorlesungsstreik auf, um gegen das britische Erziehungs- und Unterrichtssystem zu protestieren. 1937 riefen sie bereits zum Boykott der Wahlen unter dem neuen Kolonialstatut auf.

Burmas brutaler Dschungelkrieg

Im Dezember 1941 landeten die Japaner zusammen mit der Burmesischen Befreiungsarmee unter Aung San in Niederburma. Die britischen sowie die amerikanisch-chinesischen Truppen verloren Schlacht auf Schlacht und mußten sich unter großen Verlusten nach Indien zurückziehen. Nirgendwo wurde so erbittert und oft Mann gegen Mann gekämpft wie in diesem Dschungelkrieg. Zehntausende alliierter Soldaten und hunderttausende Burmesen verloren dabei ihr Leben. Die 27000 alliierten Soldaten, die auf dem Htaukkyan Friedhof in der Nähe Ranguns begraben liegen, sind heute noch mahnender Beweis für die Brutalität dieses Krieges.

Jene, die diesen gigantischen Kampf im Dschungel überlebten, hatten unglaubliche Geschichten von Heldentaten, Leid und Opfer zu berichten. „Vinegar Joe“ Stilwell, „Old Weatherface“ Chennault, Merrills Marauders und Wingates Chindits wurden damals für die englischsprachige Generation des 2. Weltkriegs zu vertrauten Namen.

Joseph Warren Stilwell, ein amerikanischer Drei-Sterne-Generalleutnant, wurde im Februar 1942 als Kommandeur auf den CBI, den China, Burma, Indien-Kriegsschauplatz geschickt. Bereits zwei Monate später mußte er sich auf der Flucht durch das malariaverseuchte Hinterland Oberburmas kämpfen. Er versuchte, mit knapp 36 Stunden Vorsprung vor den Japanern, die Sicherheit der britischen Stellungen in Indien zu erreichen.

Stilwells Rückzug

Die 114 Soldaten in Stilwells Gruppe waren hauptsächlich Chinesen, sie alle kamen lebend in Indien an – genau wie Vinegar Joe es versprochen hatte. Stilwell selbst nannte den Rückzug nach einem chinesischen Sprichwort „Bitterkeit essen“. 1500 km Hoffnungslosigkeit, durch dichten Dschungel und über wasserlose Ebenen, ohne Hilfe von außen.

12000 britisch-indische Soldaten schafften es lebend nach Assam, 30000 schafften es nicht. Jede größere Ansiedlung auf der Marschroute wurde niedergebrannt. Die Zahl der Opfer unter der Zivilbevölkerung ging in die Hunderttausende.

Tage nach seiner Ankunft in Indien sagte Stilwell auf einer Pressekonferenz in Delhi: „Ich stelle fest, man hat uns aus Burma vertrieben und das ist höllisch erniedrigend. Ich meine, wir müssen herausfinden, wie es dazu kommen konnte, zurückgehen und es zurückerobern.“

Diese Worte standen als Leitsatz über den alliierten Kriegshandlungen in Burma. Er und der britische General Slim kehrten auf dem Weg, den sie kamen, zurück. Aus Assam heraus, über den Chindwin nach Myitkyina und Mandalay, den Irrawaddy hinunter, bis am 3. März 1945 Rangun zurückerobert war.

Aber zu diesem Zeitpunkt war Stilwell bereits seines Kommandos enthoben; er und der Generalissimo Tschiang Kai-schek kamen nicht miteinander aus. Stilwell war halsstarrig und grob und spielte auch gern die Rolle des „essigsauren Joe“ aber gleichzeitig war er ehrlich und verläßlich, sein persönlicher Mut stand außer Frage.

Während man sich Stilwells aufgrund seines Rückzugs erinnert, kennt man andere wegen ihrer offensiven Handlungen. Einer davon war General Orde Charles Wingate, ein Brite, dessen Vorauskommandos weit hinter die japanischen Linien vorstießen, um mit Hilfe von Guerillaaktionen den japanischen Nachschub zu unterbinden. Seine Truppe, die Chindits, waren nach den unüberwindlichen mythologischen Tempelwächtern Burmas, den *Chintes*, benannt.

Wingates Chindits

Diese Männer, ein zusammengewürfelter Haufen von Briten, Gurkhas, Chins, Kachins und Indern, erprobten eine Taktik des Dschungelkrieges, die von da an jede militärische Auseinandersetzung in Südostasien bestimmen sollte. Wingate, ein exzentrischer, intelligenter Truppenführer, erlebte das Ende des Krieges nicht mehr. Sein Flugzeug prallte am 24. März 1944 gegen einen Berg in der Nähe von Imphal.

Die Rückkehr einer großen Landstreitmacht nach Burma hing sehr stark von einer brauchbaren Straße ab. Diese Straße wurde von amerikanischen Armeepionieren gebaut, einer Einheit, die hauptsächlich aus schwarzen Amerikanern bestand. Mit der Arbeit an der Ledostraße wurde 1942 begonnen. Sie sollte bei Mong Yo die Burma Road erreichen, die von da aus nach Yünnan führte. Mehr als zwei Jahre arbeiteten mehrere tausend Pioniere und 35000 einheimische Arbeiter in einer der unzugänglichsten Gegenden der Welt. Die 800 km lange Straße wurde erst kurz vor Kriegsende fertiggestellt. 130 Pioniere fanden durch japanische Scharfschützen den Tod, Hunderte andere verloren ihr Leben durch Unfälle und Krankheiten. Am Ende hieß sie nur noch „die ein Mann pro Meile Straße“. Sie führte durch tiefe Schluchten, über reißende Ströme und durch einen Urwald, den noch nie eines Menschen Fuß betreten hatte. Heute ist diese wichtige und einzige Verbindungsstraße zwischen Indien und Südostasien wieder zugewachsen und für den Kraftwagenverkehr nicht benutzbar.

Die Luftbrücke über den „Buckel“

Während die Ledostraße gebaut wurde, mußten die alliierten Truppen in Westchina weiter versorgt werden. Dabei wurde wieder eines der unglaublichen Unternehmen des 2. Weltkrieges durchgeführt: Die Luftbrücke über den „Buckel“, wie man das Himalayabergland zwischen Dinjan in Assam und Kun-

Ein müder Chindit während einer Rast im Dschungel (links).

ming in Yünnan verniedlichend nannte. Die Route, 800 km lang, führt über die 3000 m hohen Nagaberge, den 4500 m hohen Santsung Gebirgszug, die dschungelbedeckten Schluchten des Irrawaddy, des Salween und des Mekong. Wer hier in Schwierigkeiten kam, konnte sich leicht ausrechnen, was ihn erwartete. Das Air Transport Command (ATC) flog auf dieser Strecke in regelmäßigen Abständen und schaffte dabei 650 000 Tonnen Fracht nach China. 1000 Mann Besatzung und 600 Flugzeuge gingen dabei verloren. Eine der vielen namenlosen Bergspitzen wurde daraufhin „Aluminiumberg“ genannt, eine Anspielung auf die vielen Flugzeuge, die an ihm zerschellt waren.

Die C-46 Transporter waren die „Lastesel“ des Buckelunternehmens. Meistens flogen sie überbeladen, ihre Piloten, die zum Teil 160 Stunden im Monat im Cockpit saßen, waren fast immer übermüdet. 1944 starben drei Piloten für je 1000 Tonnen Fracht, die nach China kam.

Chennaults Flying Tigers

Eine andere Luftwaffeneinheit, die in dieser menschenverschlingenden Auseinandersetzung Ruhm erlangte, waren die Flying Tigers von Claire Lee „Old Weatherface“ Chennault. Diese Einheit bestand nur aus Freiwilligen der amerikanischen Armee, Marine und des Marinecorps. Sie waren nur sieben Monate unter diesem Namen im Einsatz, aber in dieser Zeit von den Japanern so gefürchtet, daß eine Rundfunksendung aus Tokio sie wegen ihrer unorthodoxen Kampfweise als amerikanische Guerillapiloten bezeichnete.

Claire Chennault, der die alliierten Luftkampfeinsätze in CBI leitete, war mit General Stilwell verfeindet. Beide hatten sie verschiedene strategische Konzepte für den Krieg. Während Chennault auf den Luftkrieg setzte, wollte Stilwell sein Versprechen aus Delhi einlösen und Burma mit Bodentruppen zurückerobern. Ironischerweise wurde auch Chennault bereits vor Ende des Krieges abgelöst. Er hinterließ aber seine Handschrift in der Taktik, in der er seine Kampfpiloten gedrillt hatte.

Bis zum Ende des Krieges hatten die Flying Tigers 1200 feindliche Flugzeuge vernichtet, wahrscheinlich waren es sogar 700 mehr. Sie selbst hatten dabei 573 Flugzeuge verloren. Bevor sie Teil der 14. amerikanischen Luftstreitmacht wurden, hatte dieser zusammengewürfelte Haufen von Luftlegionären, deren

Der Krieg 1944: Merrills Marauders unterwegs nach Myitkyina (links) und General Joseph W. Stilwell mit amerikanischen und chinesischen Offizieren (rechts).

Flugzeuge an der Schnauze wie Haifische bemalt waren und für jedes abgeschossene feindliche Flugzeug eine japanische Flagge am Rumpf trugen, eine Legende geschaffen, die noch heute erzählt wird.

Während die Amerikaner 50 % der alliierten Luftstreitkräfte stellten, hatten sie nur eine Bodenkampfeinheit in CBI. Sie trug die farblose Bezeichnung 5307. Composite Unit, aber hinter diesem Titel verbarg sich eine der härtesten freiwilligen Kampfeinheiten der U.S. Armee. Sie nannte sich selbst Galahad Force, wurde aber nach ihrem Truppenchef, General Frank Merrill, als Merrills Marauders bekannt. Ursprünglich sollten sie Wingates Chindits zugeteilt werden, aber General Stilwell, der nur chinesische Truppen befehligte, wies ihnen andere Aufgaben hinter den feindlichen Linien zu. Sie hatten eine ungeheure Aufgabe vor sich. Während sie sich nach Myitkyina durchkämpften, hatten sie die japanische 18. Division, die unbesiegten Eroberer Singapurs, in fünf große und 30 kleinere Schlachten verwickelt. Als die Einheit im Sommer 1944 aufgelöst wurde, waren von ihren ursprünglich 2830 Mann, 2394 entweder gefallen oder verwundet. Sie waren die ersten amerikanischen Bodentruppen auf dem asiatischen Festland seit dem Boxeraufstand von 1900. Sicher haben sie tapfer und heldenhaft gekämpft, aber die Zahl ihrer Verluste sagt uns auch, warum der Name Burma für viele Menschen zum Synonym für die grausamsten Geschichten des 2. Weltkrieges wurde.

Die dreißig Kameraden

Es gibt noch eine Geschichte aus der Zeit des 2. Weltkrieges, die hier erzählt werden muß: Die dreißig Kameraden um Aung San hatten sich den Japanern nur angeschlossen, um schneller die Unabhängigkeit ihres Landes zu erreichen. In den ersten Kriegsjahren schlossen sich deshalb auch viele Burmanen der Befreiungsarmee an. Die Minderheiten dagegen blieben den Alliierten treu. Dies führte zu bürgerkriegsähnlichen Auseinandersetzungen, besonders zwischen den Karen und den Burmanen im Deltagebiet.

Sehr bald wurde klar, daß die Japaner die von ihnen gebilligte Nationalregierung ihrer Militärverwaltung unterstellt sehen wollten.

Diese Nationalregierung hatte Burma im August 1943 für unabhängig erklärt. Dr. Ba Maw wurde Regierungschef, Thakin Aung San Verteidigungsminister und Thakin Nu Außenminister.

Im Dezember 1944 nahm Thakin Aung San Verbindung mit den Alliierten auf und überraschte im März 1945 die Japaner, indem er seine Streitkräfte auf die alliierte Seite überführte. Seine Truppen nannten sich nun „Patriotic Burmese Forces" und halfen im Mai desselben Jahres, Rangun zurückzuerobern. Am 28. August desselben Jahres mußten die Japaner dort die Kapitulationsurkunde unterschreiben.

Der Krieg hatte das Land vollkommen verwüstet. Was die alliierten Truppen vor ihrem Rückzug nach Indien nicht zerstört hatten, fiel der Rückeroberung zum Opfer.

Das einzig Positive für die Burmesen war die Erfahrung der nominellen Selbstregierung während der Kriegsjahre. Daß die Burmesen danach nicht mehr bereit sein würden, die Konstitution von 1937 weiter zu akzeptieren, schien klar. Die Briten hatten aber nicht einmal dies im Sinn: Sie planten für den Zeitraum von drei Jahren die Direktherrschaft unter dem Gouverneur Dorman-Smith.

Konferenz einzuberufen, auf der dann auch mit Aung San die Unabhängigkeit beschlossen wurde.

Der schwierigste Punkt der Verhandlungen betraf die Minderheiten. Die Vertreter der AFPFL bestanden auf einer allgemeinen Unabhängigkeit, die auch die Minoritätsgebiete einschloß.

Ein Treffen Aung Sans im Februar 1947 mit den Vertretern der Minderheiten in Panglong, im Shan State, schloß mit der widerspruchslosen Resolution, daß die Unabhängigkeit der Minderheitsgebiete schneller zu erreichen ist, wenn die Vertreter der Minoritäten mit der burmesischen Interimsregierung zusammenarbeiten. Für einige Gruppen wurde eine mögliche Sezession nach zehnjähriger Zugehörigkeit zur Union vereinbart.

Aung San hatte aber in der Zwischenzeit zwei wichtige Organisationen aufgebaut. Einmal die AFPFL, die „Anti Fascist Peoples Freedom League", die marxistisch orientiert war und der sich auch die „Burma Communist Party" anschloß. Als militärischen Arm dieser politischen Organisation gründete er die „Patriotic Volunteer Organisation" (PVO), die bereits 1946 einhunderttausend, zum größten Teil unbewaffnete Mitglieder hatte.

Ein Streik der Staatsangestellten, der das gesamte Staatswesen stillegte, zwang die britische Labourregierung für Januar 1947 eine

Tragik ... und Unabhängigkeit

Bei den Aprilwahlen von 1947 errang Aung San und seine AFPFL erwartungsgemäß die absolute Mehrheit. Doch noch während die neue Verfassung geschrieben wurde, passierte das Unerwartete.

Japanische Offiziere landen im August 1945 in Rangun, um die Kapitulation zu unterschreiben (links). Eines von 27000 Gräbern auf dem Kriegsfriedhof von Htaukkyan (rechts).

Eine Gruppe bewaffneter Männer überfiel m 19. Juli 1947 eine Sitzung der Interimsregierung und erschoß Aung San und sechs einer Minister. U Saw, Premier der letzten orkriegsregierung, wurde als Anstifter des Jberfalls überführt und hingerichtet. Daraufin wurde Thakin Nu vom britischen Gouverneur Sir Hubert Rance gebeten, an Aung Sans telle zu treten, um den von Astrologen bereits estgelegten Unabhängigkeitstermin nicht zu efährden.

Thakin Aung San, gerade 31 Jahre alt, als er rschossen wurde, wird heute als Vater der urmesischen Unabhängigkeit gesehen. Sein Bild hängt in jeder Amtsstube des Landes.

Kaum unabhängig, sah sich der neue Staat ast unüberwindlichen Hindernissen gegenber.

Zwei verschiedene kommunistische Parteien waren bereits im bewaffneten Untergrund. Die Karen, die sich von Anfang an einer Eingliederung in die Burmesische Union widersetzt hatten, ein bewaffneter Teil der PVO sowie ein Teil der burmesischen Streitkräfte raten aus verschiedenen Gründen gegen den gerade gegründeten Staat an.

Die Burmanen, seit 1886 nicht zum Militärdienst zugelassen, übernahmen die militärischen Führungsstellen und entließen alle Karen aus dem Militärdienst. Generalleutnant Ne Win wurde Generalstabschef und später Verteidigungsminister. Ihm kam zugute, daß sich die verschiedenen Rebellengruppen nicht zusammenschließen konnten. Anfang der 50er Jahre hatte die Regierung wieder Oberhand und kontrollierte zumindest während des Tages Städte und Straßen in Zentralburma.

Debakel der Wirtschaft

Ökonomisch waren diese Jahre für Burma eine Katastrophe. Die Steuereinnahmen waren geschrumpft und die Ausgaben für die Aufrechterhaltung eines überdimensionalen Militärapparates außer Kontrolle geraten.

U Nu und die AFPFL wurden bei den ersten Wahlen nach der Unabhängigkeit, die erst 1951 stattfinden konnten, wiedergewählt, aber Unstimmigkeiten innerhalb der Partei ließen das Land keine geordnete Entwicklung einschlagen. Der 1953 von einer amerikanischen Expertengruppe entwickelte, *Pyidawtha* (Glückliches Land) genannte Achtjahresplan, fiel bereits 1955 internen Parteistreitigkeiten zum Opfer.

Regierungskrise

Als dann 1958 der gesamte Regierungsapparat aufgrund der internen Auseinandersetzungen nicht mehr funktionsfähig war, berief U Nu den Generalstabschef Ne Win an die Spitze einer geschäftsführenden Interimsregierung. In den 18 Monaten dieser Interimsregierung konnte Ne Win viele der anstehenden Probleme lösen, seinem Auftrag entsprechend sicherte er aber auch faire Wahlen, die im Februar 1960 stattfanden. U Nu und der verbleibende Teil der AFPFL, die sich jetzt *Pyidaungsu* (Unionspartei) nannte, gewann die Wahl mit Hilfe schwerwiegender Wahlversprechen. Zum einen sollte die Verfassung so geändert werden, daß der Buddhismus als Staatsreligion anerkannt würde und zum anderen wurde den Mon und Arakanern eine Halbautonomie zugesagt. Diese Entwicklung, zusammen mit dem Versuch der Shan und Kayah, das in der Verfassung garantierte Sezessionsrecht in Anspruch zu nehmen, veranlaßten Ne Win am 2. März 1962 einen gewaltlosen Staatsstreich

durchzuführen, um so die Einheit der Burmesischen Union zu erhalten.

Ne Win setzte einen Revolutionsrat ein, der nur aus Militärs bestand: 15 Armeeoffiziere, ein Marine- und ein Luftwaffenoffizier ersetzten die gewählte Regierung des Landes. Am 30. April veröffentlichten sie ihr Manifest, den „Burmesischen Weg zum Sozialismus". Darin hieß es unter anderem: „Der Revolutionsrat der Union von Burma glaubt nicht daran, daß Menschen frei von sozialem Unrecht sein werden, solange ein schädliches ökonomisches System existiert, in dem der Mensch den Menschen ausbeutet und vom Überfluß einer solchen Aneignung lebt. Der Rat glaubt, daß es erst dann möglich ist, die Ausbeutung des Menschen durch den Menschen zu beenden, wenn eine sozialistische Wirtschaft, die auf Gerechtigkeit aufbaut, errichtet ist. . . (denn) ein leerer Magen dient nicht einer festen Moral . . ."

Die Revolutionsregierung

Die nächsten zwölf Jahre regierte Ne Win per Dekret, der Revolutionsrat hatte die Macht und brauchte sie mit niemandem zu teilen. Landwirtschaftlich nutzbarer Grund und Boden sowie alle ausländischen Firmen im Land wurden verstaatlicht, die gesamte Wirtschaft des Landes, von Kleinhändlern bis zu Großbanken, kam unter staatliche Kontrolle. Die Außenpolitik stand unter dem Zeichen der Neutralität und einer selbstauferlegten Isolation. Touristenvisen wurden in diesen Jahren nur für 24 Stunden erteilt. Bauern und Arbeiter wurden in speziellen Seminaren und Kursen mit den Prinzipien des Burmesischen Wegs zum Sozialismus vertraut gemacht.

1962 ließ Ne Win die führenden politischen Köpfe des Landes verhaften und einsperren. Unter ihnen war U Nu, der langjährige Kamerad auf dem Weg zur Unabhängigkeit des Landes. Als er 1966 entlassen wurde, zog er sich erst einmal zwei Jahre lang aus dem öffentlichen Leben zurück. 1968 gründete er dann das „National Unity Advisory Board" in dem auch 32 andere, ehemals eingesperrte Oppositionspolitiker saßen. Als Ne Win den Vorschlag dieser Gruppe, nun so schnell wie möglich wieder zu demokratischen Verhältnissen zurückzukehren ablehnte, verließ U Nu Burma.

Der Aufstand U Nus

U Nu hatte eine politische Mission, er reiste von Hauptstadt zu Hauptstadt, Bangkok, London, Washington, Ottawa, Tokio und Hong Kong waren seine Ziele, überall sprach er sich gegen die heimische Revolutionsregierung aus, er sucht Unterstützung. Thailand gewährte ihm politisches Asyl.

Im Mai 1970 gründete er dort die „National United Liberation Front" (NULF), der auch Vertreter der Minderheiten angehörten. 1971 kam es dann auch zu den ersten militärischen Auseinandersetzungen innerhalb Burmas. U Nu behauptete damals, 50000 Anhänger zu haben.

Ne Win wußte sich zu helfen. Er verbesserte seine Beziehungen zu den Minderheiten, zur Volksrepublik China und zu Thailand, auch wirtschaftlich ging es langsam aufwärts. Als

General Ne Win führte 1962 den Revolutionsrat an (links). Das Monument des Gründers des modernen Burma an der Natmauk Road in Rangun (rechts).

innerhalb der NULF die Minderheitenproblematik wieder aufkam, trat U Nu zurück, damit zerbrach auch die kurzfristige Einheit der in ihr vertretenen Gruppen. U Nu, der vorübergehend in den USA Buddhismus unterrichtete, zog sich 1974 in das Land Buddhas, nach Indien, zurück.

1974: Neubeginn

In Burma leitete Ne Win inzwischen weitreichende Reformen ein. Am 2. März 1974 wurde die Revolutionsregierung von einer gewählten konstitutionellen Regierung abgelöst, es entstand die Sozialistische Republik der Birmanischen Union. Ne Win war weiterhin Präsident und Vorsitzender der „Burma Socialist Program Party"; 16 der 17 Ministerposten waren in der Hand von Militärs.

Ne Wins Herrschaft war nicht ohne Opposition: Im Dezember 1974 kam es während der Beisetzung des verstorbenen Generalsekretärs der UNO zu regierungsfeindlichen Ausschreitungen, bei denen 16 Menschen getötet und Hunderte verwundet wurden. Sechs Monate später kam es zu erneuten Unruhen, nach denen 203 Studenten verurteilt wurden. Im Juli 1976 wurde es dann wirklich gefährlich. 14 junge Offiziere, die mit der Wirtschaft des Landes und dem Einparteiensystem nicht einverstanden waren, probten den Aufstand. Der Coup wurde beizeiten entdeckt, der Anführer zum Tode verurteilt und Hunderte Offiziere verhaftet.

Neutralität: Burma in den 80er Jahren

Die Opposition ist nicht nur auf Rangun beschränkt, auch im Landesinnern gibt es Probleme. Während Zentralburma sicher und friedlich ist, kommt es in den Minderheitsgebieten noch immer zu schweren Kämpfen. Östlich des Salweens, wo die Aufständischen ihre Waffenkäufe aus dem Erlös des Opiumhandels finanzieren, kommt es immer wieder zu kriegerischen Auseinandersetzungen. 1978 und 1979 wurden nach burmesischen Angaben 800 Rebellen und 150 Regierungssoldaten getötet. Ausländische Quellen sprechen von erheblich höheren Zahlen. Weiter im Süden überfallen Karen und Mon manchmal Busse und Schiffe, sie sind aber hauptsächlich mit dem ertragreichen Schmuggel von und nach Thailand beschäftigt. Im Westen, an der Grenze zwischen Arakan und Bangla Desh, bereiten die islamischen Mujahid der Regierung Probleme. Man schätzt, daß etwa 30 % der Bevölkerung und 50 % der Landfläche Burmas von Rebellen kontrolliert werden.

Nach Jahren der Stagnation zeigt die burmesische Wirtschaft jetzt Zeichen des Aufschwungs. Seit 1974 akzeptiert das Land wieder ausländische Kredite, wenn auch in beschränktem Rahmen und überläßt auf gewissen Gebieten wieder der Privatwirtschaft die Initiative.

Touristen erhalten seit 1972 wieder Visen für sieben Tage und die Devisen der Besucher des Landes werden wieder freundlich entgegengenommen.

Mehrere Vierjahrespläne dienten hauptsächlich der Steigerung des landwirtschaftlichen Ertrags. Seit der Mitte der 70er Jahre stieg das Bruttosozialprodukt jährlich um durchschnittlich fünf bis sechs Prozent. Das pro Kopf Einkommen liegt bei ca. 148 US $ und ist somit eines der niedrigsten in Südostasien. Es gibt aber genügend Nahrungsmittel – in Burma hungert niemand.

Als Burma im September 1979 aus dem Kreis der blockfreien Staaten austrat, weil sie deren Politik nicht mehr für eine dem Namen entsprechende hielt, war die ganze Welt verblüfft.

Im August 1981 waren dann größere Veränderungen abzusehen: Ne Win kündigte seinen Rücktritt als Staatspräsident an. Seit Jahren leidend, wollte er einen institutionellen Machtwechsel einleiten. Seinen Posten als Vorsitzender der Burma Socialist Program Party behielt er. Neuer Präsident wurde U San Yu.

Bereits 1980 begann Ne Win mit seiner neuen, versöhnlichen Politik. Er suchte den Ausgleich mit der Sangha, der buddhistischen Mönchsgemeinde und erließ eine allgemeine Amnestie für Politiker im Exil. U Nu kehrte daraufhin nach Rangun zurück, bekam eine Staatspension und übersetzt jetzt buddhistische Schriften.

Über den burmesischen Sozialismus kann man verschiedener Meinung sein. Daß er weit von der marxistischen Lehre entfernt angesiedelt ist, scheint klar: Marxismus und Buddhismus stehen sich fast dialektisch gegenüber, sie unter einen Hut zu bekommen, konnte auch Ne Win nicht gelingen.

Die wirtschaftlichen Erfolge seiner Regierungszeit waren nicht mitreißend, das Problem der Minoritäten wartet immer noch auf eine Lösung, aber der Neutralitätskurs der Regierung während der 60er und 70er Jahre hat es geschafft Burma aus den Kriegen herauszuhalten, die in dieser Zeit fast alle anderen Länder Südostasiens heimgesucht haben.

Während die tradierten Kulturmerkmale Südostasiens unter dem Einfluß östlicher und westlicher Einmischung verschwinden, hat Burma sein kulturelles Erbe fast unversehrt bewahrt. Ein Aspekt des burmesischen Sozialismus, den man bei der Abwägung aller Details nicht aus dem Auge verlieren sollte.

Kurze Geschichtschronologie

623–544 v. Chr.	Leben Buddhas
ca. 480 v. Chr.	Grundsteinlegung der Shwedagon Pagode
3. Jhdt. v. Chr.	Suvannabhumi, Monreich in Südburma
1. Jhdt. v. Chr.	Pyu siedeln in Oberburma, gründen Sri Ksetra
108 n. Chr.	Legendäre Gründung Pagans
2. Jhdt. n. Chr.	Maha Muni Buddha wahrscheinlich in Arakan gegossen
832	Tai erobern Halin, unterwerfen Pyu
11. Jhdt.	Kyaik-tiyo Pagode wird errichtet
1057	Anawrahta besiegt Mon, Erstes Burmesisches Königreich
1084–1167	Pagans goldenes Zeitalter, Kyanzittha und Alaungsithu
1287	Mongolen erobern Pagan, Untergang des Ersten Reiches
1287	Mon gründen Talaingreich in Martaban
1315	Gründung Sagaings, unabhängiges Shankönigreich
1364	Gründung von Ava, neue Hauptstadt des Shanreiches
1369	Hauptstadt der Talaing (Mon) nach Pegu verlegt
1385–1425	Vierzigjähriger Krieg zwischen Mon und Shan
1433	Arakans Hauptstadt nach Mrauk U verlegt
1453–1492	Regierungszeit von Königin Shinsawbu und König Dhammazedi
1519	Portugiesen gründen Handelsniederlassungen in Burma
1541	Tabinshweti gründet Zweites Burmesisches Königreich
1550–1581	Bayinnaung erobert Chiengmai und Ayutthia
1613	De Brito nach 13jähriger Herrschaft hingerichtet
1622–1638	Glanzzeit Arakans unter König Thiri-thu-dhamma
1635	Hauptstadt des Zweiten Burmesischen Reiches nach Ava verlegt
17. Jhdt.	Briten, Franzosen und Holländer gründen Niederlassungen
1752	Mon erobern Ava, Untergang des Zweiten Königreiches
1755	Alaungpaya gründet Drittes Burmesisches Königreich
1760	Alaungpaya vertreibt Mon aus Ava, gründet Rangun
1767–1783	Burmesen erobern Ayutthia und Arakan
1824–1826	Erster Anglo-Burmesischer Krieg, Vertrag von Yandabo
1852–1853	Zweiter Anglo-Burmesischer Krieg, Briten besetzen Niederburma
1861	König Mindon verlegt Hauptstadt nach Mandalay
1871–1872	Fünfte Buddhistische Synode in Mandalay
1885–1886	Dritter Anglo-Burmesischer Krieg, Burma verliert Unabhängigkeit
1923	Dyarchy Reform, teilweise Selbstverwaltung
1930	All Burma Student Movement und *Thakin* Vereinigung gegründet
1935	„Gourvernement of Burma Act" trennt Burma von Indien
1937	Kolonialstatut mit eigener Legislative
1941	Japaner landen in Niederburma
1943	1. Unabhängigkeitserklärung
1945	Rückeroberung Burmas durch alliierte Truppen
1947	Londoner Konferenz, Burma erringt Unabhängigkeit
1947	Thakin Aung San wird ermordet
1948	Thakin Nu wird erser Premierminister des Landes
1954–1956	Sechste Buddhistische Synode in Rangun
1958	Ne Win leitet geschäftsführende Regierung
1960	U Nu gewinnt Neuwahlen
1962	Ne Win übernimmt die Macht durch Staatsstreich
1962	Revolutionsrat proklamiert den „Burmesischen Weg zum Sozialismus"
1969–1973	U Nu führt Aufstand an der Thaigrenze an
1974	Proklamation der „Sozialistischen Republik der Birmanischen Union"
1975	Erdbeben richtet großen Schaden in Pagan an
1976	Staatsstreich von jungen Offizieren verhindert
1979	Burma tritt aus dem Kreis der „Blockfreien Staaten" aus
1981	Ne Win kündigt Rücktritt an, bleibt Vorsitzender der BSPP
1981	U San Yu wird neuer Präsident

By the old Moulmein Pagoda, lookin' lazy at the sea,
There's a Burma girl a settin', and I know she thinks o' me . . .
An' I seed her first a-smokin' of a whickin' white cheroot,
An' a wastin' Christian kisses on an 'eathen idol's foot . . .

—*Rudyard Kipling (1889)*

P. KLIER RANGOON

BURMESE IN FESTIVAL DRESS.

BURMESE BEAUTY 558 REGD.
P. KLIER. RANGOON.

A BURMESE MAN
438
P. KLIER RAN

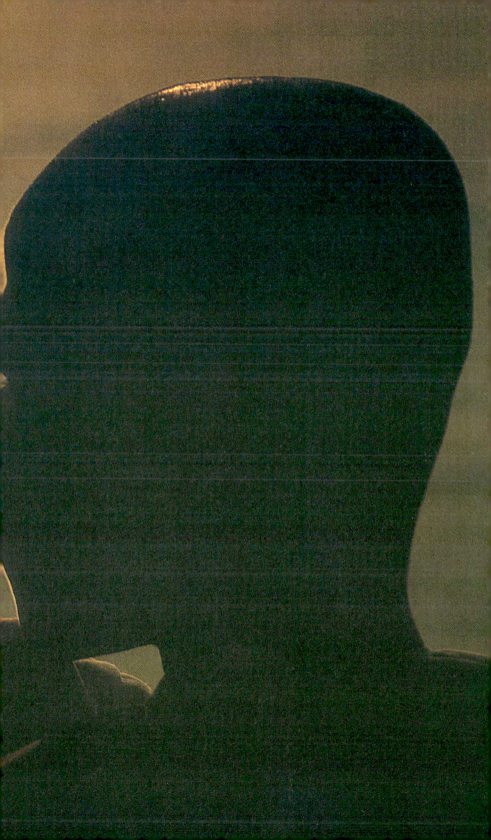

WELCOME TO BURMA
HOTEL & TOURIST CORPORATION
PADAUNG BELLE

Ein Land der völkischen Vielfalt

Burma . . . wird von einer solchen Vielzahl von Völkern bewohnt, daß wir gar nicht wissen, wieviele es sind, noch welche, und woher sie kommen. In keiner Gegend sind die Völker so verschiedenartig und Sprachen und Dialekte so vielfältig . . .
– *C. M. Enriquez,* Races of Burma (1933)

Schon der Name „Union von Burma" sagt, daß es sich um einen Vielvölkerstaat handelt. Es ist dies aber keine glückliche Union. „Burma Proper", das Siedlungsgebiet der burmanischen Mehrheit, ist von einem Halbkreis von Staaten umschlossen, in denen Arakaner, Chin, Kachin, Shan, Kayah (Rote Karen), Karen und Mon wohnen. Das Verhältnis dieser Völker zueinander war bereits in der Vergangenheit durch Mißtrauen, Feindschaft und gelegentliche Kriege bestimmt. Daran hat sich bis heute nichts geändert.

Teilen und herrschen

Die Grenzen der Staaten und Provinzen Burmas sind in der Konstitution von 1948 festgeschrieben. Als Modell dienten dabei britische Verwaltungseinheiten. Die britische Kolonialverwaltung machte einen Unterschied zwischen „Burma Proper", dem burmanischen Siedlungsgebiet, und „Outer Burma", dem Siedlungsgebiet der ethnischen Minderheiten. Diese Unterscheidung kam ihnen für ihr Prinzip des „divide and rule" sehr gelegen.

Während das burmesische Zentralland bis 1937 unter der Verwaltung Britisch-Indiens stand, unterstanden die Minderheiten nur einer lockeren Protektionsverwaltung mit weitreichender Autonomie.

Den Burmanen war der Eintritt in die Armee versagt, die Minderheiten hatten dagegen freien Zugang zu dieser Institution. Dies erzeugte eine unterschwellige Feindseligkeit, die bereits kurz nach der Unabhängigkeit zu Tage trat. Seither gibt es keinen inneren Frieden im Land. Alle Versuche der Aussöhnung schlugen bisher fehl.

67 verschiedene völkische Gruppen wurden 1964 in Burma gezählt, wobei die Inder, Chinesen und Europäer, die Burma zu ihrer Heimat gemacht haben, nicht mitgezählt wurden. Eine Auflistung der Sprachen und Dialekte, die noch von der britischen Kolonialregierung stammt, kam auf 242 Idiome, die innerhalb der Landesgrenzen gesprochen wurden.

Spuren des vorgeschichtlichen Menschen

Lange bevor die Vorfahren der heutigen Bewohner Burmas ihre Heimat in Zentralasien und Tibet verließen, war das Land, das wir heute als Burma kennen, schon bewohnt. Proto-Australoide Menschen lebten damals in Höhlen in den Bergen rund um die fruchtbaren Flußtäler. Sie waren noch nicht seßhaft und lebten vom Jagen und Sammeln. Steinsplitter und andere Spuren ihrer Kultur wurden im Shan State gefunden. Diese Ureinwohner vermischten sich später mit Austronesiern und zogen weiter in die Inselwelt des heutigen Indonesiens. In der heutigen Bevölkerung Burmas hinterließen sie keine Spuren. Die Bewohner der Andamanen und die Semang in Malaysien könnten direkte Nachkommen dieser Menschengruppe sein.

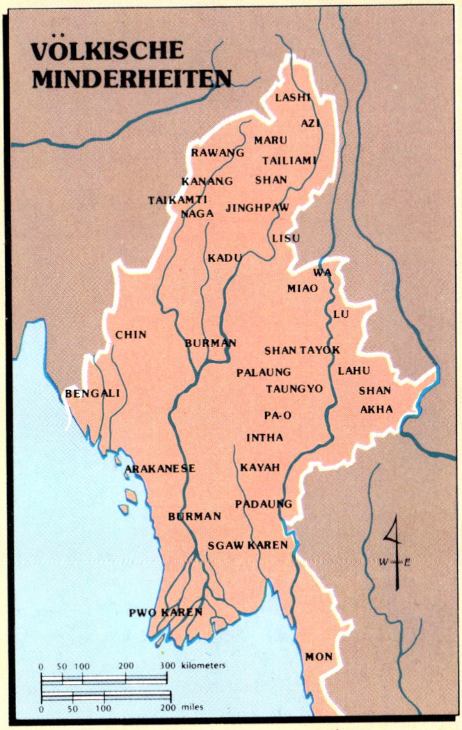

Vorhergehende Seiten: Zwei kahlgeschorene buddhistische Nonnen im Abendlicht. Links: Eine „Giraffenfrau" des Padaungstammes begrüßt Besucher im Tourist Burma Büro in Rangun. Oben: Karte der Siedlungsgebiete der Völker Burmas.

Drei Einwanderungswellen

In geschichtlich faßbarer Zeit gab es drei wichtige Wanderbewegungen. Die ersten Einwanderer waren mon-khmer Völker. Sie kamen aus den trockenen, windgepeitschten Ebenen Zentralalsiens. Wer je die goldenen Reisberge zur Erntezeit in Burma gesehen hat, versteht, warum sich diese Menschen hier niederließen, er versteht auch, warum sie ihr Land Suvannabhumi, das Goldland, nannten.

Die zweite Welle der Einwanderer waren Tibeto-Burmanen, sie drängten die Mon-Khmer nach Süden und siedelten selbst am Mittellauf des Irrawaddy und des Sittang. Die Vorhut waren die Pyu, die Sri Ksetra gründeten, denen später die Erbauer Pagans, die Burmanen, folgten

Zwischen dem 12. und dem 14. Jahrhundert kam dann die dritte Welle. Die Tai (die man heute in Burma als Shan kennt) sind sinotibetischer Abstammung. Sie siedelten bereits im 7. Jahrhundert in Yünnan und wanderten von da aus die Flußtäler entlang nach Süden. Ihr Versuch, die Burmanen vom Irrawaddy zu vertreiben, brachte jahrhundertelange Auseinandersetzungen mit sich. Nach dauernd wechselndem Kriegsglück gelang es den Burmanen, sie in die Berge abzudrängen. Ihr Hauptsiedlungsgebiet ist heute an den Ufern des Menam (Chao Phraya), in Thailand.

Es gibt auch heute noch eine nach Süden gerichtete Wanderbewegung unter den Bergbewohnern. Als die Briten zum Ende des letzten Jahrhunderts die Verwaltung auf das Kachin Bergland ausdehnten, war sie noch allgegenwärtig.

Die Suche nach besseren Lebensbedingungen und im Bergland sehr oft der simple Überlebensdrang, liegen diesen Bewegungen zugrunde, sie sind aber auch der tiefere Grund der Auseinandersetzung zwischen den Burmanen und den Bergvölkern.

Die Burmanen an der Macht

Die Mehrheit der Bevölkerung im Land sind Burmanen, sie sind im Besitz des besten Landes und sitzen in den führenden Positionen der Regierung. Ihr Siedlungsgebiet umfaßt die Provinzen Rangun, Irrawaddy, Pegu, Magwe, Mandalay und Sagaing. Man findet sie aber auch im Arakan State, im Mon State und in Tenasserim. Die meisten der kulturellen Manifestationen, die in späteren Kapiteln dieses Buches beschrieben werden, sind Ausdruck der burmanischen Lebensweise.

Der größte Teil der Burmanen wohnt auf dem Land in Palmdachhütten, wirtschaftliche Grundlage bildet der Reisanbau. Traditionelles Merkmal der Frauen ist ihr make-up aus *Thanakarinde,* das sie zum Schutz gegen die starke Sonneneinstrahlung tragen. Der burmesische Sarong, bei den Frauen *Longyi* genannt, wird auch von Männern getragen, dann aber meist *Pa-soe* genannt.

Die Mon, ein Volk mit Vergangenheit

Im burmesischen Zentralland, vermischt und zum größten Teil auch kulturell assimiliert, leben etwa 1,3 Millionen Mon. Ihr Hauptsiedlungsgebiet liegt im Mon State rund um die Hafenstadt Moulmein und die alte Königsstadt Pegu. Obowhl sie noch ihre eigene Sprache sprechen, sind sie inzwischen Teil des burmesischen Establishments. In ihrem Siedlungsgebiet im Süden Burmas hängt ihre Landwirtschaft von den monsunalen Regenfällen ab. Außer Reis bauen sie auch noch Süßkartoffeln, Zuckerrohr und Ananas an. Obwohl Buddhisten, fangen sie Fische und Vögel.

Die burmesischen Mon sind nur ein kleiner Teil der Mon-Khmer sprechenden Bevölkerung Südostasiens. Der größere Teil lebt weiter im Osten, in Thailand, Kambodscha und Vietnam.

Im Norden des Mon State, in einer Enklave inmitten des Shangebietes, leben die Palaung, die auch Mon-Khmer sprechenden „Vettern" der Mon. Im Gegensatz zu den Bewohnern der Ebene betreiben sie Trockenfeldbau. Reis und Tee sind ihre wichtigsten Produkte. Auch sie sind gläubige Buddhisten, haben aber in ihren

Burmanische Gesichter: Ein junges Mädchen mit *Thanaka make-up* (links) und ein wettergegerbtes Gesicht eines Bauern aus Oberburma (rechts).

befestigten Dörfern auch Natanbetungsstellen.

Die „Giraffenfrauen" der Padaung

Zu den kleineren Völkern, die auch Mon-Khmer sprechen, gehören die Padaung und die Wa. Beide haben einen Bekanntheitsgrad, der in keinem Verhältnis zu ihrer zahlenmäßigen Stärke steht.

Es gibt nur ca. 7000 Padaung, die alle in der Nähe von Loikaw, der Hauptstadt des Kayah State, wohnen. Ethnographische Berichte in den letzten hundert Jahren, kürzlich erst wieder im *National Geographic,* sind um die ganze Welt gegangen.

Bis zu neun Kilo schwere Kupfer- oder Messingringe erwecken den Eindruck, als wären die Hälse der Frauen gestreckt.

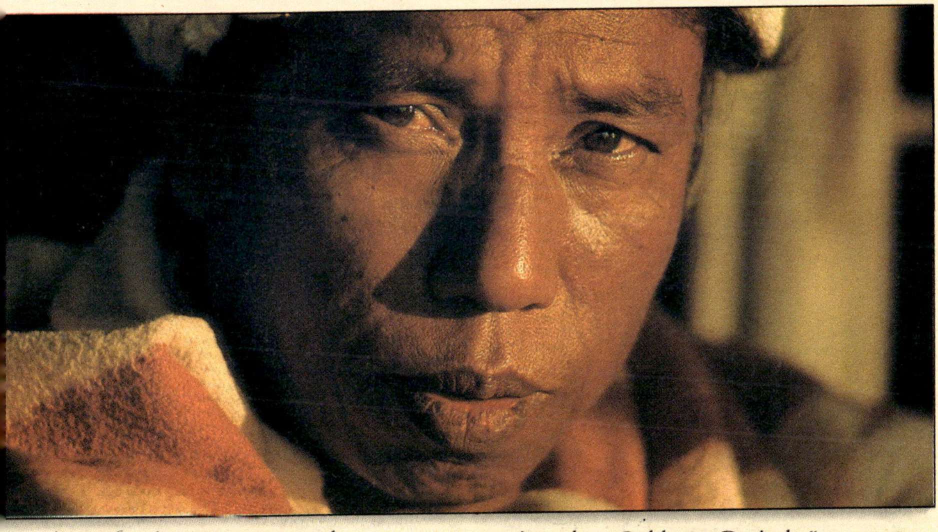

Junge Mädchen erhalten ihre ersten Ringe um Hals, Arme und Beine bereits im zarten Alter von sechs Jahren. Jahr für Jahr kommen dann neue Ringe dazu, bis sie zum Zeitpunkt ihrer Hochzeit 25 cm hoch sind.

In Wirklichkeit werden die Hälse natürlich nicht gestreckt, es werden nur Schlüsselbein und Rippen nach unten gedrückt. Der Eindruck bleibt der gleiche. Da sich im Nacken keine Muskeln entwickeln können, werden die Ringe notwendig, um den Kopf zu tragen. Würde man sie entfernen, was in der Vergangenheit als Strafe für Ehebruch gemacht wurde, so würde der Kopf wegsacken, was über kurz oder lang zum Erstickungstod führen müßte.

Man nimmt an, daß dieser ungewöhnliche Brauch aus einer Zeit stammt, als die Padaung immer wiederkehrenden Sklavenjagden ausgesetzt waren. Derartig verkrüppelte Frauen waren aber für die Sklavenjäger keine sinnvolle Beute. Eine andere Version sagt, die Ringe wurden zum Schutz vor Tigerbissen angebracht. Wie auch immer, der ursprüngliche Sinn ging verloren, der Brauch blieb.

Die wilden, wilden Wa

Zirka 300 000 Wa leben weiter im Norden an der Grenze zu China, im abgelegensten Teil Burmas. Bis in die 40er Jahre wußte man sehr wenig über sie, außer daß sie Kopfjäger waren und ihren Göttern menschliche Schädel opferten. Zwar sagt man, sie hätten diesen Brauch inzwischen abgelegt, aber niemand weiß etwas Näheres. Die politischen Umwälzungen in Indochina während der 60er Jahre brachten sie ins Rampenlicht. Von ihnen kam das Rohopium des „Goldenen Dreiecks".

Ursprünglich waren sie Wanderfeldbauern, die wie die anderen Bergbewohner den Urwald niederbrannten und auf diesen Lichtungen für kurze Zeit ihren Reis anbauten. Ihre Anbaumethoden konnten jedoch mit dem Bevölkerungswachstum nicht Schritt halten. Nur der Anbau von Schlafmohn, bis dahin zweitrangig, konnte ihr Überleben garantieren.

KMT und CIA

Nachdem in den 40er Jahren China kommunistisch wurde, bemühten sich die verschiedensten Gruppen um die Wa. Die Kuomintang (KMT), die geflüchteten Nationalchinesen; der amerikanische Geheimdienst CIA und die verschiedenen kommunistischen Rebellengruppen in Burma benutzten die Wa für ihre Zwecke.

Da sie auf beiden Seiten der Grenze nach

China siedelten und deshalb unbemerkt nach Yünnan konnten, eigneten sie sich ausgezeichnet für antikommunistische Überfälle der KMT. Der CIA kaufte ihr Opium, um mit dem Erlös aus dem Weiterverkauf die Söldnertruppen des Vietnamkrieges zu bezahlen. Und Schließlich war da noch die von Peking unterstützte kommunistische Partei, die sie für ihren Kampf gegen die burmesische Zentralregierung einsetzte.

Heute hat sich das alles geändert. Die KMT-Truppen wurden entweder nach Taiwan ausgeflogen oder haben sich in Nordthailand niedergelassen. Schlafmohn wird schrittweise durch den Anbau von Kaffee und Tee ersetzt und die Volksrepublik China hat die Unterstützung kommunistischer Untergrundorganisationen in Südostasien eingestellt.

Den Wa stehen schwere Zeiten bevor, Anbau- und Erntemethoden sind antiquiert, die Bevölkerung wächst weiter, zusätzliche Verdienstquellen gibt es nicht mehr – die Wa werden neue Wege beschreiten müssen, um zu überleben.

Die Shan: ein freies Volk mit einer feudalen Vergangenheit

Die meisten Wa leben im östlichen Teil des Shan State, eine unbedeutende Volksgruppe, verglichen mit den 2 ½ Millionen Shan, die in dieser Gegend wohnen.

Shan, Siam, Assam. Alle drei geografischen Begriffe haben denselben Ursprung und zeigen auf, wie groß das Siedlungsgebiet dieser Volksgruppe ursprünglich war. Sie bedeuten noch immer dasselbe, „Freies Volk", eine Parole, unter der ihre mittelalterliche Wanderbewegung bis hinunter ins fruchtbare Schwemmland des Chao Phraya stand.

Vom 15. Jahrhundert an, nachdem es den Burmanen gelungen war, sie ins Bergland östlich des Irrawaddy zurückzudrängen, bis 1959, herrschten dort 34 *Sawbwas* (erbliche Fürsten) in mittelalterlichem Glanz, mit Dienern, Sklaven und Haremsdamen. Der Allianz dieser 34 Fürstentümer wurde im Staatsvertrag von 1948 das Recht zugestanden, auf Wunsch nach 10jähriger Zugehörigkeit die Union zu verlassen. Als dies 1959 in Erwägung gezogen wurde, zwang der geschäftsführende Premierminister Ne Win die *Sawbwas* auf ihre erblichen Rechte und Privilegien zu verzichten. Als Ersatz wurden ihnen vertraglich 25 Millionen Kyat (nach heutigem Wert etwa 3 Millionen US $) zugesprochen, eine Summe, die ihren Steuer- und Pachteinnahmen einer Periode von 15 bis 25 Jahren gleichkam.

Einige *Sawbwas* gründeten daraufhin die Shan Independence Army und versuchten in den folgenden Jahren, den Shan State mit Gewalt von Burma zu lösen. Nach dem Coup von 1962 ließ Ne Win all jene *Sawbwas*, die nicht rechtzeitig geflohen waren, einsperren. Als man sie 1968 aus dem Gefängnis entließ, war ihre Ära endgültig vorbei.

Einige von ihnen befinden sich noch immer im freiwilligen Exil, andere aber sind angesehene Professoren, die in Rangun und an anderen Unversitäten unterrichten. Es ist ihnen jedoch noch immer verwehrt, ihre ehemalige Heimat im Shan Bergland zu besuchen.

In den 60er Jahren machte dann eine neue Rebellengruppe von sich reden: die Shan State

Ein Mon-Mädchen in einem aus Bambusstangen geflochtenen Haus an der thailändischen Grenze.

Opium und die Minderheiten

Während der 60er und Anfang der 70er Jahre konnte man in westlichen Zeitschriften Bilder von Karawanen sehen, die aus 200 oder mehr Mauleseln bestanden. Die Maulesel hatten auf ihrer Route durch das weglose Bergland Südostasiens bis zu 20 Tonnen Rohopium geladen. Beunruhigend an diesen Bildern war, daß dieses Opium, das aus einer Weltgegend stammte, wo es keine Regierungskontrolle gab, für die Oberschulen, Kasernen und Slums der Industrienationen bestimmt war. Die Anbaugegend wurde uns damals als fernab jeglicher Nachrichten- und Transportverbindungen beschrieben, in der Volksgruppen siedeln, die in dauernde kriegerische Konflikte verwickelt sind.

Es handelt sich um das Goldene Dreieck, dessen größter Teil im burmesischen Shan State liegt. Auch Teile Thailands, Laos' und Yünnans rechnet man noch dazu. Höher als 1000 m liegend, bietet dieses Gebiet ideale Anbaubedingungen für *papaver somniferum*, auch als Schlafmohn bekannt. Es ist der Rohstoff, aus dem Heroin gewonnen wird.

Opium, „die Tränen des Schlafmohns", wird von den Menschen dieser Region schon seit der Zeit, als sie ihre zentralasiatische Heimat verließen, als Medizin und Beruhigungsmittel verwendet.

Die burmesischen Könige stellten den Genuß unter Strafe: Wen man ertappte, dem wurde geschmolzenes Blei in den Hals gegossen.

Anders unter den Briten. Sie führten zwei Kriege, um den Opiumhandel zu erhalten. Es dauerte bis 1906, bis das Unterhaus den Opiumhandel als „unmoralisch" einstufte.

Durch die Unabhängigkeitskriege, die in der Mitte dieses Jahrhunderts in Südostasien ausgefochten wurden, kam Opium wieder ins Bewußtsein der Weltöffentlichkeit.

Die Gefahr, die der Westen in einer kommunistischen Machtübernahme in Südostasien sah, verleitete ihn, jegliches Mittel einzusetzen, um dies zu verhindern. Um ihre lokalen Söldnertruppen zu bezahlen, begannen die Franzosen und die Amerikaner ein Multimillionen-Dollar-Geschäft mit Opium. Kuomintang Truppen, die sich nach ihrer Vertreibung aus der Volksrepublik China im Goldenen Dreieck niederließen und Shanrebellen, die gegen die burmesische Regierung kämpften, waren die Hauptlieferanten des Rohstoffs.

Gegen Ende der 60er Jahre war dann abzusehen, daß man dieses selbst produzierte Problem nur dann lösen kann, wenn sich der gesamte politische Rahmen im Goldenen Dreieck verändern würde. Die verschiedenen Stämme, die an diesem Geschäft beteiligt waren, die Wa, Lisu, Lahu, Akha und Lu hatten ihre gesamte Landwirtschaft auf Mohn umgestellt. Mit keinem anderen Anbauprodukt, nicht mit Tee oder Kaffee, war so leicht und so viel Geld zu verdienen.

In den sozialistischen Staaten Indochinas ist der Anbau von Schlafmohn inzwischen verboten. Sie unterstreichen dies mit den militärischen Aktionen in den Minderheitsgebieten. Aus Laos kommt kein Opium mehr. Auch die burmesische Regierung würde gerne so durchgreifen, das Anbaugebiet liegt aber außerhalb ihrer Einflußzone. Die Kuomintang-Truppen, einst die Vorhut der antikommunistischen Verbände in Südostasien, werden, seitdem sich Peking und Washington verständigen konnten, vom Westen nicht mehr unterstützt. Sie wurden aus Burma vertrieben, haben sich in Nordthailand niedergelassen und sind noch immer im Opiumgeschäft tätig, wenn auch nicht mehr mit demselben Einfluß wie früher.

Im Zentrum des noch immer florierenden Opiumhandels steht heute die BCP, die Burma Communist Party. Seitdem aus Peking keine Unterstützung mehr kommt, wendet sie dieselben Finanzierungsmethoden an wie einst die KMT und die Shanrebellen.

Es ist nicht abzusehen, wann aus dem Goldenen Dreieck kein Opium mehr kommen wird. Double Uoglobe, auch Heroin Nummer Vier genannt, wird inzwischen in Urwaldlabors in den Shanbergen hergestellt. Es ist dies eine so konzentrierte Form, daß es nur ein Zehntel des Volumens von Rohopium hat. Ein Schritt näher zur zeitgemäßen Lösung der Logistik- und Transportprobleme, in einem Geschäft, in dem es um mehr als um Geld geht.

Army. Ihr fehlt es aber an Einheit und sie scheint den Bestand der Union nicht mehr gefährden zu können.

Diese „Armee" kontrolliert heute das Grenzgebiet zu Thailand und damit auch etwa 10 % des Opiumhandels im Goldenen Dreieck. Eine weitere profitable Einnahmequelle ist der Schmuggel, der zwischen Nordthailand und Zentralburma betrieben wird. Die Unterstützung aus der Bevölkerung reicht aber nicht aus, um einen größeren Aufstand zu provozieren.

Ein Großteil der Shan sind Buddhisten. Dies unterscheidet sie bereits deutlich von den Bergstämmen, die noch dem Geisterglauben verhaftet sind und auf den Rücken und Hängen der Berge ihre Siedlungen haben. Die Shan selbst wohnen in den Tälern und auf der Hochebene. Außerhalb des Shan State findet man sie auch noch im Kachin State.

Da ihre Siedlungen durchschnittlich 1000 m über dem Meeresspiegel liegen, sind sie auch die erfolgreichsten Gemüsebauern und Blumenzüchter der Nation.

Man erkennt sie sofort an ihren Handtuchturbanen, die von Männern und verheirateten Frauen getragen werden. Ihre bauschigen dunkelblauen Hosen, die die Männer anstatt der *Longyis* tragen, weisen auf eine moderne Lebensart, aber auch auf die Schmuggelökonomie des Grenzgebietes hin. Auch Mädchen tragen bis zu ihrem 14. Lebensjahr solche Hosen, die sie dann aber gegen farbenprächtige Röcke eintauschen. Je älter sie werden, desto farbloser wird ihre Kleidung. Ab 40 tragen sie dann nur noch schwarze Blusen und Röcke.

Die vielfarbigen Karen

Der Sprache nach sind auch die Karen Tibeto-Burmanen. Es gibt etwa 2 bis 3 Millionen von ihnen in Burma. Sie haben zwar ihren eigenen Staat, den Karen State (oder Kawthule, wie ihn die Briten nannten), aber nur ein Drittel des Volkes lebt dort. Den Rest findet man im Mon State, in Tenasserim und besonders im Delta, bei der Stadt Bassein. Auch die Kayah, früher aufgrund ihrer roten Tracht auch rote Karen genannt, haben ihren eigenen Staat.

Man unterscheidet heute drei Gruppen der Karen: Die Pwo, die im Delta und der Ebene wohnen; die Sgaw, zu denen auch die Paku (auch Weiße Karen genannt), die Pa-o und andere Bergstämme gehören; sowie die Bwe, in deren Untergruppierung man die Kayah und die Karennet (Schwarze Karen) findet.

Die Schmuggelrepublik

Die Pwo im Delta sind heute von den Burmanen fast nicht zu unterscheiden. Lebensstil und Lebensart sind identisch. Trotzdem kämpfen etwa 1000 von ihnen im bewaff-

Bergvölker: Animistische Nagas (links) aus dem abgelegenen Bergland im Nordwesten (links) und ein enggeschnürtes Shanbaby (rechts) aus der Gegend um Taunggyi.

eten Untergrund; sie gehören der Karen ɹational Liberation Army an. Diese Armee, ie von Bo Mya angeführt wird, hat 8000 ıodern ausgerüstete Soldaten. Sie kontrolliert inen großen Teil des Karen State und hat auch ine eigene Verwaltung mit Schulen und Kranenhäusern. Finanziert wird diese „Regieung“ durch den 5 %igen Zoll, den sie auf das chmuggelgut in beide Richtungen, von und ach Thailand, erhebt.

Das Grenzgebiet, das von den Sgaw be-ʋohnt wird, kann man von Burma aus nicht rreichen. Von Thailand aus kann man aber bis n den Vorposten Wang Kha, von Mae Sot eran.

1977 versuchte die burmesische Regierung iesem „Schmuggelspuk“, der immerhin pro 'ag 40 bis 50 Tonnen illegale Güter umschlägt, in für alle Mal den Garaus zu machen. Dem urmesischen Militär gelang es auch, Wang ha total zu zerstören, aber innerhalb kürzeter Zeit war die Stadt einige Kilometer ent-ernt wieder aufgebaut.

Eine „biblische Vergangenheit“

Auf das einfache Leben der Wanderfeldbauɪn in den Bergen hat all dies wenig Einfluß. Sie ihren einen dauernden Überlebenskampf mit er Natur. Auch ihre Bevölkerung wächst, der oden wird nährstoffärmer und Industrie gibt s aufgrund der politischen Instabilität fast eine. Man sagt, die Karen seien in verschiedeen Schüben aus ihrer ursprünglichen Heimat ı der Wüste Gobi, in Burma eingewandert.)ieses Land, das ihre Vorfahren vor bereits 500 Jahren verließen, heißt in ihren Legenden och immer „der Fluß aus Sand“.

Es war eine andere Legende, die den christlihen Missionaren Tür und Tor öffnete. Diese rzählt von der „Heiligen Schrift“, die ihre 'orfahren besaßen, die aber auf der Wanderchaft verlorenging. Aber „Y'we“, ihr Gott, eß sie wissen, daß ihnen diese eines Tages ein Weißer Bruder“ zurückbringen würde. Viele inzelheiten dieser Legende ließen die ersten Aissionare glauben, sie hätten einen verloreen Stamm Israels gefunden. Der Name Y'we“ klingt fast wie das hebräische „Jahve“, ie Geschichte der Erschaffung der Erde in ieben Tagen ist dort genauso enthalten wie die er verbotenen Frucht und die darauffolgende 'ertreibung aus dem Paradies.

Heute findet man unter den Karen bei ʋeitem die meisten Christen in Burma.

Eine der ungewöhnlichsten Untergruppieungen der Sgaw Karen sind die Pa-o. 200 000 on ihnen wohnen in der Nähe von Taunggyi m Inlesee. Im 11. Jahrhundert flohen sie aus üdburma in die Berge, um nicht in der Auseinandersetzung zwischen Burmanen und Mon aufgerieben zu werden. Ihre Sprache ist noch ursprünglicher als das Karen der anderen Gruppen; sie haben auch eine eigene Schrift entwickelt.

Die Roten Karen aus dem Kayah State

Die Roten Karen, im kleinsten Staat der Union angesiedelt, verdanken ihr Staatsgebilde der britischen Kolonialverwaltung und dem Umstand, daß sie fast vollzählig, 75 000 von ihnen, dort angesiedelt sind. Während der britischen Ära waren die Kayah nie direkter Teil Burmas. Ihr Siedlungsgebiet, das in mehrere Fürstentümer, die Karenni States, aufgeteilt war, stand unter einer lockeren Protektionsverwaltung der Briten. Im Vertrag von

1948 erhielten sie dieselben Rechte wie die Shan, aber auch ihre Fürsten, deren Gebiete 1951 zum Kayah State zusammengeschlossen wurden, mußten 1959 auf ihre Rechte und Privilegien verzichten. Soweit sich diese Fürsten nicht durch Flucht entzogen, wurden auch sie 1962 eingesperrt und ihr Land an die Bauern verteilt.

Auch die Kayah sind Bergbauern, die Reis, Hirse und Gemüse im Trockenfeldbau anbauen. Die Frauen dieses Stammes umwickeln ihre Waden mit zentimeterdicken Bändern oder Baumbusstreifen. Diese werden dann mit Perlen bestickt und obwohl es das Gehen nicht gerade erleichtert, ergibt es das, was man im Land der Kayah unter einem anmutigen Gang versteht.

Die Kachin und andere Bergstämme

Nirgendwo leben soviele verschiedene Stämme zusammen wie im Kachin State. Hier, im äußersten Norden des Landes, findet man Jinghpaw (Kachin), Shan, Burmanen, Maru, Azi, Lashi und Lisu zusammen mit Rawang, Tailiami, Tailon, Taikamti, Tailay, Kadu und Kanang. Ihre Dörfer sind ohne erkennbares Muster im Land verstreut.

Sehr oft werden sie alle als „Kachin" bezeichnet, die wahren Kachin sind aber nur die Jinghpaw. Seit altersher Bergbewohner, unterscheiden sie sich deutlich von den Shan, die in den Tälern angesiedelt sind. Auch sie betreiben Wanderfeldbau, pflanzen auf den Lichtungen Buchweizen, Hirse und Gerste und beziehen ihre Gebrauchsgüter von den Shan

und Burmanen.

Sie sind wie fast alle Bergstämme Animisten. In ihrem Verständnis des Übernatürlichen gibt es ein Pantheon hierarchischer Götter und Geister, die Macht über das Leben der Menschen haben. Diesen Geistern müssen Gaben und Opfer dargebracht werden, wobei diese nur den „Atem" oder die Essenz der Gaben für sich behalten und den Rest den Sterblichen überlassen. Zauberkult und Hexerei sind deshalb auch Teil des Alltags der Jinghpaw. Nichts „Gutes" oder „Böses" passiert einfach. Hinter allen Ereignissen steht ein Geist, dem entweder gedankt oder der beruhigt werden muß.

Die erbrechtliche Weitergabe von Stammesfunktionen ist eine Grundlage des Zusammenlebens. Im Gegensatz zu den Regeln, die anderswo gelten, ist es der jüngste Sohn, der die Position des Vaters übernimmt. Lebenserfahren, wie diese Bergstämme sind, sagen sie „Je jünger der Sohn, desto größer die Chance, daß er vom selben Fleisch und Blut wie der Vater ist."

Auch im Kachin State gibt es Rebellengruppen. Hier ist es die Kachin Independence Army, die für eine regionale Unabhängigkeit kämpft, aber auch die Burma Communist Party, die ihre Basis an der chinesischen Grenze hat. Auch einige zurückgebliebene KMT Gruppen sind noch anzutreffen, die sich ihren Lebensunterhalt durch Opiumschmuggel verdienen.

Die naturwüchsigen Naga

Eine weitere Gruppe, die tief in den Bergen zu Hause ist, sind die Naga. Obwohl der größte Teil dieses Stammes auf der anderen Seite der Grenze in Indien lebt, gibt es etwa 50000, die am oberen Chindwin, im Kachin- und im Chin State angesiedelt sind. Auch sie waren in der Vergangenheit als Kopfjäger berüchtigt. Ihre landwirtschaftlichen und religiösen Gebräuche unterscheiden sich wenig von denen anderer Bergstämme, ihre Sozialstruktur ist noch in einem Frühstadium; die höchste Verwaltungsebene, die sie kennen, ist das Dorf.

Die burmesische Zentralregierung hat mit ihnen wenig Schwierigkeiten, sie sind in einen Unabhängigkeitskampf gegen die indische Regierung verwickelt und benutzen das Grenzgebiet auf burmesischer Seite als Zufluchtsstätte.

Die Chin an die Front

Obwohl die Chin zu den größten Minderheitsgruppen des Landes gehören, weiß man über sie verhältnismäßig wenig. Etwa 800000 leben in Indien und Bangla Desh, die 350000 in Burma angesiedelten Chin sprechen 44 untereinander nicht verständliche Dialekte. 60 % von ihnen leben im Chin State, der Rest an den Hängen des Arakan Yoma und in der Provinz Magwe. Aufgrund ihrer abgeschiedenen Lage kümmerten sich die Herrscher vergangener Epochen wenig um sie. Erst die Briten, die ihre Fähigkeiten als Soldaten zu schätzen wußten, brachten sie in Kontakt mit der Außenwelt.

Mohamed Musa (links) ist ein südindischer Manager eines Byriani Restaurants in Rangun; die Hochzeit eines reichen chinesischen Paares bringt 2000 Gäste ins vornehme Strandhotel.

Das Siedlungsgebiet der nördlichen Chin liegt etwa 1200 bis 1500 m hoch, ihr Hauptanbauprodukt ist Mais. Sie haben eine ausgeprägte Gesellschaftshierarchie und wohnen, im Gegensatz zu anderen Bergvölkern, in dauerhaften, aus Brettern gezimmerten Häusern.

Die südlichen Chin sind weniger entwikkelt. Wie andere Wanderfeldbauern müssen sie des öfteren ihre Dörfer verlassen, um neue Anbaugebiete zu finden und zu roden. Sie leben vom Reisanbau und sind wie ihre nördlichen Brüder Animisten.

Arakaner: getrennt und doch gemeinsam

Es ist ein geläufiges Sprichwort unter den Burmanen, daß wenn man eine Schlange und einen Arakaner zur selben Zeit trifft, man zuerst den Arakaner töten sollte. In dieser Geschichte ist viel von den Schwierigkeiten festgehalten, die die burmanische Majorität mit den Arakanern hatte, seit sie dieses Volk am Golf von Bengalen am Ende den 18. Jahrhunderts unterwarfen und in ihr Reich integrierten.

Die Arakaner schauen auch heute noch mit Stolz auf ihre jahrhundertelange Unabhängigkeit zurück und begegnen den Burmanen mit Mißtrauen.

Obwohl auch sie tibeto-burmanischen Ursprungs sind, haben sie eine dunklere Hautfarbe als die Menschen auf der anderen Seite des Arakan Yoma. Indische Händler, Seeleute und Bramahnen haben in den letzten 2000 Jahren ihre Spuren in diesem Volk hinterlassen.

Die Lebensweise der Arakaner und der Burmanen unterscheidet sich kaum. Nur der Regen macht einen Unterschied, der Monsun, der an der Arakan Yoma Bergkette hängen bleibt, setzt das Land mehr als irgendeinen anderen Teil Burmas unter Wasser. Das gesamte Transportsystem ist deshalb von Schiffen abhängig.

Es gibt nur wenige Kilometer Straßen im Land. Die Straße, die Zentralburma mit Arakan verbindet, ist nur in der Trockenzeit benutzbar. Arakaner und Burmesen haben deshalb auch wenig Kontak miteinander.

Moslems im Land der Buddhisten

Auch die Arakaner sind gläubige Buddhisten. In Akyab und an der Grenze zu Bangla Desh leben aber auch viele Moslems. Sie kamen während der Jahre, als Burma Teil Britisch-Indiens war, aus Bengalen nach Süden. Aber auch noch in den 70er Jahre brachte die Bevölkerungsexplosion in Bangla Desh viele illegale Einwanderer nach Arakan. Als die moslemische Kampforganisation der Mujahid 1977 begann, Schwierigkeiten zu machen, kam das burmesische Militär. Im Zuge ihrer Aktionen tieben sie auch 200 000 Arakaner bengalischer Abstammung nach Bangla Desh. Anfang der 80er Jahre ließ man aber 187 000 wieder zurückkehren, nachdem sie sich zur burmesischen Staatsbürgerschaft bekannten. Auf dem Lande wie auch in den Städten leben Moslems und Buddhisten getrennte Leben. In Akyab sind die ersteren am

Ufer des Kaladanflusses angesiedelt, sie verdienen ihren Lebensunterhalt als Fischer, in einem Beruf, den ein Buddhist nie ausüben würde, auch wenn er den von ihnen gefangenen Fisch gerne ißt.

Land- und Stadtchinesen

Zwei Gruppen Chinesen wohnen in Burma, deren Geschichte und Lebensweise sich deutlich unterscheiden.

Schon seit mehr als tausend Jahren kommen Chinesen nach Burma. An den alten Handelsstraßen im Nordosten und in den Flußtälern haben sie schon vor langer Zeit Siedlungen errichtet. Ihre Nachkommen findet man noch immer im Norden Burmas. Eine andere Gruppe, die Shan Tayok, auch chinesische Shan

genannt, kamen während der britischen Verwaltung in die Shan-Fürstentümer.

Die Stadtchinesen dagegen kamen über See ins Land. Als Wirts- und Kaufleute ließen sie sich hauptsächl in Rangun nieder. Ihre Söhne und Töchter sandten sie auf westliche Schulen und Universitäten. Heute gehören sie der Mittel- und Oberschicht des Landes an. Man schätzt, daß es zwischen 100 000 und 400 000 Chinesen im Land gibt. Viele verließen Burma 1967, nachdem es zu antichinesischen Ausschreitungen in Rangun kam. Dies passierte auf dem Höhepunkt von Maos Kulturrevolution, als junge Chinesen glaubten, diese nach Burma verpflanzen zu müssen. Es bedurfte keiner großen Propagandakampagne der Regierung; die burmesische Bevölkerung hatte nur auf einen Anlaß gewartet. Die Chinesen haben ihre Schlüsse daraus gezogen und versuchen seither durch mehr Integration eine Wiederholung der Vorfälle zu vermeiden.

Die emsigen Inder

Die Inder und ihre Kultur waren schon vor 2000 Jahren im Land, lange bevor die Burmanen kamen.

Aber erst im 19. Jahrhundert, als Burma Teil Britisch-Indiens wurde, kamen sie in solchen Scharen, daß sich eine indische Kolonie bilden konnte. 1939 waren 58 % der Bevölkerung Ranguns Inder – ca. eine Million Inder lebten damals im Land. Auch sie, wie die Chinesen, waren in der mittleren und oberen Schicht der Verwaltung und des Handels anzutreffen. Aus Südindien wurden aber auch Arbeiter für die vielen Regierungsprojekte, für Eisenbahn-, Straßen- und Städtebau angeworben. Sie brachten die indische Dorfstruktur, das Kastenwesen, ihre Hindugötter und nicht zuletzt den *Longyi* mit ins Land.

Flucht oder Anpassung

Es waren aber die südindischen Geldverleiher, die *Chettyars,* die die Sozialstruktur des kolonialen Burma prägten. Bereits kurz nach der Erschließung des Irrawaddydeltas waren sie im Besitz von mehr als der Hälfte des bewässerten Landes. Ihre Wucherzinspraktiken waren dann auch Grund für ihre spätere Vertreibung.

Vor und während der japanischen Besetzung ergriffen mehr als die Hälfte der Inder die Flucht. Jene, die blieben oder zurückkehrten, wurden nach dem Krieg mit der Landreform der nationalen Regierung konfrontiert. Ne Wins Nationalisierungsprogramm tat dann das Restliche. Die indische Händlerelite verließ das Land. Diejenigen, die blieben, haben sich der burmesischen Lebensweise angepaßt, auch wenn die meisten von ihnen Hindus oder Moslems sind.

Eine Arakanerin holt Wasser vom Kaladanfluß (links) und Schwester Luise-Marie ist eine Nonne in der St. Peters Kathedrale in Bassein.

COPYRIGHT

DIE 37 NATS

Die 37 Nats haben ihre Identität im Laufe der Jahrhunderte verändert, nur ihre Zahl blieb konstant. Die Nats dieser Collage stammen aus Sir R. C. Temples klassischem Werk, *The 37 Nats*, (London 1906) und unterscheiden sich bereits von den heute verehrten.

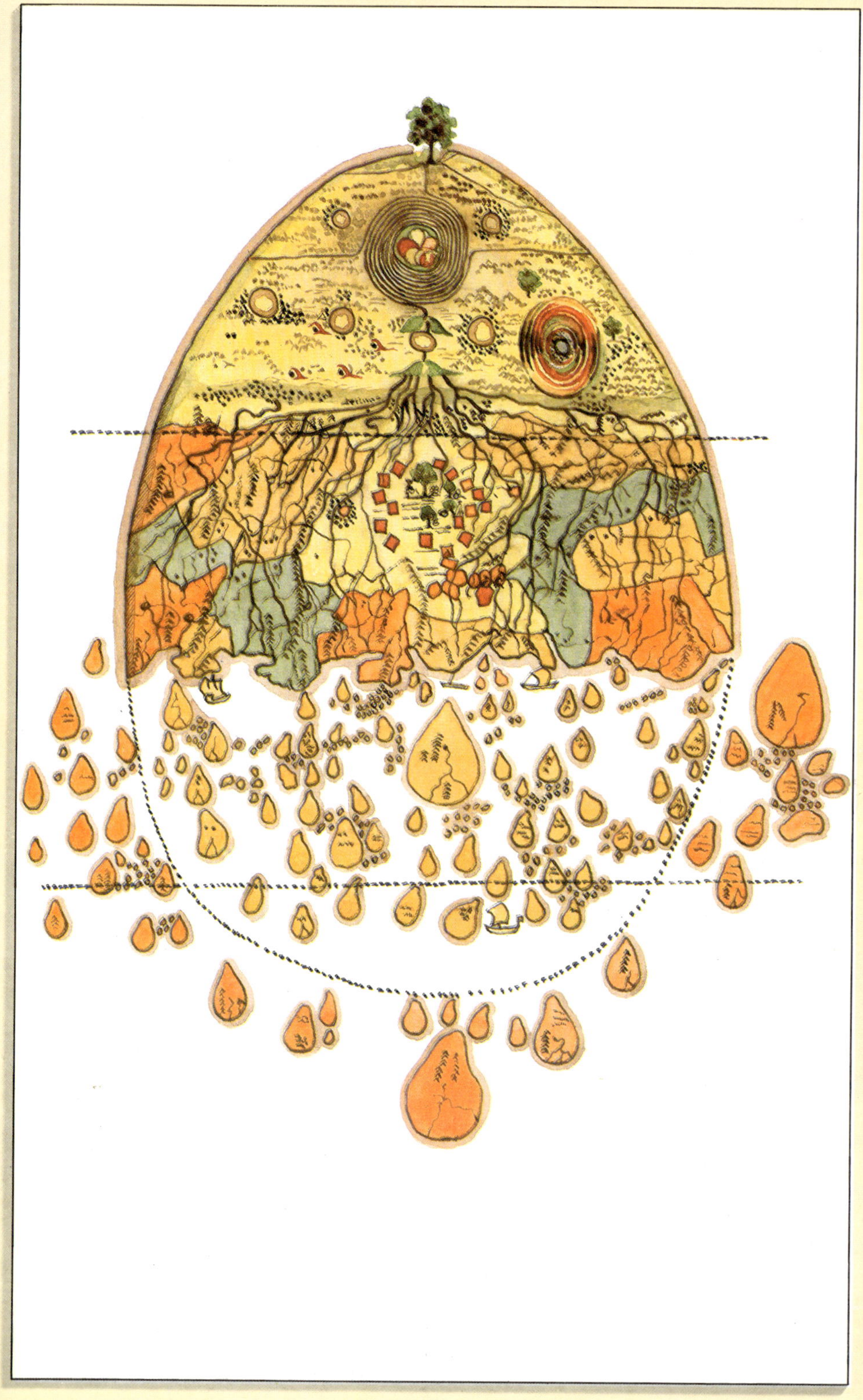

BUDDHA, JAMBUDIPA UND DIE 37 NATS

Man sagt, Burma sei das zutiefst buddhistische Land der Welt. Dies mag stimmen, weiß man doch, daß der Buddhismus in diesem Land einzigartig und unverwechselbar ist.

Theoretisch handelt es sich beim burmesischen Buddhismus um den Theravada (die Lehre der Alten), oder auch Hinayana (das kleine Fahrzeug) genannten Buddhismus, jener Form, die sich am engsten an Buddhas Reden hält und in Südostasien am weitesten verbreitet ist. Vor dem Aufkommen des Buddhismus gab es in Burma einen Geisterglauben, der auch heute noch bei den Bergstämmen verbreitet ist sowie den Hindu-Brahmanismus der ersten indischen Händler. Beide Glaubensformen haben ihre Spuren in der burmesischen Kosmologie hinterlassen.

Burmesische Kosmologie
31 Ebenen des Seins

Burmesische Kosmologie ist buddhistische Kosmologie. Diese wiederum ist in den vergangenen Jahrtausenden von den verschiedensten Kulturen beeinflußt worden, in allererster Linie vom brahmanischen Glauben der indogermanischen Einwohner des Subkontinents.

Danach steht im Zentrum der Welt der heilige Berg Meru. Um ihn liegen sieben Meere und an den Kardinalpunkten vier große Inseln. Der eurasische Kontinent ist auf der südlichen Insel zu finden. Nur hier können zukünftige Buddhas geboren werden.

Verglichen mit anderen Orten und Ebenen im buddhistischen Kosmos ist Jambudipa (die südliche Insel, die nach dem Rosenapfelbaum benannt ist, der an ihrem äußersten Ende steht) ein Ort des Elends. Zum Beispiel leben die Bewohner der nördlichen Insel in dauerndem Glück. Alles was sie begehren, wächst auf Bäumen – das beste Essen und die strahlendsten Kleider, alles ist bereits fertig da, sie brauchen sich nur zu bedienen. Sie werden 1000 Jahre alt und altern dabei nicht. Aber da ihr Leben nur aus Freude und Glück besteht, haben sie auch keine Gelegenheit, sich Verdienste zu erwerben.

Trotz des ersichtlichen Elends würde kein buddhistischer Bewohner Jambudipas seinen Platz mit einem Bewohner der nördlichen Insel tauschen wollen. Es ist nur hier, daß Menschen sich genügend Verdienste erwerben können, um über die verschiedensten Seinsebenen irgendwann einmal ins Nirwana eingehen zu können.

31 dieser Seinsebenen gibt es. Unter, auf und über dem Berg Meru. Man kann sie in drei Gruppen einteilen:

- Die elf Ebenen des *Kama-Loka;* das Reich der Sinne.
- Die 16 Ebenen des *Rupa-Loka;* das Reich des feinmateriellen Seins.

- Die vier Ebenen des *Arupa-Loka;* das Reich der Formlosigkeit.

Von den elf Ebenen des *Kama-Loka* liegen vier unterhalb der Ebene menschlicher Existenz. Es sind dies die Welten der Dämonen und der Geister, die Welt der Tiere, die

Vorhergehende Seiten: Buddhafiguren sind nur eine Seite der burmesischen Religion, die 37 Nats sind die andere. Der Berg Meru steht im Zentrum der Welt (links). Oben: Ein Nat.

verschiedenen Fegefeuer und Höllen. Das Reich der Strafe! Ein Mensch, der sich in seinem Leben mit Schuld beladen hat und diese nicht mit Verdiensten ausgleichen kann, wird auf einer dieser vier Ebenen wiedergeboren.

Noch immer im Reich der Sinne, aber über der Ebene der Menschen, sind die sechs Ebenen sinnlicher Wonne, auf und über dem Berg Meru angesiedelt. Hier leben *Nats, Devas, Nagas, Garudas* und die verschiedensten Götter in einem Reich ungetrübten Glücks. Auch sie leben viel länger als die Menschen. Aber sie brauchen die Bewohner Jambudipas, um an deren Verdiensten teilhabend, ihr Leben in diesem Reich der Freude zu verlängern. Ist die Kraft der Verdienste – die diese Wesen hier wiedergeboren hat – einmal erloschen, dann werden auch sie als Menschen in Jambudipa

eine neue Inkarnation erfahren. Dort haben sie dann wieder die Möglichkeit, sich durch ein Leben entsprechend dem ewigen Gesetz, dem Dharma, soviele Verdienste zu erwerben, daß ihr nächstes Leben, eingespannt ins Samsararad, ein glückliches wird.

Die Bewohner der 16 Ebenen des *Rupa-Loka* sind bereits frei von sinnlichen Wünschen und Begierden. Sie brauchten bereits keine Eltern mehr, um wiedergeboren zu werden. Sie leben von der reinen Freude und strahlen. Dieses Reich wird manchmal auch als „die 16 Himmel des Brahma" bezeichnet, denn es ist hier, wo die feinsten und schönsten Wesen existieren. Je höher der Himmel, desto feiner und schöner die Wesen. Die obersten fünf Ebenen heißen auch die „Reinen Eb nen", aber auch sie gehören noch der materie len Welt an.

Nicht mehr so die vier höchsten Ebenen d buddhistischen Kosmos, die vier Ebenen d *Arupa-Loka.* Hier sind die Bewohner berei körperlose, reine Verstandeswesen. Sie sir nicht mehr Teil der materiellen Welt. Es sir auch keine Orte mehr, wo man sie antrifft, s sind in der Unendlichkeit des Raumes, d Unendlichkeit des Bewußtseins und im Nich zu Hause, auf der höchsten Ebene gibt es dar auch weder Wahrnehmung noch Nichtwah nehmung. Eine Ebene, die trotzdem noc nicht das Nirwana ist.

Die 31 Ebenen des Seins, in denen e Mensch wiedergeboren werden kann, geh weit über den Berg Meru hinaus. Die Spit dieses heiligen Berges ist nur die Numm sieben in diesem Kosmos. Der Abstand zw schen den verschiedenen Welten kann nic mit Erdmaßstäben berechnet werden. En sprechend der burmesischen Tradition lieg die verschiedenen Himmel Millionen von *Y zenas* (1 Yuzena = 28 000 Ellen) auseinand und die verschiedenen Welten sind durc *Kappas* getrennt. Ein *Kappa* ist die Dauer ein Universums, genau genommen 4320 Milli nen Jahre. Die einzelnen Universen komm und vergehen in regelmäßigen Abständen. Z Zeit existieren 10 100 000 (Zehnmillionenei hunderttausend) Universen, die genau w unseres sind. Sie werden nur von den Bewo nern der höchsten vier Ebenen des *Arup Loka* überlebt, da deren Lebensdauer 200 Kappas beträgt.

In diesem Kosmos ist jeder Aspekt d Lebens mit jedem anderen verbunden. Tier Menschen, *Nats,* Götter und Dämonen – s alle sind ans Samsararad des Leidens gebu den, sie können alle in einer dieser Gestalt wiedergeboren werden – sie sind der leben Inhalt der burmesisch-buddhistischen Wel

Es sind nur die Buddhas der verschieden *Kappas,* die sich aus dem Samsararad befrei konnten. Der Buddha unserer Zeit, Gautam hinterließ sein *Dharma* – seine Lehre – um d Bewohnern Jambudipas den Weg aus de Elend zu zeigen. Selbst die Wesen in d höchsten Bereichen des Kosmos können nic direkt ins Nirwana. Auch sie müssen erst Jambudipa wiedergeboren werden, um vc hier aus direkt in diesen dem Sein total entz genen Zustand überzuwechseln.

Vorhergehende Seiten: Buddhafiguren auf d Shwedagon vor 80 Jahren. Ein Messingbudd (oben) und die vergeistigte Aura von Bo Bo G dem Schutznat der Shwedagon.

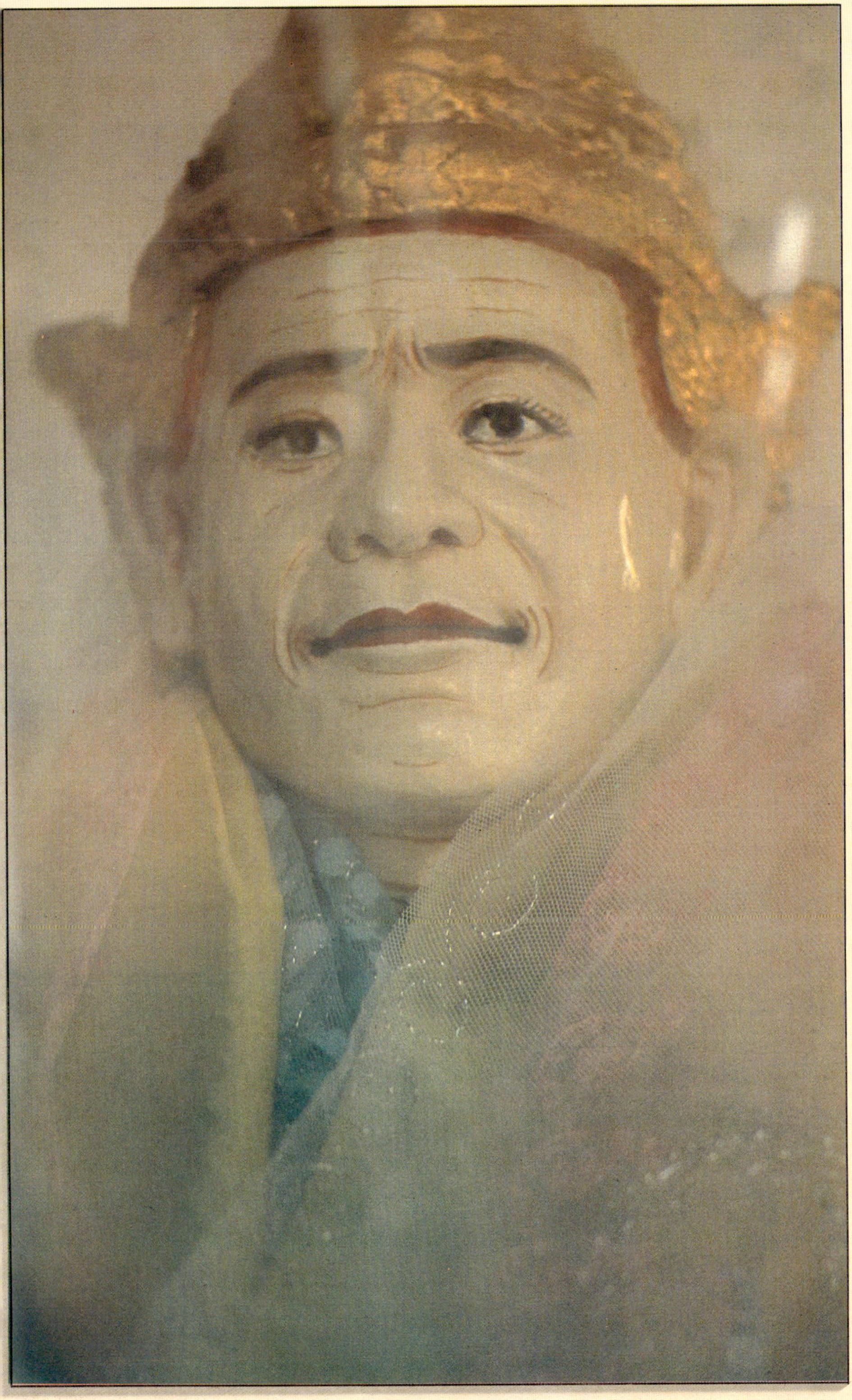

Die 37 Nats: Verehrung und Respekt, ansonsten . . .

Lange bevor der Buddhismus Burma erreichte, waren die Menschen im Land schon Animisten. Auch heute gehört die Verehrung der 37 wichtigsten *Nats* noch zum Grundglauben der Burmesen. In der Form von Dämonen und bösen Geistern machen sie denen, die ihnen nicht genügend Ehre und Respekt erweisen, das Leben schwer. Blumen, Geld und Nahrungsmittel werden ihnen auf dafür bestimmten Altären dargebracht. Damit werden sie entweder beschwichtigt, oder auch gebeten, in einer besonders schwierigen Situation zu helfen.

Früher hatte jedes Dorf seinen eigenen Schutzgeist, jeder Baum und jedes Feld wurde von einem solchen Wesen bewohnt. Es gab *Nats* der Ernte, *Nats* des Windes, des Regens usw. Einige abgelegene Stämme im Norden Burmas sind noch immer tief in diesem Glauben verwurzelt. Beim großen Manao-Fest in Myitkyina wird er einmal im Jahr an die Öffentlichkeit getragen.

Für die meisten Burmesen gibt es jedoch eine Anzahl ganz bestimmter *Nats,* die schon seit 1500 Jahren im ganzen Land verehrt werden.

Folgt man der *Glaspalastchronik,* so hat König Thinlikyaung (ca. 344–387 n. Chr.) in der Gegend des heutigen Pagan 19 Dörfer zur Stadt Thiripyitsaya zusammengeschlossen. Damals entstand auch der Wunsch, eine überregionale, eine nationale Religion zu haben, die die Menschen in ihrem Glauben verbindet. Der König ließ deshalb einen Baumstamm aus dem Irrawaddy fischen, von dem gesagt wurde, er beherberge zwei *Nats.* Die zwei aus diesem Baum geschnitzten Figuren ließ Thinlikyaung dann auf den Popaberg bringen, wo auch heute noch das Zentrum der landesweiten burmesischen *Nat*verehrung ist.

Auch König Anawrahta, der Gründer des Ersten Burmesischen Reiches, wandte seine Aufmerksamkeit der Vereinfachung des Geisterglaubens zu. Er, der den Buddhismus als nationale Religion in Oberburma einführte, war nicht in der Lage, den Animismus ganz auszurotten. Trotz seines radikalen Vorgehens blieben 36 der ursprünglich unzähligen *Nats* übrig.

Ihnen allen setzte er als 37. Thagyamin, als König der *Nats* voran. Er ließ die Verehrung dieser 37 *Nats* zu, nachdem verbreitet und gesichert war, daß sie alle Anhänger der Lehre Buddhas sind.

Die heute verehrten 37 *Nats* sind nicht alle mit denen zu Anawrahtas Zeiten identisch. Da es sich bei diesen 37 *Nats* in fast allen Fällen um geschichtliche Figuren handelt, wurden einige von ihnen im Laufe der Jahrhunderte durch neue ersetzt.

Für die Burmesen nehmen sie etwa jene Position ein, die für den gläubigen Katholiken von den Heiligen eingenommen werden. Auch diese werden in Stunden der Not um Hilfe

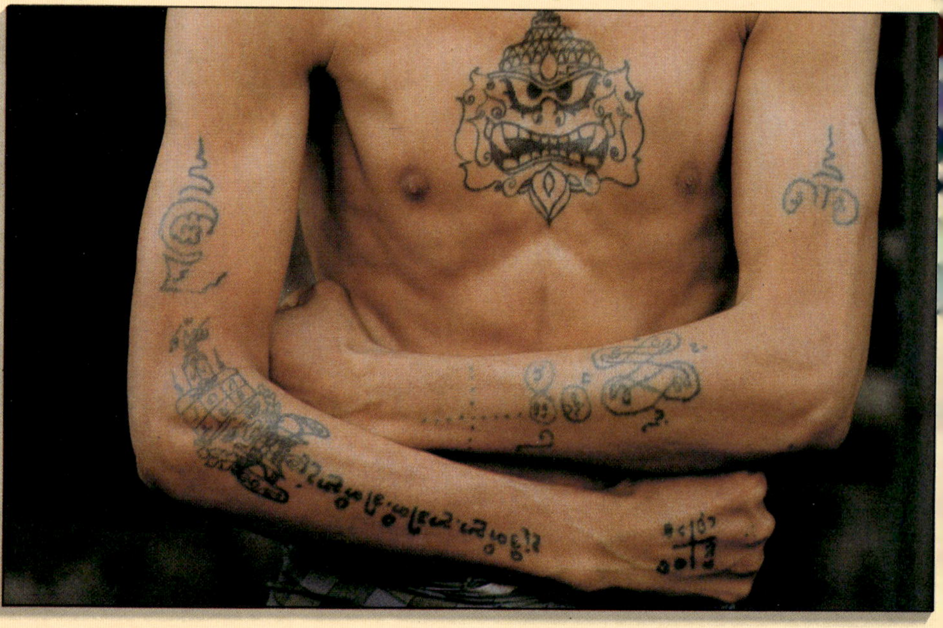

Tätowierungen sind heute noch immer so beliebt wie früher (links). Eine gläubige Buddhistin an einer Planetenandachtsstelle (rechts).

angerufen. So gesehen ist der heute noch vorhandene Animismus unter dem Mantel des Buddhismus gar nicht so archaisch wie es im ersten Moment scheint.

Die Namen der 37 *Nats* werden hier in ihrer englischen Übersetzung wiedergegeben, da sie auch so in der internationalen Literatur erscheinen. Die 22 *Nats* aus der Zeit von Anawrahta sind:

(1) Thagyamin, der König der *Nats*, in der indischen Mythologie als Indra oder Sakka bekannt.

(2) Nga Tin De, der Herr des Großen Berges

(3) Shwemyethna, Princess Golden Face, seine Schwester

(4) Lady Golden Sides

(5) Lady Three Times Beautiful

(6) The Little Lady with the Flute

(7) The Brown Lord of Due South

(8) The White Lord of the North

(9) The Lord with the White Umbrella

(10) The Royal Mother (of No. 9)

(11) The Sole Lord of Pareim-ma

(12) The Elder Inferior Gold

(13) The Younger Inferior Gold

(14) The Lord Grandfather of Mandalay

(15) The Lady Bandy Legs

(16) The Old Man by the Solitary Banyan

(17) Lord Sithu

(18) The Young Lord of the Swing

(19) The Valiant Lord Kyawswa

(20) The Captain of the Main Army Aungswa

(21) The Royal Cadet

(22) His Mother, the Lady Golden Words

Die 15 *Nats*, die nach dem Untergang des Ersten Burmesischen Reiches dazukamen, sind:

(23) The Lord of Five Elephants

(24) The Lord King, Master of Justice

(25) Maung Po Tu

(26) The Queen of the Western Palace

(27) The Lord of Aungpinle, Master of White Elephants

(28) The Lady Bent

(29) Golden Nawrahta

(30) The Valiant Lord Aung Din

(31) The Young Lord White

(32) The Lord Novice

(33) Tabinshweti

(34) The Lady of the North

(35) The Lord Minkhaung of Toungoo

(36) The Royal Secretary

(37) The King of Chiengmai

Jeder dieser 37 *Nats* hat eine tragische Geschichte vorzuweisen und ist auf irgendeine Art und Weise mit der Geschichte Burmas verbunden. Die Geschichten der *Nats* vermitteln den Burmesen so, in religiöser Verkleidung, Heldensagen und Drama, Geschichte und Legende in einem. Hier entsteht eine nationale Vergangenheit in ihrer ganzen Pracht, aber auch in ihrer Simplizität, die jedem verständlich ist. Der Glaube ist in Burma so weit verbreitet, daß es Medien gibt, die mit den *Nats* kommunizieren und deshalb heilen und die Zukunft voraussagen können. Wahrsager und Wunderheiler gehören deshalb in das Weichbild der *Nat*anbetung. All dies hat eine tausendjährige Geschichte gegen die, vor allem auf dem Land, die Aufklärungskampagnen der Regierung machtlos sind.

Buddhistische Glückseligkeit

Der Theravadabuddhismus ist die anerkannte Religion von etwa 80 % aller Burme-

sen. Es gibt zwar auch eine nicht geringe Zahl Hindus, Moslems, Christen und Animisten, aber unter den Burmanen, Mon, Shan und Palaung beträgt der Anteil der Buddhisten sogar 99 %.

Der Buddhismus prägt den Alltag und das Leben der Menschen im Land stärker als der erst im Entstehen begriffene „Burmesische Weg zum Sozialismus". Jedes burmesische Dorf unterhält mindestens ein *Kyaung* (ein Kloster, das meist mit einer Klosterschule verbunden ist) und die von gelb über orange bis rot gekleideten *Pongyis* (buddhistische Mönche, wörtlich „Große Ehre"), sind ein bestimmender Faktor im städtischen wie im ländlichen Straßenbild. Eine andere Bezeichnung für den Theravadabuddhismus (die Lehre der

Alten) ist „Hinayana“ (das kleine Fahrzeug). Im Gegensatz dazu ist das Mahayana (das große Fahrzeug) die Auslegung, wie sie in Nord- und Ostasien gelehrt wird.

Der Theravadabuddhismus beruft sich auf die alten, aus Ceylon stammenden Palischriften. Er vertritt die konservative Form des Buddhismus, in dem die individuellen Verdienste im Vordergrund stehen. Nur über sie (deshalb kleines Fahrzeug) führt der Weg zum Nirwana.

Bereits im Jahre 235 v. Chr., als König Ashoka die dritte Synode nach Pataliputra einberief, kam es zu jener Trennung zwischen Hinayana und Mahayana. Buddha hatte keine Schriften hinterlassen, nur seine Reden waren von Mund zu Mund weitergegeben worden, deshalb auch verschiedenen Interpretationen

zugänglich. Die Anhänger des Mahayana glaubten die Erlösung über die Person des Buddha und das Mitleid der Boddhisatvas zu finden. Die Mahayanaschule hat nach dieser Trennung in Tibet, Nepal, China, Korea, Vietnam, Japan und der Mongolei Fuß gefaßt und dort stark differenzierte örtliche Entwicklungen durchgemacht. Der ceylonesische Mönch Buddhaghosa brachte im Jahr 403 n. Chr. die Palischriften nach Thaton, von wo aus sie ihren Weg nach Thailand, Laos und Kambodscha fanden.

Buddhaghosa hatte die bereits in vorchristlichen Jahrhunderten aufgezeichneten Palischriften im Tripitaka Kanon (den drei Körben) zusammengefaßt und interepretiert. Diese drei Körbe bestehen aus den *Sutras* (dem Korb der Lehrreden), den *vinayas* (dem Korb der Mönchsregeln) und dem *Abhidhamma* (dem Korb der dogmatisch-scholastischen Metaphysik). Da diese Schriften auf Palmblätter geschrieben wurden, die man nur in Körben transportieren konnte, entstand der Name *Pitaka* für jede einzelne dieser voluminösen Schriften. Mit den letzten beiden Synoden, der fünften in Mandalay 1872, als der Tripitaka-Kanon auf Marmortafeln festgehalten wurde und der sechsten in Rangun 1954, als das „Institute for Advanced Buddhistic Studies“ gegründet wurde, hat man versucht, dem Theravadabuddhismus neue Impulse zu geben.

Kein Gott, keine Seele

Im Theravadabuddhismus gibt es keinen allmächtigen Gott und auch Buddha selbst kann nicht angerufen werden, um hilfreich im Leben des Einzelnen einzugreifen. Leben und Tod sind zwei alternative Aspekte derselben Existenz. Im *Samsara,* dem ewigen Kreislauf der Wiedergeburten, ist alles Lebende eingeschlossen, auch Tiere und Pflanzen.

Nach Buddhas Lehre ist dies ein nicht endenwollender Zyklus des Leidens, den man nur durchbrechen kann, wenn man sich streng an das ewige Recht, seine Lehre, auch *Dharma* genannt, hält. Man kann dabei in aufeinanderfolgenden Leben ein *Arhat* (Heiliger) oder gar ein Boddhisatva (Buddhaanwärter) werden und ins Nirwana eingehen.

In der Praxis hat sich im Hinayana eine höhere und eine niedere Lehre entwickelt. Die Massen in den südostasiatischen Ländern überließen, im Gegensatz zu den Ländern im Norden, den reinen Buddhismus den Mönchen. Selbst ließen sie sich auf eine Mischform zwischen altem Geisterglauben und Buddhismus ein. Den direkten Weg ins Nirwana und aus dem Kreislauf des Leidens heraus scheinen die meisten Hinayanabuddhisten noch nicht gehen zu wollen.

Es gibt zwar 227 Regeln für die Mönche, der Laie aber braucht sich nur an fünf Grundsätze zu halten: nicht töten, nicht stehlen, nicht lügen, keinen Ehebruch begehen und keine berauschenden Getränke zu sich nehmen.

Da Buddha auch keine Anleitung für ein besonderes Ritual hinterlassen hat, bleibt nur die dreimal tägliche Wiederholung der *Triratna,* der „drei Juwelen“: „Ich nehme meine Zuflucht zum Buddha, ich nehme meine Zuflucht zur *Dharma,* ich nehme meine Zuflucht zur *Sangha.*“

Die Bambusbrille entspricht nicht den Kleidervorschriften der *Sangha* (links). Ein Mönch ruht in einem *Kyaung* (rechts).

Diese Formel von den drei Juwelen bietet Trost und Geborgenheit. Man braucht sie, wenn man die Grundlage der „Vier Edlen Wahrheiten" kennt:
Die Wahrheit vom Leiden.
Die Wahrheit von der Entstehung des Leidens.
Die Wahrheit vom Erlöschen des Leidens und die Wahrheit vom Edlen Achtfachen Pfad.

Dieser achtfache Pfad besteht aus der Rechten Ansicht, der Rechten Gesinnung, der Rechten Rede, dem Rechten Tun, der Rechten Lebensführung, der Rechten Anstrengung, der Rechten Achtsamkeit und der Rechten Meditation.

Diesen Pfad kann man in drei Teile teilen: Ansicht und Gesinnung sind Sache der Weisheit, Rede, Tun und Lebensführung sind Sache der Moral und Anstrengung, Achtsamkeit und Meditation sind Sache der geistigen Disziplin.

Buddha hat die Existenz einer Seele geleugnet. Die Idee der Wiedergeburt ist deshalb ein kompliziertes philosophisches Gebilde, da es sich nicht um Seelenwanderung im christlichen Sinn handelt. Wenn ein Mensch wiedergeboren wird, dann ist es weder die Person noch die Seele, die reinkarniert wird. Es ist das angesammelte Karma, die Summe der guten und bösen Taten, die die Grundlage der nächsten Existenz bilden.

Sehr oft wird zum Verständlichmachen dieses Vorgangs das Beispiel der Kerze genommen: Zündet man eine Kerze mit der Flamme einer anderen an und löscht die erste Kerze dann aus, so ist es zwar nicht mehr dieselbe Flamme die brennt, ihre Existenz ist aber von der erloschenen bestimmt.

Der Edle Achtfache Pfad führt zu keiner Erlösung im christlichen Sinn. Durch Weisheit, Moral und geistige Disziplin kann man nur hoffen, dem Kreislauf des Leidens zu entrinnen, in einen Zustand überzugehen, der frei von Wünschen und Begierden ist, der weder Sein noch Nichtsein ist: ins Nirwana.

Der buddhistische Alltag

Dies sind die buddhistischen Glaubensregeln. Ihr Anspruch ist für die Mehrheit der Burmesen zu hoch. Ihnen genügt es, das Leiden in diesem Leben zu vermindern und im nächsten Leben wenn möglich in einer glücklicheren Existenz wiedergeboren zu werden. Das Erlöschen aller Wünsche und Begierden wird auf später verschoben. In diesem Leben reicht es, sich kleine Verdienste zu schaffen.

Mit Schuld belädt sich ein Buddhist, wenn er gegen die fünf Gebote der buddhistischen Moral verstößt, aber auch wenn er sich der Selbsttäuschung, dem Neid und dem Zorn hingibt. Mitleid, Ausgleich und Weisheit sollen seine treibenden Kräfte sein. Sie bringen ihm Verdienste ein, die sich positiv auf sein Karma auswirken. Hilft er beim Bau einer Pagode oder eines Stupa, ja errichtet er einen solchen gar ausschließlich aus eigenen Mitteln, so wird er mit Sicherheit dem nächsten Buddha Maitreya begegnen und in seiner Gegenwart erleuchtet werden. Dies ist der wichtigste Grund, warum man in Burma so viele Stupas vorfindet. Ein wenig vom Mahayanabuddhismus steckt in dem Glauben, daß Reliquien und Buddhafiguren heilende Kräfte besitzen. In allen Pagoden sind derartige Gegenstände eingeschlossen. Verdienste kann man sich natürlich auch anders erwerben: wenn man vorübergehend Mönch wird, den Mönchen Gaben zukommen läßt, durch Wallfahrten und durch Meditation.

Man schätzt, daß die Dorfbewohner Südostasiens 10 % ihrer Barmittel für verdiensteerwerbende Gaben verwenden. Außer, daß man sich die Bedingungen in der nächsten Existenz verbessert, erhöht man mit solchen Gaben auch das Prestige in diesem Leben (für Pagodenerbauer gibt es in Burma einen eigenen Titel) und trägt bei Tempelfesten auch zur größeren Freude in diesem Leben bei.

Die Sangha

Im Hinayanabuddhismus gibt es keine Priester. Die Gläubigen brauchen trotzdem ein Vorbild, das ihnen die richtigen Verhaltensweisen und den Weg zum Heil vorlebt. Dieses Vorbild ist der gelbgekleidete Mönch Südostasiens.

In Burma gibt es etwa 800000 davon. Diese Zahl enthält aber alle Novizen und Eleven, die nur vorübergehend das Mönchsgewand tragen. Man schätzt, daß etwa 100000 ihr ganzes Leben dem Buddha geweiht haben. Der Rest verbringt nur eine gewisse Zeit in der *Sangha,* der Mönchsgemeinschaft. Ein Gelübde, wie es katholische Mönche ablegen, gibt es nicht, der *Pongyi* kann jederzeit die Bruderschaft verlassen. An drei Grundregeln muß er sich halten: 1. Verzicht auf Eigentum, mit Ausnahme der neun Mönchsgegenstände (drei Gewandstükke, Rasiermesser, Nadel, Wassersieb, Fächer, Gürtel und Almosenschale). 2. Nichts und niemanden zu verletzen. 3. Das Zölibat.

Der *Pongyi* muß seinen Lebensunterhalt erbetteln. Er soll zwei Stunden vor Sonnenaufgang losgehen und Nahrung besorgen. Für empfangene Gaben sagt er kein Wort des Dankes, da nicht er dem Spender etwas schuldet, sondern umgekehrt dieser dankbar sein muß, daß der Mönch ihm Gelegenheit bot, sich Verdienste zu erwerben. Die einzige Mahlzeit am Tag muß der Mönch vormittags zu sich nehmen.

Die Regel des Nichtverletzens, die als Reaktion auf das unkontrollierte Opferwesen des Brahmanismus entstand, gilt zum Teil auch für Laien. Fischer und Schlächter sind in Burma deshalb meist Nichtbuddhisten.

Das Zölibat wird mit der Feststellung begründet, daß die Bindung zu einer Frau zu viel physische und psychische Energie kostet, die der Meditation vorbehalten bleiben muß.

Nach buddhistischer Meinung ist das Los, als Frau geboren worden zu sein, nur die Quittung für einen weniger guten Lebenswandel in der vorhergegangenen Existenz. Es gibt zwar auch einen Orden für buddhistische Nonnen; man erkennt sie an ihren rosafarbenen Gewändern und den kahlgeschorenen Köpfen, diese haben aber bei weitem nicht das Ansehen der *Pongyis.*

Mit etwa neun Jahren beginnt bei dem jungen Burmesen das Noviziat. Er wird in einen *Kyaung* gebracht und den Mönchen zum Erlernen der einfachen Palitexte und der buddhistischen Lebensregeln übergeben. Von diesem Moment an (dem *Shin-pyu),* bekommt er einen alten Palinamen und darf auch von seinen Eltern nur noch ehrfurchtsvoll angesprochen werden. Er selbst, der ja nun ein „Sohn Buddhas“ ist, spricht seine Eltern mit „Laienbruder“ und „Laienschwester“ an.

Dieses Noviziat ist für die meisten aber nur von kurzer Dauer. Wer Mitglied der Sangha werden will, muß mindestens 20 Jahre alt sein und sich nach der Ordination, bei der ihm unter anderem alle Körperhaare abrasiert werden, den 227 Ordensregeln unterwerfen. Den Rest seines Lebens sollte er dann der Meditation, dem Studium der Palischriften und der Unterrichtung von Laien widmen.

Blumen, Fähnchen und kleine *Htis* werden an den Planetenandachtsstellen dargeboten (links). Mönche in Rangun auf ihrem allmorgendlichen Rundgang (rechts). Nächste Seite: Ein Kyaung in Kemendine.

P. KLIER RANGOON

376
STERN OF BURMESE PADDY BOAT

Orte

Eine Reise durch Burma ist eine Reise durch die Geschichte. Vier Perioden stehen zur Auswahl. Sie sind jeweils in einer geografischen Region konzentriert: in Rangun findet man das zeitgenössische und das koloniale Burma (19. und 20. Jhdt.), in Mandalay und Amarapura das Burma der Konbaungdynastie (18. und 19. Jhdt.), in Ava und Sagaing das Burma der Shanhoheit (14. bis 18. Jhdt.) und last not least, in Pagan das Burma der Tempelbauer (11. bis 13. Jhdt.).

Man kann in dieser Reihenfolge eine geradlinige Reise in die Vergangenheit antreten, eine Reise, die die Phantasie fast immer überfordert und bei der man mit der Geschichte vertraut sein muß, um nicht als total ermüdeter und gestreßter Tempelbegücker zu enden.

Pagan allein bietet über 2200 Bauwerke aus der Ersten Dynastie. Grund genug, um sich auf einen Kern von Bauwerken zu beschränken. Tut man dies, so ist man in der Lage, eine unglaubliche, wenn auch wenig bekannte Geschichtsperiode nachzuvollziehen. Gleichzeitig damit kann man die Entwicklung und den Höhepunkt einer Architektur verfolgen, die nochmals 1000 Jahre früher in Indien begonnen hat und uns in Pagan ihre letzten und großartigsten Bauwerke hinterließ.

Natürlich sind die oben erwähnten Orte nicht alles, was Burma bietet. Pegu und Prome, Myohaung und Tagaung und noch viele andere Städte und Stätten quellen über von Informationen, die uns über Jahrhunderte und Jahrtausende hinweg erreichen. Aber sieben Tage Aufenthaltsdauer, die Reisebeschränkungen im Land und die notwendige Auswahl, um nicht in einem Wust von Eindrücken zu ersticken, zwingen die meisten Besucher, sich auf die erwähnten Orte zu konzentrieren.

Auch wenn die Pläne der burmesischen Regierung verwirklicht werden und in naher Zukunft die Aufenthaltsdauer auf 10 oder 14 Tage ausgedehnt wird, so wird dies nichts Grundsätzliches ändern. Man wird, ist man einmal in den Bann des Landes geraten, es immer mit den wehen Gefühlen eines Liebhabers verlassen, der seine Liebste zurücklassen muß.

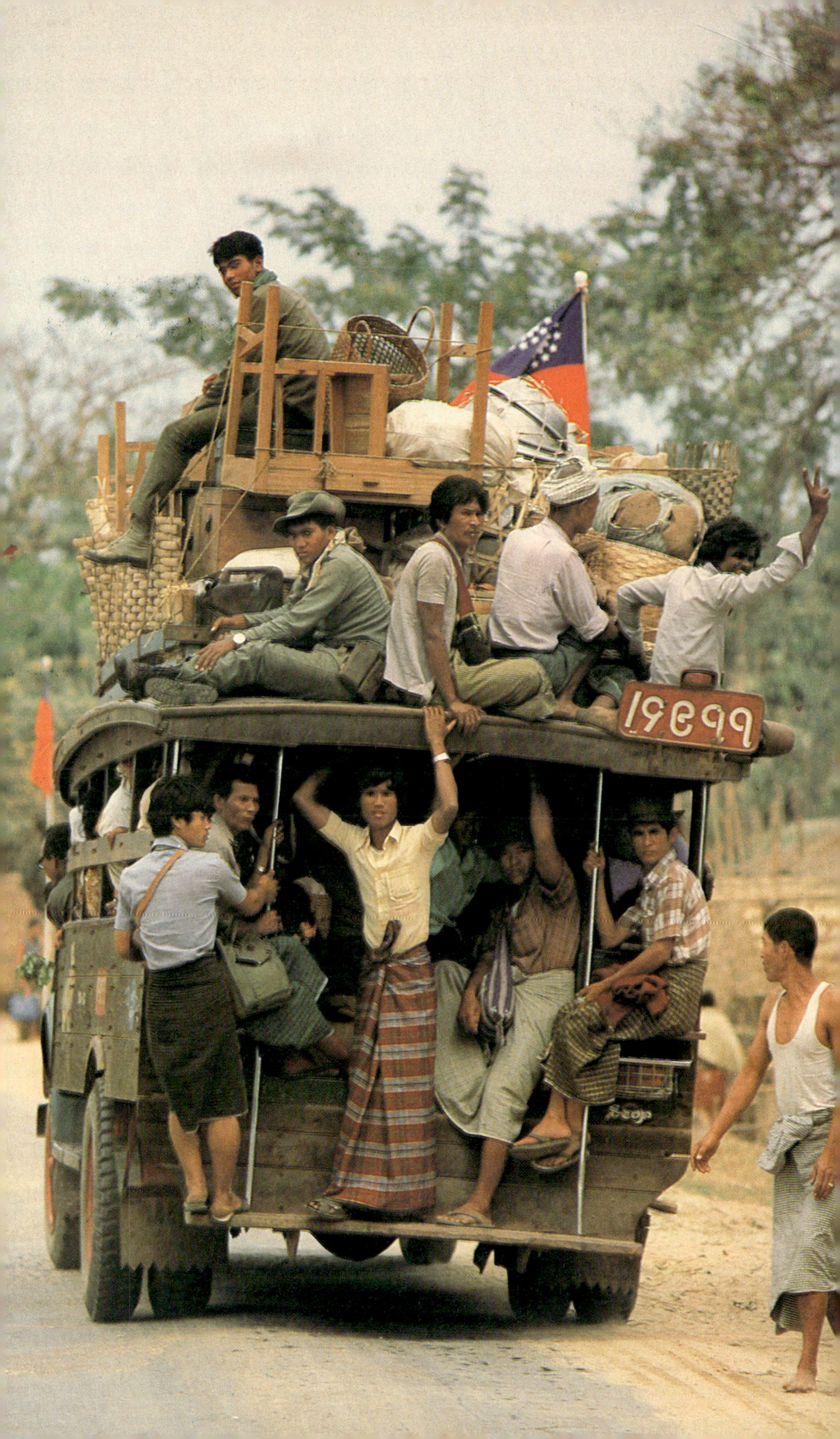

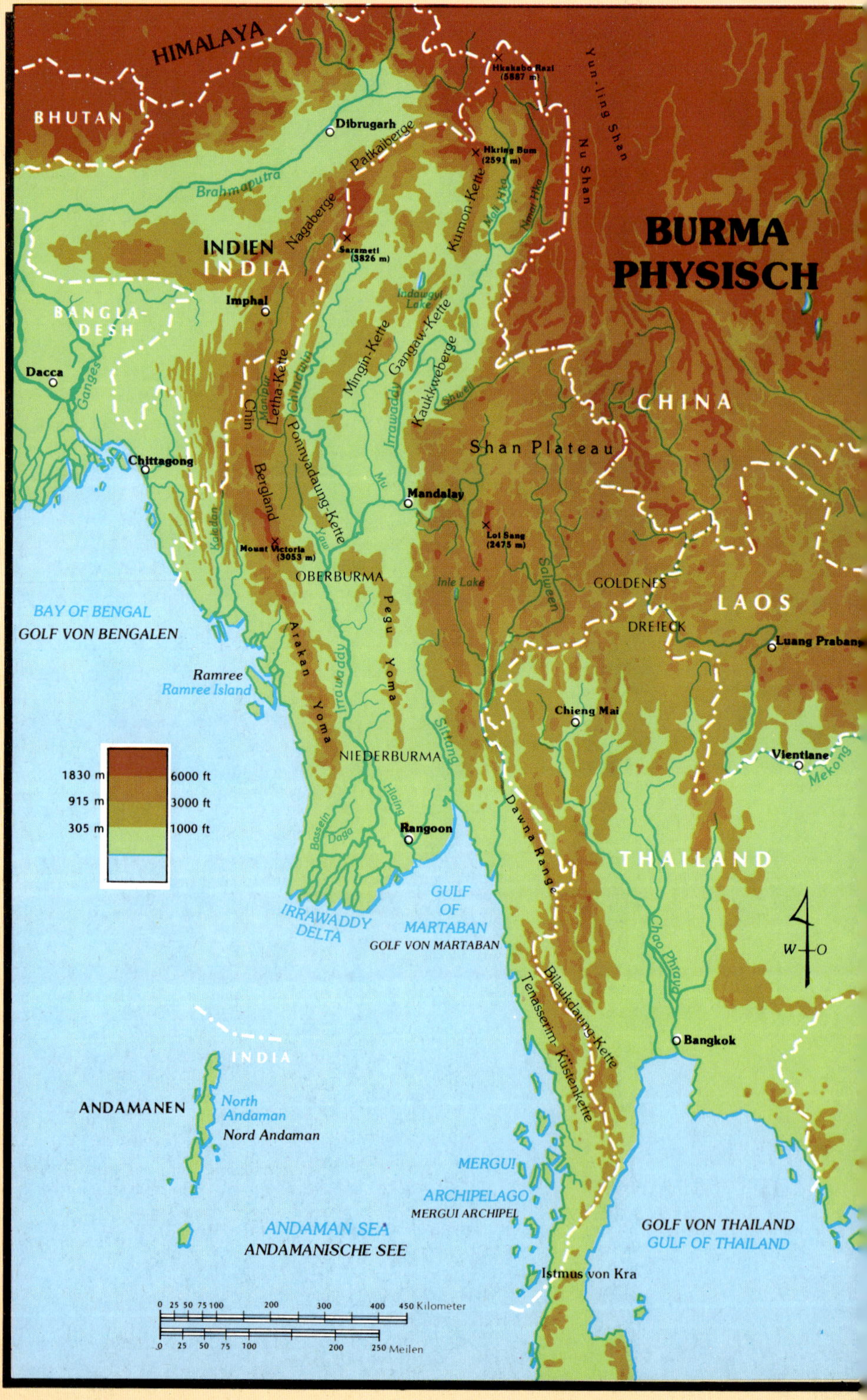

BURMA
PHYSISCH
HIMALAYA
BHUTAN
Dibrugarh
Patkaiberge
Hkakabo Razi
(5887 m)
Hkring Bum
(2591 m)
Yun-ling Shan
Nu Shan
Brahmaputra
Nagaberge
Kumon-Kette
Mali Hka
Nmai Hka
INDIEN
INDIA
Saramati
(3826 m)
Imphal
BANGLA-
DESH
Indawgyi
Lake
Dacca
Ganges
Mingin-Kette
Gangaw-Kette
Kaukkweberge
Shweli
Letha-Kette
Chindwin
Manipur
Chin
Bergland
Ponnyadaung-Kette
Irrawaddy
CHINA
Shan Plateau
Chittagong
Mu
Mandalay
Kaladan
Mount Victoria
(3053 m)
Yaw
Loi Sang
(2475 m)
OBERBURMA
Inle Lake
Salween
GOLDENES
DREIECK
LAOS
BAY OF BENGAL
GOLF VON BENGALEN
Arakan Yoma
Pegu Yoma
Luang Prabang
Ramree
Ramree Island
Chieng Mai
Sittang
NIEDERBURMA
Vientiane
Mekong
1830 m
915 m
305 m
6000 ft
3000 ft
1000 ft
Hlaing
Bassein
Daga
Rangoon
Dawna Range
THAILAND
IRRAWADDY
DELTA
GULF
OF
MARTABAN
GOLF VON MARTABAN
W
O
Chao Phraya
Bilauktaung-Kette
Tenasserim-Küstenkette
Bangkok
INDIA
ANDAMANEN
North
Andaman
Nord Andaman
MERGUI
ARCHIPELAGO
MERGUI ARCHIPEL
GOLF VON THAILAND
GULF OF THAILAND
ANDAMAN SEA
ANDAMANISCHE SEE
Istmus von Kra
0 25 50 75 100 200 300 400 450 Kilometer
0 25 50 75 100 200 250 Meilen

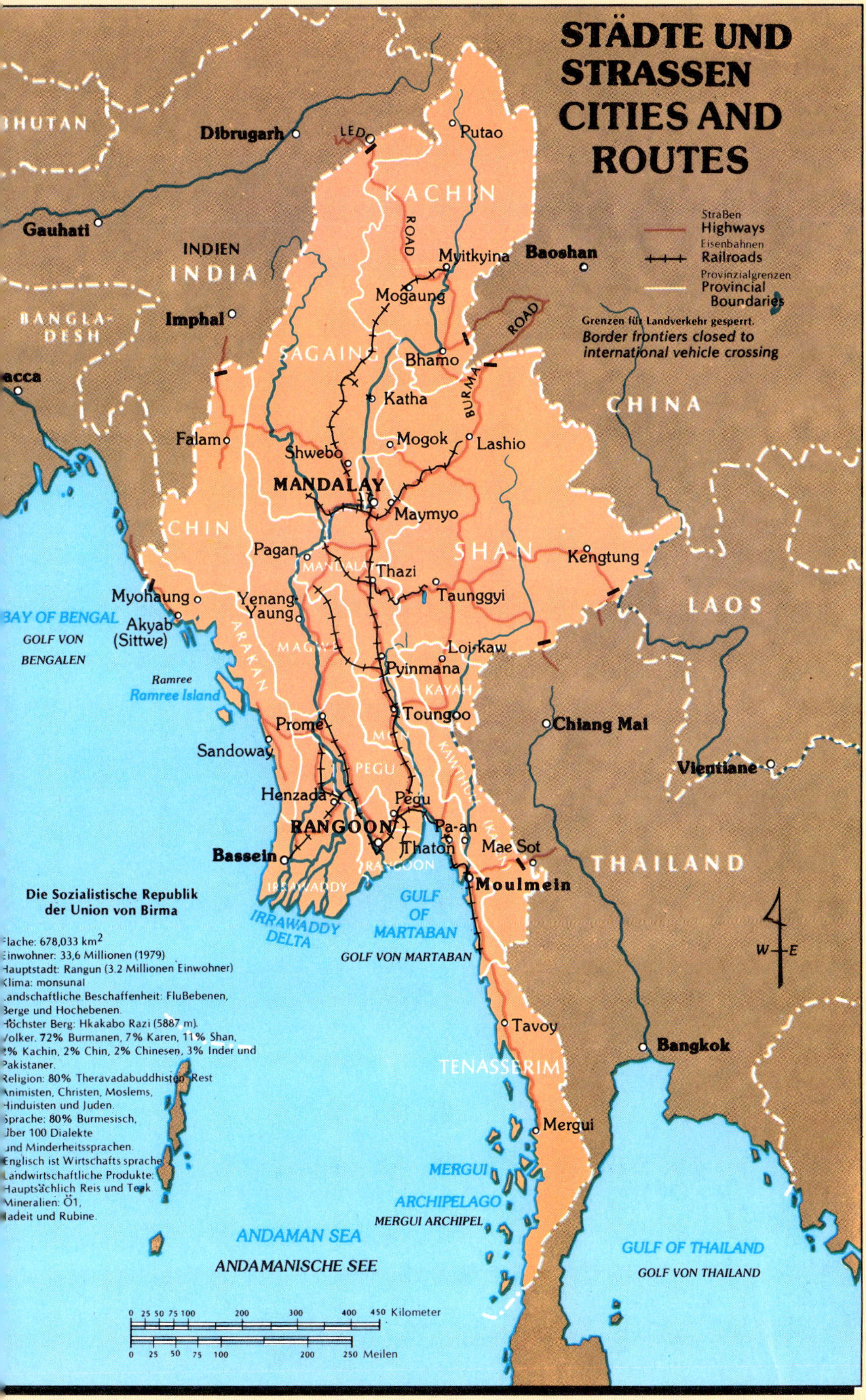
STÄDTE UND STRASSEN
CITIES AND ROUTES
Straßen
Highways
Eisenbahnen
Railroads
Provinzialgrenzen
Provincial Boundaries
Grenzen für Landverkehr gesperrt.
Border frontiers closed to international vehicle crossing
BHUTAN
Dibrugarh
LEDO
Putao
KACHIN
ROAD
Gauhati
INDIEN
INDIA
Myitkyina
Baoshan
Mogaung
BANGLA-DESH
Imphal
SAGAING
Bhamo
ROAD
BURMA
acca
Katha
CHINA
Mogok
Lashio
Falam
Shwebo
MANDALAY
Maymyo
CHIN
Pagan
SHAN
Kengtung
MANDALAY
Thazi
Myohaung
Taunggyi
Yenang-Yaung
LAOS
BAY OF BENGAL
Akyab (Sittwe)
GOLF VON BENGALEN
ARAKAN
MAGWE
Loi-kaw
Pyinmana
Ramree
Ramree Island
KAYAH
Toungoo
Chiang Mai
Prome
Sandoway
PEGU
Vientiane
Henzada
Pegu
RANGOON
Pa-an
Thaton
Mae Sot
Bassein
RANGOON
THAILAND
Moulmein
IRRAWADDY
Die Sozialistische Republik der Union von Birma
GULF OF MARTABAN
IRRAWADDY DELTA
W E
GOLF VON MARTABAN
Flache: 678,033 km²
Einwohner: 33,6 Millionen (1979)
Hauptstadt: Rangun (3.2 Millionen Einwohner)
Klima: monsunal
Landschaftliche Beschaffenheit: Flußebenen, Berge und Hochebenen.
Höchster Berg: Hkakabo Razi (5887 m).
Volker. 72% Burmanen, 7% Karen, 11% Shan, 2% Kachin, 2% Chin, 2% Chinesen, 3% Inder und Pakistaner.
Religion: 80% Theravadabuddhisten, Rest Animisten, Christen, Moslems, Hinduisten und Juden.
Sprache: 80% Burmesisch, über 100 Dialekte und Minderheitssprachen.
Englisch ist Wirtschaftssprache
Landwirtschaftliche Produkte: Hauptsächlich Reis und Teak
Mineralien: Öl, Jadeit und Rubine.
Tavoy
Bangkok
TENASSERIM
Mergui
MERGUI ARCHIPELAGO
MERGUI ARCHIPEL
ANDAMAN SEA
ANDAMANISCHE SEE
GULF OF THAILAND
GOLF VON THAILAND
0 25 50 75 100 200 300 400 450 Kilometer
0 25 50 75 100 200 250 Meilen

RANGUN
Hotels
1–Inya Lake
2–Thamada
3–Strand
4–Dagon
5–Garden Guest House
6–YMCA
7–YWCA
Restaurants
1–Karaweik
2–Burma Kitchen
3–Bamboo House
Pagoden und buddhistische Bauwerke
1-Shwedagon Pagode
2-Sule Pagode
3-Botataung Pagode
4-Kyauk Htat Gyi Pagode
5-Nga Htat Gyi Pagode
6-Koe Htat Gyi Pagode
7-Kaba Aye Pagode
8-Maha Pasana Guha Grotte
Sehenswurdigkeiten
1-Bogyoke Aung San Markt
2-General Hospital
3-St. Johns Markt
4-State School of Music and Drama
5-Martyrer Mausolaum
6-Aung San Statue
7-Naturhistorisches Museum
8-Zoo
9-Horticultural Gardens
10-Nya Zei Nachtmarkt
11-Kamayut Markt
12-Rangun Universitat
13-Burma Sailing Club
14-Glasblaserei
15-Webereien
16-Holzschnitzer
17-Diplomatic Hospital
0 200 400 600 800 1000 2000 Meter
0 ⅛ ¼ ⅜ ½ ¾ 1 1½M
Nach Insein
Zum Flughafen
Nach Prome
Nach Pegu u Mandalay
THAMAING
KAMAYUT
KEMENDINE
LANSDOWNE
KANDAWGYI
SOUTH OKKALAPA
TAMWE
THAKETA
Inya See
Royal Lake
Hlaing River
RANGOON RIVER
Twante Canal
Pazundaung Creek
Okkyin Station
Kamayut Station
Kemendine Station
Kanbe Station
Mahlwagon Station
Pazundaung Station
Rangoon Station
To Mawtin (Bassein Fahre)
Htinbonseik Jetty (Syriam Fahre)
Lower Hledan Street Jetty (Prome Fahre)
Mandalay Steamer Jet
See Detailed Map of Downtown Rangoon on pp. 140–141.

Rangun, „Das Ende vom Streit“

Und dann erhob sich ein goldenes Wunder am Horizont – ein leuchtendes, glänzendes Wunder, das in der Sonne erstrahlte. Es hatte weder die Halbkugelform moslemischer noch die Turmform hinduistischer Tempelbauten. Es stand auf einem grünen Hügel . . . „Da ist die alte Shway Dagon“, sagte mein Gefährte . . . „Dies ist Burma und es wird wie kein anderes Land sein, das Du kennst.“

Rudyard Kipling,
Letters from the East (1889)

Es ist fast 100 Jahre her, seit Kipling den Rangunfluß zur burmesischen Hauptstadt hochfuhr. Der leuchtend-goldene Stupa beherrscht Rangun auch heute noch, wie dies wohl kein zweites Gebäude in einer anderen Großstadt dieser Welt tut. Die Shwedagon ist nicht nur architektonisch beeindruckend, sie ist auch das perfekte Symbol für ein Land, in dem der Buddhismus noch jeden Teilbereich des Lebens beeinflußt.

Schwerlich kann einen ein Anblick mehr verzaubern, als die allmorgendliche Reflektion der ersten Strahlen des Tageslichts, die, von der Spitze der Shwedagon eingefangen, zum Royal Lake weitergeleitet werden.

Zwar wird Rangun von dieser Pagode, die drei Kilometer vom Stadtzentrum entfernt auf dem Singuttarahügel steht, der Stempel aufgedrückt, hinter diesem ersten Ah-Erlebnis zeigt die Stadt aber noch ein anderes, überraschendes Gesicht.

Geprägt von den langsam verfallenden Fassaden der Häuser – an denen scheinbar seit Jahren nichts mehr verändert wurde und deren britisch-koloniale Architektur das Stadtbild grundlegend beeinflußt – findet man den Charme einer Stadt des 19. Jahrhunderts. Hier herrscht noch die kosmopolitische Lebensart von freundlichen, lebensfrohen Menschen vor, deren Umwelt noch nicht verplant und verbaut ist, in der die meisten Straßen noch von Bäumen gesäumt sind und der tägliche Rhythmus mehr vom Menschen als von Maschinen bestimmt wird.

Ceylonesischen Chroniken können wir entnehmen, daß hier bereits vor 2500

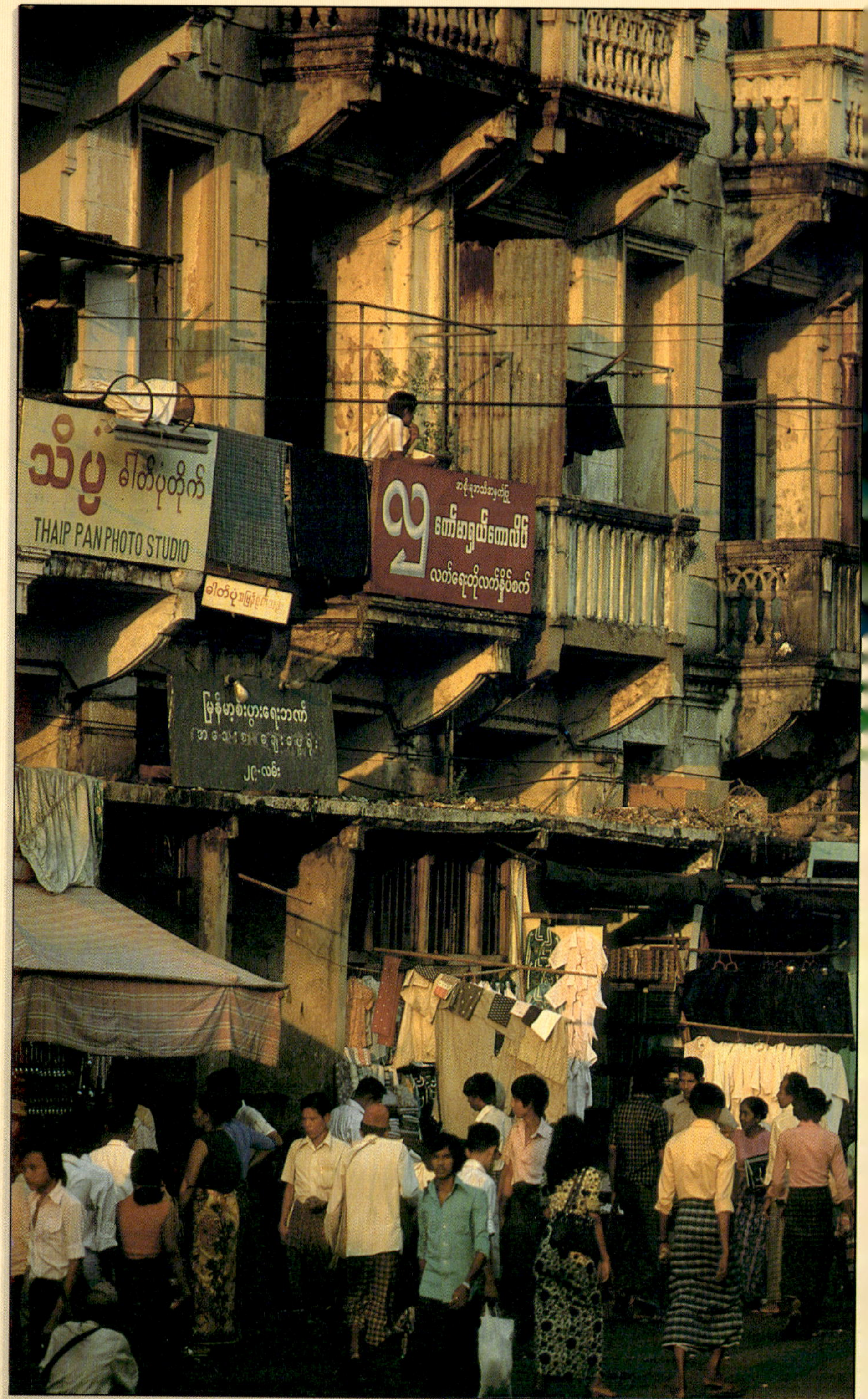
THAIP PAN PHOTO STUDIO

Jahren eine Siedlung bestand, wahrscheinlich nur ein einfaches Fischerdorf oder eine zweitrangige indische Handelsniederlassung. Okkala, wie die Siedlung hieß, wurde erst mit dem Bau der Shwedagon berühmt. Über Jahrhunderte hinweg war dann der Name von Stadt und Pagode identisch.

Im 16. Jahrhundert berichten uns die ersten europäischen Reisenden von „Dagon", der Stadt der Goldenen Pagode. Der englische Kaufmann Ralph Fitch bezeichnete Dagon als „wahrscheinlich die schönste Anlage auf der ganzen Welt". Trotzdem war es bis ins 18. Jahrhundert aber Syriam, auf der anderen Seite des Flusses gelegen, wo die Europäer ihre Niederlassungen gründeten. Erst König Alaungpaya, der 1755 Dagon eroberte, legte den Grundstein für das moderne Rangun. Er nannte die Stadt „Yangon", auf burmesisch „das Ende des Streits" und wollte damit dokumentieren, daß er das Volk der Mon unterworfen hatte. Aber erst ein Jahr später, als er Syriam eingenommen hatte, konnte Rangun auch die wirtschaftliche Funktion dieser Stadt übernehmen.

Mit der ersten Eroberung Ranguns durch die Briten 1824 festigte sich auch die außenwirtschaftliche Bedeutung der Stadt. 1841 brannte sie fast vollkommen nieder und wurde 11 Jahre später, während des 2. Anglo-Burmesischen Krieges, nochmals zerstört.

Ein viktorianisches Stadtbild

Im Herzen der Stadt steht die Sule Pagode, eine weitere goldene Pagode, von der gesagt wird, daß sie bereits im 3. vorchristlichen Jahrhundert erbaut worden sein soll. Dieses Wahrzeichen benutzten die Briten, um, von ihm ausgehend, die Stadt schachbrettartig im viktorianischen Kolonialstil zu errichten. Inzwischen hat man zwar die englischen Straßennamen durch burmesische ersetzt, der Eindruck, den man vom Stadtzentrum hat, wird aber noch immer vom ursprünglichen Stadtplan bestimmt.

Zur Zeit, als die Shwedagon erbaut wurde, mag Rangun noch am Meere gelegen haben, heute ist die Stadt davon weit entfernt, der Hlaing und der Irrawaddy haben vor der Stadt ein riesiges Schwemmland entstehen lassen. Hochseeschiffe können aber Rangun über den im Gezeitenwechsel liegenden Rangunfluß erreichen.

ks: Ran-
s indi-
es Viertel.
hts: ein
licher Hut-
äufer.

Im Norden und Osten der Stadt haben sich in jüngster Zeit industrielle Vororte entwickelt; sie fangen einen Teil der starken Zuwanderung auf, die die Stadt seit kurzem verkraften muß. Rangun ist seit etwa 130 Jahren westlichen Einflüssen ausgesetzt, dies, zusammen mit einem noch immer verhältnismäßig hohen indischen und chinesischen Bevölkerungsanteil, läßt die Stadt nicht repräsentativ für das übrige Land erscheinen.

Ein Gang durch die Hauptstadt Burmas kann zu einem bisher unbekannten Erlebnis werden. In welcher anderen Dreimillionenstadt sind die höchsten Gebäude Pagoden? Rangun kennt keine Hochhäuser. Welche andere Großstadt kennt kein hektisches Verkehrstreiben? Autos sind in Burma so teuer, daß die meisten Menschen auf Kollektivtaxis, Busse, Motor- und Fahrradrikschas sowie auf Pferde- und Ochsenkarren angewiesen sind. Und wo ist die Hauptstadt eines anderen Landes, in der es kein Nachtleben und auch keine überquellenden Kaufhäuser gibt? In Rangun übernehmen die Straßenmärkte beide Aufgaben zur selben Zeit. Rangun ist wirklich einmalig. Willkommen in Rangun.

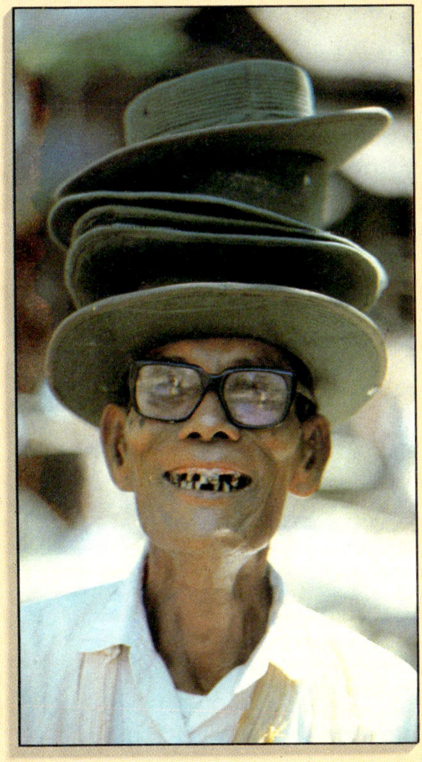

DIE GROSSE GOLDSCHWERE SHWEDAGON PAGODE

Herrlich erhob sich die Shwe Dagon, leuchtend in ihrem Gold, wie eine plötzliche Hoffnung in der Seele dunkler Nacht, von der uns die Mystiker berichten, strahlend über dem Rauch und Nebel der blühenden Stadt.

– *W. Somerset Maugham*, The Gentleman in the Parlour (1930)

Man sagt, daß sich auf der Shwedagon mehr Gold befindet, als im Safe der Bank von England. Sieht man dies im Licht der wirtschaftlichen Schwierigkeiten Englands im letzten Jahrzehnt, so scheint es gar nicht so unmöglich. Scheint doch der massive, glockenförmige Stupa eine einzige, hundert Meter hohe Schatztruhe zu sein.

Innen umschließt er (siehe unten), laut Legende, acht Haare des letzten Buddha sowie weitere Reliquien der drei Buddhas, die vor ihm lebten (von denen gesagt wird, sie wären in einem Abstand von 5000 Jahren gekommen). Und außen . . . nun, der Stupa ist mit Goldplatten belegt, von der jede einzelne nach heutigem Wert etwa 1000 DM kosten würde. Auf der Spitze befinden sich 5448 Diamanten und 2317 Rubine, Saphire und Topase. Ein riesiger Smaragd, der die ersten und letzten Sonnenstrahlen des Tages einfängt, krönt das Bauwerk. All dies ist auf und über einem 10 m hohen *Hti* (Schirm), der aus sieben vergoldeten Stangen besteht, und an dem auch noch 1065 goldene und 420 silberne Glocken hängen, montiert. Rund um den Stupa stehen über 100 andere Bauwerke, kleine Stupas, Gebetshallen und Verwaltungsgebäude. Es kann nur hier sein, im buddhistischen Zentrum eines buddhistischen Landes, wo jede Besichtigung Ranguns beginnen muß.

Die Königin in Gold aufgewogen

Auch wenn uns der Ursprung der Pagode in legendenumwobene Zeiten führt, so wissen wir doch, daß sie zu Anawrahtas Zeiten im 11. Jahrhundert wohlbekannt war. Er selbst besuchte sie

Die Legende der Shwedagon

Als Siddharta Gautama noch ein junger Mann in Nordindien war, lebte König Okkalapa von Suvannabhumi in der Gegend des Singuttarahügels in Niederburma. Der Hügel war damals schon eine geheiligte Stätte, denn auf ihm befanden sich Reliquien der letzten drei Buddhas – ein Stock, ein Wasserfilter und ein Badeumhang. Da nun aber bereits an die 5000 Jahre vergangen waren, seitdem der letzte Buddha in Jambudipa war, verbrachte König Okkalapa dort viele Stunden in Gebet und Meditation, in der Hoffnung, nun auch Reliquien des nächsten Buddha zu erhalten, um so die Stelle für die kommenden 5000 Jahre zu heiligen.

Gautama erschien ihm damals, kurz nach seiner Erleuchtung, und teilte ihm mit, daß sein Wunsch in Erfüllung gehen würde. 49 Tage lang meditierte Gautama nach seiner Erleuchtung in der Nähe des Bodhibaumes in Bodhgaya. Dann erst nahm er das erste Geschenk entgegen. Es war ein Honigkuchen, den ihm die beiden Kaufleute Tapussa und Bhallika, zwei Brüder aus Okkala (dem späteren Dagon) anboten. Zum Dank gab er ihnen acht Haare, die er sich selbst ausriß.

Die Heimreise der beiden Kaufleute verlief nicht ohne Hindernisse. Zuerst raubte ihnen der König von Ajetta zwei der acht Haare und später, bei der Überquerung des Golfs von Bengalen, raubte ihnen der König der *Nagas*, der auf dem Meeresgrund zu Hause ist, zwei weitere Haare.

In Okkala angekommen, gab König Okkalapa ein großes Fest, an dem auch Sakka, der König des Himmels und verschiedene *Nats* teilnahmen. Gemeinsam bestimmten sie die Stelle, an der der Stupa für die Reliquien errichtet werden sollte.

Als König Okkalapa das Kästchen mit den Haaren öffnete, waren wunderbarerweise wieder alle acht Haare vorhanden. Sie erhoben sich weit über die Palmwipfel hinweg und verbreiteten ein solches strahlendes Licht, daß dadurch die Tauben wieder hören, die Stummen wieder sprechen und die Lahmen wieder gehen konnten. Dann ergoß sich ein Regen von Edelsteinen über die Anwesenden, der sie knietief bedeckte.

Über dem Reliquienschrein wurde eine 20 m hohe goldene Pagode errichtet, die in sich nochmals weitere sieben Pagoden enthielt: je eine aus Silber, Zinn, Kupfer, Blei, Marmor, Eisen und Ziegel.

ergehen-
eiten: die
edagon
um 1900
heute.
s: ein
the be-
nt den
ang.

bei einem seiner Feldzüge im Monland. Im Jahr 1372 ließ der damalige König von Pegu, Byinnya U, die Pagode renovieren und fünfzig Jahre später vergrößerte einer seiner Nachfolger, Binnyagyan, sie auf 90 m.

Königin Shinsawbu (1453–1472) war es, die der Anlage ihre heutige Form gab. Sie ließ die Terrasse und die Mauern um den Stupa errichten und ließ sich selbst in Gold aufwiegen, um damit die Pagode zu vergolden. Eine Handlung, die später noch von mehreren Herrschern nachvollzogen wurde. Shinsawbus 40 kg reichten zwar aus, die Shwedagon mit hauchdünner Folie zu belegen, der jährlich wiederkehrende Monsunregen aber bewirkte, daß dieser Belag nicht lange halten konnte.

König Mindons Herausforderung

Die Shwedagon war 77 Jahre lang, vom Zweiten Anglo-Burmesischen Krieg bis 1929, unter britischer Militärkontrolle. Sie war zwar den Burmesen zugänglich, die Briten hatten aber an der Westseite eine Garnison untergebracht. 1871 sandte König Mindon aus Mandalay einen neuen, edelsteinbesetzten *Hti.* Am Richtfest nahmen über 100 000 Burmesen teil, eine nationale Demonstration, der die Briten hilflos zusehen mußten.

1931, zwei Jahre nachdem die Briten die Pagodenanlage verlassen hatten, brach am westlichen Treppenaufgang ein Feuer aus, das sich sehr schnell über den nördlichen und östlichen Teil der Anlage ausbreitete. Bevor es am Ostaufgang unter Kontrolle gebracht werden konnte, waren fast alle, mit unersetzbaren Holzschnitzereien verzierten Gebetshallen und Gebäude in der nördlichen Hälfte der Terrasse dem Feuer zum Opfer gefallen.

Ein Erdbeben 1930 und ein weiteres 1970 (das neunte größere Erdbeben seit dem 16. Jahrhundert) richteten weiteren Schaden an und veranlaßten die burmesische Regierung, die Struktur der Anlage zu verstärken. Trotz all dieser Kalamitäten sind die Burmesen überzeugt, daß ihre Pagode die 5000 Jahre der buddhistischen Religion überstehen wird. Nach jedem Schaden erstrahlte sie bald darauf wieder in noch größerem Glanz als zuvor.

Die Fabelwesen der Pagode

Die meisten Besucher kommen über den **Südaufgang (1)**, an dem die Shweda-

Die Mah
Gandha
ke um 1

gon Pagoda Road endet, auf die Hauptterrasse. Die Verkaufsstände entlang der 104 Stufen sind von der Pagodenverwaltung lizenziert und bieten Opfergaben und Andenken für die Gläubigen an. Am Eingang stehen zwei mythologische Figuren, ein *Chinthe,* auch Leogryph genannt, und ein *Ogre,* ein menschenfressendes Ungeheuer in der Form eines Riesen. Sie achten in erster Linie darauf, daß jeder Besucher Schuhe und Strümpfe auszieht und dies bereits beim Betreten des Aufgangs.

Auf dem Weg nach oben kann man noch einige ältere Teakbalken sehen, die den britischen Angriff auf die Pagode 1852 überstanden. Der Rest des Aufgangs wurde nach dem Krieg wieder aufgebaut. Auf halber Höhe überquert man eine Betonbrücke, die über einen nicht mehr vorhandenen Wassergraben führt. Hier hatten die Briten bis 1928 noch eine Zugbrücke in Betrieb.

Die reichgeschmückte Ankunftshalle auf der Terrasse wurde erst 1934 von einem reichen Chinesen renoviert.

Wer glaubt, daß ihm der Aufstieg zu beschwerlich erscheint, kann den Lift benutzen, der sich gleich neben dem Südaufgang befindet.

he wer-
u Zwer-
nter den
n Stupas
nwe-
n.

Feuer auf der Treppe

Der **Westaufgang (2),** der von der U Wisara Road hochführt, war fast 80 Jahre lang geschlossen. Auch dieser Aufgang wurde während des Zweiten Anglo-Burmesischen Krieges beschädigt. Er war ursprünglich von Ma May Gale, der Frau König Tharrawaddys, errichtet worden. Die Briten hatten hier ihre Garnison und hielten ihn bis 1929 gesperrt. Einer der Verkaufsstände, der für die Wiedereröffnung errichtet wurde, fing Feuer und setzte die nördliche Hälfte der Anlage in Brand.

Die 166 Stufen dieses höchsten Aufgangs *(Zaungdan)* zur Shwedagon führen zur Ankunftshalle mit dem Namen **Two Pice Tazaung (14),** so benannt nach einer freiwilligen Abgabe, die buddhistische Geschäftsleute und die Ladenbesitzer des Surati Basars täglich für den Neubau spendeten. (Ein Pice ware eine Kupfermünze im Gegenwert eines Viertel Annas.)

Der **Nordaufgang (3)** wurde bereits 1460 von Königin Shinsawbu erbaut. Die sehr schöne Treppenumrandung hat die Form von Krokodilleibern. Nördlich von diesem Aufgang sind zwei Wasser-

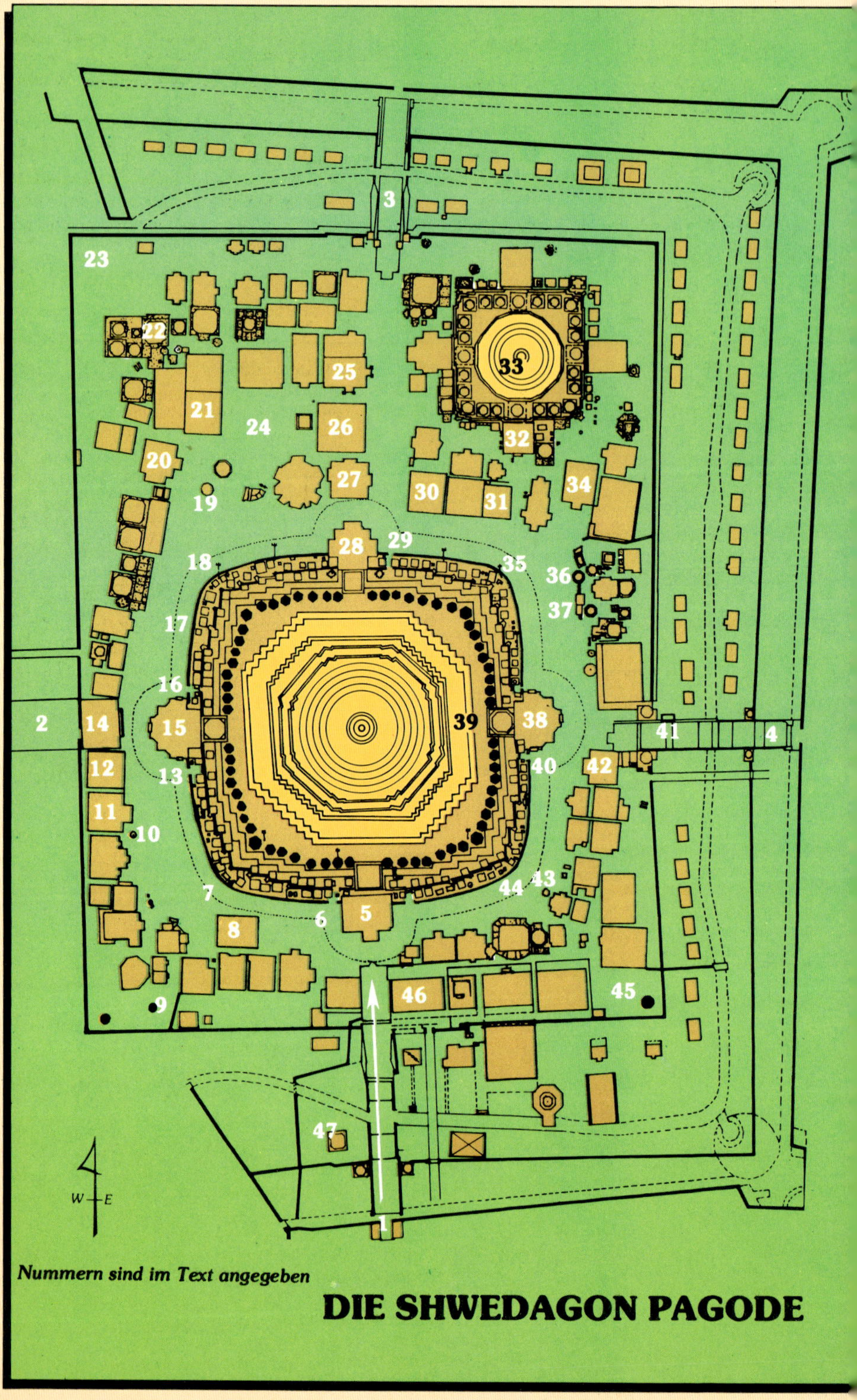

Nummern sind im Text angegeben

DIE SHWEDAGON PAGODE

tanks zu sehen. Der rechte davon trägt den Namen *Thwezekan,* was soviel wie Blutspültank heißt. Nach einer alten Legende soll hier Kyanzittha, der als Heerführer Anawrahtas die Monhauptstadt Thaton eroberte, seine blutgetränkten Waffen gereinigt haben.

Der **Ostaufgang (4)** ist quasi eine Verlängerung des Bahan Basars, der zwischen dem Royal Lake und der Shwedagon liegt. Auch hier findet man Blumen-, Souvenir- und Bücherstände. Neben den **Dhammazedisteinen (41),** die König Dhammazedi von Pegu 1485 errichten ließ, gibt es einige Teehäuser, in denen man den Rundgang unterbrechen kann (chinesischer Tee wird in diesen Läden umsonst ausgeschenkt). Auch dieser Aufgang, der 118 Stufen hat, wurde beim britischen Sturmangriff am 14. April 1852 schwer beschädigt.

Eine unglaubliche Pracht

Hat man die Ankunftshalle erreicht, so ist man wie einst Maugham überrascht von dem Anblick, der einen auf der Terrasse erwartet:

„Endlich hatten wir die große Terrasse erreicht, rund um uns sahen wir einen Wirrwarr von Gebetshäusern und Pagoden, die wie Bäume im Urwald herumstanden. Sie wurden ohne Plan und Symmetrie erbaut, aber in der Dunkelheit, im Glanz des Goldes und des Marmors, erstrahlten sie in unglaublicher Pracht. Und dann, mitten unter ihnen, wie ein Schiff, das von Schleppern umgeben ist, wuchs verschwommen, schwer und herrlich, die Shwe Dagon empor."

und
er auf
Veg zur
ht.

Die Terrasse wurde bereits im 15. Jahrhundert von den Herrschern Pegus errichtet, die die Spitze des Singuttarahügels einebnen ließen. Sie mißt 275 m von Norden nach Süden und 215 m von Osten nach Westen. Eine Anlage, die 5,6 Hektar groß ist und von 15 m hohen Mauern umsäumt wird. Die Terrasse rund um den Stupa ist mit Marmorplatten ausgelegt. Da diese unter Tags sehr heiß werden können, wurden sie in der Mitte mit Matten belegt. An der Außenseite wird die Terrasse von verschiedenen Pavillons *(Tazaungs)* und Rasthäusern *(Zayats)* begrenzt, die die typische Form von fünf, sieben, oder neun sich verjüngenden Dächern haben.

Methode im Wirrwarr

Im Zentrum der Plattform steht der legendäre, goldbelegte Stupa. Sein Umfang auf Bodenebene mißt 344 m. Seine Basis ist achteckig und auf jeder der acht Seiten befinden sich acht kleine Stupas, also insgeamt 64 (Maugham hat sich geirrt, in all dem Wirrwarr, den er sah, war Methode). Die vier den Eingängen gegenüberliegenden Stupas sind größer als die anderen. An vier Ecken findet man jeweils eine Art Sphynx *(Manokthiha),* die von mehreren mythologischen Löwen *(Chinthes)* umgeben ist.

Von der Basis nach oben schauend, sieht man erst einmal drei viereckige Terrassen (Pichayas), die in achteckige übergehen, welche wieder von fünf kreisförmigen Bändern abgelöst werden. Auf diese Weise wird einerseits ein bruchloser Übergang vom Viereck zum Kreis geschaffen, zum anderen wird die Verschmelzung der vertikalen Seiten der Terrasse mit der geschwungenen Form der Glocke hergestellt. Die *Pichayas* haben insgesamt eine Höhe von 24 m.

Die Glocke *(Kaung-laung-bon)* ist 22 m hoch und hat einen unteren Durchmesser von 105 m. Auf der Schulter der Glocke befindet sich ein Muster von 16

Blütenblättern. Über der Glocke befindet sich dann der geschwungene Turban *(Baungyit)* mit 12,5 m und die nach innen geschwungene Bettelschale *(Thabeik)*, die von einem Lotosblütenornament *(Kyahlan)* gekrönt wird. *Thabeik* und *Kyahlan* sind zusammen 9,5 m hoch.

Hierüber beginnt nun der schlanke Teil des Stupa in Form einer Banane *(Hngetpyaw-bu)*, der eine Höhe von 16 m hat. Gekrönt wird der ganze Bau vom 10 m hohen, edelsteinbesetzten Schirm. Auf ihm steht noch die Wetterfahne, die weitere 4,6 m nach oben reicht und eine 25 cm große Goldkugel *(Seinbu)* trägt. Ein Smaragd mit 76 Karat sitzt auf der Spitze der *Seinbu*, um den ersten und letzten Sonnenstrahl des Tages einzufangen. Hat man sich erst einmal an der Pracht des Stupa sattgesehen, so erkennt man auch wieder die anderen Schätze, die auf Terrassenebene zu finden sind.

Von der Ankunftshalle aus sollte man sich nach links wenden, um so, im Uhrzeigersinn, dem alten brahmanisch-buddhistischen Ritual folgend, den Stupa zu umwandern.

Gleich gegenüber dem Südaufgang befindet sich der **Tempel des Buddha Konagamana (5).** Er wurde 1947 renoviert und ist einer der vier *Tazaungs*, die den vorausgegangenen Buddhas gewidmet sind. Man findet hier eine große Anzahl von Buddhastatuen, die wahrscheinlich zu den ältesten auf der Pagode zählen. Stil und Ausführung unterscheiden sich deutlich von den heute hergestellten Figuren.

Links und rechts des Konagamanatempels befindet sich die **Merkurandachtsstelle (6).** Dem Planeten Merkur zugeordnet ist als Tierzeichen der Elefant mit Stoßzähnen und als Tag jener achte Wochentag, auch *Boddahu* genannt, der mittwochs von Mitternacht bis mittags geht (siehe nächste Seite). An diesen Andachtsstellen, von denen es acht rund um den Stupa gibt, steht jeweils eine kleine vergoldete Buddhafigur aus Alabaster, der Blumen und Fähnchen geopfert werden und die rituell gewaschen wird. Hier werden brahmanische Astrologierituale mit der Anbetung Gautamas vermischt.

Südwestlich, dem großen Stupa vorgelagert, liegt die **Saturnandachtsstelle (7)**, ihr ist, wie der Name Saturn sagt, der Saturn, der *Naga* (ein mythologisches Schlangen-Drachenwesen) und der Samstag als Glückstag zugeordnet. Ihr

Ein Leoc
schweig
(links) w
rend ein
Buddha
det wird

gegenüber liegt der **Tazaung der chinesischen Gesellschaft (8)**, er enthält 28 kleine Buddhafiguren, die die 28 ehemaligen Buddhas darstellen.

In der Nähe der Südwestecke der Plattform steht die **Erinnerungssäule (9)**, die in burmesischer, englischer, französischer und russischer Sprache an die Studentenunruhen von 1920 erinnert. Nicht weit davon entfernt finden wir den **Schutznat der Shwedagon (10)**. Zusammen mit *Thagyamin*, der links von ihm steht, ist *Bo Bo Gyi* hinter Glas zu sehen.

Der Übergang ins Nirwana

Geht man weiter in Richtung Norden, so kommt man als nächstes zum **Arakan Pavillon (11)**. Neben diesem Tazaung mit seinen wunderbaren holzgeschnitzten Giebeln sieht man einen 8,5 m großen, liegenden Buddha. Sein Kopf zeigt nach Norden, was darauf hinweist, daß er sich im Zustand des Übergangs ins Nirwana befindet. Zu seinen Füßen ist eine Figur von Ananda, seinem Lieblingsschüler, und je eine von Shin Sariputta und Shin Moggalana, die die Funktion von Aposteln übernahmen. Die Bilder an der Rückwand erzählen die Legende von der Gründung der berühmten Kyaik-tiyo Pagode bei Thaton. Gleich nebenan ist der **Tazaung der chinesischen Kaufleute (12)** mit einer großen Anzahl von Buddhafiguren in verschiedenen Stellungen. Genau gegenüber, auf der Innenseite der Terrasse, findet man die **Statuen von Mai La Mu und von Sakka (13)**. Man sagt, daß diese beiden legendären Figuren die Eltern des Gründers der Shwedagon, Okkalapa, seien. Man findet sie auf der Höhe der ersten Terrasse unter weißen Schirmen, dem Zeichen des Königtums. Die Heimat von Sakka, dem König der Nats, ist in den himmlischen Bereichen des Berges Meru. Mai La Mu, die auch als Gründerin der nach ihr benannten Pagode im Norden der Stadt gilt, soll aus der La Mu Frucht geboren worden sein.

Der **Tempel des Buddha Kassapa (15)** liegt gegenüber dem **Two Pice Tazaung (14)**, der den Westaufgang abschließt. Der ursprüngliche Kassapatempel wurde auch von Ma May Gale gebaut, brannte aber beim großen Feuer von 1931 nieder. Der heutige Bau ist eine Imitation des Originals. Hier findet man die **Jupiterandachtsstelle (16)**, der die Ratte und der Donnerstag zugeordnet sind. Ein Stück weiter, auch auf der Innenseite, ist die

ıche in
ır Freiluft-
ersität.

Statue von König Okkalapa (17). Auch er steht unter einem weißen Schirm auf der Höhe der ersten Terrasse. Danach, an der Nordwestecke des Stupa, kommt man zur **Rahuandachtsstelle (18).** Dieser imaginäre Planet, der die Eklipse des Mondes und der Sonne hervorrufen soll, ist mit dem Elefanten ohne Stoßzähne und dem Mittwoch von mittags bis Mitternacht verbunden.

Auf einem freien Platz im Nordwesten der Anlage findet man die **Pagode der acht Wochentage (29).** Sie hat auf jeder ihrer acht Seiten eine kleine Nische, in der sich eine Buddhafigur befindet. Darüber finden wird jeweils die Tiere, die zu den acht Wochentagen gehören (siehe unten). Hinter dieser Pagode hängt die **Maha Gandha-Glocke (20).** König Singu ließ sie 1779 gießen. Nach dem erfolglosen Abtransport durch die Briten 1825 und der glücklichen Bergung durch die Burmesen wurde sie wieder an ihrem ursprünglichen Platz aufgehängt. Sie wiegt 23 Tonnen, ist 2,2 m hoch und hat an der Öffnung einen Durchmesser von 1,95 m. Eine 12 Zeilen lange Inschrift auf burmesisch bittet darum, daß der Spender (Singu) für diese gute Tat ins Nirwana eingehen darf.

Eine Freiluftuniversität

Gegenüber diesem Glockenpavillon ist eine **Versammlungshalle (21)** mit einer neun Meter hohen Buddhafigur. In diesem Tazaung werden sehr oft Vorlesungen über die buddistische Lehre gehalten. Die *Sayadaws* (Gelehrte Mönche), die hier vor einigen hundert safranfarben gekleideten Mönchen sprechen, gehören zu den angesehensten Männern der burmesischen Gesellschaft. Die Buddhafigur im Hintergrund scheint über diesen Versammlungen zu wachen.

In der Nordwestecke der Terrasse befinden sich einige kleinere Stupas. In einem davon befindet sich der **Buddha, der Wunder vollbringt (22).** Diese Figur ist meist besonders mit Blumen geschmückt und von Gläubigen umlagert; man sagt, sie könne Wünsche erfüllen und Wunder vollbringen. Nicht weit davon entfernt befinden sich zwei **Bodhi-Bäume (23).** Auch sie sind mit Blumen und Fähnchen geschmückt. Der kleinere davon ist ein Ableger des Baumes, unter dem Buddha in Bodhgaya erleuchtet wurde. Er wurde von U Nu, dem ersten Ministerpräsidenten, gepflanzt. Der zweite Baum stammt auch aus Bodhgaya,

Folgt man der traditionellen burmesischen Astrologie, so gibt es acht Wochentage mit zugeordneten Planeten und Tieren. Man nimmt an, daß der Wochentag, an dem man geboren wurde, bestimmend für den weiteren Verlauf des Lebens ist. Shway Yoe, der die Lebensgewohnheiten der Burmesen im 19. Jahrhundert aufzeichnete, sagte, daß ein Mensch, der an einem Montag zur Welt kommt, eifersüchtig sein wird, ein an einem Dienstag geborener Mensch ehrlich und ein am Mittwoch geborener cholerisch sein wird (Ein Zug, der sich beim *Yahu*menschen – Mittwoch mittag bis Mitternacht – noch verstärkt zeigt). Der Donnerstagmensch ist sanft, der vom Freitag gesprächig, der samstags geborene heißblütig und streitsüchtig und der am Sonntag das Licht der Welt erblickt, wird ein Geizkragen sein.

Die Tiere, die den Wochentagen beigeordnet sind, dienen zum Verständnis zwischenmenschlicher Beziehungen. Zum Beispiel passen Menschen, die samstags und donnerstags geboren wurden, nicht zusammen. Die Ratte und die Schlange kommen nicht miteinander aus. Drei Systeme sind im Gebäude der acht Wochentage vereint: Kosmologie (die Kardinalrichtungen), Astrologie (die Planeten) und Psychologie (die Tiere).

Die acht Wochentage

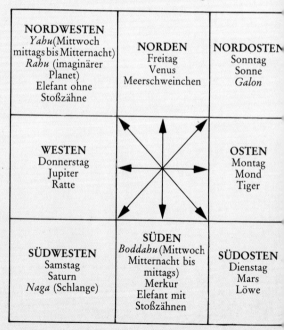

NORDWESTEN *Yahu*(Mittwoch mittags bis Mitternacht) *Rahu* (imaginärer Planet) Elefant ohne Stoßzähne	NORDEN Freitag Venus Meerschweinchen	NORDOSTEN Sonntag Sonne *Galon*
WESTEN Donnerstag Jupiter Ratte		OSTEN Montag Mond Tiger
SÜDWESTEN Samstag Saturn *Naga* (Schlange)	SÜDEN *Boddahu* (Mittwoch Mitternacht bis mittags) Merkur Elefant mit Stoßzähnen	SÜDOSTEN Dienstag Mars Löwe

zen an
er Plane-
andachts-
le.

wurde aber bereits 1903 hierher gebracht. Seine Wurzeln umschließen einige kleine Altäre.

Zurück auf der großen Plattform sieht man einen großen freien Platz, auf dem sich sehr oft die Gläubigen, mit dem Gesicht dem Stupa zugewandt, niederknien. Dies ist die **Wunscherfüllungsstelle (24)**, an der, wie der Name schon sagt, die Gläubigen um die Erfüllung ihrer Wünsche beten. Einer der vielen Pavillons in der Nähe des Nordaufgangs ist der **Tazaung mit dem Abdruck von Buddhas Fuß (25).** Vor dieser Halle stehen lebensgroße Figuren von indischen Wächtern. In der Halle wird Buddha als Prinz dargestellt, der von einem Drachen bewacht wird, davor befindet sich der *Chidawya*, der Abdruck von Buddhas Fuß. Dies ist eine Kopie des Originals, das sich in der Shwesattaw Pagode in Oberburma befindet und von dem gesagt wird, es stamme unmittelbar vom Erleuchteten. Der Abdruck ist in 108 Sektionen eingeteilt, die alle eine spezifische Bedeutung haben. Neben dieser Halle befindet sich die **Bibliothek der Zediyingana Gesellschaft (26).** Man findet in ihr mehr als 6000 Bücher und Schriften über Religion und Kultur des Landes. Die Zediyingana Gesellschaft ist eine von sieben Vereinigungen, die für den Erhalt und Ausbau der Shwedagon verantwortlich sind. Zwischen der Bibliothek und dem Stupa steht der **Sandawdwin Tazaung (27)**, ein Gebäude, das 1879 über dem Brunnen gebaut wurde, in dem wie die Legende sagt, die acht Haare Buddhas gewaschen wurden, bevor man sie im Stupa einschloß.

Auf der Nordseite des großen Stupas ist der **Tempel des Buddha Gautama (28).** Er ist dem kontemporären Buddha gewidmet, dessen Herrschaft bis in das 45. Jahrhundert dauern wird. Daneben ist die **Venusandachtsstelle (29).** Ihr Tiersymbol ist das Meerschweinchen und sie wird hauptsächlich von Gläubigen frequentiert, die an einem Freitag geboren wurden. Ihr gegenüber liegt der **Mahabodhitempel (30).** Er wurde dem Original in Bodhgaya, im indischen Staat Bihar, nachgebaut und unterscheidet sich deutlich vom Mon- und burmanischen Stil der anderen Anlagen.

Ein burmesisches Orakel

Gegenüber der Nordostecke des Stupas ist der **Kanaze Tazaung (31).** An

dieser Stelle soll König Okkalapa, um die Reliquien auch des letzten Buddhas zu bekommen, gebetet haben. Die Buddhafigur in dem Gebäude heißt deshalb auch *Sundaungbyi*, „Buddha erhört das Gebet des Königs". Davor befindet sich der „Wunscherfüllungsstein", eine Art delphisches Orakel. Indem man ihn hochnimmt und sich vor dem Sundaungbyi verbeugt, sagt man zu sich: „Möge dieser Stein mir leicht erscheinen, wenn mein Wunsch in Erfüllung gehen wird." Fühlt er sich trotzdem schwer an, so hat man kein Glück gehabt.

Er suchte den Stein der Weisen

Direkt dahinter liegt der Shin Itzagona Tazaung (32). Er beherbergt einen Buddha mit zwei verschieden großen Augen. Diese Figur soll von oder für Shin Itzagona, einen Alchimisten *(Zawgyi)* aus der Frühperiode Pagans, der auf der Suche nach dem Stein der Weisen war, errichtet worden sein. Die Legende sagt, daß er auf der kostspieligen Suche nach diesem Stein das Land in Armut versetzt hat. Als sein letztes Experiment scheinbar versagt hatte, stach er sich selbst die Augen aus, um so dem König Genugtuung zukommen zu lassen. In der folgenden Nacht aber entpuppte sich sein letzter Guß als der wirkliche Stein der Weisen. Er sandte schnell seinen Assistenten aus, um von der Schlachtstelle zwei Augen zu bringen, die ihn mit Hilfe des Wundersteins wieder sehend machen würden. Sein Assistent aber fand nur das Auge einer Ziege und das eines Stiers, die dem Meister später den Namen „Meister Ziegen-Stier" einbrachten. Die **Naungdawgyi Pagode (33)** liegt direkt dahinter. An der Stelle wo sie heute steht, waren ursprünglich die acht Haare Buddhas, die Tapussa und Bhallika brachten, verwahrt. König Okkalapa soll hier einen kleinen Stupa errichtet haben, der später von König Bayinnaung vergrößert wurde. Nebenan findet man die **Maha Tissada Glocke (34).** 1841 im Auftrag König Tharrawaddys gegossen, wiegt sie 42 Tonnen, ist 2,55 m hoch und hat an der Öffnung einen Durchmesser von 2,30 m. An der Nordostecke des Stupas finden wird die **Sonnenandachtsstelle (35).** In der burmesischen Astrologie zählt auch die Sonne zu den Planteten. Ihr zugeordnet ist der Sonntag und der mythische Vogel Galon (in anderen Teilen Südostasiens als Garuda bekannt). Ihr gegen-

über findet man eine **Kopie des Hti**, den König Hsinbyushin 1774 gestiftet hat (36) und eine **Nachbildung der Pagodenspitze**, die König Mindon 1871 aus Mandalay sandte (37).

Auf die Hand muß man achten

Gegenüber dem Ostaufgang ist der **Tempel des Buddha Kakusandha** (38), der auch von König Tharrawaddys Frau, Ma May Gale, erbaut wurde. Auch er brannte 1931 nieder, wurde aber 1940 neu errichtet. Man findet in diesem Tazaung jenen Buddha, der dafür bekannt ist, daß die Innenfläche seiner rechten Hand, im Gegensatz zu allen überlieferten Darstellungen, nach oben zeigt. Vor der Nische sind nochmals vier Buddhafiguren, von dene drei in derselben ungewohnten Haltung dargestellt wurden. Ein Stockwerk höher, direkt über dem Tempel des Buddha Kakusandha, findet man in einer Nische den **Tawa Gu Buddha** (39). Auch von dieser Figur wird gesagt, sie wirke Wunder. Die oberste Plattform, auf der man sie findet, ist nur für Männer reserviert. Im Verwaltungsgebäude an der Westseite der Pagode kann man sich als Mann eine Eintrittskarte für fünf Kyat kaufen. Auf dieser Ebene trifft man dann nur noch sehr gläubige Buddhisten, Mönche wie Laien, in tiefer Meditation an.

Neben dem Kakusandhatempel ist die **Mondandachtsstelle** (40). Auch der Mond zählt zu den burmesischen Planteten, er hat den Tiger und den Montag zugeordnet.

Geht man den Ostaufgang ein Stück hinunter, so findet man linker Hand die **Dhammazedisteine** (41). Der Tazaung, unter dem sie stehen, war eines der letzten Gebäude, die dem Brand von 1931 zum Opfer fielen. König Dhammazedi, der diese Steine errichten ließ, war selbst ein *Zawgyi*, der das Mysterium der Zeichen und Runen gelöst hatte und diese für sich arbeiten ließ.

Neben dem Ostaufgang befindet sich der **U Nyo Tazaung** (42), in dem auf holzgeschnitzten Tafeln Geschichten aus Buddhas Leben dargestellt werden. Davor steht ein **Hamsa Tagundaing** (43), eine Säule, die ihrem Erbauer Gesundheit, Wohlstand und Erfolg garantieren soll. Auf der Spitze befindet sich ein *Hamsa*, der geheiligte Vogel der Königsdynastie von Pegu. Hier an der Südostseite, an der entsprechneden Ecke des Stupas, ist die **Marsandachtsstelle** (44), mit dem Löwen und Dienstag als entsprechende Symbole. An der äußersten südöstlichen Ecke der Terrasse steht ein großer **Bodhi Baum** (45) der, wie die beiden anderen im Nordwesten, ein Ableger des Originals sein soll. Auf dem achteckigen Sockel, der ihn umschließt, ist eine Buddhafigur in der *Dharmacakra Mudra*. Bevor man den Kreis um den Stupa voll geschlagen hat, kommt man noch zum **Kuriositätenmuseum** (46) mit einer Sammlung von kleinen Pagoden, Statuen und anderen Gegenständen, die für gläubige Buddhisten verehrungswürdig sind.

Auf halbem Weg den Südaufgang hinunter sieht man den **Taubenfütterungsplatz** (47). Hier können die Gläubigen Futter kaufen und sich durch das Füttern der Tauben Verdienste (wenn auch kleine) für die nächste Existenz schaffen.

Die Shwedagon ist täglich von vier Uhr morgens bis neun Uhr abends geöffnet, genügend Zeit auch für all jene, die vor Sonnenaufgang und nach Sonnenuntergang die dann einmalige Stimmung genießen wollen.

Busse und Taxis brauchen etwa 15 Minuten von Stadtzentrum zur Pagode.

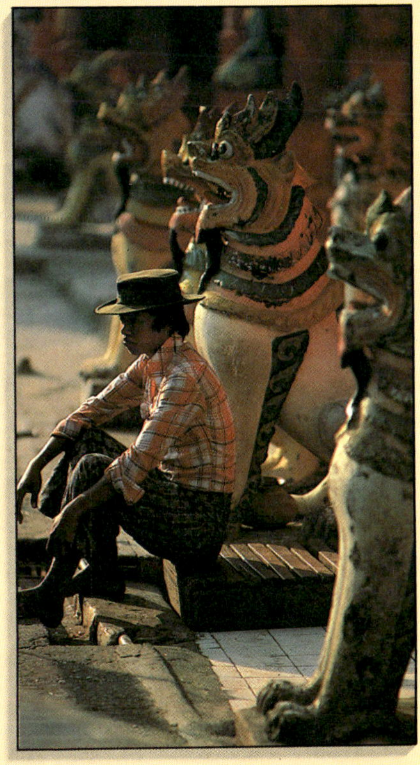

lenfeger
oen Ver-
e (links),
auer
(rechts).

ခွန်အားလိုသော်
နိုင်ငံကျော်
လူပျံတော်ပတ္တမြား
အိမ်တိုင်းထား

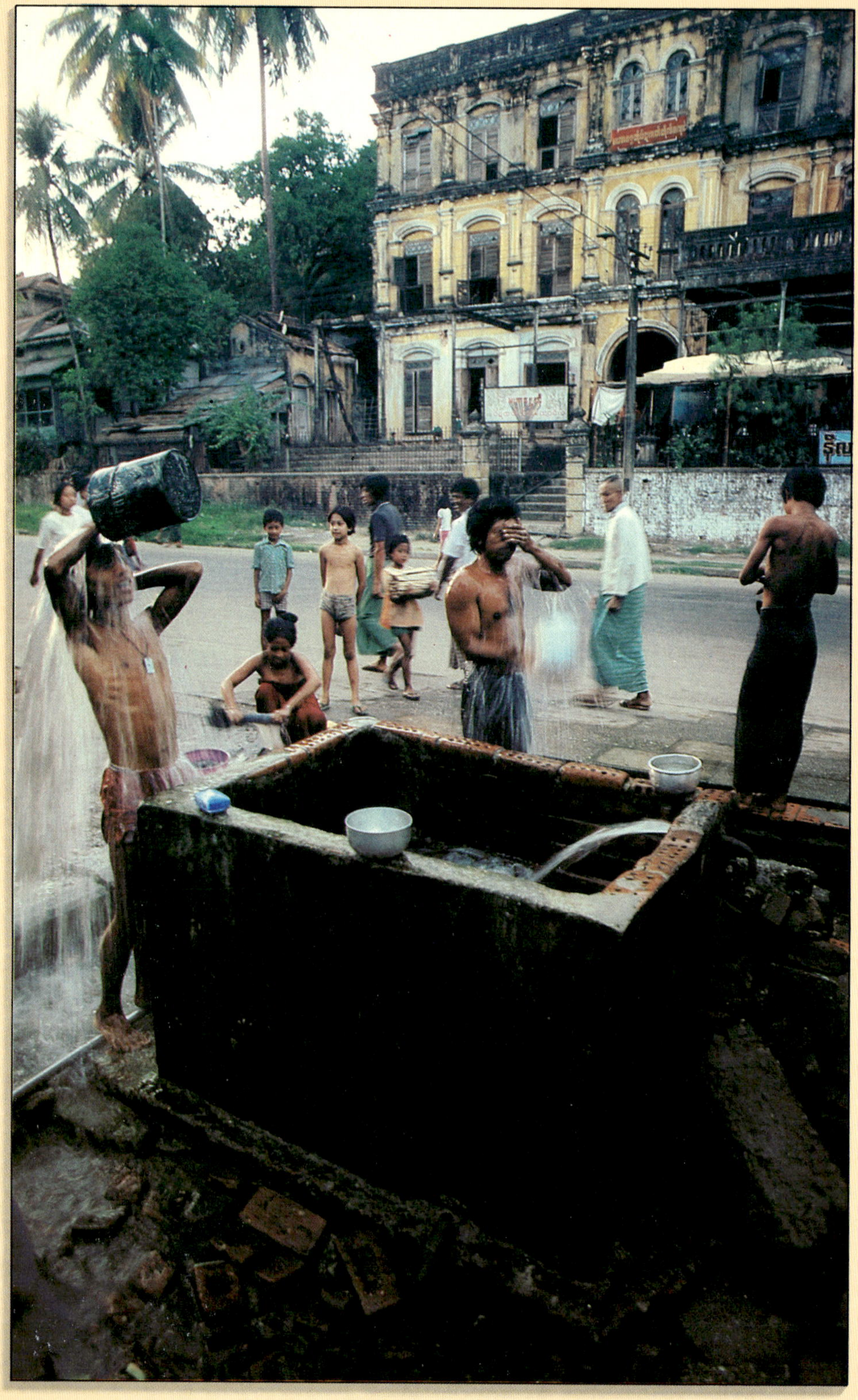

RANGUN ENTDECKEN

Sule Pagoda Road, mit seinen fünf Filmtheatern war gepackt voll mit Menschen, alle gleich gekleidet, in Hemd, *Longyi* und Gummisandalen, Männer wie Frauen, sie alle rauchten dicke, grüne Cheroots und sahen aus (wenn sie mit ihren schlanken Fingern den Rauch wegfächerten) wie königliche Nachkommen, beeindruckend gutaussehend in dieser verfallenden Stadt. Ein Volk von enteigneten Prinzen.

Paul Theroux,
The Great Railway Bazaar (1975)

Wenn man die Straßen Ranguns entlanggeht, sieht man sie allenthalben, die „enteigneten Prinzen", von denen Theroux schreibt. Im Stadtzentrum, zwischen den mit Stockflecken bedeckten grauen Regierungsgebäuden, ist das lebende Herz der Stadt, dort findet man die Märkte und Kinos. Hier kann man auch feststellen, wie vielrassig die Bewohner Ranguns sind.

Nochmals Theroux: „Ich ging ziellos . . . verlangsamte meinen Schritt an Tempeln, wo Kinder – noch immer wach um elf Uhr nachts – Blumengirlanden flochten und Buddhafiguren anlachten. Ältere Menschen knieten in Verehrung oder bauten Fruchtstände auf, indem sie eine Melone in eine Handvoll Bananen legten und das ganze mit einem Fähnchen auf einer Tempelkonsole schmückten. Ältere Frauen, die mit ihren rauchenden Cheroots in der Hand an Blumenständen lehnten, strahlten Stolz und Selbstbewußtsein aus."

Chinesen, Kinos und Stimmungen von Kipling

Wer wie Theroux durch Rangun geht, wird zwischen Pagoden wandern, die ihre goldenen Finger gegen den Himmel strecken, aber auch zwischen nicht ganz so alten hinduistischen Tempeln, islamischen Moscheen, anglikanischen Kirchen. Sogar eine jüdische Synagoge gibt es in Rangun. Die Kinos mit ihren burmesischen, indischen, japanischen und manchmal auch europäischen und amerikanischen Filmen sind Anziehungspunkt für die Jugend. Vor Wohnungstüren, die sich direkt auf die Straße öffnen, haben die Bewohner Stände mit den verschiedensten einheimischen und geschmuggelten Gütern aufgebaut. Manchmal, am ehesten in den Wintermonaten, läuft man mitten in ein Straßenfest mit allen möglichen Buden, vielleicht auch einem Freilufttheater, in dem gerade ein *Pwe* aufgeführt wird, ein typisch burmesisches Theaterstück, das die ganze Nacht andauert. Während des ganzen Jahres aber findet man schnell Kontakt zu dem freundlichen, gesprächigen Burmesen, mit seiner unverkennbaren „whickin' white cheroot", über die Kipling so bezaubernd schrieb.

Im Herzen der Stadt – die Sule Pagode

Wenn die Shwedagon die Seele der Stadt ist, dann ist die **Sule Pagode** ihr Herz. Jahrhundertelang schon bildet sie den sozialen und religiösen Mittelpunkt der Stadt. Die Briten benutzten sie als Zentrum für ihr gitterartiges Stadtschema. Heute ist diese 48 m hohe Pagode noch immer das höchste Gebäude im Stadtkern von Rangun.

Auch ihr Ursprung liegt in der mythologischen Vorgeschichte der Stadt. Am wahrscheinlichsten von allen Geschich-

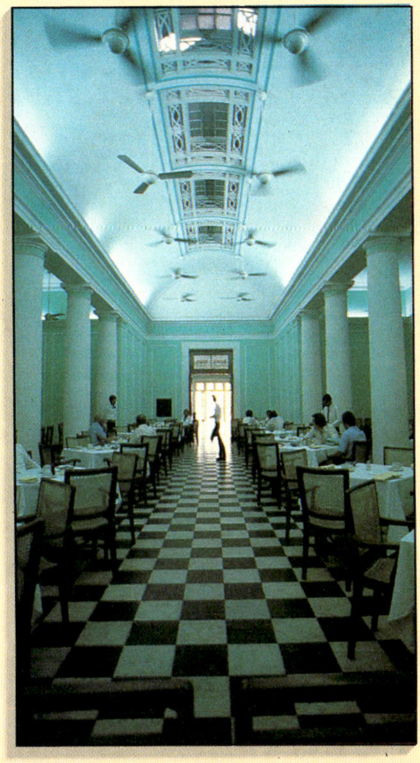

ten, die von ihrer Entstehung erzählen, ist diejenige, die uns von den beiden Mönchen Sona und Uttara berichtet, die etwa 230 v. Chr. von der Dritten Buddhistischen Synode in Pataliputra als Missionare nach Thaton gesandt wurden. Nach anfänglichem Widerstand ließ der König von Thaton am Fuß des Singuttarahügels von seinem Minister Maha Sura eine Pagode errichten, in der ein Haar Buddhas, das die beiden Mönche mitbrachten, verwahrt wurde.

Jahrhundertelang hieß die Pagode dann Kyaik Athok (in Mon „Pagode mit der Haarreliquie") oder auch Sura Zedi, nach ihrem Erbauer Maha Sura. Die Bezeichnung Sule Pagode stammt aus einer späteren Zeit und leitet sich von dem *Sule Nat* ab, der Schutzgeist des Singuttarahügels ist.

Die achteckige Struktur der Sule Pagode, die sich bis zum Schirm fortsetzt, weist auf die brahmanisch-buddhistische Geschichte Niederburmas hin.

In den ersten Jahrhunderten unserer Zeitrechnung waren besonders die Städte an der Küste einem starken Einfluß von Brahmanen und Händlern aus Indien ausgesetzt. Astrologische Berechnungen und tantrische Formeln vermischten sich damals mit der animistischen Natverehrung und den in den Hintergrund getretenen klaren Aussagen des Buddhismus. Die Sule Pagode, die von ihrem Namen und ihrer Form her die Entwicklung deutlich dokumentiert, ist deshalb auch heute noch ein Zentrum der Astrologen und Handleser. Ihre kleinen Läden findet man an der Außenseite der Anlage, die während des Tages eine Insel im Verkehrsstrom der Stadt ist. Innen findet man die gewohnten Nischen mit Buddhafiguren, wobei die vier größten jeweils einen Glorienschein aus vielfarbigen Neonröhren tragen.

Falls nicht einer der vielen Umzüge, die manchmal aus entlegenen Stadtteilen kommen, erwartet wird, schließt die Pagode um 22 Uhr. Wie alle anderen Pagoden, sollte man auch die Sule Pagode im Uhrzeigersinn umwandern. Ihre Seiten sind den jeweiligen Planeten, Tieren und Tagen der acht Himmelsrichtungen gewidmet.

Reste der Kolonialzeit
Relikte in Museen

An der Ecke Sule Pagoda Road-Maha Bandoala Street, gegenüber der Nordost-

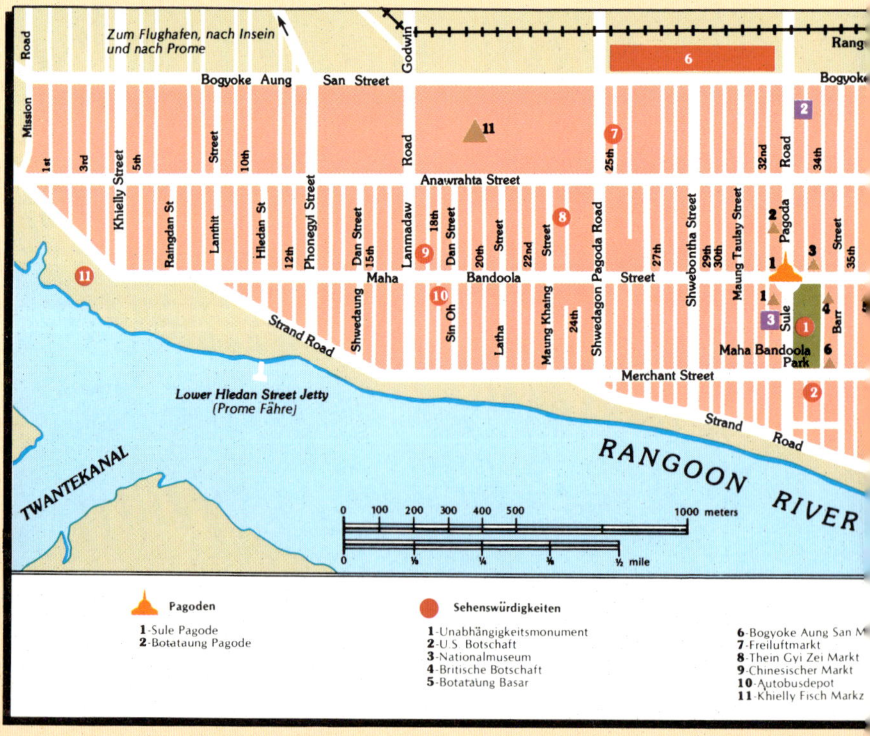

ecke der Sule Pagode, ist das **Rathaus von Rangun.** Von den Briten erbaut, ist dieses wuchtige Bauwerk im Kolonialstil mit kleinen burmesischen Akzenten versehen. Sehr schön ist das traditionelle burmesische Pfauenornament über dem Eingang.

Südlich des Sule Kreisels ist der **Maha Bandoola Park,** benannt nach dem berühmten burmesischen Nationalhelden und General, der im ersten Anglo-Burmesischen Krieg gegen die Briten kämpfte und sein Leben verlor. In der Mitte dieses Parks steht das **Unabhängigkeitsmonument,** ein 46 m hoher Obelisk, der von fünf weiteren, neun Meter hohen Säulen umgeben ist. Das ganze stellt die ehemals teilautonomen Staaten, nämlich Shan-, Kachin-, Karen-, Kayah- und Chin State in familiärer Einheit mit dem großen burmesischen Bruder dar. An der Ostseite des Parks steht der auch von den Briten erbaute **Oberste Gerichtshof.**

Geht man an der Südseite des Parks die Merchant Street eine Straße weiter nach Osten und biegt dann links in die Pansodan (Phayre) Street ab, so kommt man zum **Nationalmuseum.** Das Prunkstück des Museums ist der Löwenthron. Er stand im Audienzsaal im Palast von Mandalay, in dem auch Gericht gehalten wurde. Zusammen mit 52 anderen königlichen Regalien wurde er 1886, nach dem Ende des Dritten Anglo-Burmesischen Krieges, nach England gebracht, wo er jahrzehntelang im Victoria und Albert Museum zu sehen war. Nach einem Staatsbesuch Ne Wins in England 1964 wurde er an Burma zurückgegeben.

Der Thron ist aus Holz, 8,10 m hoch und mit Gold und Lack bedeckt. Er ist ein außergewöhnlich schönes Stück burmesischer Holzschnitzkunst. Andere aus der Mandalay-Periode stammende Ausstellungsstücke sind mit Edelsteinen verzierte Waffen und Gegenstände des täglichen Gebrauchs aus dem Palast.

In der archäologischen Abteilung sind Funde aus der burmesischen Frühgeschichte, also aus Beikthano, Sri Ksetra und Pagan ausgestellt. Das Museum ist sonntags bis donnerstags von 10 bis 15 Uhr und samstags von 13 bis 15 Uhr geöffnet. Freitags ist das Museum geschlossen.

Ein Hauch von Vergangenheit

Nicht weit vom Nationalmuseum entfernt, auf der Strand Road, steht das

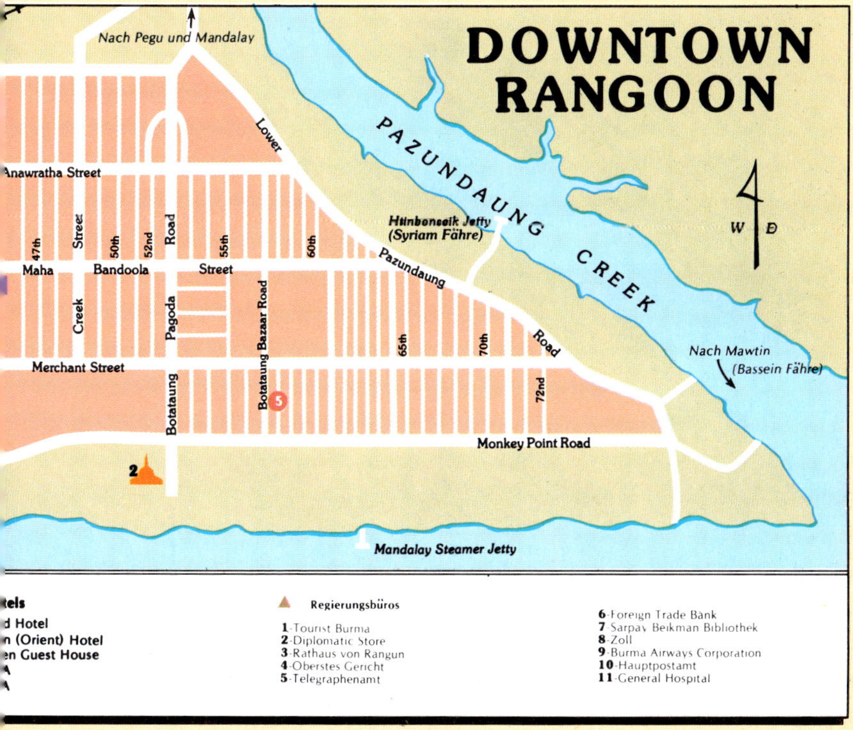

berühmte **Strand Hotel.** Steigt man in diesem Hotel ab, so kann man sich der immanent-kolonialen Atmosphäre, die von den Räumen in diesem Hotel ausgeht, nicht entziehen. In den meist moskitoverseuchten Zimmern kühlt einen ein Deckenventilator, und in den hochhalligen, neoklassizistischen Restaurants wird man von indischen Kellnern umschwirrt.

Auch wenn die Fassade des Hotels Zeichen des Alters aufweist, so sollte man nicht versäumen, abends die teakverschalte Bar des Hotels zu besuchen; bei einem Mandalay Bier oder einem Mandalay Rum mit Wasser genießt man, was Rangun unter „Nachtleben" versteht. Die Bar schließt abends um neun Uhr.

Ein Besuch der Botataung

Geht man auf der Strand Road weiter nach Osten, so kommt man zur **Botataung Pagode.** Tausend Offiziere *(Bo tataung)* standen Spalier, als vor über 2000 Jahren acht indische Mönche Reliquien Buddhas an der Stelle an Land brachten, wo heute diese wiederaufgebaute Pagode steht. Am 8. November 1943 wurde die ursprüngliche Botataung, auch Kyaik-tet genannte Pagode durch einen Volltreffer einer alliierten Bombe zerstört. Bei den Aufräumungsarbeiten fand man im Reliquienraum einen kleinen goldenen Stupa, der ein Haar und zwei weitere Reliquien Buddhas enthielt. Auch etwa 700 Statuen aus Gold, Silber und Bronze sowie eine Anzahl von Terrakottatafeln wurde freigelegt. Eine dieser Tafeln war in Pali und Brahmi beschrieben, jene Schrift, aus der sich die spätere burmesische Schrift entwickelte. Einen Teil dieser Funde kann man heute in den Ausstellungsräumen dieser Pagode sehen. Die wertvolleren Reliquien sind aber in der neuen Pagode eingeschlossen. Darunter befindet sich auch jener Zahn Buddhas, den Alaungsithu bereits 1115 erfolglos in Nan-chao zu erwerben trachtete und den die Volksrepublik China 1960 dem burmesischen Volk schenkte.

Im Gegensatz zu fast allen anderen Pagoden, die in Kompaktbauweise errichtet sind, ist der 40 m hohe Stupa der Botataung innen hohl und begehbar. Der Innenraum ist mit einem Glasmosaik verkleidet und füllt die Glocke des Stupas aus.

In einem kleinen Teich außerhalb der Pagode findet man tausende Schildkrö-

Das Ob
Gericht
torianis
Stil.

ten, für die man, will man eine gute Tat begehen, an angrenzenden Ständen Futter kaufen kann.

Am Ende der Botataung Pagoda Road liegt die Syriam Jetty. Wer nach Syriam fahren will, muß aber wissen, daß nicht von hier, sondern von der Htinbonseik Jetty, am Pazundaung Creek, das stündliche Fährboot ablegt.

Nur einige Straßen von der Botataung Pagode entfernt findet man den **Botataung Basar,** einen jener kleinen, belebten Stadtteilbasare, von denen es in Rangun mehrere gibt.

Gewürze und Hi-Fi, Zigaretten und Obst

Im Westen und im Norden der Sule Pagode liegt Ranguns Marktviertel. Vor dem 2. Weltkrieg waren die meisten Einwohner der Stadt Inder und Chinesen, ihr Einfluß und ihre Lebensart bestimmen auch heute noch die burmesischen Märkte. Vordergründig haben sie sich zwar der Neuzeit angepaßt, dem Charakter nach sind sie aber noch typische orientalische Basare – die Supermärkte der vorindustriellen Zeit. Der **Bogyoke Aung San Markt** (früher Scott Markt), liegt nicht weit vom **Ranguner Hauptbahnhof** entfernt. Er ist der größte unter Ranguns Märkten, unter seinem Dach findet man alles, was einer burmesischen Familie an Konsumgütern angeboten wird. Von Gewürzen bis zum Fahrrad, vom Kinderspielzeug bis zum geschmuggelten Hi-Fi Gerät aus Japan.

Strand
l.

Die Zeit, als es in Rangun kaum Glühbirnen zu kaufen gab, scheint vorüber zu sein. Die wichtigsten Güter des täglichen Gebrauchs sind heute fast alle erhältlich, wenn auch auf dem schwarzen Markt. Wer spezielle Wünsche hat, geht eben zu einem der „grauen Importeure". Bei ihnen kann man gegen eine Anzahlung seine Bestellung aufgeben, die dann über kurz oder lang aus Thailand besorgt wird. Größere Gegenstände landen per Schiff an der langen und unübersichtlichen Küste von Tenasserim, kleinere werden von Karenschmugglern direkt über die Berge gebracht. Die Preise für derart herangeschaffte Güter sind dann auch entsprechend hoch.

Hat das Schmuggelgut einmal die Verkaufsstände erreicht, so wird von staatlicher Seite nicht mehr eingegriffen. Daß der Staat trotzdem zu seinen Abgaben kommt, ist dadurch gesichert, daß etwa

10 % des Schmuggelgutes unterwegs abgefangen und dann versteigert wird. Das System hat sich eingespielt.

Außer Konsumgütern bietet der Bogyoke Markt auch eine Reihe kunstgewerblicher Gegenstände für Touristen an. Holzschnitzereien, Bronzefiguren, handgewebte Stoffe, Lackarbeiten, Musikinstrumente, *Longyis,* Shantaschen und Korbwaren. Ein Besuch lohnt sich.

Die tausend Düfte des Orients

Südlich des Bogyoke Marktes, hinter der Shwedagon Pagoda Road liegt der **Freiluftmarkt,** der auch für seine chinesischen Suppen, die man an vielen Ständen kaufen kann, berühmt ist. Den **Thein Gyi Zei,** den indischen Markt, findet man auf der Anawrahta Street gegenüber von einem interessanten **Hindu-Tempel.** Hier kann man in den tausend Düften des Orients schwelgen. Berge von roten Chillies, Zimtstangen und Nelken, Mangosteens und (zur richtigen Jahreszeit) Durian, getrockneter Fisch und Shrimppasten, Heilkräuter und medizinische Weine, sie alle sättigen die Luft mit Düften, denen westliche Geruchsorgane hilflos gegenüberstehen.

Singvögel und Sojabohnen

Wieder anders, aber nicht weniger faszinierend, ist der **chinesische Markt.** Sein Zentrum liegt an der Ecke Lan Ma Daw Road-Maha Bandoala Street. Hier sind es die lebenden Krebse, die Fische in Aquarien und die Singvögel in Käfigen, die auf der Straße angeboten werden. Wohnungen und Geschäfte öffnen sich zur Straße. Sojabohnen, die unter künstlichem Licht gezogen werden, und Bäckereien, die chinesische Spezialitäten herstellen, sind jederzeit zur Inspektion offen. Hier auch sind die Freiluftrestaurants, wo man an langen Tischen, rund um Holzkohlenöfen, sein frisch zubereitetes chinesisches Nudel- oder Reisgericht bekommt. Der Markt zeigt sich früh morgens von seiner besten Seite, die Restaurants abends, nach neun Uhr, wenn die offiziellen Etablissements bereits geschlossen sind.

Wer noch mehr von den Märkten Ranguns sehen will, kann noch zum **Khielly Fisch Markt,** dem **St. John's Markt** oder dem **Myenigone Markt** gehen. Die meisten Besucher aber bleiben in dem Viertel zwischen dem Bogyoke Markt und der Sule Pagode, denn hier, wo burmesische, chinesische und indische Lebensart tag-

Straßen
auf der S
Pagoda

täglich Feste feiert, kann man das erleben, was man in keiner anderen Stadt des Ostens mehr findet: Das vielrassige, orientalische Treiben, wie es uns einige der besten Schriftsteller des letzten Jahrhunderts beschrieben haben.

Einen halben Häuserblock nördlich der Sule Pagode, auf der Westseite der Sule Pagoda Road, ist der **Diplomatic Store.** Hier findet man unter anderem die unter Staatsmonopol stehenden Edelsteine Burmas. Wer vor hat, Rubine oder Jade zu kaufen, sollte dies hier tun. Die Qualität wird garantiert, auch wenn die Preise nicht ganz so günstig sind wie die der illegalen Straßenverkäufer. Hier findet man auch viele westliche Güter (diesmal offiziell eingeführt), sie müssen aber mit Devisen bezahlt werden. Trotzdem gibt es noch immer zwei Preise, Diplomaten zahlen für die meisten Waren nur ein Drittel dessen, was Touristen bezahlen müssen. Eine Ausnahme bilden die burmesischen Duya Filterzigaretten, von denen Touristen (falls vorhanden) bis zu fünf Stangen täglich kaufen dürfen. Die Taxifahrer, die vor dem Diplomatic Store warten, bezahlen dann sofort das Dreifache in burmesischer Währung.

Im Norden der Märkte

Geht man die Shwedagon Pagoda Road entlang, vorbei am Bogyoke Markt und über die Eisenbahnbrücke, so kommt man zur **State School of Music and Drama,** einem Pendant zur State School of Fine Art, Music and Drama in Mandalay. Hier werden die einstmals vom Königshaus geförderten typisch burmesischen Ausdrucksformen der Kunst unterrichtet und vorgeführt. Während der Regenzeit gibt es jeden Samstag um 14 Uhr Vorstellungen von Tänzen, Musik-, Sprech- oder Marionettentheater. Diese Aufführungen finden in der großen Jubilee Hall statt.

Hinter der Shwedagon Pagode, auf einem Hügel an der Transport Road, steht das **Märtyrermausoleum.** Hier sind die Grabstätten von Aung San, dem Vater der burmesischen Unabhängigkeit und von sieben seiner Genossen, die am 17. Juli 1947 während einer Ministerratssitzung erschossen wurden. Aung San war damals gerade 31 Jahre alt. Als Anstifter zum Mord wurde der ehemalige Premierminister U Saw entlarvt und zusammen mit den gedungenen Mördern im Mai 1948 hingerichtet.

afen von
ın.

Geht man vom Mausoleum weiter nach Norden bis zur Shwegondine Road und dann nach Osten, vorbei an der Burma Kitchen, einem exklusiven Restaurant, das für seine burmesischen Gerichte bekannt ist, dann kommt man zur **Kyauk Htat Gyi Pagode.** Eigentlich ist dies keine richtige Pagode, sondern ein *Tazaung,* in dem man einen 70 m langen, liegenden Buddha vorfindet. Diese Figur wurde erst Ende der 60er Jahre mit Hilfe von Spenden in Höhe von 500 000 Kyat in der jetzigen Form erstellt. Davor befand sich dort eine andere Buddhafigur, die um die Jahrhundertwende erbaut wurde. Mit 70 m ist diese Figur größer als der liegende Buddha von Pegu, sie ist aber bei weitem nicht so bekannt und verehrt. In den anderen Gebäuden innerhalb der Umfriedung befindet sich ein Zentrum zum Studium der alten buddhistischen Schriften. 600 Mönche studieren dort die ursprüngliche Paliliteratur und wohnen auch im angeschlossenen *Kyaung.*

Südlich von hier kommt man zum **Nga Htat Gyi** auf der Campbell Road. Im Ashay Tawya Kyaung ist dieser riesige, sitzende Buddha untergebracht, den man wegen seiner außergewöhnlichen Größe auch den „fünfstöckigen Buddha" nennt.

Spielplatz und Spiegelbild der Shwedagon

Auf der Nordseite des **Royal Lake,** an der Natmauk Road, findet man das Standbild vom Gründer des modernen Burma. Dahinter liegt der Eingang zu dem sich fingerartig in den See ausbreitenden **Bogyoke Aung San Park.** Pflanzen und Bäume sind hier teilweise wie in einem botanischen Garten etikettiert. Kinderspielplätze und Picknickstellen sind ein beliebter Anziehungspunkt für die Bevölkerung Ranguns. Man kann hier, neben der sich im See reflektierenden Shwedagon Pagode, Familien ihre Mußestunden verbringen sehen. Für Touristen ist dies eine empfehlenswerte Stelle, um sich von den Strapazen einer Stadtrundfahrt zu erholen.

Von der Ostseite des Sees, vom pittoresken **Karaweik Restaurant** aus, hat man den vielleicht schönsten Ausblick, den Rangun bietet: Über den See hinweg, auf den letzten Ausläufer des Pegu Yoma, den Singuttarahügel, der von der Goldenen Pagode überragt wird.

Das Restaurant, aus Ziegeln und Beton gebaut und im Seeboden verankert, hat die Form einer königlichen Barke. Der

Das Kara
Restaura
auf dem
Lake.

Doppelbug des Bootes ist, wie auch das aus Holz gearbeitete Original, dem *Karaweik*, jenem mythologischen Vogel aus der indischen Vorgeschichte nachgebaut. Dieses erst 1970 erbaute Restaurant, das von einer Pagode gekrönt ist, hat eine luxuriöse Innenausstattung aus Glasmosaik, Lackarbeiten, Marmor und Perlmutt. Gegen einen kleinen Eintritt kann man hier untertags zum Essen oder abends, mit spezieller Eintrittskarte, zu einer Vorstellung klassischen burmesischen Balletts kommen. Den Ausblick auf die Shwedagon gibt es umsonst als Dreingabe.

Orchideen und Elefanten

Bis vor kurzem lag an der Südseite des Royal Lake auch noch das Naturhistorische Museum, inzwischen hat man es zu einem Hotel umgebaut. Wer mehr über die Flora des Landes erfahren will, sollte deshalb zum **Horticultural Garden** in der Luh Oh Yone Street gehen. Die Tierwelt Burmas findet man im **Zoologischen Garten** an der King Edward Avenue, mit Vögeln, Reptilien, Affen und Großwild ziemlich komplett vertreten. Seine Hauptattraktion war bis vor kurzem ein weißer Elefant, jener seltene Albino, dessen Besitz in der Geschichte Burmas manchen Krieg ausgelöst hat (siehe unten). Leider ist dieses Tier 1979 gestorben. Der Zoo ist von 6 Uhr morgens bis 6 Uhr abends geöffnet. Nachmittags um 4 Uhr dürfen Besucher auf Elefanten und Kamelen reiten.

Nimmt man die Kreisbahn um Rangun, so ist die erste Station in Nordwesten Kemendine. Nicht weit von ihr entfernt liegt die **Koe Htat Gyi Pagode** in der Bargayar Road. Unter ihrem Dach befindet sich eine 20 m große sitzende Buddhafigur, die Reliquien von Buddha und einigen seiner Schüler enthalten soll. Im Umkreis der Pagode befinden sich einige *Kyaungs* (Klöster), in den viele *Pongyis* (Mönche) wohnen. Dies ist eine gute Stelle, will man frühmorgens die Pongyis mit ihren Bettelschalen ausschwärmen sehen.

Hier in der Nähe der Bahnstation findet auch allabendlich der **Nya Zei,** der Nachtmarkt statt.

Schon weiter vom Stadtzentrum entfernt, hinter dem von und für die britischen Kolonialisten gebauten Wohnviertel, kommt man an den künstlich angelegten Inya Lake. An seiner Südseite liegt die

Seine Hoheit der weiße Elefant

Da der Buddhismus keine Rituale vorsieht, auf die sich ein gottgesandtes Königstum berufen kann, wurde in den hinterindischen Ländern einfach das bereits vorhandene hinduistische System übernommen. Im Mittelpunkt dieses Systems steht der *Chakravarti*, der Universale Monarch. Sieben verschiedener „Juwelen" bedurfte es, um die vier Hauptinseln und 2000 Nebeninseln der buddhistischen Welt zu beherrschen: das goldene Rad des Gesetzes, den himmlischen Wächter der Schatzkammer, das göttliche Pferd, die juwelengeschmückte Jungfrau, den Wunder vollbringenden Edelstein, den unbesiegbaren General und den weißen Elefanten.

Von diesen sieben „Juwelen" war der weiße Elefant der wichtigste. Gautama Buddha soll in seiner vorletzten Inkarnation ein weißer Elefant gewesen sein und selbst der Irrawaddy ist nach Erawon, dem weißen Elefanten, Indras Reittier, benannt.

Die letzten beiden Könige Burmas, Mindon und Thibaw, waren beide im Besitz eines solchen *Sinbyudaw*. Er hatte seinen eigenen Palast, wurde von 100 Soldaten bewacht und von 30 Bediensteten, unter ihnen ein Minister, gepflegt. Als Pfründe stand ihm eine Provinz zu, deren Einnahmen der „aufessen" konnte. Er wurde täglich in Sandelholzwasser gebadet, während eine Truppe Sänger und Tänzer ihn unterhalten mußte.

Das exklusive Zeichen königlicher Würde waren die neun weißen Schirme, die über den Monarchen aufgespannt wurden. Nur der weiße Elefant durfte zu seinen vier goldenen auch noch zwei weiße Schirme besitzen. In der rituellen Hierarchie kam er gleich hinter dem König.

Ein weißer Elefant mußte nicht unbedingt weiß sein. Unter mehreren Erkennungszeichen war aber wichtig, daß er 1. vier anstatt fünf Zehennägel besaß, 2. mußte sich seine Haut rot färben, wenn er mit Wasser übergossen wurde und 3. mußten seine Augen eine helle Iris haben, die von einem roten Ring umschlossen war.

Seine Hoheit der weiße Elefant des letzten burmesischen Königs mußte wie Thibaw selbst auch ins Exil. Den Briten war der Aufwand zu groß. Man brachte ihn in den Zoo nach Rangun. Dort soll er – so sagt man – an gebrochenem Herzen gestorben sein.

Rangoon Arts and Sciences University, an der über 10 000 Studenden eingeschrieben sind. Dort findet man auch den **Burma Sailing Club,** der gelegentlich Regatten auf dem See abhält. Hier sind auch die meisten Kunstgewerbeläden Ranguns zu finden. Webereien (113, Windermere Road), Holzschnitzer (Ekke University Avenue und Kaba Aye Pagoda Road) und Glasbläser (an der Yogi Kyaung Street) sowie viele andere Läden haben sich hier, nicht zuletzt wegen der Nähe zum **Inya Lake Hotel,** niedergelassen, das Anfang der 60er Jahre von der Sowjetunion errichtet wurde. Die *New York Times* schrieb damals: „Die sowjetischen Architekten entwarfen Pläne, die besser zum russischen Klima, als in das von Luftfeuchtigkeit dampfende Rangun gepaßt hätten."

U Nu und die Legende der Kaba Aye Pagode

Nicht weit entfernt, im Norden des Inya Lake, steht die **Kaba Aye Pagode.** U Nu, der erste Ministerpräsident des unabhängigen Burma, ließ diese Pagode zwischen 1950 und 1952 erbauen. Obwohl es sich um ein zeitgenössisches Bauwerk handelt, gibt es bereits eine Legende, die uns ihre Entstehung schildert.

Dem Mönch Saya Htay erschien während der Meditation in der Nähe der Stadt Pakokku am Irrawaddy eine in Weiß gekleidete Gestalt eines Greises, die ihm einen beschriebenen Bambusstab mit der Bitte übergab, diesen an U Nu mit der Aufforderung weiterzugeben, daß etwas für den Bestand des Buddhismus getan werden müsse. Dieser wundersamen Aufforderung kam der in der Politik wie in Glaubensfragen gleich gut bewanderte Ministerpräsident nach, indem er 12 km außerhalb Ranguns diese, dem Weltfrieden gewidmete Pagode erbauen ließ.

Auch wenn sie dem ästhetischen Maßstab der Shwedagon nicht gerecht wird (welche Pagode könnte dies?), so hat sie doch einige sehr interessante Details.

Höhe und Durchmesser dieser im Rundbau errichteten Pagode betragen jeweils 34 m. In ihr befinden sich Reliquien der beiden wichtigsten Schüler Buddhas: Sariputta und Moggalana. Diese Reliquien wurden 1851 im indischen Sanchi durch den englischen General Cunningham freigelegt und nach langen Jahren im Britischen Museum an Burma

Die Kya
Gyi Pag

übergeben. Gegenüber den fünf im Kreis angelegten Eingängen sind jeweils 2,40 m große Buddhafiguren (siehe Titelbild) und auf einer Erhöhung findet man 28 weitere, kleine, vergoldete Statuen, die die 28 vorangegangenen Buddhas darstellen. In der Cella findet man einen Buddha, für dessen Guß man 500 kg Silber verwendet hat.

Die „Große Grotte", mit Karma gebaut

Auf dem gleichen Areal, auf dem man die Kaba Aye Pagode findet, ließ U Nu, als Austragungsort für die Sechste Synode, die künstliche Grotte **Maha Pasana Guha** errichten. Sie sollte der Satta Panni Grotte ähneln, in der kurz nach Buddhas Tod die Erste Synode abgehalten wurde.

Die Grotte, an deren Bau gläubige Buddhisten freiwillig und kostenlos arbeiteten, nur mit der Bereicherung ihres Karmas belohnt, mißt außen 139 mal 113 m. In ihr finden 10000 Menschen Platz. Am 10. Mai 1954 war sie vollendet, genau zur richtigen Zeit, damit in ihr Tage später die Sechste Synode eröffnet werden konnte. Während dieser Synode versuchte man, sich auf einen endgültigen Text des Tripitakakanons festzulegen. Man gründete gleichzeitig das **Institute for Advanced Buddhist Studies,** das heute noch seinen Sitz auf demselben Gelände hat.

Noch weiter nördlich, in der Nähe des Flughafens, im Vorort Okkalapa, steht die **Mai La Mu Pagode.** Benannt nach der Mutter des legendären Gründers der Stadt Dagon. Die Legende sagt, sie ließ diese Pagode erbauen, um ihren Schmerz über den frühzeitigen Tod ihres jüngsten Enkelsohnes zu überwinden. Ihre Statue kann man auf der Südwestseite der Shwedagon sehen. Diese Pagode findet besonderes Interesse, weil sich ihn ihr, außer einem liegenden Buddha auch Figuren aus den Jatakageschichten befinden, die in einem eigenwilligen burmesischen Stil gestaltet wurden. Westlich des Flughafens, im Vorort Insein, steht die **Ah Lain Nga Sint Pagode.** Sie ist ein Zentrum für jene Art Buddhismus, in der Geisterglaube und Okkultismus im Vordergrund stehen. Die Anlage besteht aus einem fünfstöckigen Turm, einer Halle, in der man alle möglichen okkulten Figuren findet und einem *Kyaung*, in dem außer Mönchen auch Okkultisten wohnen.

Die sechs buddhistischen Synoden

Mahayana- und Hinayanabuddhisten sind sich über den Zeitraum von Buddhas Leben nicht ganz einig. Während in den Mahayanachroniken 556 v. Chr. bis 476 v. Chr. angegeben wird, findet man im Hinayana 623 v. Chr. bis 544 v. Chr. als Lebenszeit Buddhas angegeben. Dieses letztere Datum ist auch Ausgangspunkt für den in ganz Südostasien gültigen buddhistischen Kalender. Wie immer es sei, drei Monate nach Buddhas *Mahaparinirvana,* seinem Tod, fand in der Grotte Satta Panni in Rajagriha, im heutigen indischen Bundesstaat Bihar, die Erste Synode statt. Die Zweite Synode wurde dann 443 v. Chr. in Vesali, im Norden Bihars einberufen und dauerte 8 Monate. Die Dritte und letzte gemeinsame Synode der buddhistischen Glaubensgemeinschaft rief König Ashoka 235 v. Chr. nach Pataliputra ein. Danach trennten sich die Wege.

Im Jahre 78 n. Chr. gab es eine Vierte Synode, die König Kanishka in Nordindien einberief, die aber später von den Hinayanabuddhisten nicht anerkannt wurde. Ihre Vierte Synode fand zwischen 29 v. Chr. und 13 v. Chr. in Sri Lanka statt.

Die Fünfte Synode war dann erst fast 2000 Jahre später in Mandalay 1871–72, auf der der gesamte *Tripitakakanon* auf Steintafeln festgehalten wurde.

Das bisher letzte Kapitel der Synoden wurde von U Nu geschrieben, der sich Anfang der 50er Jahre auf einer Pilgerfahrt zu den wichtigsten Stätten von Buddhas Wirken befand und unter dem Bodhi Baum in Bodhgaya eine Vision hatte. Er sah, daß zur 2500sten Wiederkehr von Gautamas Todestag, die auch die Halbzeit von Buddhas Regentschaft darstellt, die Gläubigen aus aller Welt nach Burma kommen würden, um eine Botschaft des Friedens und des Lichtes in einer Zeit voll Haß und Krieg zu vernehmen. Zurück in Rangun ließ er den Bau der Maha Pasana Guha Grotte in Angriff nehmen.

Kurz vor der Eröffnung der Sechsten Synode am 17. Mai 1954, war sie fertig. An diesem Tag feiern Buddhisten alljährlich die Geburt, die Erleuchtung und den Tod Buddhas. Die Synode dauerte zwei Jahre und wurde am übernächsten Vollmond im Mai, also 2500 Jahre nach Buddhas *Mahaparinirvana,* beendet.

Pegu, Syriam und der Süden Burmas

In der Nähe der kleinen Stadt Hlegu rollen schwer mit goldenem Reis beladene, hochrädrige Ochsenkarren, von einer ausgelassenenen Landjugend gelenkt, über staubige Straßen zur staatlichen Ankaufsstelle.

In der alten Stadt Pegu kniet eine Vielzahl von Gläubigen, mit Blumen und Räucherstäbchen in ihren Händen, vor dem Shwethalyaung Buddha, einer 55 m langen, liegenden Buddhafigur, deren zeitloses Lächeln eine Mona Lisa eifersüchtig machen könnte.

In Syriam, Moulmein und Bassein, Städten, deren Namen wie Tempelglokken klingen und die von Burmas glanzvoller Vergangenheit berichten, gehen die Menschen ihrem täglichen Leben nach, unberührt von westlichem Einfluß, der die Lebensweise in anderen südostasiatischen Ländern von Grund auf verändert hat.

Hat man Rangun einmal verlassen, so entdeckt man ein anderes, in alter Tradition verhaftetes Burma. Am besten beginnt man mit einem Tagesausflug zur 80 km entfernt liegenden Stadt Pegu.

Die unzähligen Spuren einer glorreichen Vergangenheit, die man in dieser Stadt findet, sind Zeugen für die Bedeutung, die diese Provinzstadt einmal hatte.

Schon im 15. Jahrhundert berichteten Europäer von dem unglaublichen Reichtum, den sie hinter ihren Mauern verborgen hatte. Einst der größte Seehafen Burmas, liegt diese Stadt mit 50 000 Einwohnern heute im Landesinnern am Pegufluß.

Das Salweental entlang ins „Goldene Land“

Um Pegu richtig zu begreifen, sollte man etwas über die Geschichte des Monvolkes (der Talaing) wissen. Wie die Pyu waren sie schon lange vor den Burmanen im Land, sie kamen nicht das Irrawaddytal, sondern am Flußlauf des Salween entlang nach Niederburma. Ihr „Goldenes Land Suvannabhumi“ erstreckte sich vom heutigen Malaysien bis zum Golf von Bengalen. In Thaton, am Ostufer des Sittang, hatten sie ihre Hauptstadt.

Die Legende sagt, daß zu dieser Zeit Pegu noch eine winzige Insel vor der

ergehen-
eiten: die
pun Pa-
in Pegu
(links) der
dene
en“.

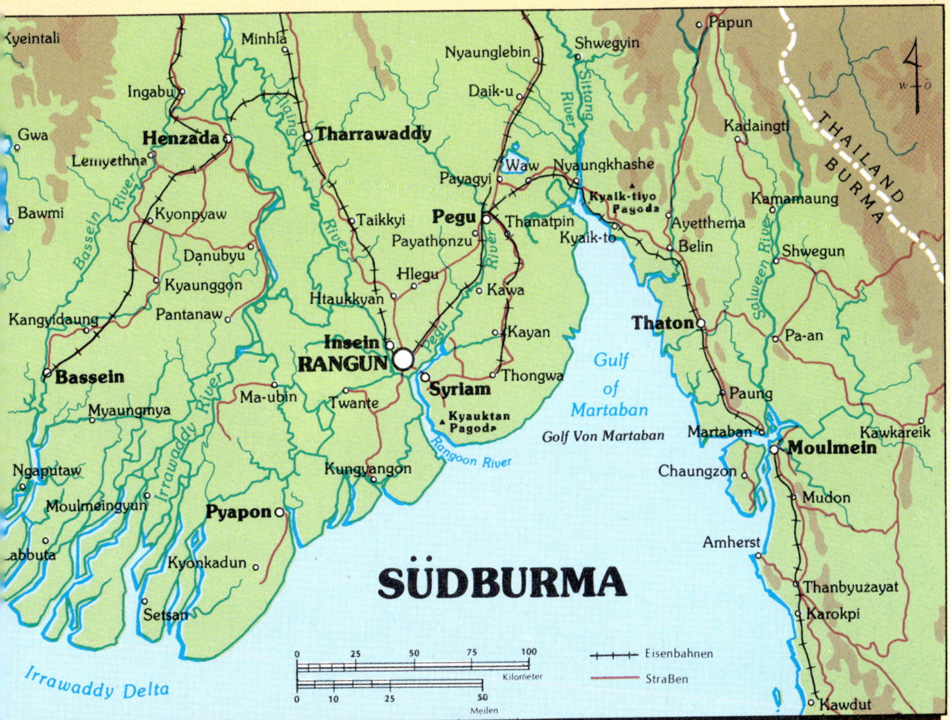

Küste war. Sie war so klein, daß nur ein *Hamsa,* auf burmanisch *Hintha* genannter Vogel, darauf Platz hatte. Das Weibchen mußte sich auf den Rücken des Hamsa setzen. Scherzhaft werden die Frauen Pegus auch heute noch wegen ihrer Anhänglichkeit verspottet.

Die Legende gab der Stadt ihren ersten Namen. Während der Monzeit hieß sie Hamsawaddy.

Vom Hamsanest zum Hafen der Talaing

Im Laufe der Jahre wurde dieser mythologische Vogelnistplatz durch die fortschreitende Verschlammung mit der Küste verbunden und eine Hafenstadt entstand.

Sichere Quellen sprechen von den beiden Mon-Brüdern Thamala und Wimala aus Thaton, die Pegu im Jahre 825 n. Chr. gegründet haben sollen. Die Bewohner dieses Küstenstreifens waren aller Wahrscheinlichkeit nach Mon und indische Siedler. Der Name Talaing, den die Bewohner an der Küste des Golfs von Martaban bis vor kurzem trugen, wird von manchen Historikern auf die Einwanderer aus Telingana bei Madras zurückgeführt, andere behaupten, er leite sich aus dem Burmesischen „mit Füßen getreten“ ab.

1057 eroberte Anawrahta Thaton, die Hauptstadt des Monreiches. Damit kam ganz Niederburma für die nächsten 250 Jahre unter burmanische Oberhoheit. Thaton hat sich davon nie wieder erholt. Wareru gründete 1287, nach dem Untergang Pagans, ein eigenes Königreich mit der Hauptstadt Martaban. Sein Nachfahre Byinnya U verlegte 1365 die Hauptstadt dieses Talaingreiches nach Pegu (Hamsawaddy). Damit begann die Glanzzeit Südburmas, die bis 1635 andauerte, als König Thalun das Zentrum des Zweiten Burmesischen Reiches nach Ava verlegte. Zu diesem Zeitpunkt war die Küste vor Pegu bereits so verschlammt, daß keine Handelsschiffe mehr dort anlegen konnten. (Heute liegt die Stadt 60 km von der Küste entfernt und ist nur durch den Pegufluß mit dem Meer verbunden.)

Shinsawbu und Dhammazedi

Während der 270 „goldenen Jahre“ Pegus brachte die Dynastie von Hamsawaddy mit König Razadarit (1385–1425), Königin Shinsawbu (1453–1472) und schließlich mit König Dhammazedi (1472–1492) Herrscher hervor, die heute noch im Volk beliebt sind und die uns viele Sakralbauten hinterlassen haben.

Shinsawbu, Tochter des Königs Razadarit, war in dritter Ehe (ihre ersten beiden Männer waren gestorben) mit dem König von Ava verheiratet. Mit 36 Jahren wandte sie sich dem Studium der buddhistischen Schriften zu und wurde dabei von zwei Mon-*Pongyis,* die auch in Ava lebten, unterstützt. Sie war nicht sehr glücklich und entschloß sich 1430, zusammen mit ihren beiden Tutoren zu fliehen. Die beiden Mönche Dhammazedi und Dhammapala waren beide in der Wissenschaft der Runen, einem Zweig der Alchimie, bewandert und konnten so dem Boot, mit dem sie den Irrawaddy hinunter flohen, täglich eine neue Farbe verleihen, um so den Häschern zu entgehen.

23 Jahre später wurde Shinsawbu Königin von Pegu. Sie suchte noch zu ihren Lebzeiten einen Nachfolger und kam zu dem Schluß, daß es nur einer der beiden Mönche sein könne. Sie legte also eines Morgens in eine der Bettelschalen ein Laiengewand, das Modell eines weißen Schirms, eines Yakschwanzes, einer Krone und eines Schwertes sowie Sandalen und hoffte, der Würdigere solle diese Schale aufnehmen. Es war Dhammazedi, mit dem Pegu auch seinen größten Herrscher bekam. Vorher, so sagt die Legende, mußte er sich aber in einem Kampf der Runen Dhammapala stellen. Dieser hatte die schwächeren Zeichen und fand den Tod.

Noch im Sterben blickte sie auf die Shwedagon

Shinsawbu, die ihre letzten Jahre dem Ausbau der Shwedagon Pagode in Dagon widmete und sich deshalb dort niederließ, wurde 78 Jahre alt und starb, während sie den letzten Blick auf den goldenen Stupa warf.

Tabinshweti, König der Toungoolinie und Gründer des Zweiten Burmesischen Reiches, annektierte 1541 kampflos Pegu, machte es aber zur Hauptstadt des neuen Reiches, in dem Burmanen und Mon vereint waren. Sein Nachfolger Bayinnaung brachte dem Reich zwar die größte Ausdehnung, durch seine andau-

rntezeit
ket die
e Familie.

ernden Kriegszüge verarmte das Land aber sehr schnell. Zweimal eroberte er die siamesische Hauptstadt Ayutthia, war aber nicht in der Lage, eine stabile Regierung in den eroberten Gebieten zu hinterlassen. Pegu war zu dieser Zeit die wahrscheinlich glanzvollste Stadt des Ostens, das Land aber lag darnieder. Während der Regierung seines Sohnes Nandabayin verfiel die Macht des Staates immer mehr und 1599 eroberte Anaukhpetlun, sein Vetter und Statthalter in Toungoo, zusammen mit den Arakanern Niederburma. Syriam und Pegu wurden niedergebrannt. Vom prachtvollen Hinthawaddy (die burmanische Bezeichnung) Bayinnaungs, das nicht zuletzt aus dem Erlös der Beute seiner vielen Feldzüge erbaut wurde, war 33 Jahre nach dessen Thronbesteigung nur noch Asche übrig.

1740 wird Pegu nochmals Hauptstadt eines kurzlebigen Monreiches. Bereits nach 17 Jahren geht es wieder durch die Agonie totaler Zerstörung. Alaungpaya, der Gründer der Konbaungdynastie, geht rigoros vor. Die Mon flüchten entweder nach Siam oder vermischen sich endgültig mit den siegreichen Burmanen. König Bodawpaya (1782–1819) läßt die Stadt wieder aufbauen, da sie aber nicht mehr an der Küste liegt, bleibt sie von da an Provinzstadt.

Ein Tagesausflug nach Pegu, mit Bahn, Bus oder Taxi

Pegu hat kein Hotel für Touristen, nur ein Circuit-House, das normalerweise Staatsbediensteten vorbehalten ist. Man sollte deshalb noch am selben Tag nach Rangun zurückkehren. Züge gehen stündlich von Rangun und überfüllte Busse fahren jede halbe Stunde an der 18. Straße ab. Reisen mehrere Leute zusammen, so empfiehlt es sich, ein Taxi zu nehmen, für das man etwa 200 Kyat bezahlen muß. Man hat so auch Gelegenheit, das Land zwischen Sittang und Pegu Yoma kennenzulernen. Es ist eines der am intensivsten bestellten Reisanbaugebiete Burmas. Besonders während der Erntemonate Januar und Februar sollte man unterwegs in *Hlegu* anhalten, um das Anliefern des frisch geernteten Paddys an die staatliche Ankaufsstelle zu verfolgen.

Die meterhohen goldenen Reisberge am Straßenrand und die Fröhlichkeit der jugendlichen Landbevölkerung vermitteln einem den Ursprung jener Kraft, die zusammen mit dem Buddhismus seit

Ein *Naga* ... dem Weg nach Pe...

Jahrhunderten das Leben in diesem Teil der Erde bestimmt.

30 km nördlich von Rangun, nachdem man den Flughafen hinter sich gelassen hat, erreicht man **Htaukkyan.** Hier teilt sich die Straße in die beiden Nord-Süd-Achsen, die Burma durchqueren. Die westliche geht über Prome und das Irrawaddytal nach Oberburma, die östliche nimmt das Sittangtal und führt über Toungoo nach Mandalay. Kurz hinter **Htaukkyan,** auf der östlichen Route, liegt rechts der **britische Soldatenfriedhof.** Hier liegen 27000 alliierte Soldaten begraben, die im Zweiten Weltkrieg in Burma gefallen sind. Die Imperial War Graves Commission pflegt diese Anlage wie einen Park.

Buddha und die Kobra: Der Nagakult lebt weiter

Ein kurzes Stück weiter, an einem militärischen Kontrollpunkt, sieht man links eine lange, im Mandalaystil erbaute Mauer, hinter der sich ein *Kyaung* und eine große **Naga-Yone Anlage** befindet. Eine Buddhafigur sitzt in den Windungen einer Kobra, die mit ihrem Kopf über den Buddha gebeugt ist. Diese Anlage ist von einem Wasserbecken umgeben, an dessen acht Ecken die astrologischen Schutztiere untergebracht sind. Sie ist Ausdruck typisch burmesischer Kultur. Die astrologische Komponente ist aus dem Brahmanismus übernommen, der **Naga** stammt aus der vorbuddhistischen Zeit und wurde schon in Tagaung angebetet. Der Ursprung dieses Nagakults, der sich in seiner reinen Form auch in China und Indien nachweisen läßt, ist unbekannt. Mit der Machtübernahme buddhistischer Könige in Gegenden, wo er vorherrschend war, mußte auch er sich der Vorherrschaft Buddhas beugen. Buddhistische Schriften haben uns dies so überliefert: In der vorletzten der sieben Wochen, die Buddha nach seiner Erleuchtung in Meditation verbrachte, hielt er sich am Mucalindasee auf. Ein Sturm kam auf und gefährdete den Erleuchteten. Dies bemerkte ein in der Nähe lebender *Naga* und wand sich schützend um Buddhas Körper, mit seinem (Kobra-)Hut beugte er sich über Buddhas Kopf und schirmte ihn so vom Unwetter ab.

Diese Geschichte, die die Unterwerfung des Nagakults unter die Doktrin des Buddhismus symbolisiert, liegt allen Naga-Yone Anlagen zugrunde.

Der Naga selbst, der halb Schlange und halb Drache ist, wird heute nicht mehr angebetet, trotzdem ist er im Volksbrauchtum Oberburmas noch immer vorhanden. Beim *Shin-Pyu* wird der Novize am westlichen Dorfausgang dem Naga vorgestellt. Später wird er, wenn möglich, nie in die entgegengesetzte Richtung reisen, in die gerade der Kopf des Naga weist, der alle drei Monate in eine andere Himmelsrichtung schaut. Eine Reise „in den Rachen des Naga" würde Unheil bringen.

Die Shwemawdaw Pagode: Der Stolz Pegus

Wie die Shwedagon Pagode der ganze Stolz Ranguns ist, so ist die **Shwemawdaw Pagode** das glorreiche Wahrzeichen Pegus. Man sieht sie bereits aus 10 km Entfernung; wie einen goldenen Wachturm über den Reisfeldern des Monlandes. In ihrer Form der Shwedagon sehr ähnlich, ist sie mit 114 m sogar größer als diese.

Auch hier erzählt die Legende von zwei Kaufmannsbrüdern, Mahasala und Kullasala, die von einer Reise nach Indien zwei Haare Buddhas mitbrachten, die

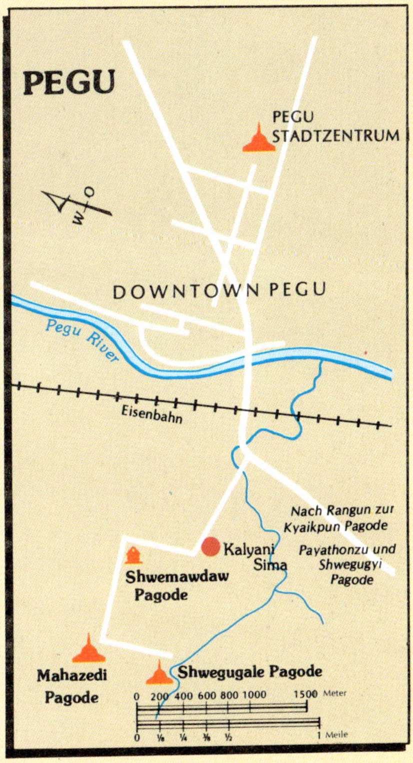

dieser ihnen persönlich gab. Der kleine Stupa, den sie darüber errichteten, wurde in späteren Jahren mehrere Male vergrößert, so von den Gründern der Stadt, Thamala und Wimala. König Dhammazedi ließ eine Glocke gießen, die mit ihren heute unverständlichen Runen beschriftet ist. Im 16. Jahrhundert opferte König Bayinnaung die Edelsteine seiner Krone für einen neuen *Hti* und 1796 wurde sie von König Bodawpaya auf 90 m erhöht und mit einem neuen Schirm versehen.

In unserem Jahrhundert wurde die Shwemawdaw von drei größeren Erdbeben betroffen, wobei sie durch das dritte im Jahr 1930 total zerstört wurde. Erst nach dem Zweiten Weltkrieg wurde sie dann mit freiwilligen Spenden und Arbeitsleistungen, größer als ursprünglich, wiedererbaut und bekam 1954 einen diamantenbesetzten *Hti.*

Bilder vom Beben

Wie auf die Shwedagon führen auch zur Terrasse der Shwemawdaw vier Aufgänge. Die *Tazaungs* und *Zayats* sind hier nicht ganz so farbenprächtig und vielgestaltig wie auf der Terrasse der großen Pagode von Rangun, dafür findet man in einem kleinen Museum alte Buddhafiguren aus Holz und Bronze, die man im Schutt des 1930 eingestürzten Stupas fand. Auch hier sind acht astrologische Andachtsstätten und einige Natfiguren, die in Pegu besonders verehrt werden.

Die Aufgänge zur Pagode, die von riesigen weißen *Chinthes* bewacht werden, in deren Mäulern sich kleine Buddhafiguren befinden, gleichen auch hier belebten Basarstraßen, in denen man von Heilkräutern bis Mönchsausstattungen alles kaufen kann. Verwaschene Wandbilder zeugen von der Verwüstung, die das große Erdbeben angerichtet hat.

Hinter der Shwemawdaw liegt der **Hintagonehügel,** auf dem die Ruinen einer alten Pagode stehen. Davor steht eine Plastik von einem *Hamsa* Vogelpaar (aufeinander sitzend), das die Legende der Stadt dokumentieren soll. Geologen meinen auch, daß dieser Hügel einst eine Insel im Golf von Martaban war. Von der Plattform hat man einen guten Ausblick auf die Stadt und Umgebung.

Nach dem Besuch der Shwemawdaw, die am anderen Ende der Stadt liegt, muß man, um die weiteren Sakralbauten Pegus zu erreichen, wieder über die Eisenbahnüberführung und die Brücke über den

Pegus Sh
mawdaw
gode.

Pegufluß zurück, um, nach rechts abbiegend, das alte Stadtzentrum zu erreichen.

Ceylon kam zu Hilfe

Der erste wichtige Bau zu dem man kommt, ist die **Kalyani Sima,** die von König Dhammazedi 1476 erbaute Ordinationshalle, die die Einheit der burmesischen *Sangha* retten sollte.

Nach dem Untergang des Ersten Burmesischen Reiches spaltete sich der Theravadabuddhismus in Burma in verschiedene Sekten auf. Dhammazedi sandte 22 Mönche nach Ceylon um dort, im Mahaviharakloster, an den Ufern des Kalyaniflusses, eine gültige Ordination zu erhalten. Das Mahaviharakloster, bereits im dritten vorchristlichen Jahrhundert gegründet, war das letzte orthodoxe Zentrum des Buddhismus, nachdem dieser von den Moslems aus Indien verbannt wurde. Nach der Rückkehr der Schiffbruch und Strandung überlebenden Mönche ließ Dhammazedi diese nach dem ceylonesischen Fluß benannte Ordinationshalle bauen, von der in ungebrochener Linie die heute noch gültige Ordination der burmesischen Mönche ausgeht.

Westlich der Kalyani Sima findet man zehn große Stelen, die eine detaillierte Information über die Geschichte des Buddhismus in Burma und den Verkehr mit Ceylon und Südindien im 15. Jahrhundert enthalten. Die ersten drei Steine sind in Pali beschriftet, die restlichen sieben in Mon. Obwohl diese Stelen zum Teil zerbrochen und unleserlich wurden, ist uns der Inhalt der Beschriftung durch Palmblattkopien erhalten geblieben.

Die Kalyani Sima, die Vorbild für 397 gleiche Gebäude in Burma wurde, ist von der kriegerischen Geschichte des Monlandes nicht unberührt geblieben. De Brito ließ sie bereits 1599 zerstören, wiederaufgebaut fiel sie 1757 Alaungpayas Zerstörung zum Opfer und wurde dann 1930 durch das große Erdbeben nochmals zerstört. 1954 nach dem Wiederaufbau wurde sie bei einer Zeremonie, der auch U Nu beiwohnte, wieder ihrem ursprünglichen Zweck übergeben.

Die parkähnliche Anlage rund um das Gebäude, in der sich auch die Unterkünfte für die *Pongyis* befinden, strahlt jene sonderbare Ruhe aus, die man nur in buddhistischen Klöstern antreffen kann.

ɟroße
ətalyaung
ɟha.

Der Shwethalyaung Buddha: Symbol des Mahaparinirvana

Ein Stück weiter nach Nordosten erreicht man den **Shwethalyaung Buddha,** den schönsten liegenden Buddha im Zustand des Übergangs ins Nirwana. Er ist zwar mit seinen 55 m Länge und einer Höhe von 16 m nicht so groß wie Ranguns Kyauk Htat Gyi Buddha, aber aufgrund seines Ausdrucks, seiner Haltung und seiner langen Geschichte gehört er zu den verehrtesten Buddhastatuen des Landes. Bereits 994, vor der Eroberung des Monlandes durch die Burmanen, wurde er von König Migadippa dem Jüngeren erbaut. Er geriet aber später in Vergessenheit und wurde erst in der Renaissance der Hamsawaddydynastie durch König Dhammazedi wieder renoviert. In den folgenden Jahrhunderten, in denen Pegu zweimal zerstört wurde, bedeckte ihn wieder die tropische Vegetation. Erst 1881, als die Briten zum Bau der in der Nähe vorbeiführenden Eisenbahn Material brauchten, fand ein Konzessionär diese für ihn gewinnbringende „Ziegel- und Steinquelle“ im Busch. 1906 nach seiner Freilegung, wurde ein eiserner Pavillon darübergebaut. Er verunziert auch heute noch die Figur, schützt sie aber vor den tropischen Regengüssen. 1948 wurde der Shwethalyaung renoviert, neu vergoldet und bemalt.

Eine Pagode im Bau

Fährt man den Weg, der zum Shwethalyaung führt, weiter und biegt hinter der Mauer links ab, so kommt man zur **Mahazedi Pagode,** die zur Zeit vollkommen neu wieder erbaut wird. Ihren Namen „der große Stupa“ führt sie zu Recht, wie man jetzt, nachdem der Wiederaufbau seinem Ende zugeht, erkennen kann. Im Gegensatz zu den meisten anderen Stupas Südburmas führen hier außen steile Treppen bis zu etwa zwei Drittel der Anlage. Damit erinnert der Mahazedi an einige der schönsten Bauten Pagans.

Die Legende um König Bayinnaung: Der Stupa und der Zahn

Erbaut wurde dieser große Stupa 1560 durch Bayinnaung, den großen König des Zweiten Burmesischen Königreiches. Nachdem er nach der Eroberung Ayutthias zu den sich bereits in seinem Besitz

Marktsze
Pegu.

befindlichen vier weißen Elefanten auch noch die sieben des Königs von Siam addieren konnte, sah er sich fast am Ziel seiner imperialen Wünsche. Es fehlte ihm nur ein einziges Symbol, um der größte König aller Zeiten zu werden, das Symbol, das Anawrahta und Alaungsithu erfolglos in ihren Besitz zu bekommen trachteten: Buddhas Zahn. Für diese Reliquie wurde die Mahazedi Pagode erbaut.

1560, zur Zeit der größten Machtentfaltung der Portugiesen in Indien, überfiel Don Constantino de Braganca das buddhistische Königreich Jaffna in Ceylon. Unter der Beute befand sich auch ein in Gold gesetzer und mit Edelsteinen verzierter Zahn. Wie man herausfand, handelte es sich um den Zahn von Kandy, die verehrteste Reliquie des Buddhismus, den man kurz davor für ein religiöses Fest nach Jaffna gebracht hatte.

Als Bayinnaung davon erfuhr, bot er den Portugiesen eine riesige Summe an, um den Zahn zu erwerben. Der Gouverneur von Goa war zu dem Handel bereit, mußte aber unter Androhung eines Inquisitionsgerichts auf dieses größte Geschäft seines Lebens verzichten.

Der Zahn wurde öffentlich in einem Mörser zerstampft, der Staub nochmals verbrannt und dann ins offene Meer gestreut. Man dachte, ein heidnisches Symbol weniger zu haben.

„Der Himmel ist mir gnädig“

Doch weit gefehlt! Kurz darauf tauchte dieser Zahn, der ja unzerstörbar ist, beim König von Colombo wieder auf. Diesmal hatte Bayinnaung mehr Glück. Eine Deputation, die er nach Colombo sandte, brachte nicht nur den Zahn, sondern auch die vorgebliche Tochter des Königs zurück. Alte Berichte erzählen über den märchenhaften Aufwand, mit dem Bayinnaung und der Hofstaat diese in Bassein empfingen. Dies war des Königs größter Tag. Seine Worte sind überliefert: „Der Himmel ist mir gnädig, Anawrahta konnte nur eine Kopie des Zahns aus Ceylon erwerben, Alaungsithu reiste umsonst nach China, aber mir, aufgrund meiner Demut und meiner Weisheit wird dies gewährt.“ Als er dies sprach, hatte er bereits eine Nachricht aus Kandy erhalten, in der stand, daß der Zahn Kandy nie verlassen hatte. Bayinnaung störte dies nicht. In der Mahazedi Pagode wurde der Zahn zusammen mit einer Wunder voll-

darinen
inem
enstand.

bringenden Bettelschale eingeschlossen. Dort blieben sie aber nur für 34 Jahre. Nachdem Anaukhpetlun 1599 Pegu erobert hatte, ließ er 1610 die beiden Reliquien nach Toungoo bringen. Aber auch dort blieben sie nur kurze Zeit. König Thalun, der die Hauptstadt nach Ava verlegte, ließ für sie in Sagaing eine Pagode im ceylonesischen Dagobastil erbauen. In dieser Kaunghmudaw Pagode befinden sie sich heute noch.

Die Mahazedi Pagode wurde Opfer des Krieges von 1757 und des Erdbebens von 1930. Wenn die Renovierungsarbeiten abgeschlossen sind, wird man vom obersten Rundgang einen wunderbaren Ausblick in die mit unzähligen antiken Bauten übersäte Landschaft haben.

Ein Kreis von 64 Buddhas

Nicht weit von der Mahazedi Pagode entfernt befindet sich die **Shwegugale Pagode,** in der in einem düsteren Gewölbe rund um den zentralen Stupa 64 Buddhafiguren im Kreis sitzen.

Weitere vier Kilometer im Süden, einige hundert Meter neben der Hauptstraße nach Rangun, findet man die **Kyaikpun Pagode.** Auch sie wurde 1476 von Dhammazedi erbaut und besteht aus vier sitzenden Buddhas, die Rücken an Rücken in die vier Himmelsrichtungen schauen. Sie stellen Gautama (Norden) und seine drei Vorgänger Konagamana (Süden), Kakusandha (Osten) und Kassapa (Westen) dar. Bis auf Kassapa sind alle anderen noch erhalten. Eine alte Legende sagt, daß vier Mädchen am Bau beteiligt waren, die gelobten, ledig zu bleiben, andernfalls jeweils eine der Figuren einstürzen würde. Eine muß es wohl mit einiger Verzögerung getan haben. Kassapas Statue zerbarst beim Erdbeben 1930.

Nochmals einen Kilometer weiter Richtung Rangun liegt **Payathonzu,** wo es eine Reihe weiterer Bauten gibt, die auf Dhammazedi zurückgehen. Die wichtigste Anlage dort ist die **Shwegugyi Pagode,** die dem Bodhgayatempel nachgebaut ist. Im Kreis darum befanden sich früher Bauten und Figuren, die die sieben Stationen Buddhas während seiner siebenwöchigen Meditation darstellten. Leider ist davon nicht mehr viel erhalten.

Syriam: Öl, Bier und eine blühende Hindukultur

Im Syriam von 1980 erinnert wenig an die große Vergangenheit dieser Stadt.

Die Ye L
Paya Pa
in der N
Syriams.

Dort, wo heute das industrielle Zentrum Südburmas ist, hatten einst die ausländischen Nationen ihre Handelsniederlassungen. Der Hafen war Burmas Tor zur Welt.

Bevor Alaungpaya 1756 Syriam endgültig zerstörte, hatten Portugiesen, Holländer, Franzosen und Briten dort ihre Lagerhäuser. Anfang des 17. Jahrhunderts beherrschte de Brito von hier aus sein kleines privates Königreich. Reste von Bauten im lusitanischen Barockstil sind heute noch zu sehen.

Das moderne Syriam ist eine Industriestadt mit 20000 Einwohnern. Hier ist Burmas größte Raffinerie und die „Peoples Brewery" angesiedelt. Sie ist die wichtigste Stadt im östlichen Reisanbaugebiet des Deltas und hat einen starken indischen Bevölkerungsanteil.

Als die Briten in der zweiten Hälfte des letzten Jahrhunderts das Delta erschlossen, mußten sie dies mit Hilfe indischer Arbeitskräfte tun. Von deren Nachkommen, die nach Krieg und Unabhängigkeit noch im Land blieben, sind die meisten in Syriam angesiedelt. Obwohl sie fast alle burmesische Staatsangehörigkeit besitzen, ist ihr Brauchtum und ihre Lebensweise noch immer von hinduistischen Regeln bestimmt.

Nach der Einbringung der Ernte im Februar eines jeden Jahres kann man in den hinduistischen Tempeln dieser Region noch das Thaipusamfest verfolgen, bei dem die Beteiligten barfuß über glühende Kohlen laufen und sich dabei schwere Gewichte an scharfen Haken in die Haut hängen.

Es dauert 45 Minuten, um mit der Fähre von Rangun über den Pegufluß nach Syriam überzusetzen. Die Fähren verlassen Rangun stündlich an der Htinboseik Jetty am Pazundaung Creek.

Da es weder Bänke noch Kabinen auf diesen Fähren gibt, sollte man seine eigene Decke mitbringen, die man auf den Schiffsplanken ausbreiten kann. Nach der Ankunft in Syriam hat man drei Transportmöglichkeiten zur Wahl: Pferdekutschen, Busse oder Jeeps. Will man einen Jeep für sich alleine, so ist der Preis ziemlich hoch. Andernfalls fährt er erst ab, bis auch der letzte Platz besetzt ist.

Portugiesische Ruinen und eine weitere Pagode auf einem Hügel

Will man Syriam nicht verlassen, so nimmt man am besten eine Pferdekutsche

Bauer
gt seine
se zum
kt nach
am.

(wenn möglich mit einem Englisch sprechenden Kutscher) und läßt sich zu den portugiesischen Ruinen und zur **Kyaik Khauk Pagode** bringen. Wie die Shwedagon und die Shwemawdaw liegt auch diese Pagode auf einem Hügel und leuchtet so weit über das fruchtbare, flache Schwemmland. In Form und Größe steht sie den beiden anderen, bekannteren Pagoden nicht nach. Im Pagodengelände liegen die Gräber von zwei verehrten Dichtern, Natshinnaung und Padethayaza.

Die Insel der riesigen Katzenfische

Fährt man von Syriam aus etwa 20 km nach Süden, so kommt man zur **Kyauktan Pagode,** einem beliebten Wallfahrtsort an einem Seitenarm des Rangunflusses. Diese auch Ye Le Paya genannte Pagode liegt auf einer Insel in der Mitte des Flusses, was durch diesen Namen auch ausgedrückt wird. Die Insel, die vollkommen mit Gebäuden bedeckt ist, kann nur mit einem Ruderboot vom Ufer aus erreicht werden. In der Pagodenanlage selbst sind Gemälde von den wichtigsten Sakralbauten des Theravadabuddhismus in Burma und anderen Ländern.

An der Bootsanlegestelle kaufen die Pilger Fischfutter, um die bis zu einen Meter großen Katzenfische (eine Art Wels), deren Rückenflossen überall aus dem Wasser schauen, zu füttern. Obwohl sie ungefährlich sein sollen, ist ein Bad an dieser Stelle nicht zu empfehlen. Zwischen Bushaltestelle und Bootsablegeplatz erstreckt sich eine farbenprächtige Pilgerstraße, die links und rechts von Souvenirläden gesäumt ist.

Will man an einem Tag Syriam und Kyauktan besuchen, so sollte man versuchen, spätestens um 6 Uhr abends wieder an der Ablegestelle der Fähre zu sein. Dann geht nämlich das letzte Boot nach Rangun und Syriam hat kein Touristenhotel.

Ins Land der Mon

Das „Goldene Land" Suvannabhumi, manchmal auch Ramanadesa genannt, hatte sein Zentrum zwischen dem Salween und dem Sittang. Hier stand die Wiege einer buddhistischen Kultur, die sich über ganz Südostasien ausbreitete. Heute ist ein großer Teil dieses Gebietes für Ausländer gesperrt.

Nach **Thaton** entsandte schon König

Mahout u
Elefant im
Mon Stat

Ashoka im 3. vorchristlichen Jahrhundert die beiden Missionare Sona und Uttara, um den Theravadaglauben zu verbreiten. Es war auch diese Stadt, die später zwischen Anawrahta und seinen religiösen Großmachtträumen stand. Erst nachdem er diese Stadt 1057 zerstörte, konnte das Erste Burmesische Reich entstehen. Thaton verlor danach an Einfluß, in Südburma wurde es von Martaban, Pegu und Rangun abgelöst. Von den Befestigungsanlagen der alten Stadt sind noch einige Mauern vorhanden, der Rest der alten Stadt liegt aber unter dem modernen Thaton begraben.

Laut Legende stammt die **Shwezayan Pagode,** die vier Zähne Buddhas enthalten soll, aus dem fünften vorchristlichen Jahrhundert. Die nebenan stehende **Thagyapaya Pagode** hat drei Umwanderungsterrassen. Auf der obersten befinden sich in vier Nischen stehende Buddhafiguren. Terrakottatafeln aus dem 11. und 12. Jahrhundert zeigen Geschichten aus den Jatakas. Auch in der **Kalyani Sima** sind die letzten zehn Jatakas abgebildet. Die **Pitakattaik,** die alte mönchische Bibliothek, gehört mit zu den schönsten Gebäuden Thatons.

ˈoulmein
ˈde um
ahrhun-
vende.

„By the Old Moulmein Pagoda"

70 km südlich von Thaton liegt die Stadt **Moulmein,** mit 200 000 Einwohnern die drittgrößte Stadt Burmas. Zwischen 1827 und 1852 war sie britisches Verwaltungszentrum. Ihr Name klingt jedem Kiplingliebhaber im Ohr: „By the old Moulmein Pagoda, looking lazy at the sea . . .". Er meinte damit wahrscheinlich die **Kyaikthanlan Pagode,** die aufgrund ihrer Hügellage den schönsten Ausblick über Stadt und Hafen bietet. In einer anderen, der **Uzina Pagode,** befinden sich die lebensgroßen Figuren jener vier Gestalten, die Siddharta Gautama so sehr beeinflußten: der Kranke, der Alte, der Einsiedler und der Tote. Sie gaben den Ausschlag, daß er sich auf die Suche nach der letzten Wahrheit begab.

In der Nähe der Stadt gibt es zwei große Höhlen. In der **Höhle von Payon** findet man zwischen Stalagtiten und Stalagniten die verschiedensten Buddhaabbildungen, auch in der **Höhle von Kawgaun,** die auch Höhle der zehntausend Buddhas heißt, sind unzählige Figuren des Erleuchteten zu finden.

Heute lebt Moulmein, wie auch die Schwesterstadt Martaban auf der anderen

Seite des Salween, vom Holzexport. Dies bietet einem die Möglichkeit, eine andere Zeile des Kipling'schen Gedichts bei einem Besuch eines der vielen Sägewerke zum Leben kommen zu lassen: „Elephints a-pilin' teak, in the sludgy, squdgy creek . . ."

Ein Soldatenfriedhof und ein koloniales Seebad

In der Nähe der Stadt **Thanbyuzayat,** etwa 65 km südlich von Moulmein, befindet sich noch ein alliierter Soldatenfriedhof. Hier liegen die sterblichen Überreste jener Kriegsgefangenen, die beim Bau der River Kwai Bahn ums Leben kamen. Die burmesische Regierung plant zur Zeit ein weiteres Strandhotel bei **Amherst,** einem Badeort 45 km südlich von Moulmein, zu errichten. Schon während der Kolonialzeit herrschte hier reger Badebetrieb, wobei der **Strand von Setse** bei den Briten besonders beliebt war. Sollte auch hier in Tenasserim die Guerillatätigkeit in Zukunft abebben, so hätte man von hier aus eine gute Gelegenheit, jenen Teil Südburmas kennenzulernen, der bisher für Touristen nur schwer zugänglich war.

Nördlich von Thaton, in der Nähe des Dorfes **Ayetthema,** befinden sich Reste einer alten Stadtmauer, die Suvannabhumi zugeschrieben werden. Dort ist auch die **Kyaik Talan Pagode,** auf der man Inschriften fand, die von König Kyanzittha stammen. Südlich davon steht die konische **Tizaung Pagode** auf einem achteckigen Sockel. Etwa 1 ½ km südlich davon sind Reste einer Mauer erhalten, in die unter anderem schöne Tierszenen eingemeißelt sind.

Eine Wallfahrt zum „Goldenen Felsen" Kyaik-tiyo

Auf halbem Weg zwischen Pegu und Thaton liegt die kleine Stadt **Kyaik-to,** Ausgangspunkt für alle Wallfahrten zum „Goldenen Felsen". Die **Kyaik-tiyo Pagode,** die man nach einem beschwerlichen, fünf bis sechs Stunden dauernden Marsch über sieben dschungelbedeckte Bergrücken hinweg erreicht, besteht aus einem 5,5 m hohen Stupa, den man auf einen rundum mit Gold belegten Felsen gebaut hat. Das Faszinierende dabei ist, daß dieser Felsen den Eindruck erweckt, als würde er jeden Augenblick einen tiefen Abhang hinunterstürzen. Die Einheimischen wissen, daß dies nie passieren

Reisernte

kann. Die Balance wird von einem Haar Buddhas gehalten, das sich in der Pagode befindet.

Der Sage nach gilt König Tissa, der im 11. Jahrhundert lebte, als Erbauer der Anlage. Er war der Sohn eines *Zawgyi* und einer *Naga*prinzessin. Das Haar Buddhas erhielt er von einem Eremiten, der es vor langer Zeit von Buddha persönlich bekam und die Jahre über in seinem eigenen Haarknoten aufbewahrt hatte. Er gab Tissa dieses Haar unter einer Bedingung: der König müsse einen Felsen finden, der genau wie des Eremiten Schädel aussieht und darauf eine Pagode bauen, in der das Haar verwahrt würde.

Thagyamin, der König der Nats, war behilflich. Er fand den Felsen auf dem Meeresgrund und brachte ihn auf die Spitze des Berges, wo man ihn heute noch findet. Das Schiff, das zum Transport verwendet wurde, versteinerte und wurde die **Kyaukthanban Pagode,** die man einige hundert Meter neben der Kyaiktiyo findet.

Königin Shwe-nan-kyin und der menschenfressende Tiger

Während König Tissa mit dem Bau der Kyaik-tiyo beschäftigt war, verliebte er sich in Shwen-nan-kyin, die Tochter eines in der Nähe wohnenden Stammeshäuptlings. Als Königin brachte er sie zu seinem Palast (der wohl in der Nähe Thatons gewesen sein muß). Später, in Erwartung eines Kindes und krank, wollte sie in ihr Dorf zurück, um den Familien*nat* zu beschwichtigen. Wie die anderen Bergvölker auch, verharrte ihr Stamm in der Natanbetung. Vater und Bruder kamen, um sie zurückzubringen. Wie befürchtet, liefen sie auch einem Tiger über den Weg, der ihnen, vom verärgerten Familien*nat* gesandt, auflauerte. Vater und Bruder konnten flüchten, die arme Shwe-nan-kyin aber sah ihre letzte Stunde gekommen. Da fiel ihr Blick auf die goldene Kyaik-tiyo Pagode auf einem noch weit entfernten Hügel. Ihr Leben Buddha und dem ewigen Dharma anvertrauend, verlor sie ihre Angst. Der Tiger flüchtete.

Shwe-nan-kyin begab sich daraufhin zur Pagode, wo sie, nachdem sie für sich und ihre Landsleute den Weg zum richtigen Glauben gefunden hatte, starb. Sie wurde zum Schutz*nat* der Kyaik-tiyo Pagode; ein *Nat*, an den man sich in schweren Stunden wenden kann.

hastatue
Nähe
yaik-tiyo.

Ein mühsamer Aufstieg über sieben Hügel zur Pagode

Nur wenige Nicht-Burmesen waren bisher bei der Kyaik-tiyo Pagode. Sie ist nicht nur weit von anderen touristischen Zentren entfernt, sie liegt auch in einer sogenannten „braunen Zone“, einer Gegend, in der es zwar keine Rebellen mehr geben soll, die aber trotzdem für Ausländer noch nicht geöffnet ist. Dazu kommt, daß der Aufstieg vom **Kinpun** Ausgangspunkt auf Meereshöhe zur Pagode, die auf 1200 m liegt, sehr anstrengend ist. Fast alle Pilger bringen ihr eigenes Bettzeug mit und übernachten in einem der Rasthäuser bei der Pagode.

Eine Art, sich Verdienste zu erwerben und seine Seele zu reinigen

Für Burmesen ist der Aufstieg eine Katharsis, ein seelenreinigendes Erlebnis. Man erwirbt sich Verdienste, bringt den *Nats* seine Verehrung dar und wird den ganzen Weg über an das ewig gültige Gesetz, das Dharma Buddhas, erinnert.

Der tausend Jahre alte Weg führt durch ansonsten undurchdringlichen Bambusdschungel. Auf halbem Weg hinter dem zweiten Hügel hat ein tüchtiger Geschäftsmann eine ungewöhnliche Raststätte eingerichtet. Hinter einem großen Bambusverschlag fließt aus einer mit Bambusstangen gebauten Wasserleitung frisches Quellwasser, unter dem man ein kühlendes Bad nehmen kann. Entlang des ganzen langen Weges findet man Altäre und Statuen, mit deren Hilfe den Pilgern die Legende der Kyaik-tiyo nahegebracht wird. Hat man einmal den letzten Bergrücken erreicht, wird alles einfacher. Der goldene Felsen ist dann bereits in der Ferne zu sehen, mit einem Schlag verfliegt dann die Müdigkeit.

Auch wenn der Aufstieg ermüdend scheint, niemand braucht ihn sich entgehen zu lassen. Für Alte, Kranke und Reiche gibt es einen Trägerdienst. Junge Männer tragen gegen ein genau bemessenes Entgelt Menschen in Körben zur Bergspitze. Es ist schon ein sehr eigenartiger Anblick, wenn man auf den steilen Berghängen zwei Fünfzehnjährigen begegnet, die in einem Tragestuhl einen übergewichtigen Kaufmann zur Pagode hochbringen, der dabei fortwährend *„Ahmya“* sagt, was soviel heißt wie: „Teil mit mir die Verdienste, die ich erwerbe, wenn ich wie jetzt gute Taten tue.“

Der gewu
ne Weg z
„Golden
Felsen“.

ကျိုက်ထီးရိုးဘုရားလမ်းစဉ်

Die Kyaik-tiyo ist auf dem höchsten Punkt der Bergkette errichtet, die man, von Rangun kommend, schon von weitem sieht. Man hält den Atem an, wenn man sieht, wie ein paar kleine Jungs den großen Felsen zum Schwanken bringen – aber keine Angst. Buddhas Haar hält die Balance.

Wie man trotzdem zum Felsen kommt

Wer unternehmungslustig ist und sich von vordergründigen Schwierigkeiten nicht abschrecken läßt, kann, selbst wenn er sich nur sieben Tage in Burma aufhält, zur Kyaik-tiyo kommen. Am besten mit einem der alten Taxis, die vor dem Strandhotel stehen und mit einem Fahrer, der bereit ist, für etwa 400 Kyat zwei bis drei Tage mit einem wegzufahren.

Man sollte am nächsten Tag bereits um 6 Uhr morgens unterwegs sein, die Fahrt entlang der Moulmein Road, vorbei an Hlegu, Pegu, Payagyi und Waw führt durch das fruchtbare Reisanbauland westlich des Sittang. Bei Nyaungkhashe überquert man diesen Fluß und kommt in den Mon State. Hier ist eine Militärkontrolle, die einen aber unbehelligt passieren lassen sollte. 30 km weiter liegt Kyaik-to und links abbiegend kommt man nach weiteren 15 km zum Kinpun Ausgangspunkt.

Auch hier sollte man sofort losgehen, um noch vor Sonnenuntergang an der Pagode zu sein.

Sonnenaufgang und Sonnenuntergang sind die beiden eigentlichen Erlebnisse an dieser so entlegenen Stelle. Wenn man genügend Zeit hat, sollte man einen ganzen Tag oben verbringen. Für Abstieg und Rückfahrt braucht man wieder einen vollen Tag.

Der unbekannte Archipel
Merguis zauberhafte Inseln

Der **Mergui-Archipel** gehört zu den schönsten Inselgruppen Südostasiens. Vor der Küste Tenasserims liegen hier 800 Inseln, die hauptsächlich von Seezigeunern, den Salon, bewohnt werden. Bis vor kurzem galten diese auf ihren Booten wohnenden Fischer noch als gefährliche Piraten. Wie die Bajaos der Sulusee betreten sie nur ungern das Land. Die Inseln des Mergui Archipels bieten ihnen perfekte Lebensbedingungen, Fischreichtum und Schutz vor Sturm und hoher See.

Die Japaner haben hier eine gewinn-

Stadtzen-
von Bas-

bringende Perlenzucht ins Leben gerufen. Seegurken **(bêches-de-mer)** und Schwalbennester sind weitere Produkte, die hier gesammelt und exportiert werden.

Distrikthauptstadt ist **Mergui,** an der Mündung des Tenasserimflusses. Durch eine kleine vorgelagerte Insel bietet die Stadt ideale Hafenbedingungen. Deswegen und wegen des kurzen Überlandweges zum Golf von Thailand war Mergui schon lange vor dem Erscheinen der Europäer in dieser Weltgegend ein wichtiger Handelsplatz für Inder und Araber. Maurice Collis, der selbst als britischer Kolonialbeamter hier stationiert war, hat die abwechslungsreiche Geschichte dieser Stadt in seinem „Siamese White“ glänzend beschrieben.

Leider ist Mergui heute fst nicht zu erreichen. Hier, wo das Zentrum des Stückgutschmuggels zwischen Thailand und Burma ist, hat die burmesische Regierung die schärfsten Sicherheitsmaßnahmen ergriffen.

Das Irrawaddydelta
Reismühlen und Pagoden

Mit 140 000 Einwohnern ist **Bassein** die größte Stadt im Delta. Diese Stadt, die für ihren Reis- und Juteexport bekannt ist, und in der die farbenprächtigsten Schirme des Landes hergestellt werden, liegt 112 km vom Golf von Bengalen entfernt. Zwar kann man die Stadt von Rangun aus auch über einen Umweg mit der Bahn erreichen, die einfachste Art nach Bassein zu kommen, ist aber noch immer mit dem Schiff. Täglich gibt es zwei Verbindungen, die einen in 18 Stunden durch ein sonst unzugängliches Gebiet in die Hauptstadt des Deltas bringen. Es gibt auch eine tägliche Flugverbindung. Die Schiffe sind aber vorzuziehen. Vorbei an der Töpferstadt **Twante,** mit kurzem Halt in **Ma-ubin** und **Myaungmya,** ist die Fahrt ein Erlebnis eigener Art. Fernab der städtischen Zentren dominiert hier das Burma der Reisbauern.

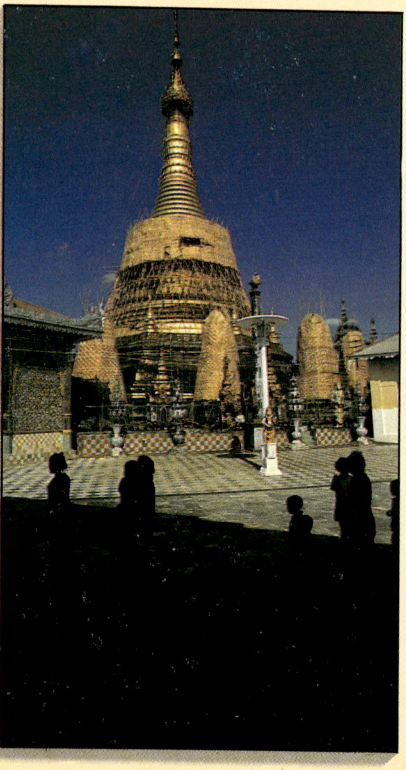

1753 ließen sich die Briten an der Flußmündung bei Kap Negrais nieder. Als Strafe für die unentschlossene Haltung der Briten während Alaungpayas Eroberung von Syriam wurde die britische Niederlassung niedergebrannt. Erst 1892 konnten die Briten in Bassein eine Garnison einrichten. Der Name Bassein leitet sich von der burmesischen Bezeichnung für Moslems, *Pathi* oder*Pathain*, ab. Eine Deutung, die darauf schließen läßt, daß dort schon jahrhundertelang indische Händler und Siedler ansässig waren. Heute leben dort viele Arakaner und Karen, darunter viele Christen.

Die Stadt breitet sich um die **Shwemakhtaw Pagode** aus, die während des Vollmondes im Mai (Kason) Ziel vieler Pilgerreisen aus dem Deltagebiet wird. Nach einer alten Geschichte war es eine moslemische Prinzessin, die den Bau veranlaßte. Sie hatte drei Liebhaber, die alle Buddhisten waren und die für sie jeweils eine Pagode errichten ließ.

Eine ist die Shwemakhtaw, die zweite die **Tagaung Pagode** im Süden der Stadt und die dritte ist die **Thayaunggyaung Pagode.**

70 km nordöstlich von Bassein liegt der hufeisenförmige **Inye See.** Er hat einen Umfang von 12 km, in der Mitte eine Insel und ist außer seiner landschaftlichen Schönheit auch noch für die Süßwasserfischzucht wichtig. In der Mündung des Basseinflusses (Ngawun), etwa 110 km von Bassein entfernt, liegt **Diamond Island.** Schildkröten legen hier am Strand jährlich Hunderttausende von Eiern.

Links: die Shwemak taw Pagoc und (recht eine Töpfe im Delta.

MANDALAY, DIE „GOLDENE STADT“

„For the wind is in the palm-trees, an' the temple-bells they say: „,Come you back you British soldier; come you back to Mandalay!‘ “
– *Rudyard Kiplin*,
The Road to Mandalay (1887)

Mandalay, das Zentrum Oberburmas ist eine junge Stadt, erst etwas über hundert Jahre alt, wenngleich der Klang des Namens Vorstellungen erweckt, die so alt sind wie der träge Irrawaddy, an dessen Ufern sie liegt.

Nostalgische Erinnerungen an das letzte burmesische Königreich, die von Pagoden weißgefleckte Ebene rund um die Stadt und die Herzlichkeit der vielrassigen Bevölkerung umfangen jeden Besucher sofort mit einem eigenartigen Zauber.

In dieser 600 000 Einwohner zählenden Stadt, im trockenen Reisanbaugebiet Zentralburmas, ist es oft staubig und heiß. Hier erinnert nichts an den viktorianischen Charakter Ranguns. Pferdewagen und Fahrradrikschas dominieren den Verkehr. Jeeps und Lastwagen stammen meist noch aus der Zeit des Zweiten Weltkriegs. So gesehen ist Mandalay eine Provinzstadt; für die Burmesen aber ist sie noch immer das lebende Herz ihrer Kultur, das Zentrum buddhistischer Gelehrsamkeit.

Landschaftliche Schönheit, geschichtliche Tragik und die steinernen Relikte des Buddhismus haben sich hier zu einer Einheit verbunden, wie man sie sonst nirgendwo im Land findet.

Der unzerstörbare Mandalay-Hill mit seinen kilometerlangen überdachten Treppenaufgängen und Pagoden leuchtet weit übers Land. An seinem Fuß liegt der zerstörte Königspalast, König Mindons „Goldene Stadt“. Die Stadt buddhistischer Weissagung. Im Stadtzentrum (außerhalb der Mauern der Goldenen Stadt) findet man den Zegyomarkt, den Warenumschlagplatz der Völker Oberburmas, im Süden der Stadt die Handwerker, die mit traditionellen Methoden Marmor, Gold und Silber bearbeiten. Und dann ist da immer noch der phlegmatisch fließende Irrawaddy, an dessen Bootsanlegestellen ein hektisches Treiben herrscht. Förmlich überquellende Passagier- und Frachtschiffe aus Bhamo

Die Konbaung Dynastie

König Alaungpaya (1752–1760) vertrieb die Mon aus Ava und eroberte in der Folge ganz Burma. Heute wird er als Nationalheld gefeiert.

Sein Sohn Naungdawgyi (1760–1763) bestieg nach seinem Tod den Thron. Alaungpaya, der die Zukunft der Dynastie sichern wollte, hatte hinterlassen, daß nach seinem Tod nacheinander der älteste überlebende seiner fünf Söhne König werden sollte. Nach Naungdawgyi, der die Hauptstadt für kurze Zeit nach Sagaing verlegte, kam sein Bruder Hsibbyushin (1763–1776) an die Macht, der die Hauptstadt wieder nach Ava verlegte.

Er hielt sich nicht an das Vermächtnis seines Vaters und machte seinen Sohn Singu (1776–1781) zu seinem Nachfolger, obwohl zwei seiner Brüder noch lebten. Singu Min ließ den älteren der beiden hinrichten, während Bodawpaya, der letzte Sohn Alaungpayas, zurückgezogen in Sagaing lebte. Dort harrte er der Dinge, die kommen würden. Ein Sohn seines Bruders Naungdawgyi versuchte während Singus Abwesenheit den Thron zu übernehmen. Als Singu nach Ava zurückkehrte, wurde er sofort getötet. Aber nur sieben Tage später ereilte auch den Thronräuber Maung Maung dasselbe Schicksal, als der rechtmäßige Thronerbe Bodawpaya (1781–1819) die Macht übernahm. Man hält ihn für einen der mächtigsten Herrscher in der Geschichte Burmas. Er erbaute Amarapura und verlegte dorthin auch die Hauptstadt des Reiches. Als sein Sohn 1808 noch während seiner Regierungszeit starb, ernannte er seinen Enkel Bagyidaw (1819–1838) zu seinem Nachfolger.

Im ersten Anglo-Burmesischen Krieg verlor Bagyidaw Arakan und Tenasserim. Er wurde von seinem Bruder Tharrawaddy (1838–1846) entthront, der wiederum von seinem Sohn Pagan (1846–1853) abgelöst wurde. Der Zweite Anglo-Burmesische Krieg führte zu einem Coup, bei dem Pagans Bruder Mindon (1853–1878) an die Macht kam. Mindon erbaute Mandalay, und verlegte 1861 den Hof dorthin. Sein Sohn Thibaw (1878–1885) übernahm nach Mindons Tod und der Ermordung aller anderen möglichen Thronanwärter die Führung des Landes. 1885, nach dem Ende des Dritten Anglo-Burmesischen Krieges, mußte er ins Exil.

ergehen-
eiten: die
lamuni
ode und
s) der
lha zeigt
Mandalay.

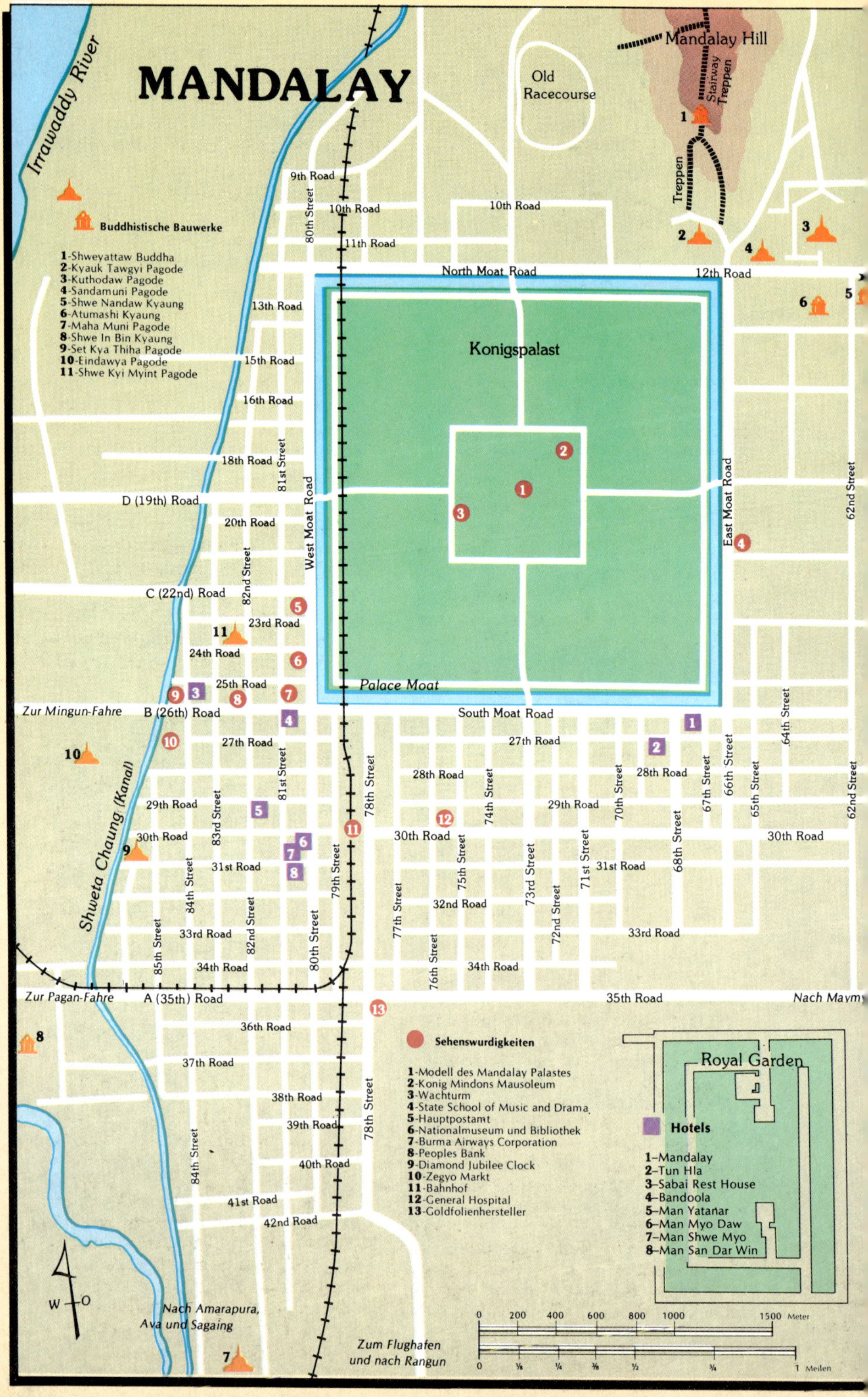
MANDALAY
Irrawaddy River
Old Racecourse
Mandalay Hill
Stairway Treppen
Treppen
Buddhistische Bauwerke
1-Shweyattaw Buddha
2-Kyauk Tawgyi Pagode
3-Kuthodaw Pagode
4-Sandamuni Pagode
5-Shwe Nandaw Kyaung
6-Atumashi Kyaung
7-Maha Muni Pagode
8-Shwe In Bin Kyaung
9-Set Kya Thiha Pagode
10-Eindawya Pagode
11-Shwe Kyi Myint Pagode
9th Road
10th Road
11th Road
North Moat Road
12th Road
13th Road
15th Road
16th Road
18th Road
D (19th) Road
20th Road
C (22nd) Road
23rd Road
24th Road
25th Road
B (26th) Road
27th Road
28th Road
29th Road
30th Road
31st Road
32nd Road
33rd Road
34th Road
A (35th) Road
35th Road
36th Road
37th Road
38th Road
39th Road
40th Road
41st Road
42nd Road
80th Street
81st Street
82nd Street
83rd Street
84th Street
85th Street
79th Street
78th Street
77th Street
76th Street
75th Street
74th Street
73rd Street
72nd Street
71st Street
70th Street
68th Street
67th Street
66th Street
65th Street
64th Street
62nd Street
West Moat Road
East Moat Road
South Moat Road
Konigspalast
Palace Moat
Zur Mingun-Fahre
Zur Pagan-Fahre
Nach Maymy
Shweta Chaung (Kanal)
Nach Amarapura, Ava und Sagaing
Zum Flughafen und nach Rangun
Sehenswurdigkeiten
1-Modell des Mandalay Palastes
2-Konig Mindons Mausoleum
3-Wachturm
4-State School of Music and Drama
5-Hauptpostamt
6-Nationalmuseum und Bibliothek
7-Burma Airways Corporation
8-Peoples Bank
9-Diamond Jubilee Clock
10-Zegyo Markt
11-Bahnhof
12-General Hospital
13-Goldfolienhersteller
Royal Garden
Hotels
1-Mandalay
2-Tun Hla
3-Sabai Rest House
4-Bandoola
5-Man Yatanar
6-Man Myo Daw
7-Man Shwe Myo
8-Man San Dar Win
0 200 400 600 800 1000 1500 Meter
0 ⅛ ¼ ⅜ ½ ¾ 1 Meilen
W O

und Bassein legen hier an und verbinden die Stadt mit der Außenwelt.

Mandalay wurde 1857 von König Mindon unter Berufung auf eine Prophezeiung Buddhas gegründet. Buddha selbst war, so will es die Legende, am Mandalay-Hill und hat dort seinem Lieblingsschüler Ananda erklärt, daß zum 2400sten Jahrestag seines Todes am Fuße dieses herrlichen Hügels eine Stadt, das Zentrum buddhistischer Lehre, entstehen werde.

Mindon war ein zutiefst gläubiger Mensch, der sich selbst für einen zukünftigen Buddha hielt. Er glaubte das durch sein Amt hervorgerufene Unrecht nur durch den Bau der imposantesten Tempelanlagen kompensieren zu können.

Die Goldene Stadt war 1859 fertig. 1861 ließ er die 150 000 Einwohner Amarapuras nach Mandalay umsiedeln. Die Palast- und Verwaltungsgebäude der Stadt ließ er zerlegen und in Mandalay wieder aufbauen. Der Traum, der Mandalay hieß, war kurz. Bereits am 29. November 1885 mußte sein Sohn Thibaw die Stadt an den britischen General Prendergast übergeben. Thibaw und seine Königin mußten ins Exil. Mandalay wurde eine Provinzstadt in Britisch-Indien, wenn auch eine mit goldenen Palästen, Pagoden und Tempeln.

Die Palastgebäude waren, wie auch in allen anderen buddhistischen Königreichen, aus Holz gebaut. Zeichen der Vergänglichkeit weltlichen Glanzes. Und vergänglich waren sie: Am 20. März 1945 kam die Goldene Stadt unter den Beschuß britischer Artillerie. Als die Handvoll Burmesen und Japaner aus dem Areal vertrieben waren, stand nur noch die Mauer – eine weitere Goldene Stadt war Opfer menschlicher Leidenschaften geworden.

Der Mittelpunkt der Welt

Das Areal des ehemaligen königlichen Palastes sollte das Zentrum der Welt repräsentieren. Es ist quadratisch, von einer 8 m hohen und 3 m dicken Mauer umgeben, die nochmals von einem 70 m breiten Wallgraben umringt wird. Diese Anlage ist 8 km lang, was dem burmesischen Maß von 2400 Ta entspricht. Die magische Zahl 2400 liegt dem gesamten Bau zugrunde. Die Mauern haben auf jeder Seite 12, also insgesamt 48 Wachtürme *(Pyathats)* und auf jeder Seite 3 Tore, von denen das mittlere an einer Damm-

auern
alastes
landalay.

brücke liegt.

Genau in der Mitte des Areals stand einst der Thronsaal, auch „Löwensaal" genannt. Er war das „Zentrum des Universums", über ihn erhob sich ein 78 m hoher, vergoldeter siebenstöckiger *Pyathat*, über den die Weisheit des Universums, das ewige Gesetz, direkt auf den „Löwenthron" floß.

Der Anthropologe Charles Keyes schrieb 1977:

> „Die gewöhnlichen Menschen, die ‚Fremden', die Märkte und die Werkstätten der Handwerker lagen außerhalb der Stadtmauern. Im Gegensatz zu chinesischen und europäischen Städten des Mittelalters dienten die Mauern einer traditionellen buddhistischen Stadt nicht nur zum Schutz vor Überfällen, sie begrenzten vielmehr einen geheiligten Ort . . ."

Heute wird das Mandalay Fort (ehemals Fort Dufferin) von der burmesischen Armee als Stabsquartier benutzt. Man kann deshalb den Bereich der ehemaligen Goldenen Stadt nur mit einer Genehmigung besuchen. Man erhält diese aber anstandslos am südlichen Tor. Der Archäologische Dienst Burmas hat im Fort ein naturgetreues Modell der alten Anlage errichtet, aus der man nicht nur die Lage aller Haupt- und Nebengebäude innerhalb der Stadtmauern ersehen kann, es wird einem auch die gesamte, den Staat tragende Idee bewußt. Im Bereich des Palastes liegt auch das Mausoleum König Mindons.

Der Mandalay-Hill

Man sollte einen Besuch Mandalays mit der Besteigung des Mandalay-Hills beginnen, der mit seinen 236 m die Ebene rund um die Stadt wie ein riesiger Findling beherrscht. Britische und indische Truppen stürmten diesen Hügel im März 1945 unter schweren Verlusten und machten ihn so weltbekannt. Heute weisen darauf nur noch Regimentsembleme in der Nähe des Gipfels hin.

Die Hänge sind auf allen Seiten mit überdachten Treppenaufgängen überzogen, die in Intervallen von kleinen Tempeln unterbrochen werden. Viele von ihnen sind das Werk des verehrten Asketen U Khanti. Nimmt man den Südaufgang, der zwischen den beiden *Chinthes* beginnt, die alle burmesischen Tempeleingänge bewachen, so hat man 1729 Stufen vor sich, die einen von der Spitze

Handlese
dem Man
Hügel.

des Berges trennen. Sehr bald ist man für die Überdachung dankbar, die die Steine kühl hält, einen vor der Sonne schützt, aber doch die Luft durchziehen läßt. Während des Aufstiegs wird man allenthalben Kinder, Cheroot rauchende Frauen, Mönche und Nonnen, aber auch Händler und Astrologen antreffen, die einem ihre Dienste anbieten.

Auf halber Höhe erreicht man die erste große Tempelanlage, die drei Knochen Buddhas enthalten soll. Diese Reliquien sandte der Vizekönig in Indien Anfang des Jahrhunderts den Burmesen als Geschenk. (Siehe unten.) Nachdem man etwa zwei Drittel des Weges zurückgelegt hat, kommt man zum **Shweyattaw Buddha,** dessen ausgestreckte Hand auf jenen Platz in der Ebene weist, auf dem der königliche Palast erbaut werden sollte. Eine ungewöhnliche Haltung, sie paßt in keine der überlieferten *Mudras.* Diese riesige Buddhafigur wurde vor der Grundsteinlegung erbaut, um Buddhas Prophezeiung zu symbolisieren.

In der Nähe des Gipfels findet man die Figur einer Frau, die Buddha ihre beiden abgeschnittenen Brüste darbietet. Die Legende sagt dazu, daß es sich um **Sanda Moke Khit,** eine Riesin handelt, die von Buddhas Lehre angetan, sich entschloß, den Rest ihres Lebens im wahren Glauben zu verbringen. Sie schnitt sich deshalb ihre Brüste ab und bot diese als Zeichen ihrer Demut dem Erleuchteten dar. Als dieser über das Geschenk lächelte, fragte ihn Sanda Moke Khits Bruder nach dem Grund. Gautama erzählte ihm dann, daß sich seine Schwester damit soviele „Verdienste" erworben hätte, daß sie in einem späteren Leben als „Min Done" (König Mindon) wiedergeboren werde.

Der Ausblick von der Kuppe des Mandalay-Hills ist überwältigend. Im Westen liegt der Irrawaddy mit den Sagaing- und Mingunhügeln, die selbst mit Tempeln und Pagoden übersät sind, im Norden das weite Reisland, im Osten die fernen, schleierverhangenen Shanberge und im Süden, inmitten der Ebene, Mandalay, mit seiner gewaltigen Fortanlage. Wohin man schaut, überall ist das Land von Pagodenanlagen übersät. Sie alle wurden im Laufe der Jahrhunderte von gläubigen Buddhisten errichtet, die sich Verdienste für die nächste Existenz erwerben wollten.

Die Reliquien

Gautama Buddha starb im Alter von 80 Jahren in Kusinara, im Norden Indiens. Ein Schmied namens Chundra hatte ihm ein Essen, das wahrscheinlich verdorbenes Fleisch enthielt, gebracht. Chundra wurde mit dem Hinweis getröstet, daß dies ja Buddhas *Paranirvana* eingeleitet hat und damit sein Karma positiv beeinflussen würde.

Gautama hinterließ keine Anweisungen, was mit seinem Körper geschehen sollte. Man entschloß sich deshalb, ihn zu verbrennen. Als nur noch seine Knochen übrig waren, begann ein Wolkenbruch, der das Feuer löschte. Die Mallas von Kusinara, in deren Besitz sich nun die Reste des Erleuchteten befanden, weigerten sich, diese mit anderen Königen der Region zu teilen. Erst unter der Androhung von Krieg teilten sie die Reliquien in acht gleichmäßige Teile auf, um sie so, über das Land verteilt, in acht Stupas einschreinen zu lassen.

Bis zur Herrschaft König Ashokas gab es deshalb nur acht bekannte Stellen auf dem Subkontinent, die Reliquien des *Tathagatas* enthielten. Er ließ diese Stupas aufbrechen und den Inhalt auf 80000 Stupas in Süd- und Südostasien verteilen. Er tat dies, um für die in dieser Gegend ansässigen Gläubigen Andachtsstätten zu schaffen.

König Kanishka aus der Kushandynastie ließ einige dieser Reliquien nach Peshawar bringen und errichtete für sie einen 168 m hohen Stupa. Der chinesische Reisende Hiuen Tsang, der 630 n. Chr. nach Peshawar kam, hat uns die ganze Pracht dieses Stupas beschrieben. Heute ist davon nichts mehr übrig, die islamischen Eroberer zerstörten dieses Bauwerk nach der Schlacht von Hund im 11. Jahrhundert. 1908 ließ der Kurator des Peshawar Museums beim Ganji Tor Grabungen vornehmen, bei denen der berühmte Kanishka-Reliquienschrein freigelegt wurde. In ihm befanden sich in einem Kristallgefäß drei Knochenstücke Buddhas. Da man im islamischen Nordwesten Indiens mit diesen Reliquien nicht viel anzufangen wußte, schenkte sie die britische Regierung der Buddhistschen Gesellschaft Burmas. Auf halber Höhe des Mandalay-Hills wurde dann für diese unschätzbaren Reliquien ein Tempel errichtet.

„Das größte Buch der Welt“

Am Fuße des Mandalay-Hills, dort wo der südöstliche Aufgang beginnt, liegt König Mindons **Kuthodaw Pagode.** In der Mitte dieser von hohen Mauern umgebenen Anlage liegt die 30 m hohe **Maha Lawka Marazein Pagode,** die 1857, nach dem Muster der Shwezigon Pagode in Nyaung U errichtet wurde. Während der 5. Buddhistischen Synode 1872 wurden dann um sie herum 729 kleine Tempel errichtet, die jene eng in Palischrift beschriebenen Marmortafeln enthalten, auf denen der gesamte Tripitakakanon festgehalten wurde. Diese *Pitakapagoden,* die man auch das „größte Buch der Welt“ nennt, wurden von 2400 Mönchen geschaffen, die alleine sechs Monate brauchten, um den Text zu rezitieren. Ursprünglich waren die Buchstaben auf den Marmortafeln mit Blattgold ausgelegt, nachdem man sie aber zum sechsten Mal erneuern mußte, wurde eine lokale blaue Farbe verwendet. Auch die metallenen Schirme, die sie früher schützten, wurden durch Steinbogen ersetzt. Ganz in der Nähe der Kuthodaw liegen noch andere wichtige Pagoden und Klöster.

Die **Sandamuni Pagode** steht dort, wo König Mindon während des Baus der Goldenen Stadt seinen provisorischen Palast hatte. Man errichtete sie später über dem Grab von Mindons jüngerem Bruder, dem Kronprinzen Kanaung, der während einer Palastrevolte 1866 ermordet wurde. Auf 1774 Steintafeln sind Kommentare zum Tripitakakanon gemeißelt. Eine Anlage, die man der gelehrten Gläubigkeit U Khantis zuschreibt.

Nicht weit vom Südaufgang entfernt liegt die **Kyauk-Tawgyi Pagode.** Bereits 1853 begonnen, sollte sie dem Ananda Tempel in Pagan nachgebaut werden. Die Intrigen am Hofe König Mindons in der Mitte der 60er Jahre des letzten Jahrhunderts verhinderten aber diesen wie auch andere Baupläne des Königs.

Interessant ist die riesige Buddhastatue, die aus einem einzigen Block Sagyinmarmor gehauen ist. Man sagt, 10 000 Männer hätten 13 Tage gebraucht, um sie vom Fluß zur Pagode zu transportieren. Ein Unternehmen, das an altägyptische Vorbilder erinnert. An jeder der vier Seiten befinden sich 20 Figuren, die die Schüler Buddhas darstellen. Das Original des einzigen Gemäldes, das wir von König Mindon haben, befindet sich in der Cella.

„Das grö
Buch de
Welt“, di
thodaw P
gode.

Südlich der Kuthodaw Pagode befinden sich zwei Klosteranlagen. Das **Shwe Nandaw Kyaung** war einst Teil des königlichen Palastes und ist heute das einzige, noch erhalten gebliebene Gebäude der Goldenen Stadt. Nach dem Tode König Mindons, der in diesem Haus starb, ließ sein Sohn und Thronerbe Thibaw diese einst private Anlage abbauen und außerhalb der Stadtmauern, in der Nähe des Osttores, wieder errichten. Nur so konnte sie dem Feuersturm entgehen, der 1945 das fast ausschließlich aus Teakholz erbaute Stadtzentrum Mandalays – den Königspalast – vernichtete. Thibaw benutzte dieses Gebäude einige Zeit als private Meditationsanlage, überließ es dann aber den Mönchen als Kloster. 1979 feierte man hier das 100jährige Bestehen. Es ist immer noch von Mönchen bewohnt und sein Abt, der seit über 40 Jahren *Sayadaw* ist, unterhält sich gerne mit ausländischen Besuchern, wobei ein jüngerer Mönch als Übersetzer fungiert.

Berühmt ist dieses *Kyaung* heute wegen seiner Reliefschnitzereien, mit denen es übersät ist. Man findet kaum eine handtellergroße Fläche, die nicht mit Figuren oder Blumenornamenten bedeckt ist. Hier erst kann man ahnen, wie die Gebäude der Goldenen Stadt einst aussahen. Früher war das Shwe Nandaw Kyaung innen wie außen vergoldet und mit Glasmosaik belegt. Heute findet man den Goldbelag nur noch an der außergewöhnlich schönen Decke des Hauptraumes, in dem auch Thibaws Couch und eine Kopie des königlichen Thrones steht.

Gegenüber dem Shwe Nandaw, auf der anderen Seite des Weges, liegen die Reste des **Atumashi Kyaung.** Der Name bedeutet „das Unvergleichliche Kloster" und ist ein Hinweis auf die einst außerordentliche Schönheit dieses 1890 abgebrannten Gebäudes. Heute stehen nur noch die mit Stuck verzierten Grundmauern sowie ein imposanter Treppenaufgang. In diesen Mauern stand einst eine mit Lackarbeit bedeckte und in Seide gekleidete Buddhafigur in deren Stirn ein riesiger Diamant saß. Er verschwand auf unerklärliche Weise während der britischen Eroberung Mandalays. Europäer, die dieses Kloster noch in seiner ganzen Pracht sahen, bezeichneten es als eine der schönsten Anlagen der Stadt.

An der East Moat Road, nicht weit vom Osteingang zur Goldenen Stadt entfernt,

ambus-
uf dem
addy.

befindet sich die **State School of Fine Art, Music and Drama.** Wie die State School of Music and Drama in Rangun ist auch diese ein Zentrum der traditionsreichen burmesischen Volkskunst. Hier kann man Studenten beim Üben und Vortragen überlieferter burmesischer Musik erleben und die Ausbildung von Tänzern und Tänzerinnen verfolgen, die später in Truppen durch das Land ziehen werden, um bei den traditionellen *Zatpwes* die oftmals einzige kulturelle Abwechslung zur Landbevölkerung zu bringen.

Der mystische Maha Muni

Das Zentrum religiöser Andacht in Mandalay ist die **Maha Muni Pagode,** auch Arakan- oder Payagyi Pagode genannt. Sie liegt ca. 3 km südlich des Zegyo Marktes auf dem Weg nach Amarapura. König Bodawpaya ließ sie 1784 erbauen. 100 Jahre später wurde sie durch ein Feuer zerstört und nach den alten Plänen neu errichtet.

Der Maha Muni Buddha (der „Alte Weise") in dieser Pagode, den König Bodawpaya auf einem Kriegszug in Arakan erbeutet hatte, ist das Objekt tiefster religiöser Andacht von Pilgern aus der ganzen Welt. In einer der ältesten Palmblattschriften ist uns die Legende des Maha Muni überliefert:
Gautama Buddha kam persönlich nach Dhannavati (im nördlichen Arakan), um den Bewohnern dieses Landes und ihrem König Candrasuriya die vier Edlen Wahrheiten und den achtfachen Pfad der Erlösung zu predigen. Daraufhin bat der König den Erleuchteten, er möge doch sein Ebenbild hinterlassen. Buddha stimmte zu und verbrachte eine zusätzliche Woche meditierend unter einem Bodhi-Baum, während Sakka, der König der Götter, dieses Ebenbild schuf. Der Vollkommene war zufrieden, er hauchte es an und sprach: „In meinem achtzigsten Lebensjahr werde ich ins Nirwana eingehen, Du aber, von meinem Atem berührt, wirst 5000 Jahre existieren, solange wie meine Religion andauern wird."

Nach der Abreise des Erleuchteten fand der Maha Muni seinen Platz auf einem diamantenbesetzten Thron auf dem Siriguttahügel bei Dhannavati. Nur fünf Ebenbilder Buddhas wurden zu seinen Lebzeiten hergestellt. Zwei befinden sich in Indien, zwei im Paradies und das fünfte ist er, der verehrte Maha Muni.

Soweit die Legende. Archäologen behaupten, daß Dhannavati im 1. Jhdt. nach Christi erbaut wurde. 600 Jahre nach Buddhas letzter Existenz. Die vier Meter hohe Maha Muni Statue wurde wahrscheinlich während der Regierungszeit Chandra Suryas, der 146 n. Chr. den Thron in Dhannavati bestieg, gegossen. Während seiner Herrschaft setzte sich, das weiß man, in Arakan der Buddhismus durch.

Anawrahta eroberte in der zweiten Hälfte des 11. Jahrhunderts den Norden Arakans. Er ließ alle der Magie und nicht der reinen Lehre dienenden Figuren und Gebäude zerstören. Den Maha Muni hätte er gerne nach Pagan gebracht, mußte dies aber aus logistischen Gründen unterlassen. Sein Enkel Alaungsithu befand sich 1118 wieder auf einem Kriegszug in Arakan. Seine Soldaten zerstörten die Tempelanlagen, entfernten das Gold vom inzwischen 1000 Jahre alten „Weisen", montierten ein Bein ab, das aber während des Transportes im Golf von Bengalen versank. Die Anlage geriet daraufhin in Vergessenheit.

Im späten 12. Jahrhundert konnte sie nicht mehr gefunden werden, da der Siriguttahügel inzwischen vom Urwald

sagenhaf-
laha Muni
(s) und ein
nzener
rapala
hts).

überwuchert war. Erst später wurde er wieder freigelegt und restauriert, nur um von Bodawpayas Truppen 1784 in drei Teile zerlegt über den Arakan Yoma nach Amarapura gebracht zu werden. Bodawpaya ließ für ihn eine außergewöhnlich schöne, wie für einen Königspalast mit sieben Dächern versehene Pagode errichten, die er durch einen acht Kilometer langen überdachten Weg mit seinem Königspalast verbinden ließ.

Das Gold wachsen sehen

Die Maha Muni Figur ist mit Blattgold bedeckt, das inzwischen einige Zentimeter dick ist. Außer während der Regenzeit, wenn der Körper mit Tüchern verdeckt wird, kann man zu jeder Zeit sehen, wie Gläubige diese hauchdünnen Goldfolien selbst auftragen.

Im Laufe der Jahrhunderte ist der Körper des Erleuchteten dadurch unförmig geworden und in seiner ursprünglichen Gestalt nur noch zu erahnen.

In der Maha Muni Pagode sind noch sechs bronzene Khmer-Figuren zu sehen, die auch als Kriegsbeute nach Arakan kamen. Sie sind ein anschauliches Beweisstück der abwechslungsreichen südostasiatischen Geschichte. Ursprünglich standen sie als Tempelwächter *(Dvarapalas)* im kambodschanischen Ankor Wat. 1431 überfielen die Thais die Khmerhauptstadt und brachten unter anderem auch 30 Khmer-Bronzen nach Ayutthia. 1564 gingen sie als Kriegsbeute mit König Bayinnaung von Ayutthia nach Pegu. Schon 36 Jahre später brachte sie dann König Razagyi, der wiederum Pegu zerstörte, nach Mrauk U. Mit Bodawpayas Truppen legten sie dann das letzte Stück nach Amarapura zurück. Nur sechs der ursprünglichen 30 Khmer Bronzen sind erhalten geblieben: drei Löwen, ein dreiköpfiger Elefant und die beiden *Dvarapalas.* Die beiden Tempelwächter sind ein spezieller Anziehungspunkt für die Pilger. Man sagt, sie würden jede Krankheit heilen, berührt man nur den entsprechenden Körperteil der Figuren. Die glänzend glatten Einbuchtungen in der Bauchgegend lassen Rückschlüsse auf die häufigsten Krankheiten im Land zu.

In der Nähe der Bronzen hängt ein fünf Tonnen schwerer Gong. Auch ein Teil der Steintafeln mit alten Inschriften, die Bodawpaya sammeln ließ, befinden sich hier. Die meisten wurden aber vor dem

Marmorsc
fer in Man-
dalay.

Zweiten Weltkrieg in die Goldene Stadt gebracht. Vor einem Kuriositätenmuseum steht eine Statue des Erbauers, Bodawpaya. Im Museum kann man hinter Glas Figuren von König Mindon, König Thibaw und seiner Frau Supyalat sehen.

Aus allen vier Himmelsrichtungen führen überdachte Ladenstraßen auf die Pagode zu, in denen außer wertvollen Steinen und Antiquitäten (deren Ausfuhr verboten ist) auch einfaches Kunsthandwerk angeboten wird. Füttert man die geheiligten Schildkröten und Fische im Tempelteich, so erwirbt man sich auch hier zusätzliche Verdienste.

Museales Mandalay

Vier weitere buddhistische Bauwerke liegen in der Nähe des Stadtzentrums. Der gitterförmige Plan der Stadt läßt sie einen leicht finden. Nördlich der Maha Muni Pagode kommt man zuerst zum **Shwe In Bin Kyaung.** Dieses Kloster, das an der 35. Road (in Ost-West-Richtung heißen sie Road, in Nord-Süd-Richtung Street) liegt, hat sehr schöne Holzschnitzereien aus dem 13. Jahrhundert. An der 31. Road und 35. Street liegt die **Set Kya Thiha Pagode.** Diese im 2. Weltkrieg zerstörte, aber wieder aufgebaute Pagode beherbergt eine fünf Meter hohe Bronzestatue Buddhas, die König Bagyidaw 1823 in Ava gießen ließ. Vor dem Eingang steht ein Bodhi-Baum, den der sehr gläubige erste Ministerpräsident Burmas pflanzte.

Weiter im Norden, an der 27. Road und 89. Street liegt die **Eindawya Pagode.** In ihr findet man eine seltene Buddhafigur aus Chalzedon, die 1839 von Bodh Gaya nach Burma gebracht wurde. Pagan Min, der 1853 von König Mindon abgesetzt wurde, ließ 1847 diese Pagode an der Stelle errichten, wo vor seiner Thronbesteigung sein Palast stand.

Die älteste Pagode der Stadt ist die **Shwe Kyi Myint Pagode.** Sie liegt an der 84. Road zwischen der 82. und 83. Street. Sie wurde bereits 1167 von dem Prinzen Minshinsaw, einem im Exil lebenden Sohn Alaungsithus, erbaut. Sie enthält alte Buddhastatuen und diverse Geschenke verschiedener burmesischer Könige. Hier ist auch ein Teil jener Reliquien untergebracht, die nach der britischen Besetzung aus der Goldenen Stadt entfernt wurden. An religiösen Festtagen werden sie öffentlich ausgestellt.

Einige Häuserblocks von der Shwe Kyi Myint entfernt, an der 24. Road und der West Moat Road findet man das **Nationalmuseum** und die **Bibliothek.** Es gibt hier eine Ausstellung von Gegenständen aus den verschiedensten Perioden der burmesischen Geschichte. Unter anderem Bilder, die König Thibaw und Königin Supyalat bei ihrer Abreise ins Exil zeigen. Die Bibliothek ist für ihre Sammlung wichtiger buddhistischer Schriften bekannt.

Der Warenumschlagplatz des Nordens

Die Stadt Mandalay ist nicht nur das religiöse, sie ist auch das wirtschaftliche Zentrum Oberburmas. Für die Chin aus dem Westen, die Kachin aus dem Norden und die Shan aus dem Osten ist Mandalay das Handelszentrum und der **Zegyo Markt,** an der 84. Street, zwischen der 26. und 28. Road, der wichtigste Basar für den Umschlag ihrer Güter.

1903 wurde er von dem italienischen Grafen Caldrari, der zu dieser Zeit Erster Sekretär der Stadtverwaltung war, rund um die Diamond Jubilee Clock (die zu Ehren Königin Victorias 60jährigem Regierungsjubiläum erbaut worden war) angelegt. Für Touristen, die keine Möglichkeit haben in entlegenere Gebiete zu zu kommen, eröffnet sich hier die Gelegenheit, Angehörige der ethnischen Minoritäten in ihren Originaltrachten zu sehen und dabei einen Überblick über das Warenangebot des täglichen Gebrauchs in Burma zu bekommen. Besonders interessant wird es auf dem Zegyo Markt abends, wenn der sogenannte „Night Market" beginnt. Dann werden all die Waren, die illegal die Grenzen nach Burma überquert haben, im Licht der Karbidlampen auf schnell errichteten Ständen angeboten. In diesen Stunden herrscht hier ein unglaubliches Gedränge und der östliche Basar, diesmal mit all jenen scheinbar unerreichbaren Gütern der westlichen Konsumwelt bestückt, erwacht wieder zum Leben.

Die *Chi*[…] am Man[…] Hügel (l[…] und der des Shw[…] Nandaw[…] Kyaung.

Das Viertel der Handwerker

Im Südwesten der Stadt, in der Nähe der Maha Muni Pagode, sind die Handwerker und Kunsthandwerker Mandalays angesiedelt. Buddhafiguren werden in den Straßen hinter der Pagode von den Steinmetzen, mit demselben Geschick wie einst ihre Vorfahren, aus Alabaster und Marmor gehauen. Aber nicht nur Buddhafiguren, auch Nats und sogar eine Jungfrau Maria kann man hier finden.

Schmuck und Verzierung für Pagoden wird westlich der Maha Muni hergestellt. Ein gutes Geschäft, weiß man welche Verdienste man sich mit der Renovierung oder gar dem Bau einer Pagode erwerben kann. Hier findet man auch die Holzschnitzer, die auch Buddhafiguren herstellen, aber auch Hausaltäre und Klosterverzierungen. Metallgießer produzieren Kopien von alten und verehrten Buddhafiguren, Musikinstrumente und Opiumgewichte.

Die Hersteller des Baumbuspapiers sind in der 37. Road, zwischen der 80. und 81. Street angesiedelt. Dieses Papier, das zwischen die Goldfolien gelegt wird, entsteht in einem komplizierten dreijährigen Prozess, wobei der Grundstoff eingeweicht, plattgeschlagen und getrocknet wird.

Man sollte in der Umgebung Mandalays auch andere handwerkliche Betriebe besuchen, so die Seiden- und Baumwollwebereien in Amarapura, die Silberschmiede in Ywataung bei Sagaing und die Bronze- und Messingschmiede in Kyi Thum Kyat, bei Amarapura.

SEIN MA

Die Umgebung Mandalays und Nordburma

Eine der Grundaussagen des Buddhismus ist, daß nichts andauert, daß sich alles dauernd verändert. Wenn man Mandalay verläßt und die Umgebung der Stadt durchstreift, begreift man erst, wie sehr diese Idee der burmesischen Geschichte zugrundeliegt. Die alten, zum Teil verlassenen Städte, Ava, Amarapura und Sagaing sowie das mittelalterliche Mingun liegen in unmittelbarer Nähe der Stadt. Hier, zwischen den Ruinen von Palästen, Pagoden und *Kyaungs,* beginnt die Geschichte des Landes zwischen dem 14. und 19. Jahrhundert Form anzunehmen.

Sagaing war während einer kurzen Zeit nach 1315, als die Shan Oberburma beherrschten, Hauptstadt der Region. 1364 wurde der Hof nach Ava verlegt, wo er für die nächsten 400 Jahre blieb. Shwebo (Moksobo) war zwischen 1760 und 1764 Königsstadt, wurde aber dann wieder von Ava abgelöst. 19 Jahre später verlegte König Bodawpaya seine Hauptstadt in das neu gegründete Amarapura. Fast jeder König verlegte damals den Sitz seiner Regierung. Ava wurde 1823 nochmals Hauptstadt, 1841 wurde dies wieder Amarapura, bis König Mindon den letzten Sitz der burmesischen Königsdynastie in Mandalay schuf.

rgehen-
ten:
utsche
ngst ver-
ner Zeit
myo
e vom
ben zer-
Mingun
e.

Im Osten Mandalays, in den Bergen des Shan-Plateaus liegt eine andere Stadt, nicht verlassen, aber doch geschichtsträchtig. Dies ist Maymyo, einst berühmt-beliebte „Hillstation" der britischen Besatzer. Dahinter liegt dann der Shan State und das Kachinland, die wegen der anhaltenden Rebellentätigkeit für Touristen gesperrt sind.

Das „Unsterbliche Amarapura"

In Mandalay wird Amarapura, das früher die „Unsterbliche" hieß, nur noch Taungmyo, die südliche Stadt genannt, da sie nur 12 km entfernt liegt und nun langsam mit dieser zweitgrößten Stadt Burmas zusammenwächst. Bodwapaya hatte bereits eine kolonnadenumbaute, gepflasterte Straße zur Maha Muni Pagode im heutigen Mandalay gebaut.

Von allen Königsstädten in der Nähe von Mandalay ist Amarapura die jüngste.

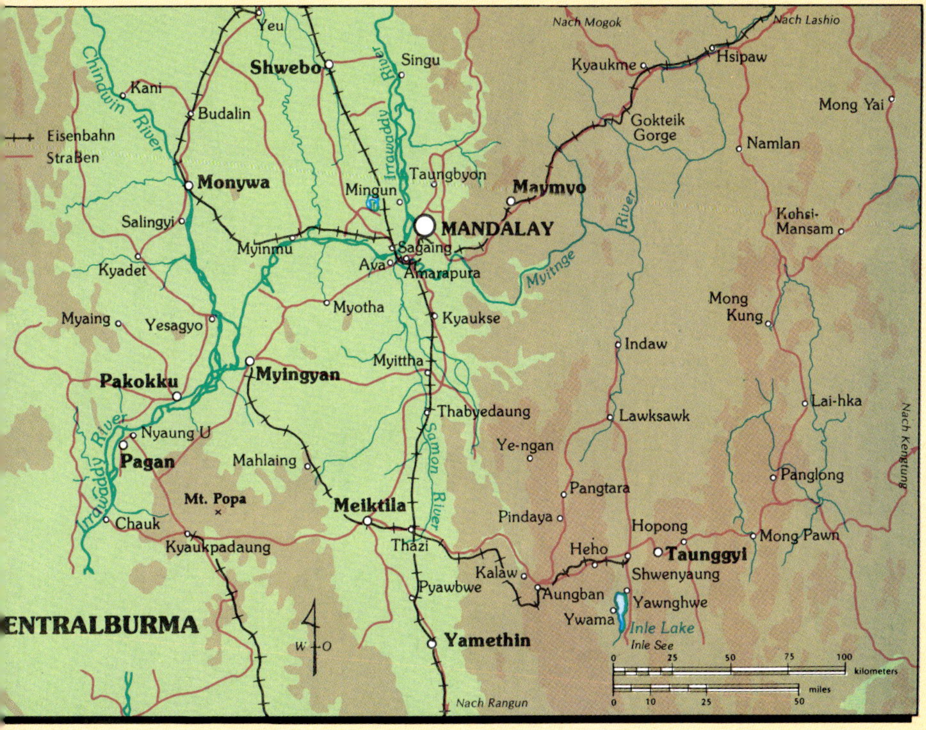

König Bodawpaya ließ sie 1782 erbauen. Seine Thronbesteigung, die mit einem Massaker begann und der die grausame Vernichtung des Dorfes Paungga bei Sagaing folgte, dessen gesamte Einwohnerschaft er verbrennen ließ, bildet den Hintergrund für die Verlegung der Hauptstadt 10 km nach Osten. Die manipurischen Brahmanen, die astrologischen Ratgeber am Königshof, waren der Meinung, daß nach diesen Vorfällen nur eine Verlegung des Hofes weiteres Unglück abwenden könne. Im Mai 1783 mußten deshalb alle Einwohner Avas ihr Hab und Gut packen und sich an zugewiesenen Stellen rund um die neue Stadt ihre neuen Häuser bauen.

Der Barnabiterpadre Sangermano erlebte den Umzug und hinterließ uns eine genaue Beschreibung der 200000 Einwohner zählenden Stadt. Die Cassay oder Manipuri, die Inder, die Mohammedaner sowie die Chinesen, alle hatten eigene Stadtviertel. Nur die Christen, die sich aus einigen wenigen Portugiesen und Armeniern zusammensetzten, wohnten bei den Chinesen.

Der Palast war von vier etwa 1,6 km langen Mauern umgeben, an deren vier Ecken jeweils eine Pagode stand. Die weltlichen Gebäude innerhalb der Stadtmauern waren aus Holz und wurden 75 Jahre später abgebaut und in Mindons Mandalay wieder errichtet.

Mit Ava hatte Bodawpaya abgeschlossen, er ließ die Reste der Stadt niederreißen, die uralten Bäume fällen und den Fluß in die Stadt leiten.

Diese Zerstörung hielt aber seinen Nachfolger Bagyidaw nicht ab, die Stadt 1823 wieder aufzubauen und den Sitz des Königreiches wieder zurückzuverlegen. Aber auch nur für kurze Zeit, König Tharrawaddy machte dies 1841 wieder rückgängig.

Weber und Bronzeschmiede

Heute ist Amarapura eine Stadt mit etwa 10000 Einwohnern, die hauptsächlich von der Seiden- und Baumwollweberei lebt. Die schönsten Festtagslongyis, die *Acheit-htameins*, die über den Busen geknotet oder wie eine Schleppe getragen werden, kommen aus dieser Stadt, in der in jedem zweiten Haus ein Webstuhl steht. Seit 1914 gibt es hier ein Institut für Webkunde, das „Saunders Weaving Institute“, in dem der Nachwuchs herangebildet wird. In der staatlichen Ankaufstelle und Kooperative an der Hauptstra-

Verlasse
Kloster
Amarap

ße nach Mandalay kann man den Umschlag dieser interessant gemusterten Stoffe verfolgen.

Außer der Webkunst wird hier auch der Bronzeguß gepflegt. Zimbeln, Gongs und Buddhafiguren werden aus einer speziellen Legierung aus Blei und Kupfer hergestellt. Auch die Statue Aung Sans am Eingang zum gleichnamigen Park in Rangun kommt von hier.

Vom **Königspalast** ist nichts mehr erhalten geblieben. Zum einen wurden die Holzgebäude nach Mandalay gebracht, zum anderen wurden die Mauern von den Briten geschliffen, um so billig an Ziegel und Steine zum Straßen- und Eisenbahnbau zu kommen.

Man findet noch die vier Pagoden, die einst die Ecken der Stadtmauern markierten, sowie zwei Steingebäude, die ehemalige Registratur und das Schatzhaus. Innerhalb der Umfriedung befinden sich auch die Gräber der Könige Bodawpaya und Bagyidaw.

An der Südseite der Stadt steht die gut erhaltene **Patodawgyi Pagode.** Sie wurde 1820 von König Bagyidaw erbaut. Der glockenförmige Stupa steht auf fünf Terrassen, die mit *Jatakareliefs* versehen sind.

ıst Palä-
ınden,
n heute
ırapura

Am Ortsausgang von Amarapura befindet sich das **Bagaya Kyaung,** eines der größten Klöster Burmas, in dem 700 Mönche wohnen, deren Anwesenheit zu der historisch-religiösen Atmosphäre der Stadt beiträgt.

Südlich der alten Königsstadt befindet sich der **Taungthamansee,** der während des Winterhalbjahres austrocknet und fruchtbares Agrarland hinterläßt. Diesen See überspannt die 1,2 km lange **U Bein Brücke.**

Nachdem Bodawpaya Amarapura errichten ließ, veranlaßte der Bürgermeister der Stadt, U Bein, daß aus den restlichen Teakbrettern aus Ava eine Brücke erbaut werden würde. Heute, nach 200 Jahren, ist sie noch immer so robust wie zur Zeit ihrer Errichtung. Man braucht etwa eine Viertelstunde, um die Brücke zu überqueren und ist deshalb für die schattenspendenden Pavillons dankbar, die unterwegs gebaut wurden.

Auf der anderen Seite der Brücke erreicht man inmitten eines weitverstreuten Dorfes die **Kyauktawgyi Pagode,** die Pagan Min 1847 erbauen ließ. Auch diese Pagode sollte, wie die Kyauk-Tawgyi in Mandalay, eine Kopie des Ananda Tempels in Pagan werden. Äußerlich ist dies

recht gut gelungen, die Gewölbe im Innern werden aber dem Original nicht gerecht. Anstatt der vier stehenden Buddhas im Ananda Tempel befindet sich hier ein riesiger Buddha aus Sagyinmarmor, dessen helle durchscheinende Farbe an Jade erinnert und der bis zur Decke der Cella reicht.

Ähnlich wie in der gleichnamigen Pagode in Mandalay findet man auch hier die Statuen von 88 Schülern Buddhas sowie von 12 *Manusihas*, Fabelwesen, die halb Mensch, halb Tier sind. Die Eingänge im Süden und Osten sind mit Wandmalereien geschmückt, die Bilder des burmesischen Alltagslebens zur Zeit der Errichtung der Pagode darstellen. Sieht man genau hin, so kann man unter den dargestellten Personen auch bereits Europäer erkennen. Auch Darstellungen der Wohltaten, die der König dem Volk hat zukommen lassen, sind hier zu sehen. Es ist dabei vielleicht interessant zu wissen, daß Pagan Min einer der grausamsten Könige der Konbaung Dynastie war. Während seiner Herrschaft wurden in einem Jahr 3000 Todesurteile vollstreckt.

Das Umfeld der Kyauktawgyi Pagode ist heute noch mit vielen kleinen Pagoden übersät, die sich in unterschiedlichen Stadien des Verfalls befinden. Hier kann man sehen, was die Tempelräuber angerichtet haben. Seitdem die Preise für burmesische Artefakte in den Antiquitätenläden Bangkoks astronomische Höhen erreicht haben, wurden diese kleinen, unbewachten Anlagen systematisch ausgeraubt.

An Amarapuras Irrawaddyufer findet man zwei Pagoden, die aus der Epoche der Tempelbauer stammen, die **Shwekyetyet-** und die **Shwekyetkya Pagode.** Sie wurden im 12. Jahrhundert von einem König aus Pagan erbaut und liegen etwa eine halbe Stunde Fußmarsch von der Hauptstraße entfernt.

Ein Stück weiter flußabwärts liegt das **Thabyedan Fort,** das König Mindon von italienischen und französischen Beratern konstruieren ließ. Es sollte einen möglichen feindlichen Vormarsch entlang des Irrawaddy stoppen. Als die Briten genau das 1885 taten, wurde kein Schuß mehr abgefeuert. Die Burmesen hatten schon vorher aufgegeben.

Das alte Ava: „Die Stadt der Juwelen“

Die Buslinie 8 führt von Mandalay über Amarapura nach Ava. In der Nähe der

Die U Be
Brücke (
und Ava
Aungmy
Bonzan
ster.

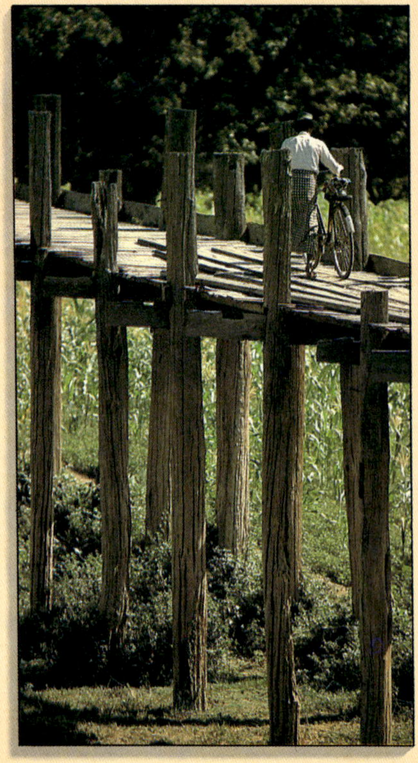

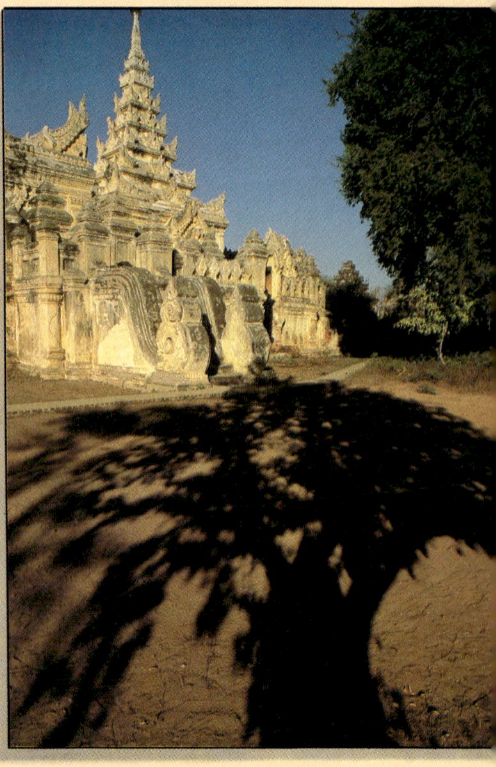

einzigen Brücke über den Irrawaddy zweigt eine mit tiefen Rillen durchzogene Staubstraße zur Fähre am Myitngefluß ab. Auf der anderen Seite des Flusses warten Pferdedroschken, die einen nach Ava bringen. Während der Regenzeit kann man Ava nur mit dem Boot erreichen, da die Felder und zum Teil auch die Pagoden unter Wasser stehen.

Der Name Ava ist eine Verfälschung des ursprünglichen „In-va", was soviel wie „Eingang zum See" heißt. Am Zusammenfluß des Irrawaddy und des Myitngeflusses gelegen, konnte von hier aus der gesamte Reishandel der Kyaukseebene kontrolliert werden. Dies war die Voraussetzung für das Entstehen eines starken Königshauses und eines wehrfähigen Staates. Nach dem Zusammenbruch Pagans bildete sich hier um die elf Dörfer der Kyaukseebene der Nukleus eines neuen burmesischen Reiches.

König Thadominbya gründete 1364, auf einer künstlichen Insel, die durch den Myittha Chaung, einem Kanal, der den Irrawaddy mit dem Myitngefluß verbindet, entstand, die neue Stadt. Bis 1634 war sie Zentrum Oberburmas und danach für eineinhalb Jahrhunderte Hauptstadt des Zweiten Burmesischen Reiches. Nach dieser Stadt wurde noch im letzten Jahrhundert ganz Burma benannt, und selbst als der Sitz der Regierung schon nach Amarapura und Mandalay verlegt war, wurde die Regierung noch immer „der Hof von Ava" genannt. Der klassische Name aber, unter dem Ava bei den Burmesen bekannt war, hieß Ratnapura, „die Stadt der Juwelen".

Im Gegensatz zu fast allen anderen Königsstädten Burmas hat die Stadtmauer von Ava keine viereckige Form, sondern die eines stilisiert sitzenden Löwen, wie man ihn vor den großen Pagoden antrifft. Nur noch ein Teil dieser Stadtmauer ist erhalten. Am besten am Nordtor, dem **Gaung Say Daga,** dem Tor der Haarwaschzeremonie. Jedes Jahr im April, während des Thingyanfestes, findet dieses rituelle Haarewaschen statt, um Thagyamin, den König der Nats, zu empfangen. Heute nur noch in Privathäusern. Früher war dies eine öffentliche Zeremonie, der sich die Könige unterziehen mußten. In der Nähe befindet sich auch der „schiefe Turm von Ava". Dieser ehemalige Wachtum wurde beim Erdbeben von 1838 so stark zerstört, daß der obere Teil einstürzte und durch ein Einsinken der Erde eine seitliche Neigung

Ava
icke.

entstand. Dieses Erdbeben, das auch viele andere Gebäude der Umgebung zerstörte, führte dann auch zur endgültigen Aufgabe Avas. Es bestätigte nur, was die Brahmanen schon vorhergesagt hatten.

Nicht weit vom **schiefen Turm Nanmyin** entfernt ist das noch am besten erhaltene Gebäude Avas, das **Maha Aungmye Bonzan Kloster.** Nanmadaw Me Nu, die Frau König Bagyidaws, ließ dieses Kloster 1818 für den Sayadaw Nyaunggan, von dem böse Zungen behaupteten, er sei ihr Geliebter gewesen, aus Ziegeln errichten. Es wurde den normalerweise aus Teak gebauten Kyaungs mit reicher Stuckverzierung nachgebaut. Gleich daneben ist eine siebengeschossige Gebetshalle, die 1838 auch schwer beschädigt, aber 1873 durch Me Nus Tochter Hsinbyumashin wieder renoviert wurde.

Im Zentrum des Klosters findet man eine Buddhastatue auf einem mit Glasmosaik verzierten Podest. Neben dem Torbogen, der zum Kloster führt, kann man an eine Mauer gelehnt eine alte Marmortafel finden, auf der in englischer Sprache das Schicksal der burmesischen Frau eines amerikanischen Missionars beschrieben wird, die trotz aller Schwierigkeiten während des Ersten Anglo-Burmesischen Krieges zur wahren Religion – diesmal ist das Christentum gemeint – hielt.

Ein Stück weiter führt der Weg am **Gedenkstein für Adoniram Judson** vorbei. Er berichtet von den schrecklichen Qualen, die dieser Missionar, von dem das erste anglo-burmesische Wörterbuch stammt, im La Ma Yoon Gefängnis erlitt. Als Amerikaner dachte er von dem Krieg zwischen Briten und Burmesen nicht betroffen zu werden. Er täuschte sich und verbrachte ein Jahr im Kerker.

Im Bereich von Ava stehen noch viele andere Pagoden. Einige stammen aus der Glanzzeit Pagans, so die **Htilainshin Pagode,** die von König Kyanzittha errichtet wurde. Im Süden der Stadt findet man noch die vierstöckige **Leitutgyi Pagode** und die **Lawkatharaphu Pagode.**

Eineinhalb Kilometer von der Stadt entfernt, am Irrawaddy steht das **Ava Fort,** das zusammen mit dem Thabyedan- und dem Sagaing Fort ein unüberwindliches Dreieck bilden sollte.

Über den Myitta Chaung führt im Süden eine Dammbrücke zu dem Dorf Tada U. Innerhalb des alten Stadtgebietes

Die Hügel Sagaing.

gibt es heute mehrere Dörfer, die dort, wo einst die Mächtigen von Ava herrschten, ihre Reisfelder haben.

Nödlich der Stadt überquert die **Ava Brücke** den Irrawaddy. 1934 von den Briten erbaut, verbindet sie Ava mit Sagaing und eröffnet so den Norden des Landes für den Eisenbahn- und Straßenverkehr. 1942 beim Vormarsch der Japaner sprengten die Alliierten diese Brücke, die erst 1954 wieder in Betrieb genommen werden konnte.

Sagaing: Zentrum des lebenden Glaubens

Während Ava und Amarapura verfallende Städte sind, an denen die Zeit nicht spurlos vorübergeht, ist Sagaing eine Stadt voller Leben. Sie ist das Zentrum buddhistischer Gläubigkeit in Burma. In ihrem Namen schwingt der Klang von Gongs, Zimbeln und Pagodenglöckchen. Hier zieht sich zurück, wer meditieren will, wer für kurze Zeit oder für immer dem hektischen Leben entsagt. Hierher bringen viele Familien ihre jungen Söhne, wenn diese durch die *Shin-byu* Zeremonie in die Gemeinschaft der Gläubigen aufgenommen werden sollen.

U Min Ky-
;se Pa-
de.

Hier, an den Hängen in den verzweigten Tälern am Westufer des Irrawaddy, findet man an die 600 Klöster, unzählige Tempel, Stupas und Höhlen – geweiht dem Andenken an den Erleuchteten. 5000 Mönche leben in dieser arkadischen Landschaft, die von klonnadengesäumten Treppenaufgängen durchzogen ist. Die Hänge, Anhöhen und Täler zwischen Sagaing und Mingun sind mit duftenden Frangipanis, Bougainvilleas, Tamarinden und Mangobäumen bewachsen, in deren Schatten man immer wieder töpferne Wasserbehälter findet, die zur Erfrischung der Wanderer aufgestellt wurden. Links und Rechts an den vielen Wegen durch die Hügel liegen Privathäuser und Monasterien nebeneinander und von den Kämmen der Hügel leuchten die großen Tempel und Pagoden weit übers Land.

Sagaing muß man zu jeder Tageszeit erleben: morgens, kurz nach Sonnenaufgang, wenn die *Pongyis* und Eleven mit ihren Bettelschalen aus den *Kyaungs* strömen; mittags, wenn in der Hitze des Tages nur das Klingen der Stupaglöckchen und das monotone Gebet der Mönche zu vernehmen ist und nicht zuletzt abends, wenn nach der Dämmerung, aus dem Osten, die Lichter von Mandalay,

über den Irrawaddy hinweg heraufleuchten.

Wenn es einen Berg Meru gibt, dann müssen die Hügel von Sagaing ein Ausläufer davon sein. Hier fällt es jedem leicht, sich über die Alltäglichkeiten hinwegzusetzen.

Bei einer gebuchten Tour hat man dazu jedoch keine Gelegenheit. Der Jeep fährt kurz zur **Sun U Ponya Shin Pagode,** dem Kodakpoint von Sagaing, und dann geht es schon weiter zu den anderen Sehenswürdigkeiten, die an einem Tag abgeklappert werden müssen. Reist man unabhängig, so sollte man unbedingt in einem der vielen Klöster übernachten. Die jeweiligen *Sayadaws* stehen solchen Wünschen meist aufgeschlossen gegenüber.

Von Mandalay aus erreicht man Sagaing am schnellsten mit einem der vielen Kollektivjeeps, die an der Ecke 28. Road und 83. Street abfahren. Am Markt von Sagaing findet man Pferdedroschken, die einen in die Hügel rund um die Stadt bringen. Will man zur 10 Kilometer entfernten Kaunghmudaw Pagode, so sollte man aber besser einen Jeep mieten oder den lokalen Bus benutzen.

Einst die Hauptstadt der Shan

Sagaing war ab 1315, nach dem Niedergang Pagans, für kurze Zeit Hauptstadt eines unabhängigen Shan-Königreiches, das 1364 das Zentrum nach Ava verlegte. Die meisten Bauwerke Sagaings stammen aus der Ava-Periode.

Das berühmteste ist die **Kaunghmudaw Pagode,** die 10 km hinter der Stadt auf der Westseite der Sagaingberge liegt. 1636 ließ König Thalun sie für jene Reliquien errichten, die ursprünglich in der Mahazedi Pagode in Pegu untergebracht waren, nämlich den vermeintlichen Zahn von Kandy und die Wunder vollbringende Bettelschale König Dhammapalas.

Diese Pagode, im ceylonesischen Stil erbaut, ist eine Imitation der Dagobas in Anuradhapura in Sri Lanka. Ihre Kugelform wird aber im Volksmund als die perfekte Nachbildung der Brüste von König Thaluns Lieblingsfrau bezeichnet. Die 46,5 m hohe Kuppel erhebt sich auf drei runden Terrassen. Die unterste ist von 120 *Nats* und *Devas* begrenzt, die in Nischen untergebracht sind. 812 Stelen, jede 1,5 m hoch, stehen im Kreis um die Pagode. Auch sie haben Nischen, in denen während des Lichtfestes Thading-

Ein *Sayad*
führt eine
Mönchspr
zession a

yut, zum Vollmond im Oktober, Öllämpchen untergebracht werden. Zu diesem Fest strömen die Menschen von weit und breit, um hier das Ende der buddhistischen Fastenzeit zu feiern.

Die Geschichte der Padode, die auch Rajamanicula genannt wird, ist in burmesischer Sprache und Schrift auf einer zweieinhalb Meter hohen Marmorsäule festgehalten.

Hinter der Pagode liegen zwei Seen. Einer davon entstand, als man die Ziegel zum Bau der Pagode dort stach, vom anderen See, dem **Myitta Kan** sagt man, daß noch nie das Blatt eines Baumes seine Oberfläche berührt habe.

Auf der Fahrt zur Kaunghmudaw kann man auch das ganz in der Nähe gelegene Dorf **Ywataung** besuchen, in dem die Silberschmiede Burmas ihrer Arbeit nach altüberlieferter Art und Weise nachgehen. Auf dem Weg liegt auch die **Hsinmyashin Pagode,** „die Pagode der vielen Elefanten". 1429, von König Monhyin im Dagobastil erbaut, wurde sie 1482 und 1955 jeweils von einem Erdbeben zerstört. Zur Zeit wird sie wieder aufgebaut. Zwei große vielfarbige Elefanten schmücken den Eingang.

Die Unvollendete Pagode

Auch unvollendet ist die **Htupayon Pagode,** die König Narapati 1444 erbauen ließ. Sie wurde beim großen Erdbeben von 1838 zerstört. König Pagan, der sie wieder aufbauen lassen wollte, wurde aber abgesetzt, bevor die Renovierung vollendet war. Heute steht nur noch der 30 m hohe Sockel. In einer Hütte in der Nähe der Anlage sind die berühmten Htupayon Inschriften gelagert. Unter ihnen befindet sich auch die von Narapati festgehaltene Geschichte des Shanfürsten Thonganbwa, der das Nanchao Reich wieder errichten wollte, dann aber vor einer chinesischen Armee nach Ava flüchtete. 1445 kam es seinetwegen zum Kampf zwischen Narapati und den Chinesen, den der König von Ava siegreich bestand. Ein Jahr später waren die Chinesen erneut, aber stärker vor Ava. Thonganbwa beging daraufhin Selbstmord, sein Leichnam wurden den Chinesen übergeben. Ava mußte fortan Tribut an China entrichten.

Auch auf der Westseite von Sagaing liegt die **Ngadatgyi Pagode,** in der sich ein riesiger sitzender Buddha befindet. Sie wurde 1657 von König Pindale, dem

Nachfolger Thalon Mins erbaut. König Pindale, ein glückloser Herrscher, wurde 1661 von seinem Bruder Pye abgesetzt und Wochen später zusammen mit seiner Familie im Chindwin ertränkt. Dies war die traditionelle Art, Mitglieder des Königshauses hinzurichten, da ihr Blut den Boden nicht berühren durfte.

In der Nähe der Htupayon Pagode befindet sich die von Bodawpaya Min errichtete **Aungmyelawka Pagode.** Diese ganz aus Stein errichtete Pagode ist eine Kopie der Shwezigon in Nyaung U. Bodawpaya ließ sie an der Stelle errichten, wo er vor seiner Thronbesteigung lebte. Obwohl er laut Vermächtnis seines Vaters, nach dem Tod seines Bruder Hsinbyushin, König werden sollte, mußte er zusehen, wie dessen Sohn Singu von seinem Vater die Macht übernahm. Hier in Sagaing verbrachte er die Jahre bis 1782, als er den kurzlebigen Putsch eines weiteren Thronaspiranten zum Vorwand nahm, um den ihm rechtmäßig zustehenden Thron zu besteigen. Die Aungmyelawka Pagode, die auch Eindawya Pagode genannt wird, ließ er, wie es unter buddhistischen Königen üblich war, als Gegengewicht zu den „notwendigen Grausamkeiten" seiner Herrschaft errichten.

Die **Datpaungzu Pagode** ist jüngeren Datums, sie wurde erst nach dem Bau der Myitkyinaeisenbahn errichtet, um die Reliquien all jener Stupas aufzunehmen, die der Bahn weichen mußten.

Auf der östlichen der beiden Hügelketten über Sagaing befindet sich die schneeweiße, an eine Moschee erinnernde **U Min Kyaukse Pagode,** von deren Dach man eine wunderbare Aussicht über den Irrawaddy hinweg nach Mandalay hat. Im angeschlossenen **Shwe Ume Kyaung** finden immer wieder *Shin-pyu*-Zeremonien statt.

Auf der westlichen Hügelkette liegt die **Sun U Ponya Shin Pagode,** die vom Markt aus mit dem Jeep erreichbar ist. Weiter im Hintergrund auf derselben Hügelkette kommt man zur **U Min Thonze Pagode,** Wallfahrtsort für alle Weitwinkel- und Telefotografen. Hier stehen 45 Buddhafiguren, nur von diffusem Licht beleuchtet, nebeneinander im Halbkreis.

In der **Tilawkaguru Höhle** und in der **Myinpaukgyi Pagode** findet man Jahrhunderte alte Wandmalereien.

Das **Pa Ba Kyaung** ist vielleicht das am besten bekannte Kloster Burmas. Es liegt

Ein myst
scher M
im Aben

in dem idyllischen Tal zwischen den beiden Hügelketten. Die Ruhe, die diese Lage ausstrahlt, ist ideal für die Meditationsübungen, zu denen die *Pongyis* hierherkommen.

Der Weg, an dem dieses Kloster liegt, führt zum Irrawaddy. Von dort aus kann man sich für einen Kyat nach Sagaing zurückrudern lassen.

Mingun: Eine große Glocke und ein Ziegelberg

Am nördlichen Ende der Hügelkette von Sagaing liegt Mingun, ein Dorf, das die größte intakte Glocke der Welt und eine unvollendete Pagode, die man auch den größten Ziegelberg der Welt nennt, beherbergt. Mit guten Augen ist dieser künstliche Berg, obwohl über 10 km entfernt, vom Mandalay-Hill aus zu erkennen.

Mingun ist nur mit dem Boot zu erreichen. Es legt zwischen 7:30 und 8:30 morgens am Ende der B Road ab und braucht für die 11 km etwas mehr als eine Stunde.

Wer nicht vor hat, mit der Prome Ferry von Mandalay nach Pagan zu fahren, sollte auf keinen Fall auf diese Fahrt verzichten. Sie bietet die beste Möglichkeit, das Leben an dieser pulsierenden Ader Burmas kennenzulernen. Fährschiffe, Teak- und Baumbusflöße aus dem Norden, alte Raddampfer und jede Menge gerade noch schwimmfähiger Boote befahren den Fluß zwischen Myitkyina und Bassein.

An den Ufern sieht man sehr oft Frauen, die von Mandalay flußaufwärts ziehend, ihr Boot hinter sich hertreideln. An der Pinne sitzt oft der Mann und achtet darauf, daß das Boot nirgends gegenstößt. An manchen Stellen sind während der Trockenzeit die Flußufer bis zu 12 m hoch und man kann für jeden Wasserstand die ausgetretenen Treidelpfade erkennen.

Mingun ist ein sehr beliebter Ausflugsort für die Bewohner Mandalays. An der Anlegestelle befinden sich deshalb auch Teashops, die den Weg zu einem Altersheim säumen, das hinter der Uferböschung liegt.

Linker Hand, hinter dem Altersheim, kommt man zur großen **Mingun Glocke.** 87 Tonnen schwer, 3,70 m hoch und mit einem Durchmesser an der Öffnung von 5 m ist sie zwar kleiner als die Glocke im Kreml in Moskau, doch ist diese gesprun-

Mingun
cke (links)
Buddhas
er Flasche
hts).

gen und nicht mehr verwendbar.

Bodwapaya ließ sie 1790 gießen, um für die von ihm geplante größte Pagode der Welt eine adäquate Glocke zu haben. Stellt man sich die mittelalterlichen Methoden vor, mit denen zu dieser Zeit Form und Guß hergestellt wurden, so kann man etwas vom Entstehen dieses Meisterwerkes ahnen. Auch Bodawpaya hatte dies begriffen. Er ließ den Glockengießer hinrichten um zu verhindern, daß er einen ähnlichen Guß irgendwo wiederholen könnte.

Beim Erdbeben von 1838 stürzte die Glocke mit dem alten *Tazaung* zusammen nieder, erlitt aber glücklicherweise keinen weiteren Schaden. Heute hängt sie an schweren Eisenträgern unter einer neuen Überdachung. Kleine burmesische Buben zeigen einem gerne, an welche Stelle man mit dem hölzernen Klöppel schlagen muß, um den besten Ton zu erzeugen.

Bodawpayas beliebtestes Projekt

Einige hundert Meter weiter im Süden steht die **Mingun (Mantara Gyi) Pagode.** Sie, die im ersten Moment wie ein Hügel aussieht, hat die burmesische Geschichte stark beeinflußt. König Bodawpaya, der vierte Sohn des Dynastiengründers Alaungpaya, ließ sie zwischen 1790 und 1797 erbauen. Er war der Herr über Tenasserim, das Monland, Arakan und Zentralburma. Er hatte den Maha Muni, der ihm Unbesiegbarkeit versprach, nach Amarapura gebracht und war gerade auch Besitzer eines weißen Elefanten geworden. Er war auf der Höhe seiner Macht und demonstrierte dies auch.

1790 brachte eine chinesische Delegation einen Zahn Buddhas, und drei Enkeltöchter des chinesischen Kaisers, die seine Ehefrauen werden sollten. Für diesen Zahn, den schon Anawrahta und Alaungsithu erwerben wollten, ließ er nun die größte Pagode der Welt erbauen. Im thailändischen Nakhon Pathom stand der riesige Phra Pathom Chedi, sein Bauwerk sollte diesen Stupa in den Schatten stellen. Seiner Mantara Gyi Pagode sollte er fast ein Jahrzehnt seines Lebens widmen. Bis 1797 verlegte er seine Residenz auf eine Insel im Irrawaddy gegenüber von Mingun, um von dort aus die Bauarbeiten verfolgen zu können.

Für ein solches Werk brauchte er abertausende Sklavenarbeiter, die er sich aus den gerade eroberten Ländern, besonders aber aus Arakan, holen ließ.

Die Hsinb
me Pagoc
(links) ist
Berg Mer
nachgeba
und hat s
ben Bergl
ten (recht

Dies war nicht sein einziges Projekt; zur gleichen Zeit ließ er den riesigen Mektila Staudamm erneuern, ein Werk, das auch viele Arbeitskräfte band. Zuletzt sind die Männer nicht zu vergessen, die er für die Armee rekrutierte, um das riesige Reich zusammenzuhalten. Die Folge war, daß 50000 Arakaner in das unter britischer Verwaltung stehende Bengalen flüchteten und von dort aus einen Guerillakrieg gegen Burma führten, der schließlich im Ersten Anglo-Burmesischen Krieg endete.

Aber auch im burmesischen Zentralland machte sich der Mangel an Arbeitskräften bemerkbar, und der Satz, der schon den Bau der Minglazedi Pagode 500 Jahre früher in Pagan begleitete: „Wenn die Pagode fertig ist, wird das Land ruiniert sein", ging von Mund zu Mund. Bodawpaya ließ sich dadurch nicht beirren. Er hielt sich für einen zukünftigen Buddha und wollte es beweisen. Die Reliquienräume ließ er, wie uns Hiram Cox, der anwesende britische Gesandte berichtet, mit Blei verkleiden und mit 1500 Figuren aus Gold, 2534 aus Silber und 36947 aus anderen Materialien bestücken. Auch eine kurz zuvor in England erfundene Sodawassermaschine wurde in die Reliquienräume eingeschlossen, die dann versiegelt wurden. Da diese Räume keine Stützbogen hatten, bildeten sich so jene Hohlräume, in die die unvollendete Pagode beim Erdbeben 1838 einstürzen konnte. Der wirtschaftliche Ruin, in dem sich das Land zur Jahrhundertwende befand, ließ Bodawpaya dann davon absehen, den Bau zu vollenden. Er starb 1819 in seinem 75. Lebensjahr nach 38jähriger Herrschaft. Er hinterließ 122 Kinder und 208 Enkelkinder. Keines davon setzte seine Arbeit an der Mingun Pagode fort.

Obwohl sie nie fertiggebaut wurde, ist sie noch immer ein imposantes Bauwerk, das 50 m über das Irrawaddyufer aufragt. Zwei riesige *Chinthes,* die auch beim Erdbeben zerstört wurden, liegen zerbrochen am Flußufer vor der Pagode.

Das Monstrum in Miniatur

Nicht weit von der Mantara Gyi entfernt steht die kleine **Pondawpaya Pagode,** ein Modell, an dem man erkennen kann, daß der Ziegelhaufen am Irrawaddyufer erst ein Drittel seiner geplanten Höhe erreicht hatte. Hat man das Modell gesehen, so lohnt es sich, auch noch über

das Geröll an der Nordseite auf die Plattform hochzusteigen. Aber selbst hier muß man seine Schuhe ausziehen. Pagode bleibt Pagode.

Ein Stück weiter flußabwärts liegt die **Settawya Pagode.** Sie ist ganz weiß gestrichen und hat vom Fluß kommend, einen breiten Treppenaufgang, der zu dieser innen hohlen Pagode führt. Sie wurde bereits 1881 erbaut und hat als Sehenswürdigkeit einen marmornen Fußabdruck Buddhas.

Geht man in die entgegengesetzte Richtung, durch das Dorf, so kommt man zu einer der schönsten Pagoden Burmas. Es ist dies die **Hsinbyume** oder **Myatheindan Pagode.** König Bagyidaw ließ sie bereits drei Jahre vor seiner Thronbesteigung 1816 hier erbauen. Sie ist seiner Lieblingsfrau Hsinbyume gewidmet, die kurz zuvor starb.

Die Architektur dieser Pagode führt uns tief in die buddhistische Kosmologie. Danach befindet sich auf dem Berg Meru, dem Zentrum der Welt, der von sieben Gebirgszügen umgeben ist, der Sulamani-Palast, in dem Indra (auch Sakka, Sakkra oder Thagyamin genannt) wohnt. Diesem Sulamani-Palast ist die Myatheindan nachgebaut. Sieben mit Wellen versehene Terrassen führen zum Stupa, der von mythischen Monstern bewacht wird, die sich in Nischen auf den Rundgängen der Terrassen befinden. (Leider waren auch hier Tempelräuber und haben vielen von ihnen die Köpfe abgeschlagen.) Erst im oberen Teil des Stupas, zu dem steile Treppen hochführen, befindet sich eine Buddhafigur in einer Cella. Auch diese Pagode litt unter dem schweren Erdbeben von 1838. Sie wurde aber 1874 von König Mindon wieder renoviert.

Die meisten Besucher Minguns bleiben nur einen halben Tag und verpassen so die Möglichkeit, die bezaubernde Landschaft am Fuß der Mingunberge kennenzulernen. Wie in Sagaing ist auch hier der Berghang mit *Kyaungs* und kleinen Pagoden übersät, die alle durch schattige Hohlwege miteinander verbunden sind. Da das Boot nach Mandalay bereits um 3 Uhr nachmittags abfährt, muß man schon in einem der Klöster übernachten, will man das so selten besuchte Hinterland von Mingun kennenlernen.

Maymyo: Der Hitze entfliehen

Wer eine Vorliebe für die Atmosphäre der britischen Kolonialzeit hat oder während der heißen Jahreszeit Mandalay besucht, sollte auf jeden Fall diese Stadt in den Shanbergen besichtigen, sie liegt nur zweieinhalb Stunden mit dem Jeep entfernt. Auf der Fahrt in diese 1070 m über dem Meeresspiegel liegende Stadt macht der Jeep an einem Aussichtspunkt halt, von dem aus man an klaren Tagen einen atemberaubenden Blick in die Ebene von Mandalay hat.

Maymyo ist nach Colonel May benannt, einem Offizier eines bengalischen Infanterieregiments, der 1887 hier stationiert war, um die Rebellion, die nach der Annexion Oberburmas aufflammte, niederzuschlagen.

Von den Einheimischen Pyinulwin genannt, liegt Maymyo an einer strategisch wichtigen Stelle der Straße von Mandalay nach Hsipaw, einem der ehemals großen Shanfürstentümer des Landes.

Selbst während der heißen Jahreszeit ist es in Maymyo gut auszuhalten. Kein Wunder, daß sich die Briten hier wohlfühlten. Viele europäische Gemüsesorten gedeihen hier, man findet Kaffee- und Bananenplantagen, Erdbeeren und Ananas. Auch Chrysanthemen, die in den entferntesten Winkeln Burmas die Pagoden schmücken, kommen von hier.

General Ne Win hat ein Sommerhaus in Maymyo, das burmesische Militär unterhält eine Garnison. Viele Inder und nepalesische Gurkhas, ehemals Mitglieder der britischen Armee, haben sich hier niedergelassen. Als Gemüsebauern, Gärtner, Hoteliers und Kutschenfahrer haben sie viel von der Tradition der Kolonialzeit bewahrt.

Maymyo sollte man in erster Linie wegen des **Candacraig** besuchen. Dieses Hotel war ehemals eine Erholungsstation für die Angestellten der Bombay Burmah Trading Company (die den Anlaß für den Dritten Anglo-Burmesischen Krieg bot). Es wurde 1906 im Stil eines englischen Landhauses erbaut. Auch heute kann man hier noch alles vorfinden, was einst den Verwaltungsbeamten dieser großen Gesellschaft den Aufenthalt in den Bergen versüßte: englische Küche, *early-morning tea* und Kaminfeuer. Das Hotel liegt zwischen Pinien, Silberpappeln, Eukalyptus, Eichen, Rhododendron und Kastanien, hier vergißt man schnell die drückende Hitze des Tieflandes.

Den 175 ha großen Botanischen Garten, die Wasserfälle in der Umgebung und den 18 Loch-Golfplatz besucht man am besten mit einer der alten Pferdedroschken, die direkt aus dem 19. Jahrhundert zu kommen scheinen.

Der abgelegene Norden Burmas

Hinter Maymyo darf das Grenzgebiet im Norden und Osten des Landes nur mit einer Spezialgenehmigung besucht werden, die aber selten erteilt wird. Die Eisenbahn, die Mandalay mit Maymyo verbindet (eine fünf Stunden dauernde Fahrt), führt weiter nach Lashio, dem nördlichen Verwaltungszentrum des Shan State.

Paul Theroux's *The Great Raiway Bazaar* enthält klassische Passagen über die Freuden und Leiden einer Reise auf dieser Strecke. Theroux erzählt von Verkäufern, die gebratene Heuschrecken und Spatzen auf Spießen anbieten, von Soldaten mit verbeulten Helmen, die die Erde mit rotem Betelspeichel besprühen und von tiefen Tunneln, die nach verrotteten Pflanzen und Fledermausdreck stinken. Ein Buch, das man vor jeder Erkundigung des burmesischen Hinterlandes gelesen haben sollte.

Wer eine Genehmigung zu einer solchen Reise erhält, passiert das berühmte

Gokteik Viadukt, das eine 300 m tiefe Schlucht in den Shanbergen überspannt. Als es 1903 von einer amerikanischen Baufirma errichtet wurde, galt es angesichts der bautechnischen Schwierigkeiten als Meisterleistung westlicher Brückenbaukunst. Theroux beschrieb es 1973 als „ein Monster silberfarbener Geometrie zwischen Felsen und Urwald . . . Seine Gegenwart war bizarr; dieses von Menschenhand gemachte Ding konkurrierte an diesem abgelegenen Ort mit der Großartigkeit der Schlucht, schien dabei trotzdem eindrucksvoller, obwohl das Wasser an seine Standbeine schoß und die Bäume besprühte, obwohl rundherum Vögel durch wirbelnde Wolken schossen und auf der anderen Seite die Schwärze des Tunnels wartete."

Hinter dem Viadukt liegt die Stadt **Kyaukme,** in der jedes Jahr im März das große Shanfest stattfindet.

Von Kyaukme zweigt eine Straße nach Nordwesten ab, die zu der 80 km entfernten Stadt **Mogok** führt. Hier ist das Zentrum des Jadeithandels und der Rubinminen. Über Jahrhunderte kam das als chinesische Jade und wegen seines transluzenten Schimmers bekannte Jadeit aus Oberburma. Chinesische Kunsthandwerker waren die Hauptabnehmer der Steine.

Fast jedem Besucher Burmas werden irgendwo Jadeit und Rubine angeboten. Nur wer sehr viel von Steinen versteht und das Risiko des illegalen Export auf sich nimmt, sollte sich darauf einlassen.

Fährt man von Kyaukme mit der Bahn weiter, so kommt man nach **Sakhtana,** wo der Palast des *Sawbwa* (Fürsten) von Hsipaw steht.

Dahinter kommt dann **Lashio.** Die Stadt liegt in einer landschaftlich sehr reizvollen Gegend, die sich besonders im Winter, wenn alles blüht, von ihrer besten Seite zeigt. Zum Markt von Lashio kommen die Shan des Nordens zum Teil aus sehr weit entfernten Tälern.

Von hier aus führt die vor dem Zweiten Weltkrieg gebaute **Burma Road** in die chinesische Provinz Yünnan. An einer Abzweigung kurz vor der Grenze trifft sie auf die nach Indien führende **Ledo Road.** Amerikanische Pioniere bauten sie während des Krieges, um das Brahmaputratal mit Nordburma zu verbinden.

Auch **Bhamo,** das an der Straße nach Myitkyina liegt, hat einen farbenprächtigen Markt, auf dem man ein Vielvölkergemisch antrifft. Kachin (auch Jinghpaw

Ein „Sh
ne" aus
burma
die ferr
Shanb
(rechts

genannt) mit schwarzen Turbanen, braungekleidete Shan, Palaung in buntgemischten Gewändern und Lishu in ihren rot und blau gestreiften Trachten. Erst im 17. Jahrhundert wurde die Stadt hierher, 30 km weg von der nahen chinesischen Grenze, verlegt. Die Reste des alten **Sampanago,** des in vielen alten Reiseberichten erwähnten Handelsplatzes, kann man heute noch sehen.

Bhamo ist auch der Ausgangspunkt für die eindrucksvollste Flußfahrt, die man in Burma unternehmen kann. Mit dem Irrawaddydampfer flußabwärts, durch dichten Dschungel und durch die drei Stromschnellen am Oberlauf des Flusses. Bei Tourist Burma sind die Pläne für eine touristische Erschließung dieser Strecke fertig. Was noch fehlt, ist das O.K aus dem Olymp der burmesischen Regierung und die ist bis jetzt mit dem Insurgentenproblem noch nicht fertig geworden.

Alte Städte

Sollte man diese Fahrt eines Tages unternehmen können, so kommt man dabei auch an einigen alten Städten vorbei. **Tagaung** war bereits eine große Stadt, bevor noch Buddha geboren wurde. Sie liegt am Ostufer des Irrawaddy, auf halbem Weg zwischen Mandalay und Bhamo. Die Legende spricht von einem Sakya König aus Indien, der nach seiner Flucht aus Indien hier ein neues Königreich gründete. Der Name Tagaung kommt aber aus der Sprache der Shan und heißt soviel wie „Trommelfähre". Das moderne Tagaung steht auf den Ruinen der alten Stadt, so daß man außer den Befestigungsanlagen nicht viel sehen kann. In **Alt Pagan,** der daneben liegenden Ausgrabungsstätte, stehen noch die Reste der Shwezigon Pagode, die zwar 1902 renoviert wurde, aber danach wieder zusammenstürzte. Auch hier wurden keine Buddhastatuen gefunden, was auf das Alter der Stadt schließen läßt, da solche vor der christlichen Zeitwende noch nicht zur Ausstattung von Andachtsstätten gehörten. In Tagung gefundene Votivtafeln lassen darauf schließen, daß zur Zeit des Ersten Burmesischen Reiches ein reger Handel mit Pagan herrschte.

Myitkyina liegt bereits an den Ausläufern des Himalayas. In dieser kaum erschlossenen Gegend sind die meisten der vielen kleinen Stämme Burmas angesiedelt. Sie leben von Jagd und Brandro-

dung. Hier gibt es auch ein Wildreservat, in dem Tiger, Leoparden, Bären, Elefanten und auch noch das eine oder andere Rhinozeros anzutreffen sind.

Im Januar eines jeden Jahres findet in Myitkyina für drei Tage das große Manaofest statt: Ein animistisches Fest, bei dem sich alle dem Geisterglauben anhängenden Bergstämme treffen.

Es bietet die beste Gelegenheit, um Menschen und Brauchtum in dieser weltabgeschlossenen Vielvölkerecke kennenzulernen.

Alaungpayas Hauptstadt

Nördlich von Mandalay, an der Bahnlinie nach Myitkyina, liegt **Shwebo.** Im 18. Jahrhundert war es unter dem Namen Moksobo für kurze Zeit Hauptstadt des Landes. Es wurde durch Alaungpaya, dem Gründer der letzten Dynastie, bekannt. Seine Familie hielt den erblichen Myothugyi-Titel, etwa Bürgermeister oder Stadtvorsteher in Shwebo. Von hier aus eroberte er zuerst Ava und dann den Rest Burmas. Sein Grab, auf dem eine mit Fehlern versehene Inschrift in englischer Sprache zu finden ist, ist noch vorhanden.

18 km südöstlich von Shwebo stößt man auf die Ruinen der alten Pyustadt **Halin (Halingyi).** Die Legende verlegt ihren Ursprung in die geschichtslose Vorzeit. Eine aus Indien stammende Dynastie soll 799 aufeinanderfolgende Könige hervorgebracht haben, bis die Stadt eines Tages im Aschenregen unterging. Heute sind noch die Reste einer etwa drei auf eineinhalb Kilometer langen Stadtmauer zu sehen. Radiokarbonmessungen weisen auf das 2. bis 6. Jahrhundert als Zeitraum des Bestandes der Stadt hin. Halin war aller Wahrscheinlichkeit nach die nördliche Hauptstadt der Pyu, die 832 von den Tai des Nan-chao Reiches überrannt wurde.

Nicht weit von Shwebo entfernt liegen **Monha** und **Chantha,** wo die nach Nordburma exilierten Europäer angesiedelt wurden.

Bereits 1702 gab es hier einen katholischen Missionspriester, der sich hauptsächlich um die portugiesischen Mischlinge in dieser Region kümmerte. Heute findet man nur noch selten einen Bewohner, dessen blaue Augen oder blonde Haare auf seine europäische Abstammung hindeuten.

Das Geisterfest von Taungbyon

20 km von Mandalay entfernt befindet sich das Dorf Taungbyon, das jedes Jahr im August tausende von Burmesen zum Geisterfest von Taungbyon lockt. Hier wie auch am Popaberg hat sich der Natkult ungebrochen erhalten. Bei diesem Fest zu Ehren der beiden Brüder „Älterer und Jüngerer Minderwertiges Gold“ tanzen sich manche Medien in einen Trancezustand.

Das Fest in Taungbyon dauert eine Woche. Dabei werden die beiden ein Meter hohen Holzfiguren der beiden Brüder einer zeremoniellen Waschung unterzogen und in einem Festzug durch die Menge getragen. Jeder der Anwesenden versucht, zumindest einmal die Figuren zu berühren. Die Geschichte der beiden *Nats* stammt aus der Zeit Anawrahtas.

Sie waren die Söhne des indischen Kriegers Byatta, der durch die Eroberung von Thaton berühmt wurde, und von Mai Wunna, einer in den Wäldern des Popaberges lebenden Wilden. Anawrahta ließ Byatta hinrichten, als dieser zum dritten Mal die täglich zu bringenden Blumen, ein Zeichen seiner treuen Gefolgschaft, zu bringen vergaß. Die Söhne Byattas aber nahm er im Palast auf und gab jedem von ihnen ein Stück Gold, das mit Kupfer vermischt war. Gold durften nur Personen königlicher Abstammung besitzen. Daher ihr Name. Die beiden Brüder, übrigens geschichtliche Gestalten, waren wahrscheinlich islamische Offiziere in Anawrahtas Armee.

Bei der Rückkehr von einem Feldzug nach Yünnan ließ Anawrahta in der Nähe des Dorfes Wayindok die Taungbyon Pagode erbauen. Wie auch alle anderen, sollten auch die beiden Brüder Shwepyingyi und Shwepyinnge, wie sie genannt wurden, je einen Ziegel beisteuern. Da sie dies versäumten, ließ Anawrahta sie, wie einst ihren Vater, hinrichten. Es ist anzunehmen, daß sie in eine der vielen Intrigen verstrickt waren, die auch zu Anawrahtas Zeit das Leben am Hof bestimmten.

Wer sich im August in Burma aufhält, sollte dieses Fest besuchen. Die animistische Grundlage des burmesischen Buddhismus tritt hier ganz deutlich zu Tage. Der amerikanische Anthropologe Melford Spiro sieht in dem Fest die burmesische Kombination eines amerikanischen Volksfestes und einer mittelalterlichen Zaubervorstellung.

Ein Teilnehmer am Taungbyon Fest.

Die prachtvollen Pagoden von Pagan

Pagan (ist) in vieler Hinsicht die außergewöhnlichste, religiöse Stadt der Welt. Jerusalem, Rom, Kieff, Benares, keine hat eine so große Anzahl von Tempeln, mit einer solch verschwenderischen Vielfalt an Form und Ornamentik, wie diese wunderbare, verlassene Hauptstadt am Irrawaddy . . . die ganze Fläche ist dicht gedrängt mit Pagoden in jeder Form und Größe, ja selbst der Boden ist mit Resten von verschwundenen Tempeln übersät, so daß man, dem Volksmund folgend, weder Hand noch Fuß bewegen kann, ohne einen geheiligten Gegenstand zu berühren.
– *Shway Yoe (Sir James Scott),*
The Burman: His Life and Notions (1882)

Das Pagan von 1980 ist nicht mehr das Pagan von 1880, das Scott kannte. Damals gab es noch keine Touristenhotels, keine fotoversessenen Besucher und keinen Flughafen. Pferdefuhrwerke waren das einzige Verkehrsmittel, sie waren nicht die romantische Alternative zum Jeep.

Trotzdem hat sich Pagan in den letzten Jahrhunderten nicht sehr verändert. Es ist noch immer die wunderbare, verlassene Hauptstadt am Irrawaddy, wie Scott sie sah, dicht gedrängt mit Pagoden in jeder Form und Größe: Wahrlich ein „Elefantenfriedhof" mittelalterlicher burmesischer Kultur. Nirgendwo sonst gibt es eine solch beeindruckende Aussicht, wie man sie beim Anblick der Ebene von Pagan hat – eine ziegelfarbene Pagode neben der anderen, mit gelegentlich einer weißen Spitze, die sich zum Himmel streckt.

Das Zeitalter der Tempelbauer

Zwischen dem Zeitpunkt, als Anawrahta 1075 Thaton eroberte, und dem Fall Pagans, als Kublai Khans Horden 1287 in den Stadt einfielen, wurden etwa 13 000 Tempel, Pagoden, *Kyaungs* und andere religiöse Gebäude in der Ebene von Pagan errichtet. Sieben Jahrhunderte später gibt es davon *nur noch* 2217. Der Rest ist zu Staub und Schutt zerfallen; der Irrawaddy hat seinen Flußlauf geändert und ein Drittel der Stadt weggeschwemmt. Trotzdem stehen wir noch immer atemlos vor dem Vermächtnis dieser Zeit.

Läge Pagan nicht im scheinbar unerreichbaren Zentralburma, sondern in der Nähe der asiatischen Tourismuswege, jedes Kind im Westen wüßte, welche Schätze kulturhistorischer und geschichtlicher Art hier die Jahrhunderte überdauert haben.

Frühe Geschichte

Bereits im frühen 2. Jahrhundert nach Christi, als der Pyukönig Thamuddarit seinen Stamm hierherführte, wurde der Grundstein der Stadt gelegt. König Pyinbia ließ 849 die Stadtmauern errichten, aber es blieb König Anawrahta, dem 42. König dieser Dynastie, vorbehalten, das goldene Zeitalter der Stadt anbrechen zu lassen. Sein zweiter Nachfolger Kyanzittha sorgte dafür, daß diese Periode burmesischer Geschichte in den Annalen der Menschheit ihren festen Platz gefunden hat.

Anawrahta bestieg den Thron von Pagan 1044, nachdem er seinen Vorgänger und Halbbruder Sokkate in einem Duell

ergehen-
eiten:
n im Mor-
cht und
) in der
nzeit.
ts: der
ebende
ha in der
da Pa-

getötet hatte. Sein Sieg über die Mon, nach der Eroberung Thatons 1057, war der Wendepunkt in der Geschichte der Stadt.

Reich und Religion

Der Theravadabuddhismus hatte zum Zeitpunkt von Anawrahtas Machtübernahme in Oberburma noch nicht Fuß gefaßt. Die Menschen hingen einem Glaubensgemisch an, das sich aus Animismus, Shivaismus, Tantrismus und Mahayanabuddhismus zusammensetzte. Erst der Sohn eines brahmanischen Priesters aus Thaton, Shin Arahan, änderte dies, als er König Anawrahta zum Theravadabuddismus bekehrte und ihn auch überzeugen konnte, daß dies für ihn und sein Volk die einzig richtige Religion sei. Es gibt mehrere Geschichten, die uns erzählen, wie dies passierte.

Die am weitesten verbreitete ist, daß Shin Arahan als 20jähriger Mönch Thaton verließ, um in den Wäldern um Pagan als Einsiedler zu leben. Anawrahta hörte von ihm und ließ ihn kommen, da er wissen wollte, was diesen jungen Mann zu seinem Leben trieb. Nach seiner Ankunft im Palast setzte sich der junge Mönch prompt auf des Königs Thron – ein Unterfangen, das normalerweise sofort mit dem Tode bestraft worden wäre – um so zu demonstrieren, daß das ewige Gesetz, das Gautama Buddha lehrte, von einem Königsthron aus verbreitet werden müsse.

Ein furchtloser Kampfgefährte

Anstatt diesen furchtlosen Mönch zu töten, schloß sich Anawrahta mit ihm zusammen. Er war zu dieser Zeit in eine Art Religionskrieg verwickelt; er hatte dem Geisterglauben und den tantrischen Ausschweifungen der Arimönche den Kampf angesagt und fand nun in Shin Arahans Darlegungen, die sich eher auf Rationalismus als auf Mystizismus stützten, den passenden Glauben, der Herrscher und Volk zu geschichtlicher Größe führen sollte.

Da es in Pagan keine Schriften des Theravadabuddhismus gab, bat er König Manuha von Thaton, ihm doch einige Kopien zu überlassen. Für Manuha waren die Burmanen Barbaren. Er lehnte die Bitte ab. Anawrahta reagierte schnell: Er überrannte mit seiner Armee Niederburma, stürmte Thaton und brachte neben 30

So sah e
ropäisch
Künstler
gan 182

Kopien des Tripitakakanons auch Architekten, Mönche, Handwerker und den gefangenen König samt Hofstaat nach Pagan zurück.

Wieder in Pagan, begann er sofort mit seinem Pagodenbauprogramm. Die Shwesandaw Pagode war die erste, die von vielen anderen gefolgt wurde.

Als König mußte sich Anawrahta mehrere Frauen zulegen. Deshalb sandte er einen seiner Höflinge nach Vesali, um die indische Prinzessin Panchakalyani für ihn zu freien. Auf dem Rückweg aber begann der Abgesandte selbst ein Verhältnis mit Panchakalyani. Um dies zu vertuschen, sandte er alle Begleiter der Prinzessin zurück. Gegenüber Anawrahta bezweifelte er dann wegen der fehlenden Eskorte ihre königliche Abstammung. Anawrahta, der nach gültigem Gesetz bereits mit ihr verheiratet war, verbannte sie nach Payeinma, einem Dorf am Chindwin. Dort wurde dann auch Kyanzittha geboren, Pagans größter König. Ob er Anawrahtas oder des Gesandten Sohn war, läßt sich nicht feststellen, sein Relief in der Anandapagode zeigt aber deutlich indische Züge.

Wie der Vater so der Sohn

Nach der Eroberung Südburmas wurde der inzwischen herangewachsene Kyanzittha beauftragt, die Tochter des Königs von Pegu, Hkin U, nach Pagan zu begleiten, wo sie Anawrahtas Frau werden sollte. Der Sohn trat nun in die Fußstapfen seines möglichen Vaters. Auch er begann ein Verhältnis mit der ihm anvertrauten Prinzessin. Als Anawrahta dies erfuhr, ließ er Kyanzittha binden und wollte ihn töten. Dieses eine Mal aber versagte sein mythischer Speer Areindama, er verfehlte Kyanzittha und durchschnitt nur seine Fesseln. Kyanzittha floh und verbarg sich bis nach Anawrahtas Tod bei einem Mönch in der Nähe Sagaings.

Anawrahta wurde 1077 von einem wilden Büffel getötet. Sein Sohn Sawlu wurde mit den danach eintretenden Aufständen der Mon nicht fertig und mußte den wegen seiner Kriegskunst noch immer berühmten Kyanzittha zu Hilfe rufen.

Als Sawlu bei einer wichtigen Schlacht, entgegen Kyanzitthas Rat angreifen ließ, wurde er gefangengenommen und seine Armee geschlagen. Kyanzittha selbst schlich sich des Nachts in das feindliche

Die Könige von Pagan

Folgt man der Glaspalast-Chronik der Könige Burmas, die während der Regierungszeit von König Bagyidaw ab 1829 erstellt wurde, so gab es 41 Könige, die vor Anawrahtas Krönung 1044 in Pagan regierten. Man weiß von diesen 41 Königen wenig, außer ihren Namen, ihrer Regierungszeit und ihrem Verwandschaftsgrad. Die wichtigsten Ereignisse während dieser Periode waren die Gründung durch Thamuddarit 108 n. Chr., der Beginn der burmesischen Zeitrechnung unter König Popa Sawrahan 638 n. Chr. und die Errichtung der Stadtmauern von Pagan durch König Pyinbya im Jahr 849 n. Chr.

Viele Fachleute bezweifeln die Glaubwürdigkeit dieser Chronik, aber eine bessere Zusammenstellung der Frühgeschichte Burmas gibt es nicht. Die nachfolgende Liste der Könige von Pagan während der Zeit der Tempelbauer ist dem oben erwähnten Dokument entnommen und anhand von Inschriften verifiziert worden.

Name	andere Namen	Verwandschaftsgrad	Regierungsperiode
1. Anawrahta	Aniruddha, Anorahta	–	1044–1077
2. Sawlu	Man Lulan, Tsaulu	Sohn von 1	1077–1084
3. Kyanzittha	Thiluin Man	Sohn von 1	1084–1112
4. Alaungsithu	Cansu I, Rhuykudayaka	Enkel von 3	1112–1167
5. Narathu	Imtaw Syan	Sohn von 4	1167–1170
6. Naratheinhka	Min Yin Naratheinkha	Sohn von 5	1170–1173
7. Narapatisithu	Cansu II	Bruder von 6	1173–1210
8. Nantaungmya	Htilominlo	Sohn von 7	1210–1234
9. Kyaswa	Klacwa, Caw Kri	Sohn von 8	1234–1250
10. Uzana	Uccana	Sohn von 9	1250–1254
11. Narathihapate	Tarokpyemin	Sohn von 10	1254–1287

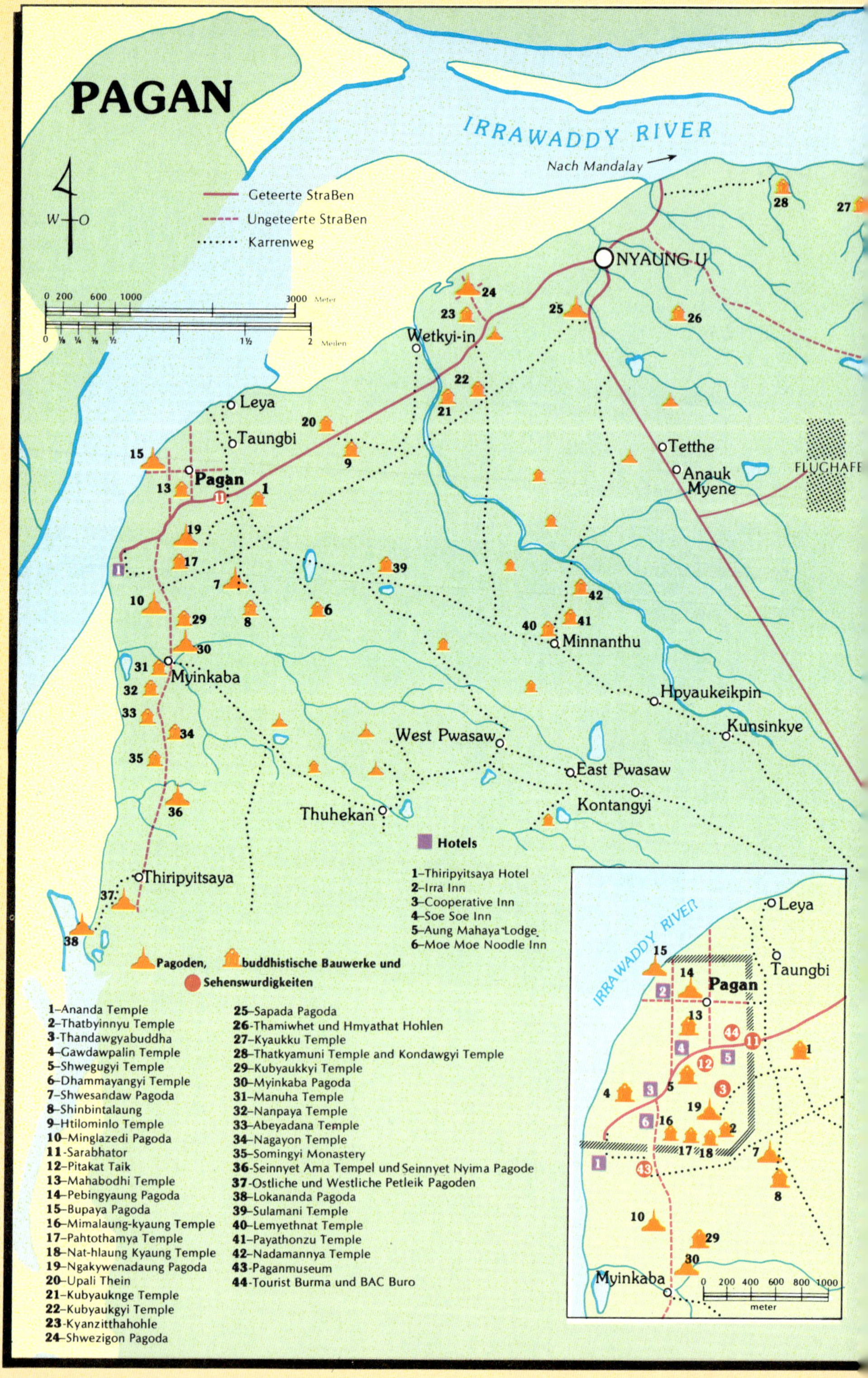
PAGAN
IRRAWADDY RIVER
Nach Mandalay
Geteerte StraBen
Ungeteerte StraBen
Karrenweg
W O
0 200 600 1000 3000 Meter
0 ⅛ ¼ ⅜ ½ 1 1½ 2 Meilen
NYAUNG U
Wetkyi-in
Leya
Taungbi
Pagan
Tetthe
Anauk Myene
FLUGHAFE
Minnanthu
Hpyaukeikpin
Kunsinkye
West Pwasaw
East Pwasaw
Kontangyi
Thuhekan
Myinkaba
Thiripyitsaya
Hotels
1–Thiripyitsaya Hotel
2–Irra Inn
3–Cooperative Inn
4–Soe Soe Inn
5–Aung Mahaya Lodge
6–Moe Moe Noodle Inn
Pagoden, buddhistische Bauwerke und Sehenswurdigkeiten
1–Ananda Temple
2–Thatbyinnyu Temple
3–Thandawgyabuddha
4–Gawdawpalin Temple
5–Shwegugyi Temple
6–Dhammayangyi Temple
7–Shwesandaw Pagoda
8–Shinbintalaung
9–Htilominlo Temple
10–Minglazedi Pagoda
11-Sarabhator
12–Pitakat Taik
13–Mahabodhi Temple
14–Pebingyaung Pagoda
15–Bupaya Pagoda
16–Mimalaung-kyaung Temple
17–Pahtothamya Temple
18–Nat-hlaung Kyaung Temple
19–Ngakywenadaung Pagoda
20–Upali Thein
21–Kubyauknge Temple
22–Kubyaukgyi Temple
23-Kyanzitthahohle
24–Shwezigon Pagoda
25–Sapada Pagoda
26–Thamiwhet und Hmyathat Hohlen
27–Kyaukku Temple
28–Thatkyamuni Temple and Kondawgyi Temple
29–Kubyaukkyi Temple
30–Myinkaba Pagoda
31–Manuha Temple
32–Nanpaya Temple
33–Abeyadana Temple
34–Nagayon Temple
35–Somingyi Monastery
36–Seinnyet Ama Tempel und Seinnyet Nyima Pagode
37-Ostliche und Westliche Petleik Pagoden
38–Lokananda Pagoda
39–Sulamani Temple
40–Lemyethnat Temple
41–Payathonzu Temple
42–Nadamannya Temple
43-Paganmuseum
44-Tourist Burma und BAC Buro
IRRAWADDY RIVER
Leya
Taungbi
Pagan
Myinkaba
0 200 400 600 800 1000
meter

Lager und konnte dort auch Sawlu befreien. Dieser jedoch glaubte, Kyanzittha sei gekommen um ihn zu töten. Er rief seine eigenen Feinde zu Hilfe. Kyanzittha mußte ihn zurücklassen, um sein eigenes Leben zu retten. Sawlu wurde sofort getötet.

Kyanzittha kommt

Das Volk rief nach Kyanzittha. Er kam, konnte die burmanische Vorherrschaft wieder errichten und wurde von Shin Arahan, dem buddhistischen Primas, gekrönt. Nun konnte er auch Hkin U, derentwegen er fast sein Leben verloren hätte, offiziell zur Frau nehmen. Kyanzittha war ein Verehrer der Monkultur. Während seiner 28jährigen Regierungszeit fand ein Prozeß der Akkultration statt, der den Lebensstil der Burmanen und Pyu deutlich veränderte. Dies wurde nicht zuletzt durch die 30000 Gefangenen (oder Umsiedler) hervorgerufen, die Anawrahta aus Thaton mitbrachte.

Kyanzitthas Enkel Alaungsithu folgte ihm nach seinem Tod 1112 auf den Thron. Das wirtschaftliche Rückgrat des Königreiches war der Reisanbau, und dieser

zerstörte
dawpalin
pel wäh-
der Re-
erung.

konnte dank eines bereits hochentwickelten Bewässerungssystems jenen Mehrwert produzieren, der uns in Form der sakralen Bauten bis heute erhalten geblieben ist. Im 13. Jahrhundert begann Pagan dann die aufkommende Macht der Shan und die Gefahr, die von Kublai Khans China ausging, zu spüren. Als König Narathihapate sich weigerte, an die Mongolen Tribut zu zahlen, wurde seine Armee vernichtet. Kublai Khans Truppen stießen schließlich bis Pagan vor.

Sie haben aber nicht, wie so oft gesagt wird, Pagan zerstört. Kublai Khan war selbst Buddhist und hätte die Zerstörung buddhistischer Heiligtümer nicht zugelassen. Viele der Bauwerke wurden vielmehr von den Burmesen selbst niedergerissen, um Verteidigungsanlagen zu bauen. Andere wurden Opfer der Verlagerung der Macht und der damit einhergehenden Vernachlässigung. Alle Wohn- und Regierungsgebäude waren aus Holz – Demonstration der buddhistischen Aussage, daß alles Weltliche vergänglich ist – und deshalb spätestens nach 100 Jahren bereits verfallen.

Die einmalige Ebene von Pagan

Heute gibt es wieder Holzgebäude in der Ebene von Pagan. Sie sind aber alle neueren Datums; Hotels und Rasthäuser für die Touristen, Geschäfte und die einfachen Hütten der Bauern, die in dieser trockenen Gegend ihr Leben fristen.

Das wirtschaftliche Zentrum der Ebene ist Nyaung U, etwa fünf Kilometer nördlich der einst von einer Mauer umgebenen Stadt Pagan. In der Umgebung von Nyaung U stehen einige wichtige Monumente, so die Shwezigon Pagode, Modell aller burmesischen Stupas. Auch Myinkaba, im Süden von Pagan, hat außergewöhnlich schöne Tempel. Trotzdem konzentriert sich das touristische Interesse auf Pagan, wo die meisten Besucher mit ihrem Rundgang beginnen.

Ein heftiges Erdbeben rollte am 8. Juli 1975 über die Ebene von Pagan und erweckte die Befürchtung, daß nun die alte Stadt endgültig dem Erdboden gleichgemacht sei. Glücklicherweise war es nicht ganz so schlimm. Der Archäologische Dienst Burmas unter der Leitung von U Bokay hat inzwischen den größten Schaden behoben.

Viele Tempel, in denen sich Wandmalereien oder glasierte *Jatakatafeln* befinden, sind abgeschlossen. Es gibt aber immer Aufsichtspersonen, die einen gegen ein kleines Trinkgeld gerne einlassen. Am einfachsten bewegt man sich hier mit Pferdekutschen vorwärts. Die vor dem Tourist Burma Büro wartenden Kutscher sprechen alle ein wenig Englisch und machen sich auch als Führer nützlich. Im Umkreis der verfallenen Stadtmauer liegen auch die interessantesten Bauwerke der Ebene.

Die zehn wichtigsten Tempel und Pagoden, die Erdbeben und Tempelräuber überstanden haben und auch heute noch gepflegt und renoviert werden, sind hier zu finden. Sie sollte man zuerst besuchen.

Die zehn wichtigsten Monumente

Da ist zuallererst der **Ananda Tempel** (1). Er liegt im Osten der alten Stadtmauer und bestimmt mit seinen weißen *Sikharas* das Bild Pagans. Er ist das herausragende Meisterwerk der Mon-Architektur und wurde 1091 fertiggestellt.

Acht Mönche erschienen eines Tages vor Kyanzitthas Palast. Sie erzählten dem König, daß sie einst in der Nandamulahöhle auf dem legendären Berg Gandhamadana gewohnt hätten. Kyanzittha, immer an Geschichten und Erzählungen aus Buddhas Wirkungsbereich interessiert, bat sie, während der Regenzeit täglich zu ihm zu kommen und ihm mehr über jene Weltgegend zu berichten. Kraft ihrer Meditation ließen sie diese mythische Landschaft vor Kyanzitthas Augen erscheinen. Er entschloß sich danach, diese, wie man ahnen kann, im schneebedeckten Himalaya liegende Grotte im heißen und trockenen Zentralburma nachzubauen.

Als der Tempel vollendet war, beeindruckte er Kyanzittha so sehr, daß er persönlich den Architekten hinrichtete, um mit diesem brahmanischen Ritual die Bedeutung und Beständigkeit des Bauwerks zu sichern.

Der Plan des Ananda Tempels leitet sich von einem einfachen Korridortempel ab. Um den mit Riesennischen versehenen Kernbau laufen zwei Umgangskorridore, denen in den Achsen symmetrisch vier Vorhallen vorgelagert sind. Dadurch wird die ganze Anlage zu einem perfekten Griechischen Kreuz. In den den Kardinalrichtungen zugewandten Nischen stehen vier fast zehn Meter hohe Buddhafiguren. Sie stellen die vier letzten Buddhas unserer Weltzeit dar. Im Norden Kakusandha, im Osten Konagamana, im Sü-

Eine Ton[illegible] wartet vo[illegible] dem Paht thamya Tempel.

den Kassapa und im Westen Gautama. Nur Kakusandha und Kassapa werden noch durch die Originalfiguren repräsentiert, die anderen beiden sind spätere Kopien, da die Originale von Tempelräubern zerstört wurden.

Tempelräuber

Daß selbst im Ananda Tempel irgendwann Tempelräuber unbeschadet ihrem Geschäft nachgehen konnten, zeigt, daß die Regeln des Buddhismus nicht immer mit derselben Intensität wie zur Zeit der Tempelbauer befolgt wurden, vielleicht aber auch nur, daß es lange Zeiten der Anarchie in diesem Land gab.

Nimmt man sich die Mühe und besucht einige jener Tempel im Ruinenfeld, die vom Archäologischen Dienst nicht mehr renoviert werden, so findet man überall Buddhafiguren, die in der Bauchgegend große Löcher aufweisen. Auch sehr viele der kleinen Stupas tragen dieses Zeichen des Vandalismus. An diesen Stellen haben die Diebe nach wertvollen Reliquien gesucht.

Von Thonhanbwa, einem Shankönig aus Ava in der Mitte des 16. Jahrhunderts, ist uns folgender Ausspruch überliefert: „Burmesische Pagoden haben nichts mit Religion zu tun. Sie sind nur einfache Schatzkammern." Unter diesem Motto ließ er viele Pagoden aus der Zeit der Tempelbauer plündern, um seine eigene Schatzkammer zu füllen. Der Schaden an der Ananda ist glücklicherweise behoben. Man ist aber vorsichtig. Der Zugang zu den oberen Terrassen ist nicht frei zugänglich. Von der Tempelverwaltung erhält man aber den Schlüssel zu einer Tür, um dann über eine steile Treppe das Dach zu erreichen.

Jatakas in Terrakotta

Es besteht aus fünf sich verjüngenden Terrassen, die als begehbare Umläufe dienen. Hier findet man 389 zusammengehörende Terrakottakacheln, die die *Jataka*geschichten illustrieren. Zusammen mit den an der Basis und den im Inneren des Tempels angebrachten Kacheln steht man hier vor der größten Sammlung an antiker burmesischer Keramik.

Über dem abgestuften Dach erhebt sich der bienenwabenähnliche *Sikhara*, der von einer goldenen Pagodenspitze gekrönt wird, die 51 m über den Grundmauern liegt. Der zentralen Pagode sind

Ananda
pel.

vier kleinere nachgebaut, die die Ecken des Daches schmücken. Sie erst vermitteln die ausgewogene Harmonie und erwecken den Eindruck einer von vielen Bergspitzen gekrönten Himalayalandschaft.

Tempel wie der Ananda dienten der Erbauung, Erinnerung und Belehrung. Der letzte Punkt läßt sich deutlich im Inneren der Anlage belegen. Jede der vier Hallen hat die gleichen 16 Figuren, so daß vier verschiedene Gruppen gleichzeitig unterrichtet werden konnten. In den Vorhallen zeigen 80 Reliefs das Leben des Bodhisattvas von seiner Geburt bis zu seiner Erleuchtung (nach der er erst zum Buddha wurde).

Von hier aus kann man erkennen, daß die vier Buddhafiguren im Sanktuarium durch Lichtschlitze so perfekt beleuchtet werden, daß sie den Eindruck erwecken, als schwebten sie.

An der Westseite findet man zwei mit den überlieferten 108 Zeichen versehene Fußabrücke Buddhas sowie die Figuren von König Kyanzittha und Shin Arahan. Als der buddhistische Primas 1115 im Alter von 81 Jahren starb, hatte er vier Königen gedient. Für den Wiederaufbau des Anandatempels nach dem letzten Erdbeben spendeten die Buddhisten Burmas mit Freude. Das jährliche Pagodenfest, das immer zum Vollmond im Januar stattfindet, ist seither auch wieder eines der schönsten Feste des Landes.

Der Tempel der Allwissenheit

Den Thatbyinnyu Tempel (2), der 500 m südwestlich des Anandatempels gerade noch innerhalb der alten Stadtmauer steht, kann man nicht übersehen, seine gedrungene nach oben strebende Masse überstrahlt das Zentrum von Pagan. Mit 61 m ist er das höchste Bauwerk der Gegend. Mit ihm kam der typisch burmanische Baustil zum Durchbruch. Von Alaungsithu in der Mitte des 12. Jahrhunderts erbaut, folgt er zwar noch dem Grundriß des Anandatempels, bildet aber kein symmetrisches Kreuz. Die Vorhalle im Osten tritt deutlich aus der Hauptmasse des Gebäudes hervor. Tempel im Monstil waren immer nur einstökkig. Beim burmanischen Stil steht ein kleiner Quader auf einem großen.

Das Zentrum des unteren Quaders ist massiv, der obere ein sogenanntes „Hohles Viereck", in dem auch die nach Osten schauende Buddhafigur untergebracht ist.

Der Thatb
nyu Temp
und die „
zählpago

Zwei Reihen Fenster in jedem Stockwerk sowie die großen mit Flammenornamenten versehenen Torbögen lassen das Innere des Bauwerkes hell und luftig erscheinen. Im ersten und zweiten Stock des Tempels wohnten einst Mönche, im dritten waren Buddhafiguren untergebracht und der vierte Stock diente als Bibliothek. Man gelangt in diese oberen Stockwerke, indem man im Inneren einen Treppenaufgang bis zu den drei Zwischenterrassen nimmt, über die dann außen eine Freitreppe führt. Von hier aus führt dann wieder eine schmale innere Treppe zu den obersten drei Terrassen, die von einem *Sikhara* und einem Stupa gekrönt werden.

Von hier aus hat man einen einmaligen Blick zum Ananda und über das weite, vom Irrawaddy begrenzte Feld, auf dem zur Glanzzeit Pagans bis zu 500 000 Menschen gelebt haben sollen.

Mit Auszählsteinen erbaut

Im Südwesten des Tempelgeländes sind die Reste von zwei großen Steinsäulen zu sehen, die vor langer Zeit eine riesige Glocke getragen haben müssen. Auf der Nordostseite steht die kleine „Auszählpagode", im englischen „Tally Pagoda" genannt. Für je zehntausend Ziegel, die für den Bau des Thatbyinnyu verwendet wurden, wurde einer zur Seite gelegt. Daraus wurde dann mit unglaublicher architektonischer Präzision diese kleine Pagode gebaut.

Nördlich vom Thatbyinnyu kommt man zur **Thandawgyi Statue (3).** Sie wurde 1284 von Narathihapate errichtet. Man kann nur noch die aus grünen Sandsteinziegeln erstelle Grundfigur erkennen, der Mörtel, der ihr einst ein abgerundetes Aussehen gab, ist schon vor langer Zeit abgefallen. Vielleicht ist es aber gerade das, was diese sechs Meter hohe Buddhafigur in der *Bhumisparsamudra* so mythisch und entrückt macht.

Das Epizentrum des Erdbebens

Zwischen der Hauptstraße, die durch Pagan führt und dem Irrawaddyufer liegt der **Gawdawpalin Tempel (4).** König Narapatisithu ließ ihn im 12. Jahrhundert, in Anlehnung an den Stil, in dem der Thatbyinnyu erbaut ist, errichten. Er ist einer der herausragenden zweistöckigen Tempel, der leider beim letzten Erdbeben von allen Anlagen am schwersten beschä-

digt wurde. *Sikhara* und Pagodenspitze reichten bis zu einer Höhe von 60 m. Sie stürzten vom Tempel und quer durch die doppelstöckige Zentralstruktur öffnete sich ein breiter Riß. Die Renovierung dieses Tempels lag dem Archäologischen Dienst sehr am Herzen. Nach abgeschlossener Renovierung ist er nun wieder wie einst, der beliebteste Aussichtspunkt in Pagan. Auf seiner Terrasse stehend hat man abends die Sonne im Rükken und das gesamte Ruinenfeld vor sich.

Südlich vom Gawdawpalin, nicht weit vom Thiripyitsaya Hotel entfernt, ist das Museum, in dem die verschiedensten Funde architektonischer, ikonographischer und religiöser Art ausgestellt sind. Darunter Steine aus der Umgebung, die in Burmesisch, Mon, Pyu, Tamil, Thai und Chinesisch beschriftet sind.

Der älteste der deutlich von der Monarchitektur abweichenden Tempel Pagans ist der **Shwegugyi Tempel (5).** König Alaungsithu ließ ihn 1131 errichten. Man brauchte, wie auf zwei alten Steintafeln steht, sieben Monate, um ihn zu errichten. Im Gegensatz zu den meisten buddhistischen Bauwerken weist er nicht nach Osten, sondern hat seinen Vorbau in Richtung Norden, dorthin ausgerichtet, wo einst der Königspalast stand. Eine Ziegelsäule zeigt heute an, wo der einst von Kyanzittha erbaute Palast stand.

Die Halle und der innere Umlaufgang sind durch große Fenster und Torbögen gut ausgeleuchtet, ein Merkmal, das den burmanischen vom älteren Mon-Tempelbaustil unterscheidet.

Alaungsithu starb im Alter von 81 Jahren in diesem Tempel. Sein Sohn Narathu ließ den sterbenskranken König hierherbringen und erstickte den alten Mann unter seiner Bettwäsche.

Der rechtmäßige Thronerbe Minshinsaw befand sich zu dieser Zeit in Mandalay. Narathu, dessen kurze Regierungszeit (1167–1170) von Brutalität gekennzeichnet war, riß so illegal den Thron an sich.

Vergebung für den Vatermord

Der **Dhammayangyi Tempel (6),** soll als Sühne für diese Tat und zur Aufbesserung von Narathus *Karma* gebaut worden sein. Auch der Dhammayangyi folgt im Plan dem Ananda Tempel. Er geriet aber wuchtiger und es fehlt ihm die Harmonie des dem Himmel zustrebenden Vorbildes. Vergleicht man diese beiden Tempel, so kann man aus ihrer Architektur auch etwas von den Ideen und moralischen Maßstäben herauslesen, die die Regierungszeiten der beiden Erbauer unterschieden.

Der Dhammayangyi ist der am besten erhaltene Tempel Pagans, seine Maurerarbeit ist unübertroffen. Man sagt, Narathu, der den Bau selbst überwachte, ließ Maurer hinrichten, wenn man eine Nadel zwischen die Ziegel stecken konnte. Der Bau wurde nie vollendet, Narathu wurde ermordet. Er übernahm von seinem Vater die Tochter des indischen Prinzen von Pateikkaya zur Frau. Weil ihm ihre hinduistischen Rituale nicht gefielen, ließ er sie töten. Sein Schwiegervater sann auf Rache und sandte acht als Brahmanen verkleidete Häscher. Im Thronsaal zogen sie ihre versteckten Schwerter und töteten zuerst Narathu und dann sich selbst, um unnötiges Blutvergießen zu vermeiden.

Der Dhammayangyi liegt bereits über einen Kilometer im Südosten außerhalb der Stadtmauern. Auf halbem Weg dazwischen liegen die **Shwesandaw Pagode** (7) und der **Shinbintalyaung (8),** ein liegender Buddha. Die Shwesandaw wurde von Anawrahta nach seiner siegreichen Rückkehr, 1057, aus Thaton erbaut, um die Haare Buddhas, die ihm vom König von Pegu zusammen mit dessen Tochter Hkin U gesandt wurden, unterzubringen. Die Pagode trägt auch den Namen Ganesh- oder auf burmesisch Mahapeine Pagode, weil auf den Terrassenecken früher Figuren dieses hindustischen Gottes angebracht waren. Der zylindrische Stupa steht auf einer oktagonalen Basis, auf der sich fünf verjüngende, viereckige Terrassen befinden, auf denen früher Terrakottatafeln mit Szenen aus den *Jatakas* angebracht waren.

„Antiquitäten"

Junge Burschen aus Pagan bieten einem auf diesen Terrassen „antike Gegenstände, die sie selbst ausgegraben haben" unter strengster Vertraulichkeit an. 1975 stürzte die Pagodenspitze herunter. Sie ist inzwischen ersetzt. Der herabgestürzte *Hti* liegt aber noch immer neben der Pagode.

In dem langen flachen Gebäude, noch innerhalb des Pagodengeländes, liegt der fast 20 m lange Shinbintalyaung. Er stammt aus dem 11. Jahrhundert und zeigt mit seinem Kopf nach Süden, stellt also den schlafenden und nicht den sterbenden Buddha dar. Das Gebäude ist so eng um den Körper gebaut, daß es schwer ist, die Figur zu fotografieren.

Der **Htilominlo Tempel** (9) war der letzte große Tempel, der in Pagan gebaut wurde. Er liegt etwa eineinhalb Kilometer nordöstlich von Pagan. 1211 wurde er von König Nantaungmya an der Stelle errichtet, an der er zum neuen König erkoren wurde. Er war der Sohn einer Nebenfrau König Narapatisithus und wurde erwählt, als sich der weiße Schirm des zukünftigen Herrschers in seine Richtung neigte. Zusammen mit seinen Brüdern bildete er einen Rat, der die Staatsgeschäfte erledigte. Der Rat hieß *Hluttaw,* wie das heutige burmesische Parlament.

Der Htilominlo ist 46 m hoch und hat eine Seitenlänge von jeweils 43 m. Vier Buddhafiguren im Erdgeschoß und vier weitere im ersten Stock sind den vier Himmelsrichtungen zugewandt. Im Tempel sind noch einige alte Wandgemälde zu sehen und auch Horoskope, die das Bauwerk beschützen sollen.

Südlich von Pagan steht die **Minglazedi Pagode** (10), der letzte große Stupa aus der Zeit der Tempelbauer. Narathihapate, der letzte gesamtburmesische König der Ersten Dynastie, ließ sie 1284 erbauen. Der Bau nahm sechs Jahre in Anspruch (siehe nächste Seite) und stellt den Höhepunkt der burmanischen Stupaarchitektur dar.

Der Stupa erhebt sich auf einem viereckigen Unterbau, auf dem sich drei Terrassen befinden, die auf allen vier Seiten durch Aufgänge erschlossen werden. An den Ecken befinden sich kleine Stupas in Form von indischen *Kalasa*töpfen. Auf der obersten Terrasse sind vier weitere Stupas, die die nach oben strebende Form der Pagode verstärken und so zu einer seltenen Harmonie beitragen. Viele der *Jataka*tafeln, die sich auf den Terrassen befanden, wurden gestohlen. Die Anlage ist deshalb auch abgesperrt. Der Aufseher, U Ye Nyunt, wohnt in Myinkaba und läßt die Besucher ein.

„Herr Stattlich" und seine Schwester „Goldgesicht"

Außer den bereits erwähnten Sakralbauten gibt es noch andere Sehenswürdigkeiten in Pagan. Kommt man aus Nyaung-U, so betritt man Pagan durch das **Sarabha Tor** (11), dem letzten noch erhaltenen Teil der Stadtmauer, die Kö-

hwesan-
Pagode.

nig Pyinbya im 9. Jahrhundert errichten ließ. Verfolgt man den ehemaligen Verlauf der Mauer, so findet man noch überall überwachsene Ziegelschutthaufen, nur beim Osteingang, wo die Schutzgeister Pagans – die Mahagiri Nats – ihre Andachtsstätten haben, ist die Mauer noch erhalten. Diese zwei *Nats*, Nga Tin De, „Herr Stattlich", und seine Schwester Shwemyethna, das „Goldgesicht", nennt man auch die „Herren des Großen Berges", nach dem Popaberg, wo sie ihren Stammsitz haben. Nach Thagyamin, dem König der Götter, sind sie die wichtigsten *Nats* im Land.

Eine alte Bibliothek

Die **Pitakat Taik (12)** ist eines der wenigen säkularen Gebäude, die uns in Pagan über die Jahrhunderte hinweg erhalten geblieben sind. Diese Bibliothek wird Anawrahta zugeschrieben, der sie für die 30 Elefantenladungen an religiösen Schriften, die er aus Thaton brachte, erbauen ließ. Sie läßt uns ahnen, wie die hölzernen Profanbauten zur Glanzzeit Pagans ausgesehen haben. Leider ist die architektonische Einheit des Gebäudes nicht mehr vollständig. Bodawpaya ließ es 1783 renovieren und die für die spätere Architektur von Ava typischen Spitzen an den Ecken der fünf Dächer anbringen. Er ließ damals auch eine neue Sammlung an Pitakaschriften in ihr unterbringen.

Nördlich der Hauptstraße liegt der **Mahabodhi Tempel (13).** Eine Kopie des um 500 n. Chr. errichteten Originaltempels in Bodh Gaya, im indischen Staat Bihar. Diese Art des Turmtempels war während der Guptazeit die bevorzugte Form der Kultbauten. Er steigt nicht wie burmesische Bauwerke kurvilinear an, sondern hat eine pyramidale Form. Für die Burmesen war dieser Tempel in Bodh Gaya schon immer der wichtigste Wallfahrtsort. Kyanzittha und Alaungsithu ließen ihn renovieren; Nantaungmya (1210–1234) setzte diese Tradition fort, indem er diese Kopie in Pagan errichten ließ.

Der Unterbau ist ein quadratischer Block, auf dem sich die mit einem kleinen Stupa abschließende Pyramide erhebt. Sie ist auf der gesamten Außenseite mit Nischen versehen, in denen Buddhas sitzen. Außer einer weiteren Kopie auf der Shwedagon in Rangun ist dies das einzige Bauwerk seiner Art in Burma.

Der Zusammenbruch des Reiches

Der Bau der Minglazedi Pagode leitete den Anfang vom Ende Pagans ein.

Ihr Erbauer, König Narathihapate, war ein eitler König. In einer Inschrift ließ er sich als Heerführer einer Armee von 36 Millionen Soldaten bezeichnen, der 3000 Konkubinen besaß und 300 Currygerichte pro Tag verzehrte. Als während des Baus die Prophezeiung von Mund zu Mund ging, daß, „wenn die Pagode fertig ist, das Reich zu Staub zerfallen sein wird", ließ er den Bau sofort stoppen.

Narathihapates buddhistischer Primas aber konnte ihn überzeugen, daß das Leben in jedem Fall vergänglich ist und kein Reich für die Ewigkeit besteht. Es wurde weitergebaut; die Überheblichkeit des Königs führte kurz danach zum Untergang des Reiches.

Die Mongolen hatten zu dieser Zeit die Welt zwischen der Ostsee und dem Gelben Meer erobert. Kublai Khan sandte eine Delegation nach Pagan, um friedlich die Unterwerfung des Reiches zu erreichen. Narathihapate empfing sie erst gar nicht und ließ den zweiten daraufhin angekommenen Gesandten kurzerhand enthaupten. Das war für Kublai Khan zuviel. Als nach einigen Kämpfen seine Truppen bis nach Bhamo vorstießen, verlor Narathihapate die Nerven. Er ließ, so sagt man, 6000 Tempel niederreißen, um die Stadtmauern zu verstärken. Als man aber unter einem der Tempel eine Prophezeiung fand, die wieder den Untergang der Stadt vorhersagte, floh der König den Irrawaddy hinunter in die Richtung des heutigen Bassein. Er trägt seither den Namen Tarokpyemin, der König, der vor den Chinesen floh.

Sein Ende war nicht sehr glorreich, er wurde von seinem Sohn, dem Statthalter von Prome, vergiftet. Seine letzten Worte sollen gewesen sein: „In all meinen zukünftigen Leben, während ich durch die Ewigkeit dem Nirwana entgegenwandere, soll mir nie wieder ein Sohn geboren werden."

Die Mongolen wollten eigentlich gar nicht auf Pagan marschieren. Als sie aber von Narathihapates Tod hörten, taten sie es doch und besetzten es 1287.

Der schwere Schaden, den das Erdbeben verursacht hatte, ist inzwischen behoben.

Mönche reisten übers Meer

Zwischen dem Mahabodhi Tempel und dem Irrawaddyufer steht die **Pebingyaung Pagode (14),** ein Stupa im singhalesischen Stil. Anders als bei burmesischen Stupas befindet sich die viereckige Reliquienkammer hier über der glockenförmigen Hauptstruktur. Diese Pagode stammt aus dem 12. Jahrhundert und beweist, daß damals Kontakt zwischen Sri Lanka und Burma bestand. Bereits 403 n. Chr. wurde der Theravadabuddhismus durch Buddhaghosa, dem berühmten ceylonesischen Mönch nach Thaton gebracht. Den wichtigsten Impuls aber bekamen die Theravadins erst durch die Schule von Conjevaram, die im 5. Jahrhundert unter Dhammapala in Indien erblühte. Als die hinduistischen Cholas Ceylon überfielen, sandte Anawrahta seinem Glaubensbruder König Vijaya Bahu I Schiffe voll mit Hilfsgütern, die helften sollten, die Cholas aus Ceylon zu vertreiben und den Buddhismus auf dieser Insel vor dem Untergang zu bewahren. Auch von der buddhistischen Ordensstruktur war nach 50jähriger Besetzung nicht mehr viel übriggeblieben. Anawrahta sandte deshalb Mönche, die bei der Regeneration der Religion behilflich waren. Hundert Jahre später sandte Narapatisithu nochmals eine Anzahl Mönche, unter ihnen Sapada, nach dem die Pagode in Nyaung U benannt ist.

Aus Thaton nur Jatakas

Manche Forscher sind heute der Meinung, daß Anawrahta aus Thaton gar keine Tripitakaschriften erhalten haben konnte, da man dort nur die Jatakageschichten hatte und der Tripitakakanon erst mit der Rückkehr der Mönche aus Ceylon nach Pagan kam.

Gleich neben der Pebingyaung Pagode, direkt am Ufer des Irrawaddy, steht die **Bupaya Pagode (15).** Die Legende sagt, daß sie vom dritten König der Dynastie, Pyusawti (162–243 n. Chr.) erbaut wurde. Er säuberte das Land von einer kürbisartigen Schlingpflanze und wurde deshalb von seinem Vorgänger Thamuddarit mit der Hand seiner Tochter und dem Königsthron belohnt. In Erinnerung daran soll er die Pagode errichtet haben.

ahagiri
Goldge-
(links)
Herr
ich"
ts).

Sie stellt die Urform aller späteren Pagoden dar. Sie ist zwiebelförmig und hat Ähnlichkeit mit einer tibetischen Jurte. Sie steht hoch über dem Irrawaddy auf einer mit Zinnen besetzten Mauer und dient auch heute noch als Navigationshilfe für die Irrawaddyschiffer. Unter einem mit neun Dächern versehenen Pavillon steht ein Altar, der Mondaing, dem *Nat* der Stürme gewidmet ist.

Frauenraub im Königspalast

Der **Mimalaung-kyaung Tempel (16)** in der Nähe des alten Südtores wurde von Narapatisithu 1174 errichtet. Dieser nicht allzugroße Tempel steht auf einem vier Meter hohen Unterbau, der ihn vor Feuer und Wasser schützen soll. Der Auftraggeber dieses Tempels kam auch erst durch Brudermord auf den Thron. Sein Vorgänger und Bruder Naratheinka nahm ihm seine Frau weg, während er auf einem Feldzug war. Narapatisithu hörte davon, kehrte mit 80 Getreuen zurück, tötete seinen Bruder und wurde so selbst König. Seine Frau Veluvati, die dies alle hervorgerufen hatte, blieb Königin.

Östlich vom Mimalaung-kyaung steht der **Pahtothamya Tempel (17)**, der aus der Zeit vor Anawrahta stammen soll. König Taungthugyi (931–964), den man auch als Nyaung U Sawrahan kennt, soll ihn nach einem Vorbild in Thaton gebaut haben. Dort hat man aber bis jetzt noch keine Tempelruinen freigelegt. Der architektonische Stil weist eher in das später 11. Jahrhundert.

Noch ein Stück weiter im Osten steht der **Nat-hlaung Kyaung Tempel (18)**, ein Beispiel der religiösen Toleranz, die im Pagan der Tempelbauer herrschte. Er ist ein Hindutempel, der Vishnu geweiht ist. Taungthugyi soll ihn bereits 931, also hundert Jahre vor Anawrahtas Theravadarenaissance gebaut haben. Er war Pagans größtes Hinduheiligtum in einer Zeit, in der Theravada- und Mahayanabuddhismus, *Nat*- und *Naga*anbetung und die tantrischen Praktiken der Arimönche in Pagan nebeneinander existierten.

Ein deutscher Vandale

Heute steht nur noch die Haupthalle mit dem Überbau, der äußere Teil und die Vorhalle sind verschwunden. An den einstmals im Inneren gelegenen Wänden des Tempels waren früher die zehn *Ava-*

Der Maha-
bodhi Te-

taras (ehemalige und zukünftige Inkarnationen) Vishnus in Nischen untergebracht. Sieben davon stehen noch. Reste in der Haupthalle weisen darauf hin, daß sich dort einst eine Vishnufigur befand, die auf Ananta, der Weltschlange, lag. Die große Vishnufigur, die auf einem Garuda mit ausgebreiteten Schwingen sitzt, befindet sich im Museum Dahlem in Berlin. Der deutsche Geologe Dr. Fritz von Nöttling hat sie aus Pagan entfernt und sich dabei „wie ein Vandale" benommen, wie man in Pagan sagt.

Ganz in der Nähe ist die **Ngakywenadaung Pagode (19)**, die wie der Patothamya Tempel, König Taungthugyi und dem 10. Jahrhundert zugeschrieben wird. Die zylindrische Form dieses massiven Stupas hat Vorläufer in Sri Ksetra.

Der Weg nach Nyaung U

Etwa eineinhalb Kilometer hinter Pagan auf dem Weg nach Nyaung U, gegenüber vom Htilominlo Tempel, liegt die **Upali Thein (20)**, die Ordinationshalle. Nach dem Mönch Upali, der zu Buddhas Zeiten lebte, benannt, ist auch sie ein Beispiel für die längst verschwundenen Holzgebäude Pagans. Errichtet wurde sie in der ersten Hälfte des 13. Jahrhunderts. Das Satteldach hat zwei Reihen Zinnen und in der Mitte eine kleine Pagode. Auch die Upali Thein wurde während der Konbaung Dynastie renoviert. Aus dieser Zeit stammen auch die Fresken an den Innenwänden und der Decke, die die 28 ehemaligen Buddhas und Szenen aus Gautamas Leben darstellen. Beim großen Erdbeben wurden jedoch die meisten von ihnen zerstört.

In der Nähe des Dorfes Wetkyi-in befinden sich der **Kubyauknge (21)** und der **Kubyaukgyi Tempel (22)**. Der erste ist wegen seiner schönen Stuckarbeiten an der Außenwand bekannt, während der Kubyaukgyi, der wie der Mahabodhi Tempel einen pyramidalen Turm hat, wegen seinen *Jakata*fresken besucht wird. Aber auch hier fehlen viele, auch sie sind 1899 der Sammlerwut des von Nöttling zum Opfer gefallen.

Westlich von Nyaung U liegt die **Kyanzittha Höhle (23)**. Dieser Höhlentempel, dessen Name auf Kyanzitthas Herrschaft hinweist, stammt wahrscheinlich schon aus Anawrahtas Zeit. Er diente als Unterkunft für Mönche und in den langen dunklen Gängen findet man Fresken, die aus der Zeit zwischen dem

Veg zur
zigon
de.

11. und dem 13. Jahrhundert stammen. Darunter einige, die die mongolischen Besatzer Pagans zeigen. Zum Besuch dieser Höhlen sollte man eine Taschenlampe mitbringen; die Aufseherfamilie hat nur lichtschwache Kerzen.

Nats waren das Lockmittel

Die **Shwezigon Pagode (24),** der wichtigste Reliquienschrein des Landes, liegt gleich neben der Kyanzittha Höhle. Sie sollte einmal Zentrum der neuen Religion werden, mit der Anawrahta sein Volk beglückte.

Anawrahta, der sich für einen „Universalen Monarchen" hielt, wollte alle erreichbaren Reliquien Buddhas nach Pagan bringen. Aus den sakralen Bauwerken Promes ließ er das Schlüsselbein und den Stirnknochen Buddhas entfernen, aus Ceylon erhielt er eine Kopie des Zahns von Kandy und aus Yünnan erhielt er statt des erwarteten Zahns eine smaragdene Buddhafigur. Für all diese Reliquien wollte er eine Pagode erbauen, die Zentrum der Andacht und Besinnung des Volkes werden sollte. Ein weißer Elefant mit dem ceylonesischen Zahn auf dem Rücken wurde losgelassen und dort wo er anhielt, wurde dann das Fundament der Shwezigon Pagode errichtet. Als Anawrahta 1077 getötet wurde, waren erst die drei Terrassen fertig. König Kyanzittha beendete den Bau 1089.

Die Glocke des Stupas steht auf drei Terrassen, auf die aus vier Himmelsrichtungen Treppen führen. Über der Glocke erhebt sich die Pagodenspitze in einer Serie sich verjüngender Kreise, die von einem *Hti* gekrönt werden. Kleinere Stupas zieren die Ecken der Terrassen, die mit Jatakaplatten geschmückt sind. An allen vier Seiten ist ein kleiner Tempel, in dem sich jeweils ein stehender Buddha der Guptaschule befindet. Links und rechts des östlichen Zugangs stehen zwei Steinsäulen, die aus Kyanzitthas Zeit stammen und von der Entstehungsgeschichte der Pagode berichten.

Das Pagodenfest der Shwezigon, das in der zweiten Woche des Monats *Nadaw* (Nov/Dez) stattfindet, gehört zu den beliebtesten Festen des Landes; nicht zuletzt weil diese Pagode die Heimat der 37 Nats ist. König Anawrahta hatte sie schnitzen lassen und auf den fertigen Terrassen der Pagode aufgestellt, weil er meinte: „Die Menschen werden nicht des neuen Glaubens wegen kommen. Aber wenn sie kommen, um die alten Götter anzubeten, dann werden sie sich auch langsam an den neuen Glauben gewöhnen". Er sollte recht behalten. In der Shwezigon Pagode, besonders im Südostteil der Anlage, wo die 37 *Nats* in einer Hütte untergebracht sind, ist der Synkretismus von Naturreligion und Buddhismus deutlich wahrnehmbar.

Zeugnis des Schismas

Im Süden von Nyaung U liegt die **Sapada Pagode (25),** Dokument des ersten großen Schismas im Theravadabuddhismus Burmas. Sie wurde im 12. Jahrhundert von dem Mönch Sapada erbaut und gleicht in ihrer Form der Pebingyaung Pagode. Sapada (auch Chapata genannt), war einer jener Mönche, die in der zweiten Hälfte des 12. Jahrhunderts nach Ceylon gingen. Die orthodoxe Auslegung des Buddhismus, die er nach seiner Rückkehr 1190 verbreitete, unterschied sich deutlich von der bis dahin praktizierten Mon-Version, die Shin Arahan einst brachte. Obwohl der Buddhismus aus Thaton noch zwei Jahrhunderte lang angewandt wurde, fand Sapadas Auslegung langsam beim Volk Gefallen, da sie sich deutlich von den höfischen

Die Kyanz
Höhle (lin
und die Sh
zigon Pag
(rechts).

Religionen wie dem Mahayana Buddhismus, dem Shivaismus und Vishnuismus unterschied. Sie war dann auch so stark im Volk verwurzelt, daß sie im Gegensatz zu den die höfische Macht perpetuierenden Religionen, vom Islam nicht weggeschwemmt wurde.

Südöstlich von Nyaung U liegen einige Höhlentempel. So die **Thamiwhet** und **Hmyathat Höhlen (26).** Hier wurden im 12. und 13. Jahrhundert kühle Unterkünfte für die Mönche geschaffen, die so der sengenden Hitze Oberburmas entfliehen und sich der Meditation widmen konnten.

Drei Kilometer flußaufwärts von Nyaung U, an einer Klippe am Irrawaddy, steht der **Kyaukku Tempel (27).** Man könnte ihn als Idealform eines Höhlentempels bezeichnen. Er wurde so in den Berg hineingebaut, daß es den Anschein hat, als würde der kleine Stupa auf einem Tempel stehen. In Wirklichkeit ruht er unabhängig davon auf einem Pfeiler, von dem aus ein Netz von Gängen ins Berginnere führt. Der aus Stein und Ziegel erbaute Tempel ist eine Vergrößerung dieser Anlage, die gegenüber dem Eingang eine große sitzende Buddhastatue beherbergt.

Das Untergeschoß stammt aus dem 11. Jahrhundert; die beiden Obergeschosse wurden von Narapatisithu (1174–1221) errichtet.

Einen Kilometer davon entfernt stehen mehrere Tempel und Stupas, so der **Thatkyamuni Tempel** und der **Kondawgyi Tempel (28).** Im ersteren findet man Wandgemälde, die Ashoka, den großen buddhistischen König Indiens aus dem 3. vorchristlichen Jahrhundert darstellen sowie Szenen, die über die Einführung des Buddhismus in Sri Lanka berichten. Im Kondawgyi Tempel sind Wandgemälde von *Jataka*szenen und Blumenmuster erhalten.

Myinkaba und Thiripyitsaya

Als Anawrahta 1057 mit der Königsfamilie aus Thaton als Gefangene nach Pagan zurückkehrte, wies er dieser Myinkaba (Myinpagan) als Wohnort zu. Myinkaba, das keine zwei Kilometer von Pagan entfernt liegt, weist deshalb auch die schönsten Mon-Bauwerke in der Ebene von Pagan auf. Myinkaba ist heute Zentrum der burmesischen Lackkunstarbeiten. In Pagan gibt es eine Lackschule und ein Lackmuseum, wo man schöne

Stücke bewundern kann und wo einem die verschiedenen Stadien im Herstellungsprozeß vorgeführt werden.

Wenn man vom Norden kommend auf Myinkaba zufährt, kommt man kurz hinter der Minglazedi Pagode zum **Kubyaukkyi Tempel (29).** Dieser, für die epigraphische Forschung wichtige Tempel, wurde 1113 von Rajakamur, dem einzigen Sohn Kyanzitthas, zu dessen Tod errichtet.

Rajakamur, dessen Mutter die Nichte jenes Mönches war, zu dem Kyanzittha flüchtete, wäre rechtmäßiger Thronerbe gewesen. Kyanzittha aber, der wahrscheinlich wußte, daß er kein leiblicher Sohn Anawrahtas war, vermählte seine Tochter Shwe-einthi mit dem körperlich behinderten Sohn Sawlus und machte deren Sohn, der auch Nachkomme Anawrahtas war, zum Thronerben.

In diesem typischen Montempel sind zeitgenössische Wandmalereien, die in neun Reihen die 547 *Jataka*geschichten darstellen. In der Vorhalle ist das Bild eines zehnarmigen Bodhisattvas zu finden, der nur im Mahayana-, aber nicht im Hinayana-Buddhismus bekannt ist.

Burmas Rosette-Stein

Das große Interesse, das dieser Tempel hervorruft, liegt am **Myazedi Stein.** Dieser, von Rajakamur viersprachig, in Mon, Pali, Birmanisch und Pyu beschriftete Stein, wird auch als Rosette-Stein Burmas bezeichnet. Erst mit seiner Hilfe konnte man das bis 1911 unentzifferbare Pyu verstehen. Er legte ein für alle Mal die Daten der Regierungszeiten der ersten Konige fest.

Am Ufer des Myinkabaflusses, in Myinkaba, steht die **Myinkaba Pagode (30).** Sie wurde dort erbaut, wo Anawrahta seinen Vorgänger und Halbbruder Sokkate in einem Duell 1044 getötet hatte.

Sokkate und dessen Bruder Kyiso hatten Anawrahtas Vater, Kunshaw Kyaunghpyu, der selbst durch einen Coup an die Macht gekommen war, den Thron entrissen. Anawrahtas Sieg über Sokkate, den er mit seinem mythischen Speer Areindama erlangte, beendete ein Jahrhundert an Hofintrigen. An der Form dieses zylindrischen Stupas kann man erkennen, daß er noch aus einer Zeit stammt, als der Südliche Buddhismus noch nicht Pagan erreicht hatte.

Der **Manuha Tempel (31)** wurde vom gefangenen Mon-König 1059 südlich von Myinkaba errichtet. Da er befürchten mußte als Tempelsklave zu enden, verkaufte er seinen Schmuck, durch die Finanzierung eines Tempels wollte er zumindest sein zukünftiges Leben positiv beeinflussen. Eine liegende und drei sitzende Buddhafiguren stellen in der Beengtheit der Pagode dar, was sich in der Seele des geschlagenen Königs abspielte.

Im Gegensatz zu den meisten Montempeln hat der Manuha Tempel ein Obergeschoß. Dies stürzte 1975 ein und begrub die sitzenden Buddhas unter sich. Die Schäden sind aber inzwischen behoben.

Burmesische Friese

Ein kurzer Weg führt vom Manuha Tempel, vorbei an zwei Statuen des Königs und seiner Frau, zum **Nanpaya Tempel (32).** Er soll die Residenz Manuhas gewesen und später zu einem Tempel umgewandelt worden sein.

Der Nanpaya hat die Form eines Vierecks mit einem auslaufenden Vorbau. Seine Innenausstattung weist auf starke brahmanische Einflüsse hin, denen ja die Küstenbewohner stärker ausgesetzt waren als die Menschen im Landesinneren.

n und
nen bei
r Vorle-
g in der
ezigon
ode
s), der
utz*nat* der
stler auf
m *Hintha*
nts).

Vier Pfeiler sind mit Friesen und Flachreliefs geschmückt, unter denen besonders das Relief des Gottes Brahma auffällt. Von den vier üblichen Gesichtern sind nur drei zu sehen und diese zeigen typische Mongesichtszüge. Es ist anzunehmen, daß sie Manuha selbst darstellen. In der Mitte des Tempels stand einst ein Sockel mit vier Buddhafiguren, denen die Brahma/Manuhadarstellung ehrfurchtsvoll zugewandt war.

Das Fahrzeug Brahmas war die Gans *(Hamsa)*, die auch das heraldische Wappen der Monkönige war. Mit ihnen ist der Fries an der Außenseite des Tempels geschmückt.

Ein Stück weiter nach Süden kommt man zum **Abeyadana Tempel (33)**, der nach Kyanzitthas erster Frau benannt ist, mit der er bereits als junger Krieger verheiratet war. Er steht an der Stelle, an der Abeyadana auf Kyanzittha gewartet haben soll, als dieser vor Anawrahta floh. Abeyadana hing wahrscheinlich dem Mahayanabuddhismus an, da Fresken an den äußeren Wänden des Korridors Bodhisattvas darstellen und im Inneren Figuren von Brahma, Vishnu und Indra, alles Götter der indischen Mythologie, zu finden sind.

Der **Nagayon Tempel (34)** markiert jene Stelle, nicht weit von Abeyadana entfernt, wo Kyanzittha sich verborgen hielt. Die Legende sagt, dort wäre er, wie einst Buddha am Mucalindasee, von einem *Naga* beschützt worden. Wie alle Tempel, die während Kyanzitthas Regierungszeit gebaut wurden, ist auch dieser im Mon-Stil gehalten. Die Ähnlichkeit mit Tempeln aus der Gegend von Orissa ist deutlich. Wo bei letzteren der *Sikhara* direkt aus dem Tempelgebäude herauswächst, hat der Nagayon Tempel eine Reihe sich verjüngender Dächer, die dann erst *Sikhara* und Stupa tragen.

Im Inneren des Tempels findet man Steinreliefs, einen stehenden Buddha, der von zwei kleineren sitzenden Buddhas flankiert wird und eine *Naga*darstellung.

Ein seltenes Ziegelkloster

Auf halbem Weg zwischen Myinkaba und Thiripyitsaya stehen die Reste des **Somingyiklosters (35)**, eines der wenigen aus Ziegel gebauten Klöster in der Ebene von Pagan. So wie dieses, nur aus Holz, müssen die unzähligen *Kyaungs* ausgesehen haben, die einst über die Ebene verstreut waren. Eine Vorhalle im

Ein been Buddha Manuha Tempel.

Osten, Mönchszellen im Norden und Süden und eine Kapelle, die eine Buddhafigur beherbergte, im Westen umschlossen eine erhöhte Plattform. Die Kapelle war zweigeschossig und von einem Stupa gekrönt.

Der **Seinnyet Ama Tempel** und die **Seinnyet Nyima Pagode (36)** liegen in der Nähe. Diese beiden Sanktuarien werden der Königin Seinnyet, die im 11. Jahrhundert lebte, zugeschrieben. Vom spätburmanischen Baustil her muß man aber annehmen, daß sie erst im 13. Jahrhundert gebaut wurden.

Man findet hier in den Kardinalrichtungen sitzende Buddhas und Löwen, die kleine Stupas bewachen.

Fünf Kilometer südlich von Pagan kommt man nach Thiripyitsaya, wo König Thinlikyaung im 4. Jahrhundert seinen Palast hatte. Hier legten während der goldenen Epoche Pagans die Schiffe an, die zum Teil aus so weit entfernten Ländern wie Sri Lanka kamen. Heute führen uns drei Bauwerke her: die **Östliche und die Westliche Petleik Pagode (37)** stammen aus dem 11. Jahrhundert, 1905 stürzten sie in sich zusammen und die Terrakottatafeln, die einst ihre Gewölbegänge schmückten, sind heute unter nachgebauten Dächern geschützt untergebracht. Die Terrakottatafeln tragen Nummern und zeigen 550 verschiedene Geschichten. Dies ist die einzige Stelle, wo die drei überzähligen Jatakas erscheinen, da offiziell nur 547 bekannt sind.

Am Südende von Thiripyitsaya steht die **Lokananda Pagode (38).** 1059 von Anawrahta errichtet, hat sie eine zylindrische Glocke und erinnert an einen Pyu-Stupa. Von ihren drei achteckigen Terrassen sind zwei über Treppen begehbar. Zusammen mit der Shwesandaw und der Myinkaba Pagode bildet sie das Trio der Pagoden, die Anawrahta in Pagan erbauen ließ.

Die Tempel von Minnanthu

Das Dorf Minnanthu liegt fünf Kilometer südöstlich von Pagan. Unter den vielen Tempelruinen, die es hier gibt, sind nur wenige von Bedeutung. Einer der größten Tempel ist der **Sulamani Tempel (39)**, der zwar nicht direkt in Minnanthu, aber zwischen diesem Dorf und Pagan liegt. Er erinnert an den Thatbyinnyu und wurde 1183 von Narapatisithu erbaut. Der Sulamani ist nach dem legendären Palast Indras auf dem Berg Meru

nuha und
ne Königin.

benannt, der weit über den Niederungen, die von den Menschen bewohnt werden, in himmlischen Regionen zu suchen ist. Dem hier zu seiner Vollkommenheit entwickelten burmanischen Baustil entsprechend, ist er zweigeschossig, wobei das Obergeschoß auf einem zentralen Pfeiler ruht, der die Mitte des unteren Geschosses ausfüllt. Hier findet man auf allen vier Seiten sitzende Buddhafiguren. Beide Geschosse haben von allen vier Himmelsrichtungen aus Zugänge, wobei auf der östlichen Seite jeweils größere Vorbauten sind. Im Inneren findet man Wandgemälde, die aber zum Teil aus dem 18. Jahrhundert stammen.

Nördlich des Dorfes liegt der **Lemyethna Tempel (40).** Er wurde von Ananthasuriya, dem Ersten Minister Narapatisithus, errichtet. Sein Amtsvorgänger und Namensvetter, Anantathuriya, den Narapatisithu hinrichten ließ, hinterließ uns eines der schönsten Gedichte dieser Epoche. Kurz vor seiner Exekution schrieb er jene Zeilen, die zum burmesischen Literaturschatz gehören. „. . . und würde ich freigelassen und entging ich der Hinrichtung, dem Tod könnte ich nicht entrinnen. Untrennbar bin ich von meinem Karma.“ Als der König es las und ihn begnadigen wollte, war es zu spät. Der Henker hatte sein Werk bereits getan.

Der **Payathonzu Tempel (41),** der ein Stück weiter im Norden liegt, besteht aus drei mit *Sikharas* gekrönten Gebäuden, die durch schmale Gänge miteinander verbunden sind. Im Inneren stehen drei leere Sockel, von denen die Buddhafiguren schon lange verschwunden sind. Interessant ist der Tempel wegen seiner Mahayana- und Tantra-Fresken. Da dieser Tempel erst im späten 13. Jahrhundert gebaut wurde, kann man annehmen, daß während der gesamten Tempelbauperiode der Mahayanabuddhismus in Pagan vertreten war.

Auch der **Nandamannya Tempel (42),** ganz in der Nähe, hat gut erhaltene Mahayana-Fresken. Hier findet man, was in einem Hinayana-Tempel unmöglich wäre: Erotische Wandgemälde. Aber hier sind sie; Maras Töchter bei dem Versuch, Buddha zu verführen.

Ursprünglich hieß dieser Tempel Ananta Panna (unendliche Weisheit), um ihn nicht mit dem Ananda Tempel zu verwechseln, hat man den Namen geändert.

Die Reise nach Pagan

Die einfachste Art, um nach Pagan zu kommen, ist mit dem Flugzeug. Täglich wird Pagan durch mehrere Flüge mit Rangun und Mandalay verbunden. Der Flughafen liegt in der Nähe von Nyaung U.

Wer mit dem Zug nach Pagan reisen will, muß einen ganzen Tag für die Reise einplanen. Aus Rangun oder Mandalay kommend steigt man in Thazi für den Rest der Strecke in einen Bus um. Die Bahnlinie nach Kyaukpadaung ist noch weniger zu empfehlen, der Zug fährt langsam und hält oft, die Fahrt dauert erheblich länger als der Weg über Thazi mit dem Bus. Der Bus aus Rangun benötigt etwa 16 Stunden. Der Nyaung U Mann, der Bus aus Mandalay, fährt dort um 4 Uhr morgens an der 29. Road und 82. Street ab und braucht 10 Stunden.

Eine Alternative ist die Anreise per Schiff. Die nach Süden fahrende Prome Ferry, die an der A-Road in Mandalay anlegt, fährt täglich um 5 Uhr morgens los. Die Fahrt dauert einen ganzen Tag; manchmal auch länger, wenn das Schiff auf eine Sandbank fährt. Für Besucher, denen Komfort nicht das wichtigste ist, lohnt sich die Reise.

Kunst in P
gan: ein
Wandger
im Kubya
Tempel (
und eine
Lackarbe
in Myink

Die alten Städte der Pyu

Bleibt man einen weiteren Tag auf dem Schiff von Mandalay nach Pagan, so kommt man nach **Prome.** Die Stadt liegt nicht weit von den Ruinen der alten Pyuhauptstadt **Sri Ksetra** entfernt. Viel ist von Sri Ksetra oder Thayekhittaya, wie die Burmanen sie nannten, nicht erhalten.

Zumindest acht Tempel und Pagoden aus Ziegel deuten auf die vergangene Bedeutung der Stadt.

Die Ruinen findet man in der Nähe der heutigen Bahnstation Hmwaza, etwa acht Kilometer von Prome entfernt.

Prome selbst beherbergt die **Shwesandaw Pagode,** die man in ganz Burma kennt. Sie steht auf einer Anhöhe über dem Irrawaddy und hat eine Mauer von 83 kleinen Stupas um sich, deren goldener Widerschein auf den Wellen des Flusses tanzt. Jedes Jahr im November, beim Tanzaungdaingfest, versammeln sich Tausende unter diesem sechzig Meter hohen Stupa. Die Geschichte der weiteren 17 km flußabwärts liegenden **Shwenattaung Pagode** geht bis zur Gründung der Stadt zurück.

Kegel und Zylinder

Im Stil ganz anders sind jene Pagoden und Tempel, die in und um Sri Ksetra aus der Blütezeit der Stadt erhalten geblieben sind. Hier finden wir Stupas in Form von Kegeln und Zylindern. Ihre Vorbilder stammen aus Indien.

Die **Bawbawgyi Pagode,** deren zylindrische Form den Eindruck eines massiven Stupas erweckt, ist innen hohl. Die **Payagyi-** und die **Payama Pagode,** die nördlich der alten Stadtmauer stehen, gehören zum konischen Typ.

Aus derselben Zeit, also zwischen dem 5. und dem 7. Jahrhundert n. Chr., stammt auch der **Bebe Tempel** mit einem zylindrischen Stupa auf einem hohlen Sockel.

An der Rückwand des Tempels steht eine Buddhafigur zwischen den Nachbildungen zweier seiner Schüler.

Auch der **East Zegu-** und der **Lemyethna Tempel** haben eine kubische Form, wobei der Lemyethna eine zentrale Stützsäule hat. Der Stupa, der ihn einst krönte, fehlt.

Unter allen archäologischen Feldern Burmas wurde Sri Ksetra am intensivsten erforscht. Hier wurde mit Ausnahme der Kriegsjahre fast jede Grabungssaison seit 1907 genutzt. Man weiß deshalb auch, daß es in Sri Ksetra bereits lange vor Anawrahta Theravadabuddhisten gegeben hat.

Duttabaung, König der Pyu

Der Ursprung der Stadt liegt in legendenumrankter Vergangenheit. König Duttabaung, dessen Name später zur verehrungsvollen Anrede aller weiteren Könige wurde, gilt als ihr Gründer. Er soll im 4. Jahrhundert vor Christi gelebt haben.

Die Stadt erbaute der König der Götter, Sakka, mit Hilfe von *Naga, Garuda* und anderen himmlischen Wesen. Als sie fertig war „und so schön wie Sakkas Stadt auf dem Berg Meru", wurde Duttabaung von Sakka selbst zu ihrem König ernannt.

Streit der Stämme

Die Stadt bestand bis ins neunte Jahrhundert und zerbrach schließlich an Streitigkeiten zwischen den vier wichtigsten angesiedelten Stämmen.

Als König Anawrahta 200 Jahre später siegreich aus Thaton zurückkehrte, ließ er die Mauern von Sri Ksetra schleifen und entfernte die Reliquien aus den Tempeln. Keine Stadt sollte größer sein als Pagan, nur dort sollte die wahre Religion zu Hause sein.

Von Prome aus kann man mit der Eisenbahn nach Rangun fahren. Wer aber ein besonderes Interesse an der alten Geschichte Burmas hat, sollte das nochmals 135 km entfernte **Beikthano** besuchen. Die Ruinen dieser alten Pyustadt, die noch vor Sri Ksetra gegründet wurde, findet man in der Nähe der heutigen Stadt Taungdwingyi im Magwe State.

Das Fehlen von Buddhafiguren sowie von Pyuinschriften in den unteren Lagen der Ausgrabungsstätten weist auf ein sehr hohes Alter der Stadt hin.

König Duttabaung soll Beikthano zerstört haben und die regierende Prinzessin Panthwar als Gefangene nach Prome gebracht haben.

Am Oberlauf des Irrawaddy liegen die Ruinen von Städten, die noch älter als Beikthano sind. Sie sind im Kapitel über Nordburma beschrieben.

MOUNT POPA, DIE HEIMAT DER GÖTTER

Im Jahr 442 v. Chr. gab es ein riesiges Erdbeben im heutigen Zentralburma. Dabei erhob sich der Popaberg aus der unfruchtbaren Myingyanebene. Vulkanasche machte die Hänge fruchtbar und bald erblühten sie in allen Farben. Man nannte deshalb den Berg nach dem Sanskritwort für Blume, **Popa,** den Blumenberg. Wie im Olymp bei den Alten Griechen so sah man im Popa bald die Heimat der Götter.

Die Menschen glaubten in den Wäldern und auf den Blumenwiesen mythische Wesen zu sehen. Okkultisten und Alchimisten siedelten sich hier an und es lag nahe, daß König Thinlikyaung den Berg zum Zentrum des *Nat*glaubens machte.

Mount Popa, wie er im Englischen heißt, liegt etwa 50 km südöstlich von Pagan. Man erreicht ihn am einfachsten mit einem Jeep, den man in Pagan für 200 Kyat mieten kann. Die Rundreise mit dem Bus ist an einem Tag nicht zu schaffen, da man in Nyaung U und in Kyaukpadaung umsteigen muß.

Am Fuß des Bergkegels befindet sich das berühmte Popakloster, in dessen Umgebung jedes Jahr im Mai/Juni, dem burmesischen Monat Nayon, das Geisterfest stattfindet. Dem Abt des Klosters sagt man nach, daß er dann das größte Hotel Burmas leitet.

Vom Kloster aus kann man den Vulkankegel besteigen. Ein Unternehmen, das bei den klimatischen Bedingungen Zentralburmas nur robuste Naturen beginnen sollten. Wer es sich trotzdem zumutet, wird an klaren Tagen mit einer der schönsten Aussichten des Landes belohnt.

Das Ziel einer Reise zum Popaberg sollte der Besuch des Schreins der Mahagirigeister sein. Auf halbem Weg zur Spitze dieses 1518 m hohen Berges, der tausend Meter aus der ihm umgebenden Landschaft herausschießt, haben die Statuen der beiden Geschwister schon vor 1600 Jahren ihre neue Heimat gefunden. Seit damals mußten alle burmesischen Könige zu ihnen wallfahrten und mit ihnen ihre Staatsgeschäfte besprechen.

Die Mahagiri-Nats

Zur Zeit König Thinlikyaungs, der etwa um die Mitte des 4. Jahrhunderts in Thiripyitsaya regierte, spielte sich im Norden des Landes, in der Nähe der Stadt Tagaung, folgende Tragödie ab: Außerhalb der Stadt lebte ein junger Schmied. Er war so kräftig, daß man den Schlag seines Hammers weit übers Land hören konnte und man sagt, er hätte zu jeder Mahlzeit 15 kg Reis gegessen. Er sah gut aus und er war auch sehr beliebt. Sein Spitzname: „Herr Stattlich".

Zu jener Zeit bedeuteten solche Beinamen eine Gefahr für den König. Er suchte den möglichen Thronaspiranten aus dem Weg zu räumen. Die Häscher konnten ihn aber nicht festnehmen: Herr Stattlich war gewarnt worden und in die Wälder geflohen.

Daraufhin nahm der König seine hübsche Schwester, genannt Goldgesicht, zur Frau. Nach einiger Zeit bat er sie, doch ihren Bruder zurückzurufen. Man sei ja nun schließlich verwandt, es bestünde keine Feindschaft mehr.

Als Nga Tin De, wie „Herr Stattlich" auf burmesisch heißt, nun nach Tagaung kam, wurde er festgenommen und an einen Baum gebunden, um verbrannt zu werden.

Als die Flammen bereits hochloderten, riß sich Shwemyethna, das Goldgesicht, von ihren Begleitern los. Sie stürzte sich zu ihrem Bruder ins Feuer.

Als Nats wohnten sie in dem Sagabaum, unter dem sie den Tod fanden und brachten Unheil über jeden, der in den Schatten des Baumes trat. Der König ließ ihn deshalb fällen und in den Irrawaddy werfen.

Die Geschichte hatte sich schnell im Land verbreitet und König Thinlikyaung, der eine, das ganze Land vereinigende Natverehrung ins Leben rufen wollte, ließ den nach Süden treibenden Baumstamm aus dem Fluß fischen und zwei Figuren daraus schnitzen. Diese brachte man dann mit großem Pomp auf den Popaberg, wo sie heute noch ihren Schrein haben. Jeder König, der in Pagan an die Macht kam, mußte zu seiner Krönung zu den beiden Nats pilgern. In den Chroniken heißt diese Zeremonie „den Goldenen Berg besteigen".

Die beiden *Nats* machten sich nur rechtmäßigen Thronanwärtern sichtbar. Bruder und Schwester waren inzwischen zu einer Figur, „dem Herrn des Großen Berges", verschmolzen und als solche berieten sie die Könige in ihren wichtigen Staatsgeschäften.

Der Pop
Berg, di
Heimat
Nats.

Das Shan-Bergland und der Inle-See

Mystisch, malerisch, unbeschreiblich, zauberhaft. Diese und andere Bezeichnungen hat man verwendet, um das Märchenland am Inle See und seine erstaunlichen Bewohner, die Inthas, die um und auf dem See wohnen, zu beschreiben.

Dieser kleine Stamm hat sich den Gegebenheiten am See vollkommen angepaßt. Die Häuser stehen auf Pfählen über dem Wasser, Gemüse wird auf schwimmenden Feldern angebaut und die Fischer rudern ihre Boote mit den Beinen, um Hände und Arme zum Fischen frei zu haben.

Der Inle See liegt wie eine Oase inmitten der südlichen Shanberge und ist der Hauptanziehungspunkt für Besucher. Aber in dieser Gegend gibt es noch mehr zu sehen: 27 Kilometer weiter im Osten und 550 Meter über dem See gelegen, kommt man nach Taunggyi, dem Verwaltungszentrum des Shan State. Die koloniale Atmosphäre der ehemaligen britischen „hill-station" ist auch heute noch spürbar, obwohl die Stadt heute weniger Erholungsgebiet als Umschlagplatz für Schmuggelgüter aus Thailand ist. Hunderte von Buddhastatuen findet man in den Pindayahöhlen, 110 km weiter im Nordwesten, fernab der großen Straßen.

Der Shan State ist bei weitem der größte Bundesstaat Burmas. Von Taunggyi aus sind es 350 km nach Thailand und Laos, dem Goldenen Dreieck der Opiumschmuggler. Genausoweit ist es im Norden bis zur Ledo Road und der chinesischen Grenze.

Im Süden folgt Bergkette auf Bergkette, bis an die Grenze vom Kayah- und Karen State. Dies ist eine Gegend von weglosen Bergen und tiefen Schluchten. Die hier angesiedelten Bergvölker sind auf ihre Unabhängigkeit bedacht und führen einen endlosen Krieg gegen die Zentralregierung. Für Touristen ist dieses Gebiet gesperrt – wen wunderts.

Die meisten Besucher dieser Gegend kommen auf dem Flughafen von **Heho,** 35 km von Yaunghwe, der wichtigsten Stadt am Inle See entfernt, an. Nach Taunggyi sind es 40 km. Beide Städte kann man mit dem Bus oder einem Jeep-Taxi über Shwenyaung, der Endstation der südlichen Shanbahn, erreichen.

ergehen-
eiten: Der
See am
en Mor-
und
s) ein
ıdernder
her.

Schwimmende Gärten aus Hyazinthen und Schlamm

In **Yaunghwe** kommt man zum ersten Mal mit den Eigenarten des Intha-Lebens in Berührung. Sie ist die älteste und größte von etwa 200 Intha-Ansiedlungen, die an diesem 158 km^2 großen See liegen. Das wahre Ausmaß des Sees ist nicht zu erkennen, er ist von einem bis zu fünf Kilometer breiten Gürtel aus Wasserhyazinthen, Schilf und Schlamm umgeben, durch den die Inthas Kanäle für ihre Boote geschnitten haben.

Dieses Dickicht aus Hyazinthen und Schlamm braucht etwa fünfzig Jahre, um eine Humusschicht von einem Meter zu bilden. Die Gärtner und Bauern am See können dieses Land dann vom Staat kaufen (600 Kyat für ein Stück in der Größe 100 auf 2 Meter). Losgesägt wird es über den flachen See zu ihren Dörfern gestakt.

Aber nicht jeder kauft das Land. Viele sammeln das treibende Unkraut, verflechten es und binden es zu schwimmenden Gärten zusammen. Andere wieder

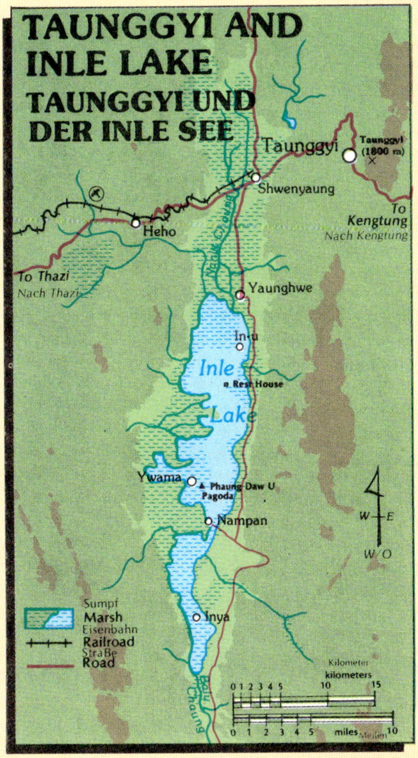

weben Matten, auf die der Schlamm vom Seeboden gehäuft wird. Wie immer die Methode, diese Gärten werden mit langen Stangen im Seeboden verankert und sind für Jahre hinaus benutzbar.

Bearbeitet werden diese, *Kyunpaw* genannten Gärten dann von beiden Seiten aus. Die Frauen sitzen dabei im Boot und können ohne allzuviel Verrenkungen jeweils einen Meter Feldbreite von jeder Seite aus bepflanzen und abernten. Blumenkohl, Tomaten, Bohnen, Eierfrüchte und Blumen gedeihen hier prächtig.

Die Intha sagen, sie leben vom See. Dies betrifft aber nicht nur ihre Gärten. Auch die Technik, mit der die Männer ihre Boote vorwärtsbewegen, ist einmalig auf dieser Welt. Balancierend stehen sie mit einem Bein auf dem Heck ihrer kleinen Boote. Das andere Bein haben sie um das Paddel geschlungen und manövrieren damit das Boot durch eine schraubenartige Bewegung vorwärts.

Keiner fischt wie sie

Zum Fischen benutzen sie eine Art konische Fischreuse. So wie sie Bewegung im Wasser sehen, lassen sie diese Reuse zum Seeboden sinken (er ist nirgendwo mehr als drei Meter tief). Das Netz, das sich in der Reuse befindet, und ein lanzenartiger Stock, mit dem die Fischer nachstoßen, läßt keinem Fisch mehr eine Chance, sei es ein bis zu einem Meter großer Inlekarpfen, ein Aal oder ein Katzenfisch.

Etwa 70 000 Inthas leben am See. Im 18. Jahrhundert haben sie ihre ursprüngliche Heimat bei Tavoy in Tenasserim verlassen, um nicht in den dauernden Konflikten zwischen den Thais und den Burmesen aufgerieben zu werden. Erst nachdem sie sich am Inle See niederließen, haben sie ihren heutigen Namen angenommen, der soviel wie „die Söhne des Sees“ bedeutet.

Die Kultur, die sie hier am Inle See entwickelt haben, ist ein Beispiel für menschliche Anpassungsfähigkeit. Außer ihren Fähigkeiten als Gärtner und Fischer haben sie auch einen landesweiten Ruf als ausgezeichnete Schmiede und Zimmerleute. Auch die Webstühle ihrer Frauen, von denen die im ganzen Land beliebten Shan-Schultertaschen und -Longyis kommen, haben mit dazu beigetragen, daß die Intha heute zu den wohlhabendsten Stämmen Burmas gehören.

Yaunghwe bietet die einzige Über-

Ein Shan Cow-boy.

nachtungsmöglichkeit am Inle See, es ist aber **Ywama,** am Südwestufer des Sees gelegen, das die Besucher anzieht. Um es zu erreichen, muß man den See auf langen schmalen Booten, die mit Außenbordmotoren betrieben werden, überqueren. Besonders in den frühen Morgenstunden, wenn noch leichter Nebel über dem Wasser hängt, hat diese Fahrt etwas Unwirkliches an sich: Fischer, die aus dem Nebel auftauchen, ähneln mehr verschwommenen Geistergestalten als Lebewesen aus Fleisch und Blut.

Der schwimmende Markt und die fünf Fetische aus Gold

In Ywama findet täglich ein schwimmender Markt statt, dessen, vom Tourismus noch nicht zerstörte Originalität im erfreulichen Gegensatz zum Pendant in Bangkok steht. Hier steht auch die **Phaung Daw U Pagode,** die jene fünf Buddhafiguren beherbergt, die der weitgereiste König Alaungsithu im 12. Jahrhundert aus der Gegend des heutigen Malaysia mitbrachte. Sie wurden in einer Höhle in der Nähe des Sees deponiert und erst Jahrhunderte später wieder entdeckt. Inzwischen sind sie so sehr mit Goldfolien bedeckt, daß sie eher Goldkugeln oder animistischen Fetischen ähneln, als Buddhafiguren.

Sie bilden den Mittelpunkt des jährlich im September *(Tawthalin)* stattfindenden **Phaung Daw U Festes,** bei dem diese Figuren im Laufe von 14 Tagen zu den zehn größten Dörfern am See gestakt werden. Eine königliche Barke in der Form eines riesigen vergoldeten *Hinta*-vogels, in der die Figuren untergebracht sind, läßt ahnen, mit welcher Pracht sich Königtum und Buddhismus in ihrer Glanzzeit umgaben.

Phaung Daw U, das Fest der Beinruderer

Zum Phaung Daw U Fest, bei dem auch die beliebten Beinruderwettbewerbe stattfinden, kommen Besucher aus ganz Burma. Wer nicht schon Monate zuvor ein Zimmer reserviert hat, muß sich wohl, wie die meisten Besucher, mit einem Schlafplatz in einem Kloster oder einer Pagode zufrieden geben.

Der Inle See, der aus dem Süden vom Balu Chaung gespeist wird, ist zum Sterben verurteilt. Von Jahr zu Jahr verschlammt er mehr und die unkontrollier-

schwim-
ıde Markt
Ywama.

te Ausbreitung der Wasserhyazinthen läßt ihn langsam ersticken. Ob die modernen Techniken des Wasserschutzes dieses ferne Gebiet in den Shanbergen noch beizeiten erreichen werden, oder ob die Intha noch einmal ihre Anpassungsfähigkeit beweisen müssen, wird die Zukunft zeigen.

Bei Tourist Burma ist man zuversichtlich. In der Nähe der Schwefelquellen am Westufer des Sees ist ein großes Hotel geplant, das den Inle See noch mehr als bisher an das touristische Netz des Landes anbinden soll.

Der „Große Berg"

Der Inle See liegt 878 Meter über dem Meeresspiegel. Einer der Berge, die das Inlebecken begrenzen, ist der Taunggyi, der „Große Berg", nach dem auch die Stadt benannt ist, die an seinem Fuß liegt.

Während der Kolonialzeit war sie Sitz des Shanparlaments, in dem sich die drei Dutzend *Sawbwas*, die erblichen Fürsten der Shan, regelmäßig trafen.

Taunggyi wurde von Sir James George Scott, einem der fähigsten politischen Beamten des britischen Kolonialareiches, gegründet. Er war mit der Geschichte und Kultur Burmas zutiefst vertraut und hat unter dem Pseudonym Shway Yoe das Buch „The Burman, His Life and Notions" geschrieben, das auch heute noch als eine der besten Quellen für die Burmaforschung gilt.

Im Taunggyi Hotel, das noch einen Rest britisch kolonialen Charmes ausstrahlt, finden wir das Tourist Burma Büro, es arrangiert mit Jeeps und Bussen Fahrten in die Umgebung, zum Inle See und zum Flughafen nach Heho. Das Hotel, das früher Taunggyi-Strand hieß, liegt etwas außerhalb des Stadtzentrums in einem mit Pinien und Eukalyptusbäumen bestandenen Park, neben der ehemaligen Villa des Beauftragten für das Shangebiet. Diese Villa ist heute für Staatsgäste reserviert.

In Taunggyi, wie auch in Kalaw, Heho, Shwenyaung und Yaunghwe, findet abwechselnd alle fünf Tage ein großer Markt statt, zu dem die Angehörigen vieler verschiedener Stämme aus der Umgebung kommen. Ähnliches an farbenprächtigen Trachten findet man nur noch am Sonntagsmarkt in den peruanischen Anden.

Der Night-Market von Taunggyi ist der Umschlagplatz für das Schmuggelgut

aus Thailand. Großer Nachfrage erfreuen sich hier Bootsmotoren und Ersatzteile, auf die die Anrainer des Inle Sees angewiesen sind. Im Stadtzentrum, in der Nähe der Statue von Bogyoke Aung San, liegt das **Taunggyi Museum.**

Von ethnologischem Interesse sind hier die Trachten der mehr als dreißig im Shanland angesiedelten Stämme. Eine Übersichtskarte zeigt ihr Siedlungsgebiet.

Drei Kilometer südlich der Stadt, auf einem Hügel gelegen, findet man die **Wunscherfüllungspagode,** zu der, wie der Name schon sagt, die buddhistischen Shan pilgern, um für die Erfüllung ihrer Wünsche zu beten. Von ihrem Standplatz aus hat man einen herrlichen Blick tief ins Shanland hinein bis zum Inle See. Diese Pagode, die man eher als Tempel bezeichnen muß, unterscheidet sich deutlich von den im Mon- oder burmesischen Stil erbauten Stupas des Tieflandes.

Nicht weit hinter der Stadt wird die Straße nach Osten bereits von den Shanrebellen kontrolliert. Könnte man auf dieser Straße weiterfahren, so käme man nach **Kengtung,** der Hauptstadt des Goldenen Dreiecks, und von da aus weiter nach Nordwestthailand.

Missionsschulen und Mandalayrum

Obwohl die Shan zum größten Teil Buddhisten sind, kann man in Taunggyi noch etwas von dem Einfluß spüren, den die differenzierte britische Stammespolitik hinterlassen hat. Es gibt hier viele Christen, bis 1968 gab es auch noch Missionsschulen, in denen die Führungsschicht des Landes ausgebildet wurde. Im Gegensatz zum Tiefland findet man auch überall öffentliche Kneipen, in denen Mandalaybier, Mandalayrum und Shanwhisky ausgeschenkt wird.

Etwa 70 Kilometer westlich von Taunggyi, nachdem man am Heho Flughafen vorbeigefahren ist, kommt man nach **Kalaw.** Auch diese Stadt war einstmals eine beliebte „hillstation", in die sich die britischen Verwaltungsbeamten während der heißen Zeit zurückgezogen haben. Heute ist es eine verschlafene Provinzstadt inmitten von Pinienwäldern und Ausgangspunkt für Ausflüge zu den Palaungdörfern und zu den Pindayahöhlen.

Im Hochland um die Stadt Kalaw leben etwa 60 000 Palaung. Dieses Volk, das der mon-khmer Sprachgruppe angehört, er-

e Cheroot-
nerin
s) und
e Cheroot-
cherin
hts).

kennt man leicht an der auffallenden Tracht der Frauen. Ihre blauen Jacken mit roten Krägen und ihre durch Bambusreifen verstärkten Röcke stechen in dieser Gegend ins Auge. Einige ihrer Dörfer wie **Ta Yaw** und **Shwe Min Phone** sind einen Abstecher von Kalaw aus wert. Reicht die Zeit dazu nicht aus, so bekommt man die Palaung auf jeden Fall bei dem alle fünf Tage stattfindenden Markt der Bergbewohner in Kalaw zu sehen.

Hinter Kalaw, auf der Strecke nach Heho, bei dem Dorf **Aungban,** biegt links eine Straße nach Lawksawk ab, auf der man nach 41 km **Pindaya** erreicht.

Die Fahrt führt durch eine wegen ihrer landschaftlichen Schönheit auch „Burmesische Schweiz" genannte Gegend. An den Berghängen links und recht der Straße liegen die Dörfer der Pa-o und der Danu. In Pindaya selbst sind die Taungyo angesiedelt, ein burmesisch sprechender Stamm, dessen Häuser in den Hügeln über einem kleinen See liegen.

Vom See aus führt eine überdachte Treppe zu der Höhle, in der sich unzählige Buddhastatuen befinden. Viele von ihnen sind sehr alt. Im Laufe der Jahrhunderte wurden immer wieder neue Statuen aufgestellt.

Die vergoldete **Shwe Ohn Hmin Pagode** am Hang über dem See und die geheimnisvolle Höhle machen einen Besuch Pindayas immer lohnenswert.

Nicht weit von Pindaya entfernt, in der Nähe des Dorfes **Ye-ngan,** liegen die **Padah-Lin Höhlen,** die wichtigste vorgeschichtliche Ausgrabungsstätte Burmas.

In den Höhlen wurden unzählige Splitter gefunden, die Abfälle einer Steinaxtproduktion darstellen. Hier war im Neolithikum eine Werkzeug- und Waffenanfertigungsstätte. An einer Höhlenwand sind noch Malereien erhalten. Deutlich erkennen kann man eine menschliche Hand, einen Bison, einen Teil eines Elefanten, einen großen Fisch und die Darstellung des Sonnenuntergangs, wie man ihn durch den Höhleneingang sieht.

Der Weg in die Berge

Außer der Anreise mit dem Flugzeug kann man das Shan Bergland auch mit dem Bus und der Eisenbahn erreichen.

Eine Stichstrecke der Eisenbahn von Rangun nach Mandalay zweigt in Thazi nach Shwenyaung, der Endstation im Inlebecken, ab. Da die Fahrt mit der Bahn zeitraubend ist, nimmt man von Thazi aus besser einen Bus oder ein Jeep-Taxi. Eine Busverbindung besteht auch von Pagan und von Mandalay. Beide brauchen etwa 12 Stunden für die Fahrt, die zwar anstrengend ist, aber einen guten Eindruck von Land und Leuten in Zentralburma hinterläßt.

Der Taunggyi-Mann verläßt Mandalay jeden Morgen zwischen vier und fünf Uhr an der 27. Street; etwa zur selben Zeit fährt der Bus aus Pagan vom Tourist Burma Büro an der Hauptstraße in Pagan ab.

Will man zur Weiterreise ab Thazi den Schnellzug benutzen, so wird einem dies meistens verwehrt, da er fast immer ausgebucht ist und man eine Platzkarte besitzen muß, die man in Thazi nicht mehr erhält. Umgehen kann man dies nur, indem man sich beizeiten für die gesamte Strecke eine Platzreservierung besorgt.

Hat man den Besuch des Shan Berglandes an das Ende des Burmaaufenthaltes gelegt, empfiehlt es sich immer mit dem Flugzeug nach Rangun zurückzukehren. Nimmt man die Abendmaschine, so kann man den Tag vor der Ausreise noch voll nutzen.

Eine Inth
Weberin
(links) ur
eine Pa-c
aus Taur

ARAKAN UND SEINE ALTEN STÄDTE

Auf einer steinigen Ebene in Westburma, zwischen dem Lemro und dem Kaladanfluß, findet man die Überreste einer Stadt, die einst zu den strahlendsten Königsstädten Asiens gehört hat. Heute sind die Stupas und *Tazaungs* vom Urwald überwachsen und eine Unzahl von Buddhafiguren schauen aus dem Unterholz im Umfeld der Stadt hervor. Myohaung, das die Arakaner Mrohaung nennen, war vom 15. bis 18. Jahrhundert unter dem Namen Mrauk-U die jüngste von acht alten Hauptstädten, deren Ziegel und Steine heute unter einer dichten Vegetationsdecke liegen.

Arakan ist ein Land von Flüssen, und Boote sind die verläßlichsten Transportmittel in dieser Gegend, die die höchste Niederschlagsmenge Burmas verzeichnet.

Akyab (auch Sittwe genannt) ist die Hauptstadt dieses ungewöhnlichen Bundesstaates, der deutliche Moslemeinflüsse aufweist. Etwa 240 km südlich von Akyab liegt der Badeort Sandoway, wo sich eine elf Kilometer lange, palmbegrenzte Bucht halbmondförmig in den Golf von Bengalen erstreckt.

rgehen-
ten:
aung im
ennebel
nks) der
von
aung.
ter:
-U im
dt.

Arakan. Dieses sagenhafte Land der Mysterien und Wunder hat seit Jahrtausenden seine Besucher verzaubert. Wenige Menschen aus dem Westen haben in den letzten Jahrzehnten eine Besuchsgenehmigung erhalten, selbst nach Sandoway, das keinen Besuchsbeschränkungen unterliegt, kommen nur selten Touristen.

„Wilde, unzivilisierte Menschen"

Arakan ist das Land, in dem Völker mongolischer und arischer Abstammung aufeinander stießen, in dem der Buddhismus und der Brahmanismus eine enge Verbindung eingegangen sind. Ptolemäus nannte es im 2. Jahrhundert nach Christi *Argyre*, das Silberland. Die Einwohner selbst nennen es *Rakhaingpyi*. Der Ausdruck *Rakhaing* stammt noch aus der vorbuddhistischen Zeit; so nannten die arischen Inder die Draviden und Mongolen. Er bedeutet soviel wie „wilde, unzivilisierte Ureinwohner".

Der Maha Muni Arakans Palladium

Mit König Chandra Surya, der 146 n. Chr. den Thron bestieg, faßte auch der Buddhismus im Lande Fuß. Während seiner Regierungszeit wurde jedenfalls der berühmte Maha Muni Buddha gegossen. Es war diese Buddhafigur und die Yattaraglocke mit ihren Runen und astrologischen Chiffren, die das Symbol des unabhängigen Arakans waren. Vom Siriguttahügel in Dhannavati aus beschützten sie die Unabhängigkeit des Landes auf eine mystische Art. Mit dem Abtransport des Maha Muni durch Bodawpaya 1874 war auch Arakans Schicksal als selbständiger Staat besiegelt. Die Einwohner Arakans verbinden auch heute noch das eine mit dem anderen.

Im ersten Jahrtausend unserer Zeitrechnung war Arakan ein von indischer Kultur geprägter Staat, dessen Einwohner an der Küste indischer Abstammung waren. 957 n. Chr. wurde es von den Pyu überrannt. Die rassische Mischung zwischen diesen beiden Volksgruppen ergab dann das arakanische Volk, wie wir es heute kennen. Damals auch begann die neuere Geschichte Arakans, gesellte sich zu der bereits vorhandenen Symbiose von Brahmanismus und Buddhismus, der Geisterglaube der Pyu und nahm so jene mystizistische Form an, wie sie nur dieses Grenzland hervorbringen konnte.

Zwar war Arakan während des Ersten Burmesischen Reiches Pagan tributpflichtig, konnte jedoch in der Praxis, schon aufgrund der geographischen Abgeschiedenheit, seine Unabhängigkeit bewahren. Bereits König Anawrahta wollte den Maha Muni nach Zentralburma bringen lassen, unterließ dies jedoch angesichts des unlösbaren Transportproblems.

Bollwerk gegen den Islam

Gefährlicher für die Unabhängigkeit Arakans war das mohammedanische Bengalen, an das es im Norden grenzte. Der Islam, der sich über Jahrhunderte hinweg, scheinbar mühelos, nach Osten hin ausgebreitet hatte, fand in Arakan jenes Bollwerk, über das er im kontinentalen Südostasien nicht hinwegkam. Im 13. Jahrhundert erst faßte er in der Insulinde, auf Sumatra Fuß und konnte dann seinen Siegeszug weiter nach Osten, bis zu den Philippinen, fortsetzen.

Ganz erfolglos war der Islam in Arakan nicht, wie die vielen Moslems im Land beweisen. Im Mittelalter unterstützte Bengalen die Unabhängigkeit Arakans gegenüber dem Shankönigreich von Ava. Seit damals trugen alle arakanischen Könige, obwohl Buddhisten, zusätzlich noch islamische Titel.

König Minsawmun gründete 1433 Mrauk-U, das bis zum Untergang des arakanischen Reiches, dreieinhalb Jahrhunderte später, Hauptstadt und kulturelles Zentrum bleiben sollte. Die ersten Europäer – portugiesische Piraten – erschienen 1517 im Golf von Bengalen. Ihre wichtigste Siedlung war Dianga, 20 km südlich von Chittagong, das damals noch zu Arakan gehörte. Nach vorangegangenen Plünderungen an der Küste, bei denen sie auch Mrauk-U – erfolglos – belagerten, stellten sie ihre Schiffe und Kanonen in den Dienst der arakanischen Könige.

Das 17. Jahrhundert war die Blütezeit Arakans. 1599 kehrte König Razagyi siegreich von einem Kriegszug nach Pegu, das damals die Vorherrschaft in Burma hatte, zurück. Unter der Kriegsbeute befand sich auch ein weißer Elefant, das untrügliche Zeichen des „Universalen Monarchen". Er diente ihm und seinen Nachfolgern als Leitbild.

Das Unsterblichkeitselexier

Razagyis Enkel, Thiri-thu-dhamma, der am meisten verehrte König der arakanischen Geschichte (1622–1638), sah sich deshalb auch als zukünftigen Universalen Monarchen und suchte als solcher die Unsterblichkeit.

Von einem weitgereisten islamischen

Doktor ließ er sich ein Elexier brauen, in dem die Essenz von 2000 Herzen von weißen Tauben, 4000 Herzen von weißen Kühen und 6000 Menschenherzen enthalten war. Geholfen hat es ihm nichts, seine Feinde töteten ihn durch eine Magie, die stärker als seine war. Diese Geschichte und Details vom Leben an Thiri-thu-dhammas Hof kennen wir aus Berichten des Augustinerpaters Manrique. Er war als Gesandter Goas 1629 nach Mrauk-U gekommen.

Das Ende des Reiches

Nach Thiri-thu-dhammas Tod kam das Land nicht mehr zur Ruhe. Die Portugiesen aus Dianga unterstützten den Mogulen Aurangzeb und brachen so Arakans Vorherrschaft zur See. In Arakan übernahmen vorübergehend afghanische und türkische Bogenschützen, die als Legionäre dienten, die Macht. In dem Chaos, das in der ersten Hälfte des 18. Jahrhunderts herrschte, regierte jeder König durchschnittlich nur zweieinhalb Jahre.

Nach buddhistischem Glauben werden große Veränderungen durch Erdbeben angekündigt. 1761 und 1762 wurde Arakan von zwei außergewöhnlich starken Erdstößen heimgesucht, bei denen sich die Küste an manchen Stellen bis zu sieben Meter aus dem Golf von Bengalen erhob. Die Veränderungen waren fällig. König Bodawpaya nutzte 1784 die verfahrene politische Situation und annektierte Arakan.

Auch er hat Mrauk-U nicht erobert, er übernahm die Stadt durch Verrat. Man kann auch sagen, er hatte die Unterstützung der Bevölkerung, die den andauernden Bürgerkrieg satt hatte. Trotzdem sicherte er sich zuerst gegen die Magie der Yattaraglocke ab und ließ diese mit Hilfe von magischen Riten für sich arbeiten.

Heute, zwei Jahrhunderte nach Bodawpayas Annexion, ist Arakan noch immer ein Teil Burmas. Viele Bewohner des Landes sehen sich aber als eigenständige Nation, nicht zuletzt die moslemische Minderheit an der Grenze nach Bangla Desh, deren militärischer Arm, die Mujahid, der Zentralregierung noch immer Sorgen bereitet. Dies ist auch der Grund, warum Nordarakan noch immer nicht für den Tourismus geöffnet wurde.

Arakans Hauptstadt

Akayb, Arakans Hauptstadt, liegt in diesem gesperrten Gebiet. Es wurde 1826 von dem britischen General Morrisson gegründet, der seine Truppen von

Moschee
) und ein
ni-
er Tem-
echts) in
).

Mrauk-U an die klimatisch besser verträgliche Mündung des Kaladanflusses verlegte. Seine Truppen hatten im Ersten Anglo-Burmesischen Krieg zwar die Burmesen besiegt, vor dem Klima im Landesinneren mußten sie aber weichen. Die Stadt bietet außer einem scheinbar endlosen Strand im Norden nicht viel von touristischem Interesse. Ziel jeder Reise nach Akyab sollte ein Besuch von **Myohaung** sein, das etwa 80 km weiter im Landesinnern liegt. Myohaung heißt „die alte Stadt" und wurde so erst nach der Verlegung des Verwaltungszentrums an die Küste genannt.

Mit morschem Motorschiff nach Mrauk-U

Die Fahrt von Akyab nach Myohaung, auf einem jener alten Schiffe, die einst bessere Tage gesehen haben, dauert sechs bis sieben Stunden. Vorbei an endlosen Reisfeldern erreicht man das kleine Dorf **Aungdet**, das an einem Seitenarm des Kaladanflusses liegt, von hier aus sind es nur noch einige hundert Meter bis ins Zentrum von Myohaung, das auf den Ruinen von Mrauk-U erbaut wurde.

Als König Minsawmun 1433 die Hauptstadt vom glücklosen Launggyet nach Mrauk-U verlegen wollte, kündigten ihm seine Ponnas, die Hofbrahmanen, für den Fall des Umzugs seinen unmittelbaren Tod an. Minsawmun ließ sich nicht abhalten. Innerhalb eines Jahres war er auch tot. Damals hielten Prophezeiungen noch, was sie versprachen. Sein Opfer war nicht umsonst. Mrauk-U wurde zu einer uneinnehmbaren Stadt. An der Rückseite von einer Bergkette geschützt, schloß sich daran eine 30 km lange Verteidigungsanlage, die aus natürlichen Hindernissen, aus Mauern und künstlichen Seen bestand. Die Seen waren mit Schleusen versehen, die bei Gefahr geöffnet wurden und so die Feinde einfach wegspülten. Bengalis, Burmesen, Manipuris und Portugiesen haben dies zu spüren bekommen. Keinem gelang es, die Stadt einzunehmen.

Metropole im Mittelalter

Von Manrique wissen wir auch näheres über das Leben in der Stadt im 17. Jahrhundert: „Die meisten Häuser sind aus Bambus gebaut", schreibt er, „und entsprechen dem Stand und der Position des Auftraggebers und dem Geld, das dieser zur Verfügung hat. Sehr viel Einfallsreichtum und Arbeit stecken in den Matten der Häuser, sie sind aus bestem Material und vielfarbig, sehr hübsch und an-

Eine Kart
Myohaun
aus dem
1920, die
heute noc
gebrauch
ist.

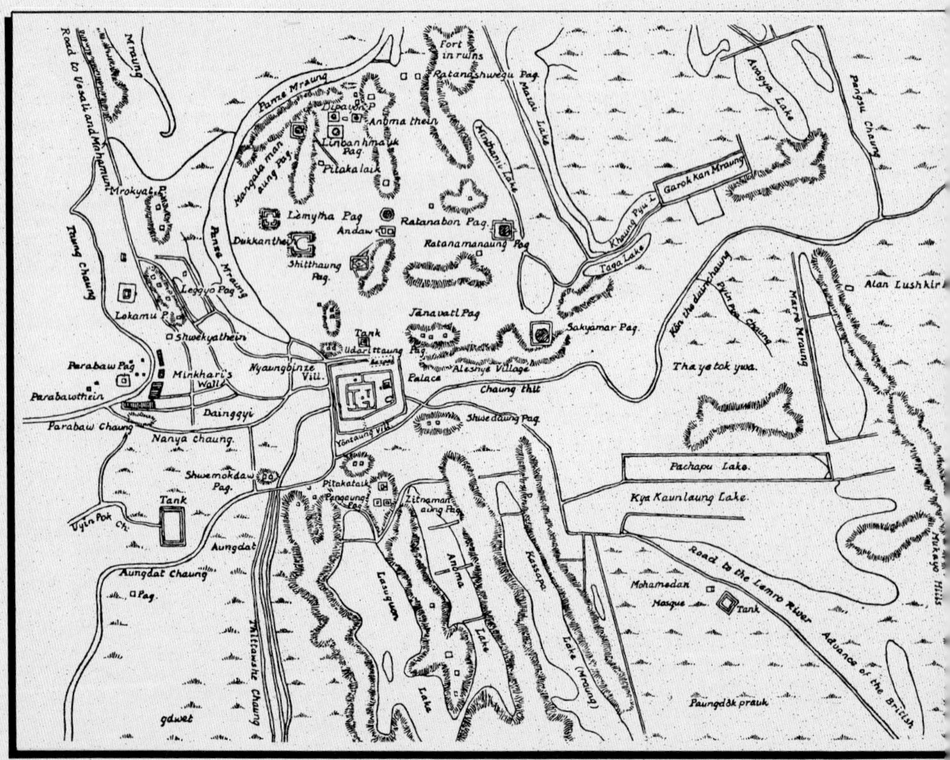

sprechend geflochten. Die Gebäude des königlichen Palastes sind aus demselben Material gebaut. Sie haben riesige hölzerne Säulen von solcher Länge und Symmetrie, daß man erstaunt ist, daß es Bäume von solch hochschießender Geradheit gibt. Manche der Palastgebäude sind aus duftenden Hölzern, etwa weißem oder rotem Sandelholz erbaut, die den Geruchssinn durch ihren natürlichen Duft erfreuen."

Der Markt von Mrauk U

Manriques Beschreibung des Marktes von Mrauk-U zur Zeit von König Thirithu-dhammas Krönung läßt das brodelnde Leben in dieser Metropole vor uns erstehen: „So vielzählig waren die verschiedenen Sprachen und Kostüme, so unterschiedlich die Lebensgewohnheiten in der Hauptstadt, daß die Augen dauernd beschäftigt waren, die verschiedenen Nationalitäten aufgrund ihrer Erscheinung zu unterscheiden...

In den Geschäften waren im Überfluß Diamanten, Rubine, Saphire, Smaragde, Topaze, Gold und Silber in Platten und Barren, Zinn und Zink angeboten. Daneben gab es noch Kupfer, Ambra, Moschus, Zibetduft, duftendes Harz, Mandelessenz, Weihrauch, Kampfer, rotes Blei, Indigo, Borax, Quecksilber, Salpeter, Opium, Tabak und Gummilack . . ." Mrauk-U war wirkklich eine kosmopolitische Stadt. Die Reste der 30 km langen Befestigungsanlage kann man heute noch besichtigen. Im Stadtzentrum lag der **Königspalast**, hoch über dem Markt, eine Art asiatische Akropolis. Drei Schichten zyklopischer Grundmauern sind alles, was heute noch erhalten ist. Wo einst die Könige Arakans ihre duftenden Privatgemächer hatten, steht heute ein Schuppen für Ackergeräte.

Im Norden der ehemaligen Palastanlage, versteckt hinter einigen Hügeln, liegen die wichtigsten religiösen Bauten Myohaungs. Aber die ganze Umgebung der Stadt ist eine einzige Ansammlung von Tempeln, Pagoden und Buddhafiguren. Jede der unzähligen Hügelkuppen ist mit einer weißen Pagode geschmückt, und in den Senken zwischen den Hügeln befinden sich Bauten in jedem Stadium des Verfalls.

Der Tempel der 80000 Buddhas

Will man die wichtigsten Gebäude und Anlagen des alten Mrauk-U besichtigen, so muß man mindestens acht Kilometer zu Fuß zurücklegen. Öffentliche Verkehrsmittel gibt es in Myohaung nicht.

Dhaw ähn-
es Segel-
·t auf dem
ıro.

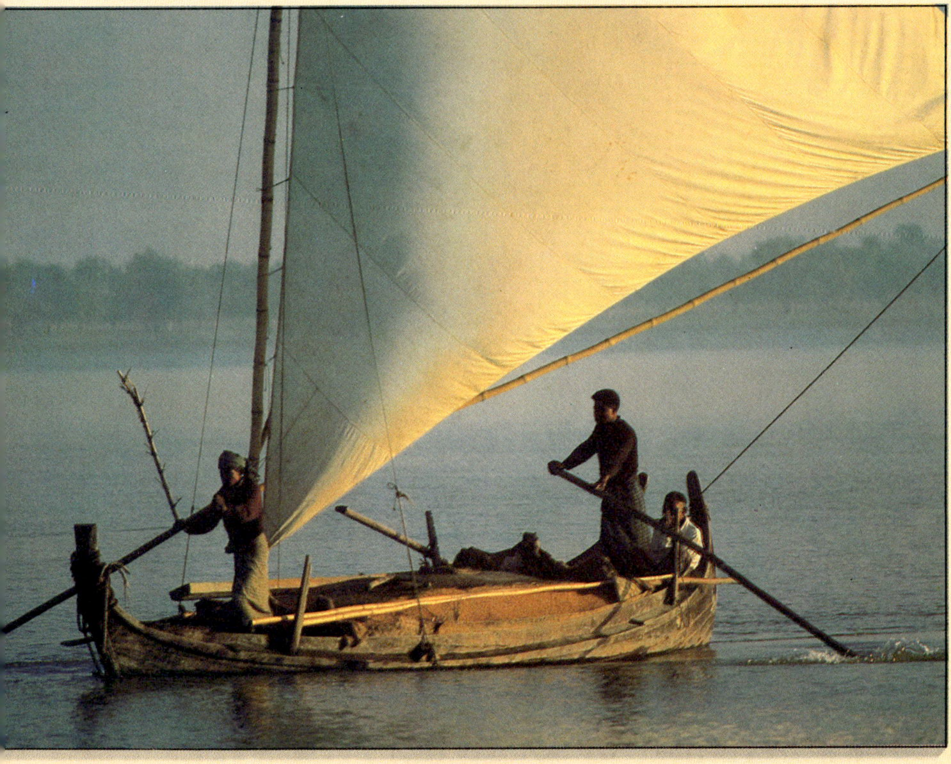

Auch als Übernachtungsmöglichkeit gibt es nur einen kleinen Dak-Bungalow, der dazu noch meist von Regierungsbeamten belegt ist.

In Arakan waren religiöse Gebäude immer auch Verteidigungsanlagen, am größten, dem **Shitthaung Tempel**, kann man das am besten sehen. Er wurde im 16. Jahrhundert, kurz nach der erfolglosen Belagerung durch die Portugiesen, erbaut. Man nennt ihn auch den „Tempel der 80 000 Buddhas", nach der Anzahl der Buddhafiguren, die sich in seinem Reliquiar befinden sollen. Diese Zahl entspricht auch den Aussagen, die man Buddha zuschreibt.

Nicht weit entfernt steht die **Htukkanthein** Ordinationshalle. Auch sie hat einen glockenförmigen Stupa, der auf mehreren Terrassen erbaut ist. An den Figuren im Innenhof kann man deutlich Mode und Haartracht der Hofdamen des 16. Jahrhunderts erkennen.

Im **Andaw Tempel** gleich daneben findet man unzählige Statuen von sitzenden Buddhas. Im Sanktuarium befindet sich ein weiterer Zahn Buddhas aus Ceylon. König Minbin, der diesen Tempel erbauen ließ, gilt auch als Stifter des **Lemyethna Tempels** und der **Shwedaung Pagode,** an beiden sind Fresken erhalten, die Szenen vom täglichen Leben am Hof von Mrauk-U darstellen.

Mrauk Us Tempel
Heimat der Fabelwesen

Fast alle Tempel Mrauk-Us sind mit Reliefs überladen. Hier kann man *Nats* und *Devas, Kinnaras, Ghandarvas, Asparas, Nagas, Rakshasas, Pretas. Bhutas* und *Vetalas* sehen, um nur einige Wesen aus dem schier unerschöpflichen Schatz hinduistisch-buddhistischer Mythologie zu nennen. Zwischen den Tempelkorridoren, in denen man dieser mythologischen Vielfalt gegenübersteht, sind hunderte von Buddhafiguren untergebracht. Sie befinden sich in bogenförmigen Öffnungen und sind von einem mystischen Licht durchtränkt. Aber Buddhafiguren sind für Myohaung, was Bäume für einen Wald sind. Man findet sie überall, in verschiedenen Stadien des Verfalls. In den Jahren der Anarchie und der Glaubenslosigkeit, von denen dieses Land genügend hatte, wurde viel zerstört. Was in den Antiquitätenläden des Westens vermarktet und stolze Preise erzielen würde, ist für die Bewohner dieser Gegend ein Teil der Natur, selbstverständlich und erregt keinerlei Aufmerksamkeit.

Auf dem
zur Reisr
in Myoha

Myohaung ist heute ein abgelegenes Reiseziel, wer eine Genehmigung zum Besuch erhält, wird wie ein Staatsgast empfangen; der Vorsitzende des Distriktparlaments, einige Soldaten und ein Dutzend Myohaunger werden ihn auf Schritt und Tritt begleiten.

Die anderen alten Hauptstädte

Myohaung/Mrauk-U ist inzwischen auch schon fünfeinhalb Jahrhunderte alt, es ist trotzdem die jüngste der alten Städte Arakans. Nicht weit von der „Alten Stadt" entfernt liegen **Launggyet,** das vor Mrauk-U Königsstadt war, und **Vesali,** das diesen Titel bereits im 4. Jahrhundert nach Christi trug. Es gibt dort heute wenig zu sehen, die Ausgrabungen haben erst jetzt begonnen, trotzdem sind Hügel und Felder mit Pagoden und Buddastatuen übersät.

Wo immer man in Vesali die oberste Erdschicht zur Seite schiebt, kommen rote Ziegel zum Vorschein. Die Bewohner der Gegend haben in ihren Bambushütten große mythologische Figuren stehen, die der Archäologische Dienst Burmas nicht wegnehmen kann, da sie als Schutzgeister noch immer angebetet werden.

rauk-Us
itthaung
npel.

Auch die anderen alten Städte, **Hkrit, Parein, Pyinsa** und **Thabeiktaung** bedürfen noch einer gründlichen Forschung und Grabung. Dasselbe gilt auch für **Dhannavati,** etwa 30 km nördlich von Myohaung. Zwischen dem sechsten vorchristlichen Jahrhundert und 350 nach Christi war sie die Hauptstadt eines indisierten Arakan. Hier wurde im 2. Jahrhundert nach Christi auch der Maha Muni gegossen.

Tristes Dhannavati

Um nach Dhannavati zu gelangen, muß man wieder nach Akyab zurück und mit einem anderen Flußboot den Kaladan bis **Kyauktaw** hochfahren. Von dort aus sind es dann noch fünf Kilometer bis zum **Siriguttahügel,** auf dem die leere Maha Muni Pagode steht.

Besteigt man heute diesen Hügel mit dem Wissen, daß dies eins das Palladium Arakans, das Zentrum tiefster religiöser Verehrung war, und sieht man den heutigen verlassenen Zustand, so kann man einer gewissen Trauer nicht entgehen, tröstet man sich nicht mit der buddhistischen Doktrin, daß alles Weltliche vergänglich ist.

Der *Pyattaw,* unter dem der Maha Muni seinen Platz hatte, wurde im Pagan-stil erbaut, nachdem die Pyu den ur-

sprünglichen Tempel 957 zerstört hatten. Die Mauern dieser alten Anlage stehen noch. In ihr findet man Figuren von Hindugottheiten, die einst als Wächter dienten und so ihre Unterwerfung unter Buddhas Lehre signalisierten. Hier hängt auch noch die **Yattara Glocke,** Sinnbild mittelalterlicher Mystik.

Die Glocke des Aberglaubens

Die Glocke, ein Duplikat, nachdem die Briten das Original nach Indien verschifft hatten, ist mit verwitterten Runen versehen. Für die Alchimisten und Zauberkundigen des arakanischen Mittelalters war sie das Mittel, um die Kräfte des Mikro- und des Markrokosmos zu lenken:

„Um den Einfall von Feinden aus fremden Städten und Dörfern zu verhindern, sollen Blumen, Nahrungsmittel und Öllampen Tag und Nacht an den . . . Pagoden dargebracht werden.

Um die Herrscher von Städten und Dörfern in den vier Himmelsrichtungen in Angst und Schrecken zu versetzen, soll eine Pagode mit vier Torbögen erbaut werden . . .

Im östlichen Torbogen soll die Yattaraglocke hängen und die Feinde durch ihren Klang verängstigen . . . fremde Invasoren sollen so, vom Entsetzen gepackt, die Flucht ergreifen.“

Menschen des 20. Jahrhunderts mögen nicht daran glauben, daß Kriege so zu gewinnen sind. Es bleibt trotzdem eine Tatsache, daß Arakan solange unabhängig geblieben war, solange Maha Muni und Yattaraglocke auf dem Siriguttahügel über das Land wachten.

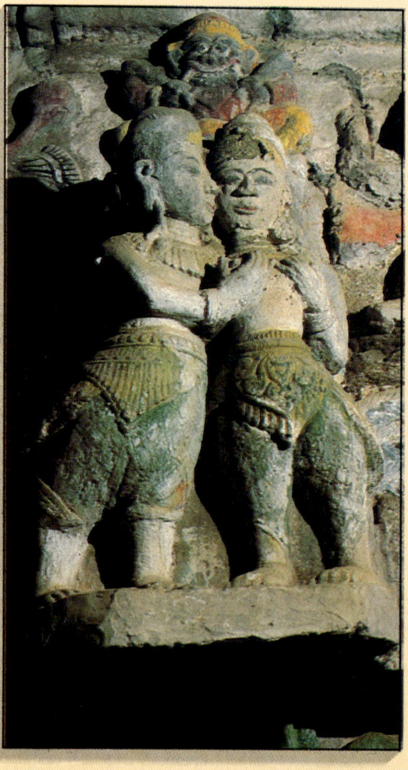

Zwei Ges
ter Araka
eine hind
Liebessz
im Htukk
hein (link
und ein o
doxer Mc
in Akyab.

Der Strand von Sandoway

Touristen kommen gewöhnlich wegen der kulturellen und landschaftlichen Anziehungskraft nach Burma. Daß es auch einen Badestrand gibt, der zwischen Oktober und April für ausländische Besucher zugänglich ist und der zu den schönsten Küstenstreifen Südostasiens gehört, wissen nur die wenigsten.

Sandoway kann man täglich von Rangun aus mit dem Flugzeug erreichen. Was während der Kolonialzeit einer von mehreren Badeorten in Burma war, ist heute der einzige, der akzeptable Unterbringungsmöglichkeiten bietet. Da Sandoway auch bei den Burmesen sehr beliebt ist, sollte man sich beizeiten bei Tourist Burma eine Hotelreservierung besorgen, am besten im Sandoway Strand Hotel.

Burmas Neapel

Der beliebteste Strand liegt bei dem Fischerdorf **Ngapali.** Wer seine eigene Tauch- oder Schnorchelausrüstung mitbringt, findet hier ein noch unzerstörtes Revier.

Den Namen, so sagt eine zweifelhafte Überlieferung, hat Ngapali von italienischen Söldnern erhalten, die während des Ersten Anglo-Burmesischen Krieges dort stationiert waren und an ihre Heimat Neapel (Napoli) erinnert wurden.

In den ersten Jahrhunderten unserer Zeitrechnung war Sandoway wichtiger Anlegeplatz auf den Schiffahrtswegen zwischen Indien und dem indonesischen Inselreich. Sandoway hieß damals Dvaravati, wie jene mythologische Stadt, die wir aus den Jatakas kennen, die sich, von Feinden angegriffen, in die Luft erheben konnte und so jeder Belagerung standhielt.

Buddha selbst soll drei seiner 547 in den Jatakas beschriebenen Leben in Sandoway verbracht haben. In der **Andaw Pagode** ist deshalb der Zahn einer Kobra, in der **Nandaw Pagode** die Rippe eines Rebhuhns und in der **Sandaw Pagode** ein Yakhaar eingemauert. In der Inkarnation all dieser Tiere hat er, so sagen die alten Schriften, auf dem langen Weg zur Erleuchtung in Sandoway gelebt.

1981 Calendar
National
PENTAX CALENDAR 1981
Yamaha Racing Calendar
YAMAHA
NOMURA TRADING CO., LTD.
1981 Calendar

1981
NUDE CALENDAR
Challenge
'81
THE CHALLENGE
KAIJI KENTEI KYOKAI
YAMASHITA LUMBER CO., LTD.
LANDSCAPE IN JAPAN
1981 CALENDAR
1981 CALENDAR
株式会社岡野造
日本の
東交通株式会社
Bee Ship Supply Co. (Pte) Ltd.
WILCOX & COMPANY
永發(私人)有限公司

Der burmesische Alltag von der Geburt bis zum Tod

Es gibt nur noch wenige Länder auf dieser Welt, in denen die tradierten Lebensweisen noch so starken Einfluß auf das Alltagsleben haben wie in Burma. Nicht etwa, daß die Kolonialperiode spurlos an den Burmesen vorübergegangen wäre: Rationalität, Wissenschaftlichkeit und der Sinn für die Realität haben sich im staatlichen Leben und in den wichtigen Bereichen der Gesellschaft durchgesetzt. Im Alltagsleben aber herrschen noch immer die alten Werte vor.

Verfolgen wir den Lebensweg eines Burmesen:

Die Jahre der Kindheit
Von der Geburt bis zur Eheschließung

Sieben Tage nach der Geburt laden die Eltern zur Namensgebungsfeier ein. Hierbei erhält das Kind aufgrund astrologischer Berechnungen einen Namen, der in keiner Weise dem seiner Eltern ähnelt.

Mit fünf Jahren wird der junge Burmese eingeschult. Dort, wo es trotz der vorhandenen Schulpflicht und der großen Anstrengungen, die die Regierung seit der Unabhängigkeit unternommen hat, um die allgemeine Schulausbildung zu sichern, noch keine staatliche Schule gibt, übernimmt das örtliche *Kyaung* die Unterrichtung im elementaren Bereich.

Etwa mit neun Jahren findet dann das *Shin-pyu* statt, jene Initiationsfeier, bei der er seine Kindheit abschließt und vorübergehend Mitglied der *Sangha* wird. Für Mädchen findet im selben Alter die *Nahtwin,* die Ohrdurchbohrungszeremonie statt, die wie das *Shin-pyu* den Abschied von der unbeschwerten Kindheit symbolisiert.

Manche Sozialpsychologen führen auf diesen abrupt einsetzenden Wandel im Leben der Kinder jene psychische Konstitution der Burmesen zurück, die sich in einer zwar schnell vorübergehenden, aber leichten Erregbarkeit manifestiert.

Burmesen heiraten verhältnismäßig jung. Die Eheschließung selbst bedarf keiner kirchlichen oder staatlichen Anerkennung, obwohl eine Registrierung zum Zweck der Vermögensaufteilung gefördert wird.

Frauen haben trotz ihres minderen Ranges in der buddhistischen Inkarnationslehre einen festen Platz im gesellschaftlichen Leben. Ihre Rechte sind denen des Mannes gleichgestellt. Garantiert wird dies durch ein unkompliziertes Scheidungsrecht und der Möglichkeit, jederzeit in die Familie der Eltern zurückkehren zu können.

Die traditionelle Kleidung
Longyi und Gaung-baung

Die nationale Identität des Burmesen wird durch den mit Stolz getragenen *Longyi* unterstrichen. Ähnlich einem malayischen Sarong besteht er aus einem rund zusammengenähten Tuch, das knöchellang getragen wird. Er ersetzt zusammen mit der *Eingyi,* einer durchsichtigen Bluse für Frauen, die aber auch ein mit Rundkragen versehenes langärmeliges Jackett sein kann, die westliche Kleidung.

Die traditionelle Kopfbedeckung der Männer, den *Gaung-baung,* sieht man heute nur noch bei festlichen Anlässen. Er hat sich zu einer fertig gekauften Mütze mit dem typischen abstehenden Zipfel gewandelt.

Noch während der Kolonialperiode hat man ihn, entsprechend der sozialen Stellung, in verschiedenen Formen und Farben, selbst, wie einen Turban um den Kopf gewickelt.

Burmesische Frauen legen großen Wert auf Schmuck. Da Rubine, Saphire, Jadeit und Perlen im Land gefunden werden, erstaunt es einen nicht, wenn man bei festlichen Anlässen reich mit Edelsteinen geschmückte Frauen sieht. Edelsteine sind noch immer die traditionelle Vermögensanlage.

Die Fähre besteigen
Alter und Tod

Die wenigsten Burmesen bleiben längere Zeit in der Sangha, die man im modernen Verständnis auch als Altersversorgung und Sozialversicherung sehen kann, die jedem offensteht.

Der Tod hat für den Buddhisten einen anderen Stellenwert als für den Christen. Er stellt nur eine weitere Umdrehung des Samsararades dar. Ein toter Burmese kann begraben oder verbrannt werden, in jedem Fall bekommt er eine Münze in den Mund gelegt, um den Fährlohn in die nächste Existenz entrichten zu können.

Zur Totenfeier kommen alle, die ihm nahestanden. Man nimmt an, daß er selbst noch daran teilnimmt, da sich sein Geist noch eine Woche lang im Haus der Familie aufhält.

Vorige Seiten: Kalenderverkäufer in Rangoon, Kinder bei einem Strassenfest; Verliebte auf dem Campus der Rangoon Universität. Links: ein Buddha.

In einem durchschnittlichen burmesischen Restaurant findet man auf der Karte immer indische Curries und chinesische Nudel- und Reisgerichte. Dies braucht einen nicht zu wundern, liegt Burma doch auf halbem Weg zwischen diesen beiden Ländern, deren Küche auf ihre Art auf der ganzen Welt unübertroffen ist.

Es gibt aber auch burmesische Gerichte, die man aber nicht so leicht findet. In Rangun bieten das **Burma Kitchen,** das **Bamboo House** und das **Karaweik Restaurant** für die Wohlhabenderen, also auch die westlichen Touristen, burmesische Nationalgerichte an. Ansonsten muß man schon von burmesischen Freunden nach Hause eingeladen werden, um gutes einheimisches Essen zu bekommen.

Burmas geographische und kulturelle Abgeschiedenheit hat eine eigene Küche gefördert. Da sie keine Tierzüchter sind und Rindfleisch und Milch in ihrer Nahrung nur spärlich vertreten sind, wurden Fischgerichte zur wichtigsten Proteinquelle.

Reis und Curry mit Fischgeruch

Berge von Reis mit Currysauce sind das Hauptnahrungsmittel der Burmesen. Aber dieser Reis wird immer mit *Ngapi* oder*Nganpayay,* fermentierter Fisch oder Shrimppaste, angerichtet. Da *Ngapi* einen ziemlich penetranten Geruch hat, wird es einem Besucher aus dem Westen nur selten angeboten. Kipling hat es einmal als „gebeizten Fisch, der schon längst begraben sein müßte", bezeichnet und Sir James George Scott sagte: „Ein altes Heringsfaß stinkt penetrant, aber es gibt nichts in der Natur, was so sehr nach altem Fisch stinkt wie Ngapee." In kleinen Mengen verwendet, erfüllt es aber die Funktion eines Gewürzes.

Ein anderes typisches Gericht ist *Mohinga,* eine Suppe aus Fisch und Reisnudeln, die zum Frühstück und Mittagessen serviert wird. Zum Abendessen findet man eher *Hingyo,* eine klare Suppe mit grünem Gemüse.

Fisch und Garnelen, sehr oft auch Huhn, ißt man zusammen mit Reis zum Hauptgang. Sehr beliebt ist auch *Kaukswe,* ein Hühnergericht mit Nudeln, das mit Kokosmilch zubereitet wird. Im Delta werden dazu noch Zwiebel, Ingwer, Knoblauch und Chillies verwendet. Die Zubereitung ist aber nicht überall gleich, in den Shanbergen werden wahrscheinlich andere Zutaten genommen.

In Burma gibt es viele verschiedene Früchte. Bananen, Orangen, Limonen, Mangos, Papayas und Pomelos (chinesische Pampelmusen) findet man auf jedem Markt. Die beliebten Mangosteen und die von manchen verabscheuten Durian kommen aus Moulmein und Tenasserim. Über die Durian schrieb Scott einmal treffend: „Manche Engländer werden Ihnen sagen, daß man den Geruch und Geschmack dieser Frucht nachvollziehen kann, wenn man einen Knoblauchpudding über einem Londonder Kanalschacht ißt; andere werden aber genauso überzeugt über ihre Empfindung sprechen, die einem Gemisch von Sherry, Schaum und göttlichem Nektar ähnlich ist . . ."

An den Straßenecken in allen größeren Städten werden auf Ständen Shrimpchips, süße Pfannkuchen, gebackener Kürbis, Shanwürste und – für Leute mit Stehvermögen – gegrillte Heuschrecke angeboten.

Speiseeis sollte man besser nicht essen und auch Wasser nur dort trinken, wo man sicher sein kann, daß es abgekocht wurde. Frisch gepreßter Zuckerrohrsaft, Limonaden und Tee sind überall erhältlich. Grünen chinesischen Tee gibt es meist umsonst, der schwarze burmesische Tee wird immer gleich mit Milch und Zucker serviert.

Fisch ist die Proteinquelle der Burmesen (links) und Chillies fehlen bei keinem Essen (rechts).

Ein Land der Jade und Rubine

Im Westen assoziiert man Burma fast automatisch mit Edelsteinen. Mit Edelsteinen, die in der Tropensonne purpur, grün oder himmelblau erstrahlen.

Dies kommt nicht von ungefähr. In den Minen im Norden, in Mogok und Mogaung, fördert man Rubine, Jade, Saphire und andere wertvolle Steine.

Ludovico di Varthema, ein italienischer Kaufmann, der Burma 1505 besuchte, berichtete als erster Europäer von diesem Reichtum: „Die einzige Handelsware dieser Menschen sind Juwelen“, schrieb di Varthema. „Riesige Perlen, Diamanten und Smaragde, sie sind dort teurer als bei uns.“ Über den König von Pegu schrieb er:

> „Er trägt mehr Rubine an sich, als der Wert einer ganzen Stadt, er trägt sie an all seinen Zehen. Und an seinen Beinen trägt er gewisse goldene Ringe, die alle mit den schönsten Rubinen besetzt sind; auch seine Arme und seine Finger sind mit Rubinen bedeckt. Seine Ohren hängen eine halbe Handbreite herunter, wegen des großen Gewichts der Juwelen, die er dort hängen hat. Wenn man die Person des Königs des Nachts bei Licht erblickt, strahlt er so sehr, daß man ihn für die Sonne hält.“

Di Varthema war auch der erste Europäer, der durch Edelsteingeschäfte in Burma reich wurde. Er schenkte dem König einige Korallen und bekam dafür 200 Rubine, die damals etwa 100000 Dukaten (was heute ca. 150000 US $ entspricht) wert waren.

Taubenblutrote Rubine und vertrauenswürdige Generale

Heute ist es schon schwieriger, im Edelsteingeschäft reich zu werden. Jeden Februar treffen sich hunderte von Juwelenhändlern im Inya Lake Hotel in Rangun zum jährlichen „Gems and Pearls Emporium“. Nur geladene Gäste dürfen die Ausstellungsräume besuchen, um das zu kaufen, was die Erde Oberburmas zum Reichtum des Landes beiträgt.

Die gesuchteste Ware sind Rubine, ein Edelstein, auf den Burma fast ein Monopol hat. Am teuersten werden Steine gehandelt, deren Farbe dem Taubenblut ähnlich ist.

Wer kein Fachmann ist, sollte aber achtgeben, besonders, wenn er von „vertrauenswürdigen, pensionierten Armeegeneralen“ angesprochen wird, die ihren persönlichen Kanal zu den Rubingruben Mogoks haben. Taubenblutrote Rubine werden heute auf synthetischem Weg hergestellt. Wer sich noch in Burma wie di Varthema fühlt, auf den kann zu Hause ein böses Erwachen warten.

Man muß heute kein Alchimist sein, um künstliche Rubine herzustellen. In einem Schmelzprozeß wird reines Ammoniakalaun mit Chromalaun und einer kleinen Menge Chromoxyd vermischt. Die Menge des Chromoxyds ist für die Farbe ausschlaggebend. Steine dieser Art gehören zu den Hauptimportartikeln Burmas, sie tauchen überall dort auf, wo man auch Touristen findet.

Mogok, wo Burmas größte Rubingruben liegen, ist in der Luftlinie 110 km von Mandalay entfernt. Früher konfiszierten die burmesischen Könige die schönsten Steine und ließen den Edelsteinschürfern nur die kleinen, die nicht viel wert waren.

Als die Briten 1886 Oberburma besetzten, begann ein Jahr des unkontrollierten Schürfens, da es kein königliches Monopol mehr gab und die Briten diesen Distrikt erst 1887 besetzen konnten. Dann wurde der Londoner Firma Messrs. Streeter & Co. das Alleinkaufrecht eingeräumt, eine wahre „Rubingrube“ für die Aktionäre und die Staatskasse. Heute sind die Minen nationalisiert, der Handel mit Edelsteinen ist Staatsmonopol.

Weiter im Norden, westlich von Myitkyina, im Kachin State, liegt Mogaung mit seinen Jadeitvorkommen. Bereits 2000 vor Christi kannten die Chinesen den Reichtum, der hier in der Erde liegt. Sie wußten, daß das Jadeit Burmas bei weitem wertvoller ist, als der Nephrit, den sie in ihrem eigenen Land vorfanden.

Für sie spiegelte der Stein die Tugend eines Kaisers wider: die Härte stellte den klaren Geist dar, der Glanz die Reinheit, und sichtbare Einschlüsse repräsentierten die Aufrichtigkeit. Diese „Kaiserliche Jade“ wurde von Mogaung nach China exportiert. Die meisten der unschätzbar wertvollen Ausstellungsstükke in Pekings verbotener Stadt sind aus Mogaung-Jade hergestellt.

Rubine und Jade sind die hervorstechenden Beispiele. Aber auch blaue und farblose Saphire, Aquamarine und Smaragde, Topase, Amethyste und Lapislazuli locken die professionellen Käufer jedes Jahr ins Inya Lake Hotel.

Aus den Rubingruben von Mogok und den Jadeitminen Mogaungs kommen die Edelsteine Burmas.

Auf dem Bogyoke Aung San Markt in Rangun, dem Zegyo Markt in Mandalay und den vielen anderen kleinen Märkten stößt der Besucher auf ein vielfältiges Angebot des burmesischen Kunsthandwerks.

Überall werden auf Ständen Lackarbeiten, Metallgußfiguren, Holzschnitzereien, bestickte Textilien und vieles mehr angeboten. Die burmesischen Kunsthandwerker sind vielleicht nicht so bekannt, wie die Berufsgenossen in anderen Ländern Südostasiens; in ihren künstlerischen Fähigkeiten stehen sie diesen aber in keiner Weise nach.

Lackarbeiten

Die Lackkunst ist in Burma besonders ausgeprägt und schaut auf eine lange Geschichte zurück. Bereits in der chinesischen Shangperiode (18.–11. Jhdt. v. Chr.) war die Technik zur Herstellung von Lackgefäßen bekannt. Im 1. Jahrhundert nach Christi erreichte diese Kunst über das Nan-chao Reich die Gegend des heutigen Burma.

Ähnlich wie bei der Kautschukgewinnung wird das Rohmaterial vom *Thitsibaum (Melanorrhoea usitatissima)* abgezapft. Kaum an der Luft, wird es schwarz und hart.

Antike und außergewöhnlich feine Schalen wurden in der Vergangenheit oft aus Roßhaar und Bambus oder reinem Roßhaar hergestellt. Solche Schalen konnte man an der Öffnung zusammendrücken, ohne daß das Gefäß brach oder der Lack abblätterte.

Heute werden hauptsächlich zwei Herstellungsarten angewandt: für billige Gegenstände nimmt man Holz, bessere Arbeiten haben als Kern ein Bambusgeflecht, das die Elastizität und Güte des Erzeugnisses bestimmt.

Diese Grundstruktur wird mit einer Schicht Lack überzogen und an einem kühlen, luftigen Ort getrocknet. Nach drei bis vier Tagen wird das Gefäß dann mit einer Paste verkittet. Diese kann aus Holzmehl, Asche, Kuhdung und Reiswasser bestehen.

Nachdem der Kitt getrocknet ist, wird der Gegenstand glattgeschliffen und es werden soviele Schichten Lack aufgetragen, bis alle Unebenheiten verschwunden sind.

Zwölf Stadien

In diesem Zustand ist der Gegenstand schwarz. Erst jetzt beginnt die künstlerische Arbeit des ornamentalen und figuralen Verzierens. Einfache Gegenstände werden nur bemalt. Teurere bekommen durch Gravur und gleichzeitiges mehrmaliges Bemalen und Abschleifen eine vielfarbige Ornamentik. Denselben Vorgang gibt es auch in Form von aufgetragenen und teilweise wieder abgeschliffenen Farbreliefs. Schwarz, Rot, Blau, Gelb und Gold sind die wichtigsten Farben. Die Herstellung eines solchen vielfarbigen Gefäßes dauert etwa sechs Monate, dabei werden

Die Goldfolienproduzenten Mandalays (links) und die Natfigurenhersteller in Rangun (rechts) folgen einer jahrhundertealten Tradition.

zwölf und mehr Herstellungsstadien durchlaufen.

Pagan und Prome sind Burmas wichtigste Lackwaren-Zentren. Man findet dort eine große Auswahl an Vasen, Schmuckdosen, Figuren, Tabletts und vieles mehr.

Gold, Silber, Marmor und Holz

Die Herstellung von Blattgold ist eine florierende Industrie in Burma. Im ganzen Land sieht man, wie gläubige Buddhisten kleine Goldfolien auf Buddhas und Pagoden kleben.

Das Gold dazu kommt aus dem Norden Burmas; es wird auf einem Marmorblock zu etwa Papierdicke breitgeschlagen, zerschnitten und aufeinandergeschichtet, wobei zwischen jedes Blättchen ein Stück Leder und eine Kupferplatte zu liegen kommen. Nochmals geschlagen und halbiert, werden sie dann mit Pinzetten zwischen Bambuspapier gelegt und gestapelt. Ein Stoß von zwei Zentimeter enthält 100 Goldfolien. Diese sind so dünn, daß man durch sie durchschauen kann. Aus einer Unze Gold werden so 10 qm Folie hergestellt.

Silberschmiede gab es in Burma schon im 13. Jahrhundert. Schalen, Vasen, Dolchgriffe und Betelnußkästchen aus dieser Zeit zeugen von der hohen Kunstfertigkeit, mit der damals Silber bearbeitet wurde. Die Silberschmiede von Ywataung in der Nähe Sagaings haben diesen Standard bewahrt. Dasselbe gilt auch für die Kupfer- und Messingschmiede. In Mandalay gibt es noch etwa 300 Familien, die diesen Berufen nachgehen. Auch in Pegu werden von ihnen Buddhafiguren, Gongs und Glocken hergestellt.

Marmor aus Sagyin

Auch Buddhafiguren aus Marmor sind heute noch gefragt. Der Marmor dafür kommt aus Sagyin, das 34 km nördlich von Mandalay liegt. Hinter der Maha Muni Pagode in Mandalay wird er dann gemeißelt und geschliffen. Mit der Herstellung religiöser Kunstwerke verdienen sich die Steinmetze Mandalays nicht nur ihren Lebensunterhalt, sie verbessern damit auch ihr Karma.

Produkte der Holzschnitzkunst kann man in Burma überall sehen, besonders in Mandalay, wo einige der alten Klöster noch mit Holzschnitzarbeiten aus dem letzten Jahrhundert verziert sind. Heute werden hauptsächlich Natfiguren hergestellt. Auf einem Holzblock wird dazu mit Kreide der grobe Umriß aufgezeichnet und mit dem Stemmeisen modelliert. Mit feinen Messern werden dann die endgültigen Umrisse geschnitzt.

Auch die Stickerei ist in Burma weit verbreitet und eine Kunstform. Früher waren es Kleidungsstücke der Mitglieder des Königshauses, die mit Goldfäden, Silbermünzen und vielfarbigem Glas bestickt wurden. Heute sind es Seidenlongyis, auf die Blumen- und Tiermuster gestickt werden. Auch die Schultertaschen der Bergvölker sind mit den verschiedenen Stammesmustern geschmückt.

Das burmesische Theater: eine lebende Kunst

Auf der Bühne stellt er sich besser dar, als man es für möglich hält, der glückliche und lachende Burmese.
– James R. Brandon, *Brandon's Guide to Theater in Asia*, 1976

Für die Menschen Burmas ist jedes Fest ein *Pwe*. Dann kommt die ganze Familie, um diese wunderbare Mischung aus Tanz, Musik, Komödie und Drama zu genießen.

Im burmesischen Theater weinen und lachen, zittern und schreien die Besucher abwechselnd. Fröhliche, unbeschwerte Tänzer und Tänzerinnen springen und wirbeln wie tropische Vögel in ihrer ganzen Pracht vor den staunenden Augen der Zuschauer über die Bühne. Die Kapriolen und Possen der Clowns erwecken immer wieder hysterische Lachanfälle. Das Orchester aus Trommeln und Gongs spielt dazu eine unwirkliche Melodie. Die Bühne wird zu einem „Märchenland, das von stattlichen Prinzen und wunderhübschen Prinzessinnen bewohnt ist", wie der Kenner des asiatischen Theaters, James Brandon, es einmal beschrieb. Wer zwischen November und Mai nach Burma kommt, darf die Aufführung eines *Pwes* nicht versäumen.

Es gibt verschiedene Arten von *Pwes*. Am beliebtesten ist das *Zat-pwe*, die großartige Mischung von Musik, Tanz und dramatischer Darstellung. Das *Anyein-pwe* entspricht mehr einem Volkstheater, in dem Szenen des täglichen Lebens, zusammen mit Geschichten, Tanz und Musik dargestellt werden. Das *Yein-pwe* ist reines Ballett, Einzel- und Gruppentanz. Das *Yokthe-pwe* ist das Marionettentheater, eine typisch burmesische Theaterform, die aber leider im Aussterben begriffen ist. Das *Nat-pwe* ist Teil eines animistischen Festes, bei dem Medien in Trance tanzen.

Zu den weiteren Formen des burmesischen Theaters zählt auch das *Pya-zat*, das meist vor einem *Zat-pwe* gespielt wird. Es ist eine Tanzaufführung, bei der in einer mystischen Welt ein heroischer Prinz sich gegen Dämonen und Zauberer zur Wehr setzen muß.

Von der Mitte des 18. bis zur Mitte des 19. Jahrhunderts wurde vom burmesischen Königshaus das *Zat-gyi*, eine Tanzaufführung mit maskierten Tänzern, gefördert. Heute kann man es fast nirgends mehr finden. Nur noch Puppen aus Papiermâché, die die Tänzer und Tänzerinnen des *Zat-gyi* darstellen, kann man im Shwegadonbasar kaufen. (Dort gibt es auch Marionetten, Trommeln und Gongs.)

Das burmesische Nationaltheater, das aus 14 Tänzern und Musikern besteht, machte 1975 eine erfolgreiche Tournee durch die Vereinigten Staaten. Andere Gruppen, die an der State School of Music and Drama in Rangun und Mandalay ausgebildet werden, lassen eine Tradition weiterleben, die von unzähligen Gruppen, die von Pagodenfest zu Pagodenfest durch das Land ziehen, seit Jahrhunderten gepflegt wird.

Auf Dorfplätzen in schnell errichteten Bambushallen, manchmal auch einfach im Freien, bringen sie der Landbevölkerung buddhistische, animistische und nationale Sagen und Geschichten nahe, ohne dabei die leichte Unterhaltung zu vergessen. Die Vorstellungen dauern von Sonnenuntergang bis Sonnenaufgang. Die Besucher bringen ihre eigenen Matten, Kinder, Babys, Nahrungsmittel und Getränke mit. Niemand denkt sich was, wenn sein Nachbar zwischendurch für eine Stunde einschläft, es gehört zum Besuch eines *Zat-pwes*.

Die Geschichte der burmesischen *Pwe*-Gruppen geht auf König Hsinbyushin zurück, der von seinem siegreichen Feldzug nach Ayutthia auch siamesische Tanzgruppen mitbrachte, sie gaben dem bis dahin auf höfische Ausdrucksformen ausgerichteten burmesi-

Ein lächelnder Schauspieler (links) und eine Darbietung klassischen Tanzes (rechts).

schen Ballett jenen Anstoß, der auch heute noch den Bewegungsablauf der Darsteller bestimmt.

Während der Pagandynastie (11.–13. Jhdt.) wurde bei burmesischen Tempelfesten nach indischem Vorbild getanzt. Nach dem Untergang Pagans verflachte diese Kunst aber zunehmend und war mit siamesischen Aufführungen nicht mehr zu vergleichen. Erst in der Konbaungdynastie, nach der Gründung Mandalays, erreichte sie einen neuen Höhepunkt. Die Kolonialperiode brachte zwar die Übernahme von Sprüngen und Drehungen, wie man sie im westlichen Ballett kennt, insgesamt trat aber eine Stagnation ein. Erst seit der Unabhängigkeit hat das burmesische Theater wieder neue Impulse bekommen.

Im ersten Moment erscheint der burmesische Tanz dem westlichen Besucher unbeholfen und steif. Die Gelenke, die Ellenbogen, die Knie, die Finger und die Zehen sind alle scheinbar mühelos in einer bestimmten Haltung.

Yokthe-pwe Figuren findet man heute eher beim Händler als auf der Bühne. Diese hängen in einem Laden auf der Shwedagon Pagode.

Die Atmosphäre wird durch ein Orchester, ein *Saing* erzeugt, das dem javanischen Gamelan ähnlich ist und von Schlaginstrumenten dominiert wird. Um einen Kreis von 21 Trommeln, dem *Patt-waing*, bauen sich Gongs *(Kye-waing)*, eine einzelne große Trommel *(Patt-ma)*, Zimbeln *(Lingwin)*, Bambusklappern *(Wah-let-khok)*, eine Art Oboe *(Hne)*, eine Bambusflöte *(Palwe)* und ein Bambusxylophon *(Pattala)* auf.

Manchmal findet man auch das zarteste aller burmesischen Instrumente, die dreizehnsaitige Harfe, vor. Sie sieht aus wie ein Boot und ist mit einer Büffelhaut bespannt. Saiten aus Seide verbinden den Resonanzboden mit einer Art Schiffsschnabel. Diese Harfe wird nur von Frauen als Begleitmusik zu Sologesang gespielt.

Die burmesische Musik kennt keine chromatische Tonleiter und keine Akkorde. Aber die Melodie, die von den Trommeln und Gongs getragen wird, wird von den anderen Instrumenten aufgelockert. Liebeslieder klingen genauso herzergreifend, als würden sie von Geigen gespielt.

Nach einer alten Überlieferung vergleicht man die burmesische Musik mit dem Rauschen des Windes im Rosenapfelbaum und dem Aufklatschen der Früchte, die dabei in den heiligen Fluß fallen. König Alaungsithu kam auf seinen weiten Reisen zu diesem Baum am Ende der Welt und wurde dort von Thagyamin, dem König der Nats, in die Geheimnisse der Musik eingeweiht.

Theater der Sagen und Legenden

Legenden liefern reichlich Stoff für das burmesische Theater. Die Themen stammen aus indischen Epen, wie dem *Ramayana*, oder buddhistischen Sagen, wie den 550 Jatakas. Das *Ramayana* ist das in Süd- und Südostasien am besten bekannte Epos, das die Geschichte von Sita erzählt, die von dem Dämonenkönig Dasagiri entführt wird, um dann von ihrem heldenhaften Ehemann Rama befreit zu werden. Auch die Jatakas, besonders die letzten zehn, kennt jedes Schulkind in Burma. Sie erzählen in moralisierender Weise von den guten Taten, die Buddha in seinen ehemaligen Existenzen vollbrachte.

Da die Geschichten meist schon bekannt sind, liegt es um so mehr an den Schauspielern, den Stoff auf ihre ganz besondere Weise darzustellen. Etwa um halb drei Uhr morgens erreicht ein solches Stück seinen Höhepunkt, dann übertreffen sich die Darsteller in ihren Gesang- und Tanzdarbietungen. Mit je mehr Einfallsreichtum sie ihre Rollen erfüllen, um so stärker animieren sie die Zuschauer.

Eine Ausnahme bildet hier das *Yokthe-pwe*, das Marionettentheater. Der Marionettenmeister manipuliert hier 28 verschiedene Puppen, von denen manche bis zu 60 Fäden haben (20 sind das Normale) und spricht dazu noch alle Dialoge. Zwei Assistenten stellen ihm die Puppen zurecht.

Auch das Marionettentheater ist erst nach

der Erstürmung Ayutthias in Burma eingeführt worden.

Hsinbyushins Sohn Singu Min schuf für die schönen Künste ein eigenes Ministerium. Der Minister U Thaw bekam den expliziten Auftrag, eine neue Kunstform zu entwickeln. Burmesische Anstandsregeln ließen es damals nicht zu, daß romantische Szenen von Darstellern auf der Bühne gezeigt wurden, auch weigerten sich viele Schauspieler, in den Jatakastücken einen Bodhisattva darzustellen, da sie dies mit ihrer Gläubigkeit nicht vereinbaren konnten. U Thaw löste dieses Problem, indem er Puppen das tun ließ, was Menschen nicht tun konnten. Das Yokthe-pwe war entstanden.

U Thaw legte damals die heute noch gültigen Regeln für das Puppentheater fest. Links auf der Bühne steht immer ein Thron für die höfischen Szenen, rechts Zweige, die den Urwald darstellen sollen, und in der Mitte machmal ein Sofa, all dies vor einer einfarbigen Wand.

Auch der Szenenablauf unterliegt einer festgelegten Reihenfolge: zuerst eine Art Ouvertüre, dann ein ritueller Tanz zum Einstimmen, dem ein Tanz der mythologischen Wesen und der Tiere folgt. Das Pferd, das dann erscheint, deutet die Entstehung des Universums an; mit dem Erscheinen des Sternbildes des Pferdes kam Ordnung in das Urchaos. Die Entstehungsgeschichte geht weiter, es treten Vögel, der Elefant, der Tiger und der Affe auf. Dann wird die Phantasie des Zuschauers durch das Erscheinen des Riesen, des Drachen und des *Zawgyi* (Zauberers), der immer nur fliegend auf die Bühne kommt, angeregt und auf die brahmanistisch-buddhistische Zauberwelt vorbereitet, in der fast alle Stücke spielen. Jedes Lebewesen besteht nach der buddhistischen Lehre aus 28 verschiedenen physischen Teilen.

U Thaw, der seine Kunstform fest in dieser Lehre verankert sehen wollte, ließ deshalb nur 28 Figuren zu, die dem Kosmos der physischen und mythologischen Welt des Buddhismus entstammen. Diese Figuren sind bis zu einem Meter groß, sie müssen fehlerfrei geschnitzt sein und in ihrer Kleidung ganz dem Original entsprechen. Außer den bereits erwähnten Figuren gibt es noch einen König, zwei ältere Prinzen, vier Minister, eine alte Frau, einen Brahmanen, einen Einsiedler, zwei Clowns und zwei himmlische Wesen. Die Hauptfiguren sind der Prinz und die Prinzessin – Mintha und Minthami – um die sich das Geschehen meist dreht.

Leider ist das Marionettentheater eine verschwindende Kunst. Es gibt nur noch wenige gute Marionettenmeister, die Fingerfertigkeit und lyrisches Verständnis haben. Im *Yokthe-pwe* gibt es keine festen Texte, nur vorgegebene Handlungsabläufe. Gelegentlich bekommt man noch einen bekannten Marionettenmeister bei einem der großen Pagodenfeste in Pagan, Prome oder Rangun zu sehen.

Ein Ein-Mann-Orchester bei einem Fest in einem Mon-Dorf.

SHIN-PYU: AUFNAHME IN DIE GEMEINSCHAFT DER GLÄUBIGEN

Der wichtigste Augenblick im Leben eines jungen Burmesen ist das Shin-pyu, seine Aufnahme als Novize in den Mönchsorden.

Im buddhistischen Kontext gesehen, ist er bis zum Shin-pyu nichts besseres als ein Tier. Um ein „Mensch" zu werden, muß er sich für eine gewisse Zeit aus dem weltlichen Leben zurückziehen und so dem Beispiel folgen, das Buddha setzte, als er seine Familie verließ, um die Erleuchtung zu finden. Buddhas Sohn Rahula setzte diese Tradition dann fort.

Im Gegensatz zu diesen, wird der Novize nur ein paar Tage, höchstens ein paar Monate

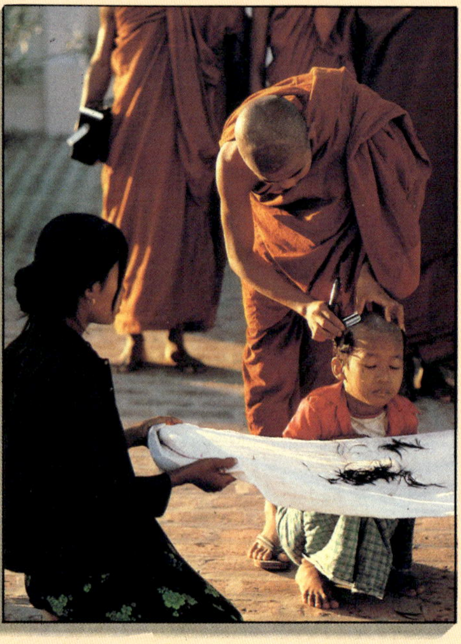

im Kloster bleiben und dann wieder ins normale Leben zurückkehren. In dieser Zeit aber, in der er sich den strikten Regeln des Mönchtums unterwirft, erwirbt er sich die Würde des gläubigen Menschen.

Irgendwann, zwischen dem neunten und dem zwölften Lebensjahr hält man ihn für reif genug, um das safranfarbene Mönchsgewand zu tragen und ein „Sohn Buddhas" zu werden. Sind seine Eltern sehr gläubig wird das Shin-pyu während des *Waso*-Vollmondes (Juni/Juli), dem Beginn der buddhistischen Fastenzeit, stattfinden. Der Novize kann dann während der gesamten Regenzeit, bis zum Lichtfest im Oktober, wenn die Fastenzeit zu Ende geht, im Kloster bleiben.

Hat man sich einmal festgelegt, so verkünden die Schwestern des Jungen dies im Dorf. Jedermann ist eingeladen, Geschenke mitzubringen und am Fest teilzunehmen.

Traditionell ist dies ein Fest, bei dem nicht gespart wird. Der Junge, gekleidet wie ein Prinz, reitet auf einem weißen Pferd und wird von einem Orchester begleitet. Buddhas Verlassen des väterlichen Kapilavasthu und das Zurücklassen aller weltlichen Güter wird hierbei symbolisch wiederholt.

In der Nacht vor dem Shin-pyu bereitet man für die Mönche des Klosters, in das der junge Burmese eintreten wird, ein üppiges Essen, das ihnen am nächsten Morgen aufgetischt wird. Nach den Mönchen essen die Männer, dann die Frauen.

Im Laufe des Vormittags wird der Kopf des Jungen geschoren. Mutter und Schwester fangen die Haare in einem Tuch auf, um sie später bei einer Pagode zu vergraben. Die Tonsur ist ein entscheidender Vorgang, denn danach sieht der Junge bereits wie ein „Sohn Buddhas" aus.

In den Wochen vor der Zeremonie wurde der Junge bereits mit der Sprache und dem Benehmen eines Mönches vertraut gemacht. Er weiß jetzt wie er ältere Mönche anzusprechen hat und daß er beim Gehen seinen Blick immer auf einen imaginären Punkt, etwa zwei Meter vor sich auf dem Boden, zu richten hat. Er kennt auch die Pali Antworten auf die Fragen, die man ihm während der Zeremonie stellen wird. Sobald er dieses Wissen, vor dem *Sayadaw* demonstriert hat, steht seiner Aufnahme in die *Sangha* nichts im Weg. Erhält er die Zustimmung, verneigt er sich drei mal und wird dann eingekleidet. Nun ist er auf dem Pfad, den der Erleuchtete vor ihm gegangen ist, ist er willensstark und überzeugt genug, so kann ihm dieser Weg bis ins Nirwana führen.

In dem Moment, wo der *Sayadaw* ihm die *Thabeit*, die Bettelschale, über die Schulter hängt, ist die unschuldige Kindheit vorbei. Jetzt erst ist er ein Mönch und Teil der Gemeinschaft der Gläubigen.

Während er im Kloster ist, müssen ihn selbst seine Eltern ehrenvoll ansprechen, sie dagegen sind für ihn nur „Laienschwester und Laienbruder".

Das *Shin-pyu* beginnt mit der Kopfrasur (links), bereits eine Stunde später ist der Junge ein „Sohn Buddhas" (rechts).

Vollmondzeit ist Zeit zum Feiern

Die Burmesen wissen zu arbeiten, steht ein Fest bevor, so wissen sie auch zu feiern.

Immer wenn der Mond voll wird, wird gefeiert: ausgelassen während des Wasserfestes im April, besinnlich im Juli wenn die Fastenzeit beginnt und fröhlich zum Lichterfest im Oktober.

Thingyan: Vom Alten ins Neue Jahr

Das größte Fest des Jahres ist *Thingyan* im Monat Tagu (März/April), das burmesische Neujahrsfest. Für drei oder vier Tage (die Länge des Festes wird von brahmanischen Astrologen, den *Ponnas* jährlich neu bestimmt) kommt das gesamte Wirtschaftsleben zum Stillstand.

Thingyan ist auch als Wasserfest bekannt. Das alte Jahr muß weggewaschen und das neue Jahr willkommen geheißen werden. Weder Burmesen noch Fremde sind vor den Wassergüssen sicher, die zu dieser Zeit aus dem heiteren Himmel zu kommen scheinen. Die unschuldigen kleinen Mädchen mit ihren Wassertöpfen auf dem Kopf, die Straßenreiniger mit Eimern voll Wasser in der Hand, jeder wartet nur darauf, ein trockenes Opfer zu finden. Hat einer weder Eimer noch Topf in der Hand, so steht er vielleicht an einem städtischen Hydranten, um mit Hilfe eines Feuerwehrschlauches das Wassergießen en gros zu betreiben.

Thingyan beginnt, wenn Thagyamin, der König der *Nats,* auf die Erde kommt, um das neue Jahr zu segnen. Er bringt auch zwei Bücher mit: eines in Gold, mit den Namen derjenigen, die sich im letzten Jahr gut verhalten haben, und eines in Hundehaut, in dem alle anderen notiert sind.

Thagyamin kommt auf einem goldenen Pegasus angeritten und hat einen Wassertopf in der Hand, das Symbol für Friede und Wohlstand. Alle Häuser werden mit Blumen und Palmzweigen geschmückt, Salutschüsse und Musik hört man im ganzen Land und geschmückte Wagen werden durch die Straßen der größeren Städte gefahren.

Aber in all dem Lärm und der überschwenglichen Freude gibt es Augenblicke der Besinnung. Der Besuch der Pagode und der Besuch im Haus von älteren Menschen gehört auch zum *Thingyan*fest. Ältere Frauen, die den Lärm der Straße meiden, übergießen die Buddhastatuen in den Pagoden mit Wasser.

Die Haarwaschzeremonie, die in früheren Zeiten öffentlich am König vorgenommen wurde, ist heute eine intime Familienfeier geworden.

Der Buddhatag

Kason (April/Mai) ist ein Monat der Erwartung; der jährliche Monsunregen kann täglich beginnen. Am Vollmondtag wird der Geburt, der Erleuchtung und des Todes Buddhas gedacht. Die Gläubigen ziehen in langen, von Musikern angeführten Prozessionen zu den Pagoden. Hier gießen sie diesmal das Wasser nicht gegenseitig über sich, sondern begießen damit die Wurzeln des Bodhibaumes, unter dem Buddha erleuchtet wurde.

Außer diesem einmal jährlich stattfindenden Ereignis wird auch monatlich zum Neumond der Buddhatag in den Pagoden gefeiert.

Die heiligen Schriften werden abgefragt

Während des Vollmondes im Monat *Nayon* (Mai/Juni), nachdem der Monsunregen längst begonnen hat und die heißen und trockenen Monate der Vergangenheit angehören, werden Studenten in ihrer Kenntnis der heiligen Schriften geprüft. *Sayadaws* halten Vorlesungen vor einer großen Menge von Gläubigen und in den *Kyaung*schulen finden öffentliche Wettbewerbe in der Kennntis der Schriften statt.

Der Beginn der Fastenzeit

In den nächsten drei Monaten, in denen der Monsun seine volle Kraft entfaltet, wird das Land unter Wasser stehen. Dies ist die buddhistische Fastenzeit. Zum *Dhammasetkya,* dem Vollmondfest im Monat *Waso* (Juni/Juli), wird Buddhas Empfängnis, sein Zurücklassen aller weltlichen Güter und seine erste Predigt nach der Erleuchtung gefeiert. An diesem Tag finden auch die *Shin-pyus* statt und die Vollordinationen jener, die den Rest ihres Lebens Buddha weihen wollen.

Während der nächsten drei Monate ziehen sich die Mönche zur Meditation und zum Studium in ihre *Kyaungs* zurück. In dieser Zeit dürfen sie nicht reisen, jetzt üben sie sich wie auch die gläubigen Laien im Fasten.

Ein derwischähnlicher Nattänzer bei einem Fest in den Straßen Ranguns.

Das „Zieh ein Los“ Fest

Da während der Fastenzeit keine Hochzeiten oder weltliche Feste stattfinden dürfen, wird zum Vollmond im Monat *Wagaung* (Juli/August) den Mönchen Essen dargeboten. Dies ist ein Fest religiöser Freude. Der Name eines jeden Mitgliedes der örtlichen *Sangha* wird auf einen Zettel geschrieben und in einen großen Korb gelegt. Jeder Haushaltsvorstand zieht danach ein Stück Papier aus diesem Korb und lädt den entsprechenden Pongyi am nächsten Tag zu einem Essen im Familienkreis ein. Einer wird dabei das große Los ziehen, auf dem der Name Gautama Buddhas steht, den er am nächsten Tag symbolisch zum Gast haben wird.

Das Fest der Bootsrennen

Im Monat *Tawthalin* (August/September) sind Burmas Flüsse randvoll mit Wasser. Dann werden im ganzen Land Bootsrennen abgehalten. Am Inle See findet das Phaung Daw U Fest statt, bei dem Fußruderwettbewerbe und die Prozession des *Karaweik*bootes im Mittelpunkt stehen.

Das Lichtfest

Mit dem Vollmond im Monat *Thadingyut* (Sept./Okt.) endet die Fastenzeit. Jetzt kommt wieder die Zeit des klaren Himmels und der kühleren Temperaturen.

In dieser Vollmondnacht wird Buddhas Rückkehr aus dem *Tavatimsa*himmel gefeiert, wo er, so sagt die Legende, seiner Mutter die wahre Doktrin gelehrt hat. Als er wieder zurückkehrte und selbst im vollen Glanz erstrahlte, leuchteten in Häusern und Monasterien, auf Pagoden und auf Bäumen, Millionen von Kerzen und Lampen auf. Dieses Ereignis wird jetzt nachvollzogen. Besonders freuen sich jene jungen Paare, die heiraten wollen, denn jetzt ist die Zeit vorüber, wo ihnen dies verwehrt war.

Das Fest des Webwettbewerbes

Zum Vollmond im Monat *Tazaungmone* (Oktober/November) findet der Webwettbewerb statt. Unverheiratete junge Mädchen sitzen die Nacht über in der Pagode und weben Mönchskleider. In den Morgenstunden werden diese dann den *Pongyis* in die *Kyaungs* gebracht und festlich überreicht.

Die Natfeste

Im Monat *Nadaw* (November/Dezember) finden die meisten *Nat*feste statt. Zum Vollmond gibt es in jedem Dorf ein Fest zu Ehren eines speziellen Nats.

Die nationalen oder großen regionalen Natfeste können aber auch zu anderen Zeiten stattfinden. Zu ihnen gehört das Mount Popa Fest im Monat *Nayon* (Mai/Juni), das Taungbyonfest im Monat *Wagaung* (Juli/August), das Manaofest von Myitkyina im Monat *Pyatho* (Dezember/Januar) und das Shanfest in Kyaukme, das im Monat *Tabaung* (Februar/März) stattfindet.

Der Monat der Tempelfeste

Pyatho (Dezember/Januar) war unter den burmesischen Königen die Zeit militärischer Paraden. Heute finden in diesem Monat hauptsächlich lokale Pagodenfeste statt.

Dabei werden den Mönchen Geschenke gebracht und Spenden für die Erhaltung der Pagode übergeben. Dies aber ist auch die fröhlichste Zeit des Jahres, die Temperatur ist angenehm und man bleibt die ganze Nacht wach, um die Darbietung von *Pwes*, Pony- und Bootsrennen, Zauberkünsten und den, die ganze Nacht offenen Basar, zu genießen.

Einige große Tempelfeste werden in diesem Monat abgehalten. So im Ananda Tempel in Pagan und auf der Shwedagon Pagode in Rangun (manchmal kann es auch im März stattfinden). Andere wichtige Tempelfeste sind das Shwemakhtawfest in Bassein im Monat *Kason*, das Shwemawdawfest in Pegu im Monat *Tazaungmone*, Nyaung Us Swezigon Pagoden-Fest im Monat *Nadaw* und Promes Shwenattaung Fest im Monat Tabaung.

Das Erntedankfest

Wenn der Monat *Tabodwe* (Januar/Februar) ins Land zieht, beginnt die Reisernte, dann ist auch die Zeit für das Erntedankfest. Wie in jedem anderen Land, in dem der Großteil der Bevölkerung in der Landwirtschaft tätig ist, ist dies eine Zeit überschwenglicher Freude. Nachdem die erste Ernte dem *Kyaung* dargeboten wurde, werden große Essen gekocht, bei denen die burmesischen Frauen ihre Kochkünste zeigen. Dieses Fest heißt *Htamane*, nach einer Essensgabe aus Reis, Sesam, Erdnüssen, Ingwer und Kokosnuß.

Der Monat der gelassenen Heiterkeit

Tabaung (Februar/März), der letzte Monat im burmesischen Kalender, ist ein Monat der Romantik und der Ausgeglichenheit. In der Vollmondnacht fahren die Burmesen an Seen oder Flüsse, wo sie unter dem sternenklaren Himmel mit Musik und Gesang die Nacht verbringen.

Der Festtagskalender

Der burmesische Kalender baut zwar auf das Sonnenjahr auf, unterliegt aber auch den Mondumläufen in der Monatsbestimmung. Deshalb muß jedes zweite oder dritte Jahr ein zusätzlicher dreizehnter Monat eingeschoben werden. Der nächste zusätzliche Monat wird zum Monat *Waso* 1983 addiert werden. Besucher sollten dies in Betracht ziehen, wenn sie eine Burmareise planen und am besten über die burmesische Botschaft ihre Reisepläne mit dem burmesischen Kalender in Einklang bringen. Wer kann, sollte sich zur Vollmondzeit in Burma aufhalten.

Die Feiertage

Zusätzlich zu den Festtagen gibt es in Burma auch noch staatliche Feiertage, an denen alle Geschäfte geschlossen sind. Diese Feiertage sind mit dem westlichen Kalender abgestimmt.

Der Unabhängigkeitstag am 4. Januar erinnert an diesen Tag im Jahre 1948, als Burma das Britische Commonwealth verließ und unabhängig wurde. Der Union Day am 12. Februar wird aus Anlaß des Abkommens gefeiert, das Aung San 1947, an diesem Tag in Panglong mit den Vertretern der Minderheiten abschloß. An diesem Tag kommt die Fahne der Union, die davor von Läufern zu allen Landeshauptstädten gebracht wurde, nach Rangun zurück, wo sie von Hunterttausenden empfangen wird.

Der Tag der Bauern am 2. März und der Tag der Arbeiter am 1. Mai sind die Feiertage der arbeitenden Bevölkerung und erinnern an die sozialistische Verfassung des Landes.

Der Tag des Widerstandes am 17. März erinnert an den Kampf gegen die Japaner im 2. Weltkrieg. Ironischerweise haben die Burmesen fast den ganzen Krieg über auf der Seite der Japaner gekämpft und sind erst gegen Kriegsende auf die Seite der Alliierten übergegangen.

Der Märtyrertag am 19. Juli erinnert an den Gründer des modernen Burmas Aung San, der zusammen mit seinen Kabinettministern an diesem Tag 1947 ermordet wurde.

Nichtbuddhistische religiöse Feiertage

In Burma herrscht Religionsfreiheit. Die Feiertage der nichtbuddhistischen Minderheitsgruppen unterliegen auch nicht dem burmesischen Kalender. Das Hindu-Lichterfest *Dewali* wird wie in Indien im Oktober gefeiert, die Moslems feiern *Bakri Idd* Ende November, die Christen Weihnachten und Ostern entsprechend dem westlichen Kalender, und das Karenneujahrsfest fällt entweder kurz vor oder kurz nach dem 1. Januar.

Das Essen für Mönche bereiten die Frauen extra zu (oben). Folgende Seiten: Ein Festtagswagen aus früheren Zeiten.

449
BURMESE FESTIVAL CART
P.KLIER. RANGOON

TIPS UND HINWEISE IN KURZFASSUNG

Die Reise nach Burma

Mit dem Flugzeug

Wahrscheinlich kommen 99 % der Besucher Burmas auf dem Mingladonflughafen in Rangun an. Er liegt 19 Kilometer nordwestlich der Stadt und ist der einzige Flughafen des Landes mit internationalen Verbindungen.

Zwei Dutzend Flüge aus dem Ausland kommen hier pro Woche an. Der größte Teil davon kommt aus Bangkok. Die nationale Fluggesellschaft, die BAC unterhält eine tägliche Verbindung nach Bangkok. Thai International kommt drei mal die Woche an und Biman, die Fluggesellschaft Bangla Desh's fliegt einmal pro Woche Dacca – Rangun – Bangkok und zurück.

Die BAC fliegt auch flugplanmäßig nach Calcutta, Kathmandu, Singapur und Dacca. Die Civil Aviation Administration of China (CAAC) fliegt einmal pro Woche zwischen Kunming in Yünnan und Rangun und die Aeroflot kommt wöchentlich einmal aus Moskau und Tiblis, um nach Vientiane und Ho Chi Minh City weiterzufliegen.

Für Reisende aus Europa, Amerika und Australien ist Bangkok der einfachste Transferflughafen. Etwa 30 internationale Gesellschaften fliegen Bangkok an.

Mit dem Schiff

Wer nicht mit dem Flugzeug kommt, kann mit dem Schiff nach Burma reisen. Man sollte dies jedoch nicht auf Frachtschiffen tun, da die kurze Aufenthaltszeit, für die das Visum gültig ist, mit dem Fahrplan von Frachtschiffen nicht abzustimmen ist und man zur Visumserteilung einen festgebuchten Abfahrtstermin braucht. Die Burma Five Star Corporation, 132/136 Theinbyu Street, Rangun, vertritt alle ausländischen Schiffahrtsgesellschaften. An sie sollte man sich auch um Auskunft wenden.

Aber nicht über Land

Burmas Landgrenzen sind schon seit langem für den internationalen Verkehr gesperrt. Dies liegt

INTERNATIONALE FLUGVERBINDUNGEN

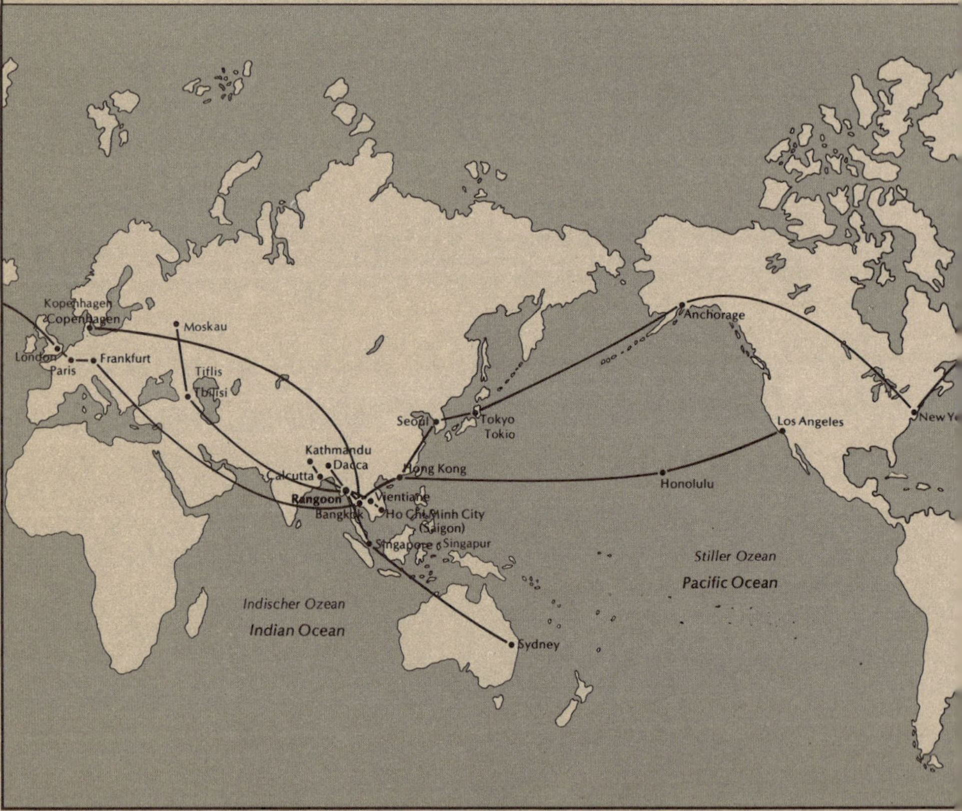

hauptsächlich an den verschiedenen Rebellengruppen, die in Grenznähe ihre Stützpunkte haben. Erst wenn sich die innenpolitische Situation in Bezug auf die Minoritäten entspannt hat, wird es wieder Landverbindungen nach Burma geben. Es gibt auch kein funktionierendes Eisenbahnnetz mehr, das Burma mit dem Ausland verbinden würde. Theoretisch sollte es einmal möglich sein, von Singapur, über Thailand, Burma und Indien bis nach Europa zu reisen. Dem stehen heute aber viele politische Hindernisse im Weg.

Reisetips

Einreise

Besucher Burmas müssen einen gültigen Reisepaß und ein Visum besitzen, das sie in jeder ausländischen Vertretung Burmas erhalten können. Transitvisen gelten 24 Stunden und Touristenvisen sieben Tage. Man erwägt zwar die Touristenvisen in Zukunft für zehn Tage oder zwei Wochen auszustellen, wann dies aber geschehen wird ist nicht abzusehen. Visen für Geschäftsleute, Studenten und Wissenschaftler sind schwer zu erhalten. Kinder über sieben Jahre, auch wenn sie im Paß ihrer Eltern eingetragen sind, brauchen ein eigenes Visum. Wer ohne Visum in Rangun ankommt, wird mit der nächsten Maschine abgeschoben.

Die meisten burmesischen Botschaften lassen sich bis zu zwei Wochen Zeit mit der Erteilung des Visums. Einzige Ausnahme Bangkok: Hier erhält man für 100 Baht sein Visum innerhalb von 24 Stunden.

Man braucht drei Antragsformulare, drei Paßbilder und eine Bestätigung des Rückfluges. Das Visum ist drei Monate vom Tag der Ausstellung an gültig.

Eine Impfung gegen Cholera und Gelbfieber ist nötig, falls man innerhalb der letzten neun Tage durch infiziertes Gebiet gereist ist.

In folgenden Städten unterhält Burma diplomatische Vertretungen:

Europa – Belgrad, Berlin, Bern, Bonn, London, Moskau, Paris, Prag und Rom.

Amerika – Washington D.C., Ottawa und New York (Vertretung bei den U.N.).

Asien – Bangkok, Calcutta, Colombo, Dacca, Hanoi, Hong Kong, Islamabad, Jakarta, Kathmandu, Kuala Lumpur, Manila, New Dehli, Peking, Singapur, Tokio und Vientiane.

Außerdem noch in Tel Aviv, Cairo und Canberra.

Zoll

Touristen dürfen zollfrei 200 Zigaretten oder 50 Zigarren oder 8 Unzen Tabak sowie 1 Liter Spirituosen und einen halben Liter Eau de Cologne oder Parfüm einführen.

Bei der Einreise ist ein Zollformular auszufüllen, auf dem man alle persönlichen Gegenstände wie Fotoapparat, Tonbandgerät, Uhr, Schmuck usw. deklarieren muß. Bei der Ausreise muß man das Duplikat wieder vorlegen, um zu beweisen, daß man nichts auf dem Schwarzmarkt verkauft hat. Antiquitäten dürfen nicht ausgeführt werden. Dasselbe gilt für Edelsteine, soweit sie nicht offiziell im Diplomatic Store oder anderen staatliche Stellen erworben wurden. Gegenstände des Kunsthandwerks dürfen ausgeführt werden.

Die Formalitäten bei der Ein- und Ausreise sind zeitraubend und ermüdend, die Gepäckkontrollen intensiv. Man sollte auf keinen Fall sein Zoll- und Devisenformular verlieren, da es sonst bei der Ausreise Schwierigkeiten geben würde. Eine Flughafensteuer von 15 Kyat wird in Mingladon erhoben.

Devisen

Zu den unverzichtbaren Formularen gehört auch eine Devisendeklaration. Es besteht keine Beschränkung in der Einfuhr von Devisen, soweit sie ordnungsgemäß deklariert werden. Die Ein- und Ausfuhr von Kyat ist verboten. Devisen dürfen höchstens zu dem bei der Einreise deklarierten Betrag wieder ausgeführt werden.

Diese Devisendeklaration muß man jedesmal vorlegen, wenn man Geld wechselt oder in Hotels etc. Rechnungen bezahlt. Von dem zum Schluß gewechselten Geld bekommt man höchstens ein Viertel in Devisen wieder zurück, falls man nicht alles verbraucht hat.

Bei der Ausreise muß man manchmal die restlichen Devisen vorweisen, um zu belegen, daß man nichts schwarz getauscht hat. Man muß deshalb selbst darauf achten, daß jeder Wechselvorgang in das Devisenformular eingetragen wird.

Nimmt man den Schwarzmarktkurs zur Grundlage (der etwa das zwei- bis dreifache des offiziellen Kurses beträgt), so ist Burma eines der preisgünstigsten Reiseländer; auf der Basis des offiziellen Umrechnungskurses ist es eines der teuersten.

Bereits am Flughafen sollte man sich die ersten Kyat bei der Bank besorgen (man braucht sie für das Taxi), danach kann man in jedem großen Hotel oder bei der Foreign Trade Bank auf der Barr Street in Rangun, und Ecke B Road und 82. Street in Mandalay, wechseln. Für Travelers Cheques gibt es einen besseren Kurs als für Bargeld. Nur die folgenden Währungen werden akzeptiert: US Dollar, Britische Pfund, Deutsche Mark, Französische Franc, Schweizer Franc, Australische Dollar, Singapur Dollar, Malaysische Dollar, Hong Kong Dollar und Japanische Yen.

Bei den indischen und chinesischen Geldwechslern in Bangkoks New Road, Singapurs Change Alley und auf Hong Kongs Nathan Road kann man Burmesische Kyat kaufen. Der Kurs ist gut, aber die Gefahr groß. Die Einfuhr ist wie bereits erwähnt verboten. Viele Touristen kaufen vor der Einreise in Bangkok eine Stange 555 Zigaretten und eine Flasche Johnny Walker, die sie dann mit Gewinn im Land verkaufen. Bereits die Taxifahrer vom Flughafen fragen danach.

Burmesische Münzen gibt es in der Form von 1, 5, 10, 25 und 50 Pyas und als 1 Kyat Münze. Papiergeld gibt es in Form von 1, 5, 10, 25 und 100 Kyat.

Der offizielle Kurs lag 1982 bei 7,35 Kyat für einen US Dollar, 13,79 Kyat für ein Britisches Pfund und 3,20 Kyat für eine DM.

Kreditkarten

In den großen Hotels bei Tourist Burma und im Diplomatic Store werden American Express Kreditkarten akzeptiert.

Zeitunterschied

Die Standardzeit liegt 6:30 vor der Greenwich Meridian Time (GMT). Kommt man aus Bangkok, so muß man seine Uhr eine halbe Stunde zurückstellen.

Der Zeitunterschied im einzelnen:

Burma	12 Uhr mittags
Bangkok	12:30 heute
Hong Kong	13:30 heute
Tokio	14:30 heute
Sydney	15:30 heute
Hawai	19:30 gestern
San Franzisko	21:30 gestern
New York	00:30 heute
London	05:30 heute
Paris	06:30 heute
Bonn	06:30 heute
New Delhi	11:00 heute

Das Klima

Wie in den anderen Monsunländern Süd- und Südostasiens hat das Jahr drei Jahreszeiten. Der Regen kommt im Mai und ist zwischen Juni und August am stärksten. Um diese Jahreszeit herrscht hohe Luftfeuchtigkeit, besonders an der Küste. Es regnet meist am Nachmittag oder frühen Abend. In Zentralburma ist es trockener, aber auch dort regnet es um diese Jahreszeit oft.

Im Oktober endet die Regenzeit, dann beginnt die trockene und kühle Saison (November bis Februar). Die durchschnittliche Temperatur beträgt dann 21 ° bis 28 °Celsius. In den Bergen und im Norden des Landes kann es auch frieren.

Im März und April ist Burmas heiße Trockenperiode. In Zentralburma klettert das Thermometer dann auf 45 °Celsius.

Der jährliche Niederschlag in Arakan und Tenasserim erreicht 300 bis 500 cm, im Irrawaddydelta 150 bis 200 cm und in Zentralburma etwa 50 bis 100 cm. Die Flüsse werden das ganze Jahr über vom Schmelzwasser des Himalaya gespeist.

Bekleidung

Man kleidet sich in Burma zwanglos. Nur wer in Rangun geschäftlich zu tun hat, trägt eine Krawatte. Lange Hosen für Männer und Röcke für Frauen, aus leichtem, dem Klima angepaßtem Material, ist die vernünftigste Kleidung in diesem Land. Während des Wasserfestes oder während der Regenzeit sollte man schnell trocknende Stoffe bevorzugen. Zwar gibt es kein Gesetz, das Miniröcke oder kurze Hosen verbietet, beliebt sind sie im Land aber nicht. Wer in das Shan Bergland reisen will, sollte einen Pullover oder eine Jacke dabei haben. Sandalen sind angebracht, besonders wenn man viele Pagoden besucht, wo man ja immer wieder seine Schuhe ausziehen muß. Sonnenbrillen sind wegen der starken Strahlung zu empfehlen. Wer während der Regenzeit ohne Schirm kommt, hat eine gute Gelegenheit, einen der bunten burmesischen Schirme zu kaufen.

Gesundheit

Wer nach Burma reist, sollte sich gegen Malaria schützen. Zwischen Maï und Dezember besteht Malariagefahr in Höhen unter 1000 Meter. In vielen Hotels gibt es Moskitonetze, die aber sehr oft Löcher haben. Es ist zu empfehlen, sein eigenes Netz mitzubringen oder sich Anti-Moskito-Rauch-Ringe zu besorgen.

Die beiden am häufigsten auftretenden Schwierigkeiten sind Sonnenbrand und die berühmte „Teheranitis", auch „Delhi Belly" und „Montezumas Rache" genannte Darmverstimmung.

Wie immer sie heißt, fast jeder Europäer, der in Asien reist und lokale Speisen zu sich nimmt, wird früher oder später davon befallen. Man verzichtet entweder auf einheimisches Essen oder läßt sich bereits prophylaktisch von seinem Hausarzt ein entsprechendes Medikament verschreiben, das man immer dabei hat.

Nur wenn man weiß, daß das Wasser abgekocht ist, sollte man in Burma Wasser, das nicht aus Flaschen kommt, trinken. Obst sollte man schälen und rohes Gemüse und Salate sowie Speiseeis meiden. Wer trotzdem krank wird, kann sich in Rangun an folgende Adressen wenden:

Diplomatic Hospital (Kandawgyi Clinic), Kyaikkasan Road, Tel. 50149

Rangoon General Hospital, Bogyoke Aung San Street, Tel. 81722

Infectious Diseases Hospital, Upper Pansodan Street, Tel. 72497

Eye, Ear, Nose and Throat Hospizal, Signal Pagoda Road, Tel. 72311

University Hospital, University Avenue, Tel. 31541

Fotografieren

Man sollte genügend Filme mit nach Burma bringen. Mit Ausnahme des Diplomatic Store in Rangun, das manchmal Fuji Filme hat, wird offiziell kein Filmmaterial eingeführt und verkauft. Besucher werden deshalb auch immer wieder angesprochen, ob sie überzählige Filme besitzen. Manchmal findet man Agfa, Kodak oder Fuji-Filme auf der Merchant Street in Rangun oder auf einem der vielen Nachtmärkte. Sie sind immer sehr teuer und meist ist das Verfallsdatum schon überschritten.

Elektrizität

Wo es sie gibt: 220 Volt, 50 Hertz.

Gewichte und Maße

In Burma werden auch heute noch einige der alten Gewichte und Maße verwendet.

1 Viss (Peith-tha)	1,633 Gramm
1 Tical	16,330 Gramm
1 Cubit (Tong)	0,475 Meter
1 Span (Htwa)	0,230 Meter
1 Lakh	100000 Einheiten

1 Crore 100 Lakh

Das *Tin* oder der Korb ist das Maß für landwirtschaftliche Güter. Das Kilogramm-Equivalent ist bei verschiedenen Produkten unterschiedlich.

Geschäftszeiten

Die meisten staatlichen Stellen, also auch Tourist Burma, die Post und Burma Airways Corporation sind von 9:30 bis 16:00 von Montag bis Freitag und von 9:00 bis 12:00 am Samstag geöffnet. Banken haben von 10:00 bis 14:00 unter der Woche und von 10:00 bis 12:00 am Samstag geöffnet. Das Telegraphenamt ist während der Woche von 8:00 bis 21:00 und von 8:00 bis 20:00 an Sonn- und Feiertagen geöffnet.

Die meisten Restaurants schließen um 22:00. Manche Kaffeehäuser und Teashops haben aber länger auf. Apotheken haben abwechselnd geschlossen, so daß man in den großen Städten immer eine dienstbereite Apotheke antrifft.

Information für Touristen

Bei der staatlichen Hotel- und Tourist Corporation, die unter dem geläufigeren Namen Tourist Burma bekannt ist, bekommt man Informationen über alles, was man nach Ansicht der Behörde unternehmen sollte. Das Büro von Tourist Burma ist in 77–79 Sule Pagoda Road, in Rangun und hat während der üblichen Geschäftszeiten geöffnet. In den Tourismusgebieten, in Mandalay, Pagan und Taunggyi gibt es Zweigstellen.

Die Gegenden Burmas unterteilen sich in zwei weitere Kategorien. Einmal jene, die man nicht besuchen darf und jene, die zwar erreichbar, aber nicht im Programm von Tourist Burma enthalten sind.

Die verbotenen Zonen sind die Rebellengebiete im Norden, Nordosten und Süden des Landes. Dort herrscht Bürgerkrieg und Straßensperren markieren das Ende der staatlichen Macht. Wer sie umgeht, riskiert auf Minen zu treten oder überfallen zu werden.

Für den unternehmungslustigen Besucher gibt es noch eine ganze Reihe Orte, die zwar von Tourist Burma nicht angeboten werden, wohin zu reisen aber auch nicht verboten ist. Städte wie Bassein, Prome, Toungoo und Moulmein. Will man sie besuchen, sollte man nicht bei Tourist Burma anfragen. Dann sind bestimmt alle Verkehrsverbindungen ausgebucht oder keine Übernachtungsmöglichkeit vorhanden. Wer alles selbst plant und in die Wege leitet, wird nicht allzuviele Schwierigkeiten zu überwinden haben. Taxis, Busse, Züge und Schiffe unterliegen keinen besonderen Kontrollen. Die burmesische Regierung kann nicht jeden Besucher im Auge behalten.

Offizielle Registrierung

Offiziell muß sich ein Besucher immer bei den Einreisebehörden oder bei der Polizei melden, wenn er im Land herumreist. Steigt man in den Touristenhotels ab, so erledigt sich das von alleine. Übernachtet man in einem Kloster oder bei Einheimischen, so ist dies nicht mehr so einfach. Am besten hält man es mit dem Spruch: Wer viel fragt, erhält auch abschlägige Antworten!

Tourist Burma und die Burma Airways Corporation bieten beide vier und sieben Tage Touren durch das Land an. Außer der Standard Rangun – Pagan – Mandalay – Taunggyi – Rangun-Rundreise, kann man auch einen Strandurlaub in Sandoway am Golf von Bengalen buchen (November – April). Manchmal, wenn eine Gruppe japanischer Kriegsveteranen kommt, kann man auch einen Flug nach Moulmein bekommen. Ausflüge zum Popa Berg, den Pindaya Höhlen und anderen Sehenswürdigkeiten werden von Tourist Burma organisiert. Es ist möglich, daß in Zukunft auch Arakan in das offizielle Programm aufgenommen wird.

In Rangun führt Tourist Burma Stadtrundfahrten sowie Tagesfahrten nach Pegu und Syriam durch. Außerhalb Burmas wendet man sich am besten an Diethelm Travel of Thailand, 544, Ploenchit Road, Bangkok. Dieses Reisebüro führt wöchentlich Inclusive Touren, die vier oder sechs Tage dauern, durch.

Unter den gegebenen Bedingungen hat man heute in Burma zwei Möglichkeiten, entweder versucht man in der einen Woche soviel wie möglich zu sehen oder man bleibt an einem oder an zwei Orten, um die Kultur und Atmosphäre des Landes ohne Streß in

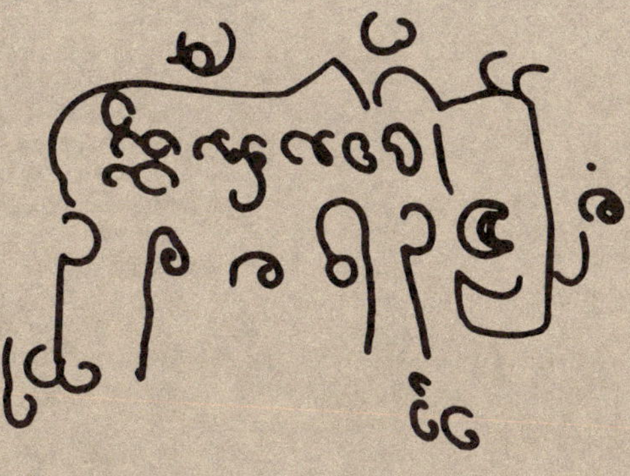

sich aufzunehmen. Es gibt noch die Möglichkeit kurz nach Bangkok auszufliegen, sich ein neues Visum zu besorgen und zurückzukehren, bevor der Zauber verflogen ist, den man in diesem Land unterliegen kann.

Gruppenreisende haben es einfacher; alles ist vorgeplant und gebucht, die Sorgen hat der Reiseleiter. Der Einzelreisende aber hat die Möglichkeit, in Burma jenes „old time travel feeling" zu erleben, das man aus den Kurzgeschichten Somerset Maughams kennt.

Während der trockenen Saison ist Burma bereits überlaufen. Verkehrsmittel und Hotels reichen nicht mehr aus. Der Einzelreisende bekommt dies zu spüren.

Transport

Von und zum Flughafen

Es gibt zwei Arten, um vom Mingladon Flughafen in die Stadt zu kommen, die 19 km entfernt ist. Bevor man noch das Ankunftsgebäude richtig verlassen hat, sind schon die Taxifahrer da, die einem, in ihren großen Limousinen der 50er Jahre nach Rangun bringen wollen. Der Preis dafür darf höchstens 30 Kyat sein. Die andere Art wäre, einen Kilometer bis zur Hauptstraße zu gehen und dort für einen Kyat den öffentlichen Bus zu nehmen.

Der Bus der BAC, der ankommende Gäste zu den Hotels bringen sollte, ist fast nie im Einsatz. In die Gegenrichtung aber fährt dieser Bus.

Drei Stunden vor Abflug der Morgenmaschinen wird man im Hotel abgeholt und für fünf Kyat zum Flughafen gebracht.

Inlandsflüge

Die BAC, die man bis vor kurzem noch als Union of Burma Airways kannte, fliegt 45 Flughäfen im Land an. Ihre Flotte besteht aus drei Fokker F 28 Jets, sieben F 27 Turboprop und neun De Haviland Twin Otter, die für kleine Flughäfen ausgezeichnet geeignet sind. Als Ausländer bekommt man aber nur Flugscheine nach Mandalay, Pagan (Nyaung U), Taunggyi (Heho), Sandoway und manchmal nach Moulmein. Für alle anderen Strecken braucht man eine besondere Genehmigung.

Zwar kann man im Ausland Flugscheine für die BAC Inlandsstrecken kaufen, die BAC muß diese aber nicht annehmen, da sie kein Mitglied der IATA und an deren Preisabsprachen nicht gebunden ist. Als Tourist bekommt man seinen Flugschein über das Tourist Burma Büro. Das BAC Büro am Flughafen und in der Stadt wird einen immer wieder an die staatliche Touristenorganisation verweisen. Den Rückflug kann man als Einzelreisender nicht buchen. Erst nach Ankunft muß man sich an das zuständige BAC Büro oder an die Tourist Burma Vertretung wenden, um einen Platz auf der Maschine nach Rangun zurück zu ergattern. Trotzdem kann es einem passieren, daß man im letzten Moment noch ausgeladen wird. Dies liegt an der inoffiziellen Prioritätsliste, nach der auch noch im letzten Augenblick Plätze vergeben werden. Zuerst kommen die burmesischen VIPs, danach die ausländischen Gruppenreisenden, gefolgt von ausländischen Einzelreisenden und Ausländern, die im Lande wohnen, ganz zum Schluß bekommt auch noch der gewöhnliche Burmese einen Platz; soweit die Maschine nicht inzwischen ausgebucht ist.

Die Eisenbahn

Auch die Union of Burma Railways, die ein Schienennetz von 4000 km bedient, ist ein Staatsbetrieb. Der Hauptbahnhof von Rangun ist der Knotenpunkt dieses Netzes. Post-, Güter- Express- und Lokalzüge fahren hier dauernd ab und ein.

In allen Zügen wird eine Erste und eine Zweite Klasse angeboten. Die Plätze in der Ersten Klasse kosten etwa dreimal soviel, wie die in der Zweiten. Platzkarten bekommt man über Tourist Burma.

In der Hauptsaison besorgt man sich diese besser schon am Vortag, da die Züge immer ausgebucht sind.

Die von Touristen am meisten befahrene Strecke ist Rangun – Mandalay. Wer das Rütteln und Schütteln asiatischer Bahnen kennt, wird ansonsten europäische Transportverhältnisse antreffen.

Täglich verkehren drei Züge von Rangun nach Mandalay. Der schnellste ist der 7:00 Express, der die 621 km in 12½ Stunden zurücklegt und nur in Pegu, Toungoo, Pyinmana und Thazi hält. Die beiden anderen Züge verlassen Rangun um 11:45 und 19:00 und kommen in Mandalay entsprechend um 4:45 und um 9:00 an. Die Züge in die Gegenrichtung haben ähnliche Abfahrtszeiten. Der Express fährt um 7:00. Ein weiterer Zug um 11:45 kommt am nächsten Morgen um 5:05 und der Zug um 19:15 kommt am nächsten Tag um 9:15 in Rangun an.

Dies sind die Fahrplanzeiten, die nicht immer mit der Realität übereinstimmen müssen. Klimatische und technische Probleme führen bisweilen zu längeren Verspätungen. Trotzdem, die Verbindung Rangun – Mandalay gehört zu den verläßlichsten des Landes.

Von Mandalay kann mit dem Zug nach Maymyo fahren. Für diese 61 km braucht die Eisenbahn fünf Stunden, doppelt so lange wie der Jeep. Weitere Bahnverbindungen:

Rangun – Thazi Abfahrt Rangun 15:35, Ankunft Thazi 4:55. Eine Stichstrecke verbindet Thazi mit Shwenyaung im Inlebecken. Von Thazi aus fahren auch die Busse in westliche Richtung nach Pagan. Die Verbindung nach Rangun ist abends um 19:50, Ankunft Rangun 8:15.

Rangun – Pyinmana Abfahrt Rangun 8:07, Ankunft Pyinmana 20:45. Ein Lokalzug fährt nach Kyaukpadaung (225 km) weiter, das 50 km von Pagan entfernt liegt. Diese Verbindung ist nicht zu empfehlen, man ist bis zu 36 Stunden unterwegs. Der Zug nach Süden fährt in Pyinmana um 4:10 ab und kommt um 18:00 in Rangun an.

Nach Toungoo kann mit einem der erwähnten Züge fahren, sie halten dort alle.

Rangun – Martaban Ein Express fährt in Rangun um 6:00 ab und kommt um 12:20 in Martaban an. Lokalzüge fahren von 7:20 bis 17:00 und von 6:30 bis

15:25. Eine Eisenbahnfähre bringt die Reisenden über den Salween nach Moulmein auf der anderen Flußseite.

Der schnellste Zug in die Gegenrichtung fährt von 13:50 bis 20:10. Andere fahren von 7:20 bis 16:20 und von 8:45 bis 19:10.

Pegu, Kyaik-to und Thaton kann man auf dieser Strecke erreichen. Die Züge halten dort alle.

Rangun – Prome Abfahrt Rangun 14:30, Ankunft Prome 20:15. In die Gegenrichtung: Abfahrt Prome 6:00, Ankunft Rangun 11:50. Von der Kemendine Station fährt ein Lokalzug um 8:45 ab, der um 19:50 in Prome ankommt. In die Gegenrichtung fährt dieser Lokalzug um 7:15 und kommt in Kemendine um 18:55 an.

An jeder Station kommen Verkäufer an die Fenster, die Obst, Kuchen, Limonaden und Curries verkaufen. Außer im Rangun–Mandalay Express gibt es in burmesischen Zügen keine Speisewagen, man ist also auf diese Verkäufer angewiesen, wenn man sich nicht vor Reiseantritt mit Nahrungsmitteln eingedeckt hat.

Außerhalb des touristisch erschlossenen Gebietes ist es zwar nicht verboten mit der Eisenbahn zu reisen, aber die Stationsmeister, bei denen man die Fahrscheine kaufen muß, fragen meist nach einer besonderen Genehmigung. Den Bericht über eine Fahrt auf einer verbotenen Strecke kann man bei Paul Theroux, in seinem Buch *The Great Railway Bazaar* nachlesen.

Rangun hat ein ausgeprägtes Vorortenetz. Besonders interessant für den Besucher ist die **Circular Line,** die im und gegen den Uhrzeigersinn die Rangun Central Station mit Insein, Mingladon und vielen kleinen Haltestellen verbindet. Eine Rundfahrt dauert etwa drei Stunden, sollte aber während der Stoßzeiten vermieden werden. Die gesamte Rundfahrt kostet keine zwei Kyat.

Die Schiffahrt

Burmas Flüsse sind auf 8000 km befahrbar. Schiffe sind deshalb auch die wichtigsten Transportmittel.

Der Irrawaddy, Burmas Lebensader, ist vom Delta bis Bhamo das ganze Jahr über und bis Myitkyina während der Regenzeit schiffbar. Der Twantekanal verbindet Rangun mit diesem wichtigen Transportweg. Der Chindwin, der wichtigste Nebenfluß des Irrawaddys, ist mit flachen Booten einige hundert Kilometer weit befahrbar.

Der Salween im Osten kann von Moulmein aus 200 km flußaufwärts befahren werden. Dahinter lassen die starken Strömungen eine weitere Schiffahrt nicht mehr zu. In Arakan ist es der Kaladan und der Lemro, auf denen der größte Teil des Inlandverkehrs abgewickelt wird.

In ganz Burma kann man die rot- und schwarzfarbigen Fracht- und Passagierschiffe der Inland Water Transport Corporation sehen. Trotz ihres großen Transportvolumens ist die Gesellschaft heute nur halb so groß wie sie unter dem Namen Irrawaddy Flottilla Company zur Zeit der Briten war. Die Schiffe sind heute veraltet und die Fahrpläne können nur grob eingehalten werden. Für Touristen ist unter den jetzigen Bedingungen hauptsächlich die Strecke Mandalay – Pagan von Interesse. Außer Montag fährt täglich ein Boot von Mandalay um fünf Uhr morgens ab. Bis Pagan braucht es etwa 24 Stunden. Es braucht länger, wenn es unterwegs auf eine Sandbank fährt und das ist nicht die Ausnahme. Steigt man bereits in Nyaung U aus, wo das Boot über Nacht bleibt, so spart man etliche Stunden. Es gibt zwei Klassen. Die Erste Klasse hat eine eigene Kabine im Bug des Schiffes, eine Art Salon mit Tisch und Bänken, meist, aber nicht immer, eigene Schlafkabinen. Wer Zweite Klasse fährt, streckt sich irgendwo auf dem Hauptdeck zwischen Mönchen, Soldaten, stillenden Müttern, Hühnern und Körben mit Gemüse und Obst aus. Ein Schlafsack oder eine Decke sind vonnöten. Im Winter kann es des Nachts auf dem Fluß sehr kalt werden.

Die Romantik einer solchen Flußreise durch Zentralburma läßt den fehlenden Komfort schnell vergessen. In umgekehrter Richtung ist diese Reise nicht zu empfehlen. Sie dauert nochmals eine Nacht länger, was bei der begrenzten Aufenthaltsdauer Zeitverschwendung wäre. Man kann auch von Pagan aus weiter nach Prome, dort Sri Ksetra besuchen und mit der Eisenbahn nach Rangun weiterfahren. Die Fahrt nach Mandalay und zurück nach Rangun würde mit dem Schiff 21 Tage dauern. Ein Zukunftstraum für Leute, die vorübergehend abschalten wollen. Die Fahrt von Rangun nach Bassein ist kürzer. Von der Mawtin Street Jetty fährt täglich um 16:30 ein Expresschiff ab, das am nächsten Morgen um 8:00 in Bassein ankommt. Um 16:30 verläßt es dann wieder Bassein und kommt morgens um 8:00 in Rangun an. Auf diesem Schiff gibt es saubere zwei bis vier Personen Kabinen und auch eine Art Garküche, wo man chinesisches Essen und Frühstück bekommen kann. Ein Rundreise, die einem sieben Stunden Zeit für Bassein läßt, würde von Montag nachmittag bis Mittwoch morgen dauern.

Nach Syriam kommt man von Rangun aus mit der Syriam Ferry, die stündlich zwischen 5:30 und 21:45 von der Htinbonseik Jetty ablegt. Die Fahrt dauert 45 Minuten.

Eine andere Flußfahrt kann man zwischen Mandalay und Mingun unternehmen. Am Ende der B Road geht zwischen 7:30 und 8:30 ein kleines Schiff ab, das eine Stunde für die Fahrt braucht.

Die Five Star Line ist Burmas internationale Schiffahrtslinie, mit vier kleineren Schiffen verbindet sie Rangun mit den Küstenstädten zwischen Mergui und Akyab.

Busse

Längere Strecken sollte man wenn möglich nicht mit dem Bus zurücklegen. Die Straßen sind in keinem allzuguten Zustand, die Busse sind überfüllt und bei Pannen kann es stundenlang dauern, bis es weitergeht. Einige Strecken sollte man aber kennen.

Die längste ist die Strecke zwischen Rangun und Mandalay. Man kann auch über Prome nach Magwe fahren und von dort weiter nach Pagan.

Von Mandalay nach Pagan fährt man 10 Stunden. Der Bus verläßt Mandalay täglich um 4:00 an der Ecke 29. Road und 82. Street. Auch nach Taunggyi kann man mit dem Bus von Pagan und von Mandalay aus fahren. In beiden Fällen ist man 12 Stunden unterwegs. Von Thazi aus kann man mit dem Bus entweder nach Osten ins Shan Bergland, nach Taunggyi oder nach Westen, nach Pagan. Dies ist die beste Alternative, wenn kein Flug mehr zu bekommen ist.

Mit dem Bus Nr. 8 in Mandalay erreicht man Amarapura und Ava.

Von Rangun aus geht halbstündlich ein Bus nach Pegu. Er fährt an der 18. Street in der Nähe des Chinesenviertels ab.

In Rangun selbst gibt es 17 Busrouten, die von drei verschiedenen Gesellschaften bedient werden.

All Bus Lines Control Commitee

Route 1: South Okkalapa nach Kemendine über Tamwe.

Route 3: Thaketa nach Kemendine über Lower Pazundaung und Anawrahta Streets.

Route 4: Thaketa zur 1. Street über die Lower Pazundaung und die Anawrahta Street. Von der 1. Street zurück nach Thaketa über die Maha Bandoola Street.

Route 7: South Okkalapa nach Rangun über Yankin Road oder Kanbe.

Route 13: Thingangyun nach Mawtin.

Route 14: South Okkalapa nach Mawtin über Thingangyun.

Route 15: South Okkalapa nach Mawtin über Tamwe.

Route 16: (Kreislinie) Landsdowne (unterhalb Inya Lake) – Tamwe – Shwegondine Road – Kemendine – Kamayut – University Avenue – Lansdowne.

Route 17: Insein nach Rangun, Maha Bandoola Street und zurück.

Road Transport Board

Route 2: South Okkalapa nach Kemendine über Bolane Road und Theinbyu Street.

Route 5: North Okkalapa nach Rangun über Kaba Aye Pagoda Road.

Route 8: (36 Passagiere), Insein – Rangun – Lansdowne. Route 8: (24 Passagiere) Thamaing nach Maha Bandoola Square.

Route 9: Mingladon nach Rangun.

Route 10: (Kreislinie) Botataung nach Kandawgyi und zurück nach Botataung über Shwedagon Pagoda Road.

Route 11: Ah Lone Road nach Thuwunne über Strand Road.

Route 12: Lansdowne nach Kemendine.

Cooperative System

Route 6: North Okkalapa nach Rangun über Thamaing Link Road und Prome Road.

Taxis

Taxifahrer warten vor allen großen Touristenhotels. Diese Privatautos stammen fast alle noch aus den 50er Jahren. Es sind durchwegs amerikanische Modelle, die bei Oldimerfans Anklang finden würden. Die staatlichen Taxis sind neuere japanische Modelle. Tourist Burma hat für die wichtigsten Strecken feste Preise vorgeschrieben, trotzdem wird man erst lange handeln müssen, um diesen Preis zu bekommen. Für Fahrten in die Umgebung Ranguns stellen Taxis noch immer das beste Transportmittel dar, besonders wenn man den Preis zu mehreren aufteilen kann.

Andere Transportmittel

Fahrradrikschas sind für kurze Strecken das einfachste Verkehrsmittel in Rangun. Es gibt genügend davon; sie sind nicht teuer und bringen zwei Personen im Stadtbereich überall hin. Für weitere Strekken gibt es Kollektivjeeps oder „Pick-ups", die keinen besonderen Fahrplan haben und erst losfahren, wenn der letzte Platz belegt ist. Zwischen Rangun und Pegu und Mandalay und Maymyo sind sie die schnellsten und billigsten Transportmittel.

In Zentralburma findet man noch viele Pferdekutschen, die hier Tongas heißen. Sie sind langsam, eignen sich aber sehr für Besichtigungsfahrten. In den Dörfern findet man nur die hochrädigen Ochsenkarren.

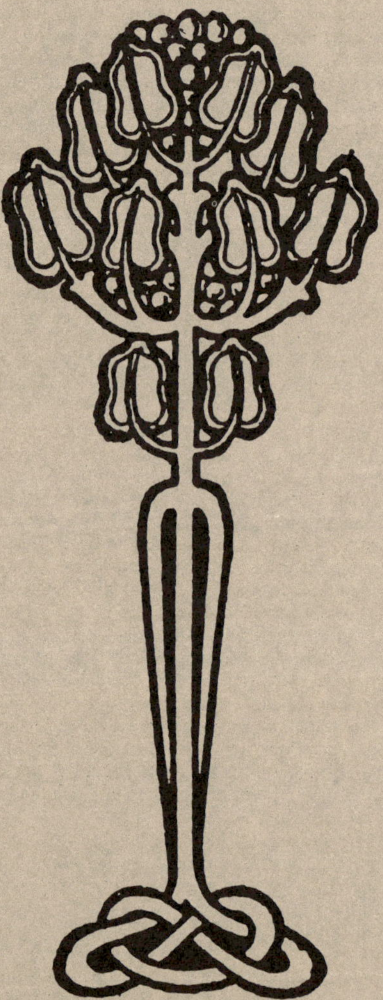

Hotels und Unterkünfte

Hotelneubauten waren in der Vergangenheit weit hinten auf der Prioritätsliste der burmesischen Regierung. Die Situation hat sich noch nicht sehr gebessert, eine neue Politik ist aber bereits zu erkennen. Zur Touristensaison 81/82 wurde in Rangun das Kan Dawgyi Royal Lake Hotel eröffnet. Es liegt an der Südseite des Royal Lake, dort wo einst der Orient Boat Club und das Naturhistorische Museum standen. Bis 1983 will man in Mandalay das Mya Mandalay Hotel, in Maymyo das Nan Myaing und am Inle See in Yaunghwe das Yaunghwe Sakhanth Hotel eröffnen. Die weiteren Pläne bis 1985 sehen in der Nähe von Tavoy das Beachhotel Maung Ma Gan, in Meiktila das Wunzin Poyaza, das Mon Ywa in Monywa, das Pin da ya Guest House in Pindaya und das Khaung Daing Hot Springs Hotel am Inle See vor.

Wenn dieses Programm durchgeführt wird, wird sich die Situation deutlich gebessert haben, vielleicht so sehr, daß die Aufenthaltsdauer verlängert werden kann.

In der folgenden Liste sind keine Preise angegeben, sie liegen entsprechend der Kategorie zwischen zwei und 25 US $.

RANGUN

Luxus

Inya Lake Hotel, Kaba Aye Pagoda Road. Tel. 50644. Restaurant, Cocktail Lounge, Schwimmbad, Tennis, Putting Green für Golfspieler, Friseur, Kosmetikerin, Konferenzräume. 1961 eröffnet.

Erste Kategorie

Strand Hotel, Strand Road, Tel. 81533. Restaurant, Bar. 1901 eröffnet.

Thamada (President) Hotel, 5 Signal Pagoda Road, Tel. 71499. Restaurant, Bar. 1972 eröffnet.

Zweite Kategorie

Dagon (Orient) Hotel, 256 Sule Pagoda Road. Restaurant, Bar, Schwimmbad.

Garden Guest House, Sule Pagoda Road, South Block. 1979 eröffnet.

Golden City Hotel, 199 Sule Pagoda Road.

In der Gegend des Hauptbahnhofes gibt es noch mehrere kleine Hotels

Dritte Kategorie

YMCA (Männer und Frauen), 263 Maha Bandoola Street. 1965 eröffnet.

YMCA (nur für Frauen), 119 Brooking Street. 1900 eröffnet.

PEGU

Dritte Kategorie

Pegu Circuit House.

MOULMEIN

Dritte Kategorie

Government Rest House.

Ein neues 50-Zimmer-Hotel sollte 1981 eröffnet worden sein.

MANDALAY

Erste Kategorie

Mandalay Hotel, 27. Road, Tel. 21283. Restaurant, Bar, Biergarten und Bäckerei.

Zweite Kategorie

Tun Hla Hotel, 27., Road, Tel. 21283. Restaurant, Bar, Biergarten, Schwimmbad.

Dritte Kategorie

Sabai Rest House, Ecke 25. Road und 84. Street.

Bandoola Guest House, Ecke 26. Road und 81. Street.

Man Shwe Myo, 31. Road zwischen 80. und 81. Street.

Man San Dar Win, 31. Road zwischen 80. und 81. Street.

Man Yatanar, Ecke 29. Road und 82. Street.

Man Myo Daw, 80. Street zwischen 30. und 31. Road.

Aye Thaw Dar, B Road in der Nähe der Mingun Jetty.

Es gibt noch mehrere kleine Guesthouses in Mandalay, auf die man während der kühlen Jahreszeit vielleicht zurückgreifen muß, da Mandalay zu dieser Zeit überlaufen ist.

PAGAN

Erste Kategorie

Thiripiytsaya Hotel, Tel. 28. Restaurant, Bar, Garten, Konferenzräume.

Zweite Kategorie

Irra Inn, Tel. 24. In der Nähe der Bupaya Pagode.

Cooperative Inn, Tel. 40. In der Nähe des Gawdawpalin Tempels.

Dritte Kategorie

Moe Moe Noodle Inn. In der Nähe des Gawdawpalin Tempels.

Soe Soe Inn. An der Ecke der Hauptstraße und der Straße zum Irra Inn.

Pagan Room. In der Nähe des Mimalaung-kyaung Tempels.

Zar Nee Rest House. In der Nähe des Mimalaung-kyaung Tempels.

Aung Mahaya Lodge and Restaurant. In der Nähe des Shwegugyi Tempels.

Burma Rest House. In der Nähe des BAC Büros.

Wenn all diese Übernachtungsmöglichkeiten ausgeschöpft sind, bleibt nur noch das Kyaung in der Nähe des Ananda Tempels.

TAUNGGYI

Zweite Kategorie

Taunggyi (Strand) Hotel, Tel. 21127. Restaurant, Bar.

Dritte Kategorie

Shan States Hotel.
Khan Bawzia Hotel.
Thee Thant Hotel.
San Pya Inn.
May Kyu Inn.
Myo Daw Guest House.

INLE LAKE

Dritte Kategorie

Inle Inn, Yaunghwe.

MAYMYO

Zweite Kategorie

Candacraig Hotel (Maymyo Government Rest House), East Ridge Road, Tel. 47. Restaurant, Bar.

Dritte Kategorie

Thin Sabai Guest House.
U Ba Han Guest House.
Shwe Ye Ma Guest House.
YMCA.

KALAW

Dritte Kategorie

Kalaw Hotel.
Railway Rest House.
Im Notfall bietet einem auch Father Angelo de Meio, der katholische Priester in Kalaw Unterkunft.

AKYAB

Dritte Kategorie

Sun and Moon Rest House.

SANDOWAY

Zweite Kategorie

Sandoway (Strand) Hotel, Tel. 27. Restaurant, Bar, Cottages, Golfplatz.

Andere

Burma Railway Corporation Hotel.
Sea Breeze Beach Hotel.

Wer in abgelegeneren Gegenden Burmas reist, sollte immer einen Schlafsack dabei haben. In Pagoden, Tempeln und Klöstern kann man dann immer unterkommen. Die sprichwörtliche Gastfreundschaft der Burmesen öffnet einem auch manches Privathaus.

Aus der Kolonialzeit gibt es noch einige Circuit Houses. Sie stehen in erster Linie den reisenden Beamten zur Verfügung, im Notfall auch Touristen.

Essen

Chinesisches, indisches und europäisches Essen und natürlich Burmas scharfe Curries und Fischgerichte gibt es im ganzen Land. Hier eine Auswahl an Restaurants.

RANGUN

Burmesisch

Karaweik Restaurant. Am Ostufer des Royal Lake, Tel. 52352.

Burma Kitchen, 141 Shwegondine Road, Tel. 50493.

Bamboo House, 3 Thapye Nyo Street.

U Than Maung Daw Dwe May, 33-12th Street.

Danubyu, Anawratha und 28. Street.

Kyaiklat *(Mohinga Shop)*, Myenigone, West Rangun.

Außerdem gibt es noch über die ganze Stadt verstreut einfache Straßenstände, die burmesische Gerichte anbieten.

Europäisch

Strand Hotel, 92 Strand Road, Tel. 81533.

Inya Lake Hotel, Kaba Aye Pagoda Road, Tel. 50644.

Chinesisch

Thamada Hotel, 5 Signal Pagoda Road, Tel. 71499.

Cozy Restaurant, East Racecourse Road.
Star Garden, Wingate Road.
Chung Wah Restaurant, 162 Sule Pagoda Road.
Palace Restaurant, 84-37th Street.
Hai Yuan Restaurant, 29 University Avenue.
Nam Sin Restaurant, 120 Prome Road, 8th Mile.
Kan Bow Za Restaurant, 120 Sule Pagoda Road.
Nan Yu Restaurant, 81 Pansodan Street.
Kwan Lock Restaurant, 67-22nd Street.

Hwan Chyu Restaurant, 98 Kaba Aye Pagoda Road.

Wah Min Restaurant, 79 Godwin Road.
New Oi Hkun Restaurant, 75 Latha Street.

Indisch

Dagon (Orient) Hotel and Restaurant, 256/260 Sule Pagoda Road, Tel. 71140.

Mya Nanda Restaurant, Lewis Street, gegenüber vom Strand Hotel.

Hotel de City, 232 Anawrahta Street.

Im indischen Viertel gibt es noch eine große Anzahl von Straßenständen und kleinen Restaurants. Zum Beispiel das Biryani Chicken Shop an der Surathi Moschee in der Mogul Street.

Imbißstuben

People's Patisserie, 345 Bogyke Aung San Street, Tel. 76579.

Yatha Confectionary, 458/460 Maha Bandoola Street, Tel. 70281.

Mya Sabe Cafe, 71 Pansodan Street.

MANDALAY

Burmesisch

Myaung Bin Yin, 278, 29. Road.

Europäisch

Mandalay Hotel, Ecke 26. Road and 3. Street.

Chinesisch

Tun Hla Hotel, 27. Road, Tel. 283.
Meiktila Parker, 191, 29. Road.
Shwe Wah, 80. Street zwischen 32. und 33. Road.
Shan Pin Restaurant, 199, 29. Road
Kin Kyi Restaurant, 189, 29. Road.
Kanbawza Restaurant, 502, 80. Street.
Shanghai Restaurant, 172, 84. Street.

Imbißstuben

Nylon Ice Cream Bar, 83. Street zwischen 25. und 26. Road.
Olympic Cafe, 83. Street zwischen 25. und 26. Road.

MAYMYO

Europäisch

Candacraig Hotel, East Ridge Road, Tel. 47.

Chinesisch

Shanghai Restaurant, Mandalay-Lashio Road.
Lay Ngoon Restaurant, Mandalay-Lashio Road.

PAGAN

Europäisch

Thiripyitsaya Hotel, Tel. 28.

Verschiedenes

National Restaurant, Sarabha Gate.
Cooperative Restaurant. Gegenüber vom Museum.
Moe Moe Noodle Inn. In der Nähe des Cawdawpalin Tempels.
Aung Mahaya Restaurant. In der Nähe des Shwegugyi Tempels.
OK Restaurant. In der Nähe des Marktes.

TAUNGGYI

Europäisch

Taunggyi (Strand) Hotel, Tel. 21127.

Chinesich

Tha Pye Restaurant.
Lyan You Restaurant.

Trinken

Ein Nachtleben, wie wir es in Europa kennen, gibt es in Burma nicht. Aber in allen größeren Hotels gibt es die Möglichkeit importierte und lokale alkoholische Getränke zu bekommen.

Im Inya Lake Hotel gibt es eine offizielle Cocktail Lounge, das Strand, Thamada und das Dagon Hotel haben jeweils eine Bar.

Das Nanthida Pub, gegenüber vom Strand Hotel hat einen Biergarten und auch in der Win Bar gegenüber vom Dagon Hotel, gibt es alkoholische Getränke.

In Mandalay und anderen Provinzstädten gibt es Bier nur im Hotel (manche kleine Guest Houses kaufen es dort und haben es dann auch vorrätig, wenn auch teurer).

Außer Bier gibt es auch Whisky, Gin und Rum, die in Burma hergestellt werden. Auf den Nachtmärkten wird geschmuggelter Whisky angeboten. Er kostet hier aber viel mehr als anderswo.

Das Nachrichtenwesen

Post

Die Hauptpost von Rangun ist in der Strand Road, an der Ecke der Bo Aung Gyaw Street. Postämter haben in Burma von Montag bis Freitag von 9:30 bis 16:00 und samstags von 9:30 bis 12:30 geöffnet. Sonn- und feiertags sind sie geschlossen.

Die einzige Ausnahme ist das Postsortieramt auf dem Mingladon Flughafen, wo auch sonn- und feiertags geöffnet ist. An diesen Tagen werden dort aber nur Normalsendungen, keine eingeschriebenen Sendungen angenommen.

Postgebühren für Auslandssendungen:

Aerogramme: 1,25 Kyat weltweit.

Postkarten: 85 Pyas nach Asien, 1,30 Kyat nach Europa und Australien und 1,60 Kyat nach Nordamerika.

Briefe bis zu einer Unze Gewicht: 1,25 Kyat nach Asien, 2,15 Kyat nach Europa und Australien und 2,70 Kyat nach Nordamerika.

Postgebühren für Pakete etc. sollte man auf dem Amt erfragen.

Inlandgebühren sind minimal. Briefe kosten 15 Pyas für die erste halbe Unze, 10 Pyas für jede weitere. Postkarten: 10 Pyas.

Post nach Europa (über London) und nach Amerika (über New York) geht Montag und Freitag ab. Dienstag und Samstag nach Australien und dreimal die Woche nach Asien.

Die burmesischen Briefmarken zeigen die acht wichtigsten völkischen Gruppen des Landes, die Burmanen, die Kachin, die Kayah, die Chin, die Mon, die Arakaner und die Shan in ihren Landestrachten. Eine andere Serie zeigt die Vögel des Landes. Sondermarken werden in Abständen herausgegeben. Man bekommt sie alle auf der Hauptpost in Rangun.

Telefon

Man kann von Burma aus internationale Gespräche führen, sie sind aber sehr teuer. Über die Nummer 001 kann man in Rangun zwischen 7:00 und 19:00 Überseegespräche anmelden. Wenn die Verbindung hergestellt ist, ruft der Mann vom Amt zurück.

Außer am Sonntag kann man täglich zwischen 9:00 und 14:30 Nordamerika anrufen. Für die ersten drei Minuten bezahlt man 85,50 Kyat, für jede weitere 28,50 Kyat. Die Preise und Sprechzeiten nach anderen Ländern sind sehr unterschiedlich.

Nach Frankfurt: 68,40 Kyat von 8:00 bis 10:30 außer Sonntag, 61,10 Kyat nach Zürich von 4:30 bis 19:00 täglich, 85,50 Kyat nach Schweden von 8:00 bis 10:30 außer Sonntag und 65,10 Kyat nach London von 4:30 bis 19:00 täglich.

Gespräche mit Australien kosten 69,85 Kyat von 9:00 bis 14:30 außer Sonntag und nach Singapur kann man außer Sonntag von 8:00 bis 10:30 für 27,40 Kyat für die ersten drei Minuten anrufen. Weitere Preise und Zeiten erfährt man über die Telefonnummer 100 oder 101.

Telegramme

Das Telegraphenamt findet man einen Block östlich der Sule Pagode auf der Maha Bandoola Street. Es hat täglich außer Sonntag von acht Uhr morgens bis neun Uhr abends geöffnet.

Bei Schwierigkeiten sollte man sich an die Post und Telecommunications Corporation, 43 Bo Aung Gyaw Street, Tel. 85499, wenden.

Die Medien

Kinos

Die Burmesen sind kinosüchtig. In Rangun gibt es mehr als 50 „Cinema halls", davon ein Drittel im Stadtzentrum. Außer burmesischen Filmen zeigt die Motion Picture Corporation ausgewählte Filme aus Nordamerika, Europa, Japan und Indien. Die folgenden sieben Kinos zeigen fremdsprachige, in erster Linie englischsprachige Filme.

Bayint, 312 Bogyake Aung San Street, Tel. 75368.

Gon, 223/229 Sule Pagoda Road, Tel. 72982.

Pa Pa Win, Sule Pagoda Road, Tel. 72270.

Thamaoa, 5 Signal Pagoda Road, Tel. 70282.

Waziya, 327 Bogyoka Aung San Street, Tel. 73468.

Wizaya, 224 U Wisara Road, Tel. 30660.

Yei Yint, Ecke Sule Pagoda Road und Bogyoke Aung San Street, Tel. 70945.

Theater

Ein burmesisches *Pwe* schaut man sich am besten in den Straßen oder auf einem Festgelände an. Wer dazu keine Gelegenheit hat, hat vielleicht in einem von drei Theatern mehr Glück:

Jubilee Hall, Shwedagon Pagoda Road, Basis der State School of Music and Drama.

Open Air Theater, Lanmadaw (Godwin) Road.

Garrison Theater, U Wisara Road.

Die Presse

Rangun hat sechs Tageszeitungen, vier davon in burmesischer Sprache und zwei in Englisch. *The Working Peoples Daily* (212 Theinbyu Road), hat eine Auflage von 20000 und der *Guardian* (392/396 Merchant Street) verkauft 13000 Exemplare täglich. Ihre Informationen kommen von westlichen Nachrichtenagenturen. Diese beiden Zeitungen sind in den Hotels erhältlich.

Radio

Der **Burma Broadcasting Service** sendet täglich 16 Stunden und 45 Minuten, davon zweieinhalb Stunden in englischer Sprache. Um 8:30 gibt es auf 42,14 und 314 Meter und um 13:30 auf 30,85 und 314 Meter Nachrichten in Englisch. Auf 59,52 und 314 Meter wird abends zwischen 21:00 und 22:30 ein allgemeines englischsprachiges Programm gesendet. Auf 63,49 Meter wird zwischen 17:00 und 19:15 täglich für Kachin, Kayah, Sgaw Karen, Pwo Karen, Chin, Mon, Burmanen, Arakaner oder Shan in deren jeweiligen Sprache gesendet.

Der BBS hat seine Büro- und Sendegebäude an der Prome Road.

Fernsehen

Mit den 80er Jahren ist auch Burma zu den Fernsehländern gestoßen. Programm und Sender sind noch in der Aufbauphase, wie es genutzt wird, wird die Zukunft zeigen.

Bibliotheken

Die **Sarpay Beikman Public Library,** 529 Merchant Street, hat unter 35000 Büchern mehr als 11000 englischsprachige. Von Interesse sind dabei die zeitgenössischen burmesischen Werke, die ins Englische übertragen sind.

Die größte Bibliothek ist die **University Central Library** auf dem Universitätsgelände von Rangun. Etwa 170000 Bücher in Burmesisch, Englisch und auch in anderen Sprachen sind hier vorrätig. Besucher dürfen zwar keine Bücher ausleihen (dies dürfen nur Studenten und Professoren der Universität), man kann aber seine Nachforschungen in der Bibliothek anstellen.

Die Bibliothek des **International Institutes of Advanced Buddhist Studies,** Kaba Aye Pagode, hat unter seiner Unzahl an Büchern in Pali und Burmesisch auch 10000 englischsprachige Bücher. Dort findet man auch 9000 alte Palmblattschriften und 2412 Museumsobjekte.

Die **National Library** im Ranguner Rathaus hat auch eine Anzahl Palmblattschriften in ihrem Besitz.

Auch in der Botschaft der Vereinigten Staaten und in der Britischen Botschaft gibt es Bibliotheken, die zusätzlich auch die neuesten Zeitschriften ihrer Länder vorrätig haben.

Das **Information and Broadcasting Department** betreibt 110 Bibliotheken im ganzen Land und stellt auch in abgelegeneren Städten englischsprachige Bücher zur Verfügung. In der Ranguner Zentrale in der Pansodan Street, nahe dem Strand Hotel, liegen immer Zeitungen, Zeitschriften und offizielle Drucksachen aus.

Buchhandlungen

Sarpay Beikman, die öffentliche Bibliothek auf der Merchant Street, hat auch eine angeschlossene Buchhandlung, in der man englischsprachige, burmesische Publikationen bekommt. Taschenbücher und ausländische Zeitschriften bekommt man in zwei Läden, die von der Paper, Stationary, Books and Photographic Stores Trading Corporation betrieben werden. Einer ist in 232 Sule Pagoda Road und der andere in 98 Pansodan Street. Die Corporation hat noch zwei Läden, einer für allgemeine Literatur, Ecke Merchant und Pansodan Street und einer für medizinische Literatur in 181/189 Sule Pagoda Road.

Buchliebhaber werden mit Vergnügen die vielen Straßenstände absuchen, um seltene, nicht mehr aufgelegte Bücher, zu finden. Zwei Buchläden müssen aber besonders erwähnt werden. Einmal der **Pagan Bookshop,** 100, 37. Street, in Rangun und der **Myoma Book Stall** in 390, Main Road, Taunggyi. Beide sind ein Paradies für Liebhaber antiquarischer Bücher.

Lebensart und Verhaltensweisen

Die Nationalflagge

Die burmesische Nationalflagge ist rot mit einem blauen Rechteck links oben, in dem sich ein weißes Zahnrad mit 14 weißen Sternen befindet. Im Zahnrad ist eine Ähre mit 34 Reiskörnern.

Das Zahnrad symbolisiert die Industrie, die Reiskörner die Landwirtschaft, die 14 Sterne die 14 verschiedenen Verwaltungseinheiten. Die Farbe Weiß steht für Klarheit, Wahrheit und Festigkeit. Blau soll den Frieden repräsentieren und Rot Einheit und Entschiedenheit.

Regierung

Die Sozialistische Republik der Union von Birma (Pye Daung-Su So She Lit Thammada Myanma Nainggan-Daw) ist eine staatssozialistische Republik mit einem Einkammerparlament. Der Vorsitzende der BSPP ist Ne Win, der Präsident heißt seit November 1981 U San Yu.

Einige statistische Zahlen

1979 hatte Burma 33,6 Millionen Einwohner, von denen 80 % auf dem Land und 20 % in den Städten wohnten. Auf einen Quadratkilometer kamen 46,9 Einwohner. Die Bevölkerungszuwachsrate betrug 2,4 % und die Lebenserwartung 50 Jahre. Die Kindersterblichkeit lag bei 56,3 auf 1000 Lebendgeburten.

Das Bruttosozialprodukt betrug 1979 pro Kopf 154 US $. Von den 12,6 Millionen Beschäftigten waren 67 % in der Landwirtschaft und 13 % in der Industrie tätig. Es gibt 30 % Analphabeten im Land. Ethnisch teilt sich die Bevölkerung in 72 % Burmanen, 7 % Karen, 11 % Shan, 2 % Kachin, 2 % Chin, 2 % Chinesen und 3 % Inder und Pakistaner.

Verwaltungseinheiten

Sieben Provinzen, die hauptsächlich von Burmanen bewohnt sind, Sagaing, Mandalay, Magwe, Pegu, Irrawaddy, Rangun und Tenasserim und sieben *States,* in denen hauptsächlich völkische Minderheiten wohnen, Chin State, Kachin State, Shan State, Karen State, Mon State und Arakan State, machen die Union von Burma aus.

Burmesische Namen

Vornamen und Familiennamen kennt man in Burma nicht. Eltern, Kinder und Ehepartner sind als solche nicht durch ihre Namen zu erkennen.

Der Name eines Burmesen hat eine, zwei oder drei Silben und wird ihm kurz nach seiner Geburt beim Namensfest gegeben.

Man verläßt sich dabei auf astrologische oder übernatürliche Erkenntnisse, die meist durch einen darin erfahrenen Mönch, ein Medium oder einen Astrologen vermittelt werden. Obwohl die buddhistische Doktrin derartige Handlungen nicht anerkennt, sind sie gang und gäbe im Land.

Im Gegensatz zur abendländischen Tradition, kann der Burmese seinen Namen so oft wechseln wie er will. Dies kann sein, wenn er in einen neuen Lebensabschnitt tritt oder vor einem wichtigen Vorhaben steht und sich durch einen anderen Namen mehr Glück verspricht.

Sehr oft wird kleinen Kindern ein häßlicher Name gegeben, um so in der Kindheit gerade das damit verbundene Böse abzuwehren. So wie dieses Kind erwachsen und selbständig ist, wird es diesen Namen wieder ändern. Aus dem Namen kann man auch nicht entnehmen, ob es sich um einen Mann, eine Frau, einen Jungen oder ein Mädchen handelt. Dies geschieht erst durch den davorgesetzten Titel, die Anrede, die sich innerhalb des sozialen Geflechtes immer wieder ändert.

Ein Burmese der Kau Reng heißt, kann dementsprechend als *U* Kau Reng, *Maung* Kau Reng oder *Ko* Kau Reng angesprochen werden. Handelt es sich um einen älteren Mann oder einen Vorgesetzten, wird der Titel *U* verwendet. Unter gleichaltrigen oder gleichrangigen benutzt man *Ko* oder *Maung*. Wenn es sich um einsilbige Namen handelt, manchmal auch *Ko Maung*.

Nach demselben System gibt es bei den Frauen die Titel *Baw* für ältere und *Ma* für jüngere oder gleichrangige Frauen. Anhand dieser paar Titel ist bereits ersichtlich, daß das soziale Netz in Burma noch sehr eng geflochten ist und diesen Anreden auch noch die übersichtlichen Strukturen des burmesischen Dorfes zugrunde liegen.

Es gibt außer diesen oft benutzten Anreden noch eine Reihe anderer, mit denen noch feinere Abstufungen, hauptsächlich im familiären Bereich ihren Ausdruck finden.

Ehemänner werden von ihren Frauen oft als *Einga-lu* oder *Ein-thar* (was soviel wie guter Mann des Hauses heißt) angesprochen. *Ko-ko* ist die Anrede für einen älteren Bruder. *U-lay, U-gyi* und *Ba-gyi* (Onkel) sind Ausdruck weiterer familiärer Beziehungen. Desgleichen bei Frauen *Ma-ma, A-ma-gyi* (ältere Schwester) und *Daw-daw* (Tante).

Vorgesetzte werden oft als *Ah-ko-gyi, Ko-gyi* oder *Saya* (Lehrer) angesprochen. *Bo* heißt der militärische Vorgesetzte.

Gegenüber Ausländern fällt es einem Burmesen immer schwer, auch wenn ein sehr persönlicher Kontakt vorhanden ist, nur den Vornamen zu verwenden. Er wird deshalb nicht Jimmy sondern *Ko* Jimmy, nicht Annie sondern *Ma* Annie sagen und erwartet, daß er auch entsprechend angesprochen wird.

Trinkgeld

Trinkgeld zu geben ist noch nicht allgemein üblich in Burma, auch wenn es sich in Rangun langsam durchsetzt. Trotzdem kann es einem passieren, daß der Kellner einem nachgelaufen kommt, um das Wechselgeld nachzubringen, das man als Trinkgeld zurücklassen wollte. Mit einem Kugelschreiber, einem Feuerzeug oder einer anderen Kleinigkeit kann man auf jeden Fall mehr Freude bereiten, als mit einem unpersönlichen Trinkgeld.

Die Zeitrechnung

Im Laufe der Geschichte gab es in Burma drei verschiedene Zeitrechnungen. Die erste und zum Teil auch heute noch gültige, ist die **Buddhistische Zeitrechnung.** Sie beginnt mit dem Jahr 544 vor Christi, danach schriebe man 1982 das Jahr 2526. Im Jahre 78 n. Chr. begann die **Prome Ära,** auf die sich sehr viele epigraphische Erkenntnisse stützen. 1982 wäre danach das Jahr 1904 der Prome Zeitrechnung. Die letzte und auch noch während der Konbaung Dynastie gültige Zeitrechnung nennt sich **Pagan Ära** und begann mit dem Jahr 638 n. Chr. 1982 unserer Zeitrechnung wäre entsprechend das Jahr 1344 der Pagan Ära.

Andachtsstätten

Obwohl fast nur von Buddhisten bewohnt, herrscht in Burma volle Religionsfreiheit. Im folgenden sind die Nicht-Buddhistischen Andachtsstätten Ranguns aufgeführt.

CHRISTLICH

Römisch-katholisch

St. Augustines Church, 64 Inya Road, Tel. 30620. Sonntagsmessen um 7:00 und um 9:30.

Anglikanisch

Cathedral of the Holy Trinity, 446, Bogyoke Aung San Street. Gottesdienste: 7:00 Kommunion, 8:30 Kommunion und Predigt, 9:45 Kirchenunterricht für Kinder und 17:00 Abendgesang.

Church of the Holy Cross, 104 Inya Road, Tel. 30658. Sonntag 8:00 Kommunion und Predigt.

Methodisten

Methodist English Church, 65 Signal Pagoda Road. 8:30 Sonntagsschule, 9:45 Morgengottesdienst, Methodistisches Jugendtreffen Sonntag 15:30.

Baptisten

Immanuel Church, Ecke Maha Bandoola und Barr Street. 8:00 Sonntagsschule, Sonntagsgottesdienst 17:00.

Armenier

St. John the Baptist Armenian Church, 113 Bo Aung Gyaw Street an der Ecke der Merchant Street. Sonntagsgottesdienst um 9:00.

JÜDISCH

In Rangun gibt es eine Synagoge. Auskunft gibt die Israelische Botschaft .

ISLAMISCH

Surathi (Sunni) Moschee, Moghul Street.
Sunni Moschee, Shwebontha Street.
Sunni Moschee, Maung Taulay Street.
Sunni Moschee, Sule Pagoda Street.
Shia Moschee, 30. Street.
Fünfmal am Tag wird in den Moscheen gebetet.

HINDUISTISCH

Sri Sri Krishna Tempel, 141 Pansodan Street. Täglich von 10:00 bis 11:00 und von 15:00 bis 20:00 geöffnet.

Sri Sri Durga Tempel, 307 Bo Aung Gyaw Street.

Hindu Tempel, Anawrahta Street in der Nähe des Thein Gyi Zei Marktes.

SIKH

Sikh Tempel, 256 Theinbyu Road.

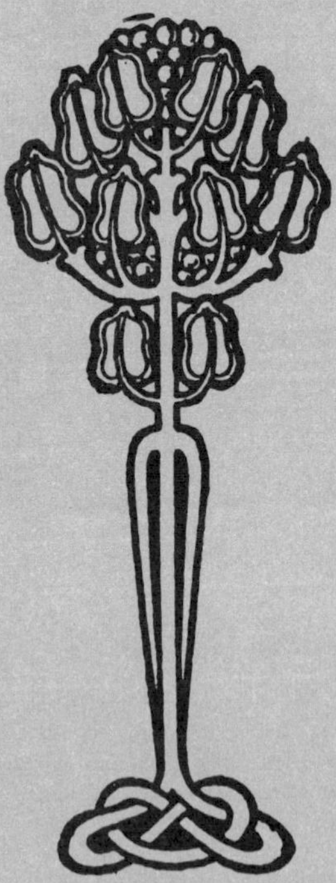

Kulturelle Hinweise

Was unterscheidet eine Pagode von einem Tempel?

Grundsätzlich können wir zwei Arten von Bauwerken unterscheiden: Pagoden und Tempel.

Unter einer Pagode verstehen wir normalerweise einen Stupa mit einer dazugehörigen Anlage. Ein Stupa ist uns auch unter den Namen *Zedi, Cetiya* oder *Dagoba* bekannt. Es handelt sich um ein Bauwerk, das entweder über oder unter dem glokkenförmigen Aufbau eine Reliquienkammer hat und das als Erinnerungsmal dient. In Burma sind Stupas meist auf mehreren Terrassen gebaut, die als Umgang dienen und die man im Uhrzeigersinn abschreitet.

Der Ausdruck Tempel bedarf einer Erklärung. Da Buddha kein Gott ist und der Hinayanabuddhismus in seiner reinen Form keine Götteranbetung kennt, ist ein dem Hinayanabuddhismus geweihter Tempel keine Götteranbetungsstätte. Der Ausdruck Tempel wird nur in Ermangelung einer klareren Bezeichnung verwendet. Die Burmesen selbst nennen einen Tempel *Ku,* ein Ausdruck, der sich aus dem Paliwort *Guha* ableitet, was soviel wie Höhle heißt. Damit wird auch die kulturhistorische Entwicklung dieses Bauwerks beschrieben. Tempel sind den der Meditation dienenden Höhlen der Mönche nachgebaut. Überall da wo es keine Berghänge gab, wurden künstliche Höhlen geschaffen. Ihr Hauptmerkmal war Kühle und diffuses Licht. Ein Merkmal, das die im Monstil erbauten Tempel Pagans aufweisen. Anders beim ausgereiften burmesischen Stil. Diese Tempel wurden bereits mit großen Eingängen und doppelreihigen Fenstern gebaut, um das Innere hell und luftig zu machen.

Man unterscheidet bei den Tempeln zwei Typen: den Mittelpfeilertyp und den Typ des „Hohlen Vierecks".

Die Entwicklung des Mittelpfeilertyps kann man vom Stupa ableiten. An Festtagen wurde vom Stupa zur Umfassungsmauer des Pagodengeländes eine Zeltplanne gespannt, die Sonne oder auch Regen abhalten sollte. Dadurch entstand ein überdachter Rundgang um das zentrale Sanktuarium. Dies, mit festem Material nachgebaut, erweckt den Eindruck, als wäre der Stupa auf das Dach des Tempels gebaut. Dies ist auch das Prinzip der mehrgeschossigen, im burmanischen Stil erbauten Tempel.

Der zweite Typ, der des „Hohlen Vierecks", trifft meist auf das Obergeschoß der großen burmanischen Tempel zu. Sie scheinen innen hohl zu sein, haber aber meist einen Stützpfeiler.

Obwohl man von außen oft an die spitz auslaufenden Wölbungen von Gotikbauten denken muß, sind die Tempel von Pagan fast das Gegenteil. Statt daß der größtmögliche Raum weit umspannt wird, besteht das Innere von buddhistischen Tempeln aus massivem Mauerwerk, das enge Gänge und Kammern umschließt. Damit erfüllen sie die ursprüngliche Idee. Die nachgebaute Höhle erlaubt inneres Finden, gibt die Möglichkeit zur Meditation. Von außen erfüllen die weißen, meist auch noch mit goldenen Spitzen versehenen Tempel einen anderen Sinn. Sie sind der Nachvollzug der Himmelsidee, der Nachbau des Berges Meru; das Erwecken der Sehnsucht nach dem Göttlichen, nach dem immer gültigen Dharma, dem Gesetz des Universums, wird hier manifestiert.

Verhaltensregeln in Tempeln

Eine buddhistische Andachtsstätte unterscheidet sich deutlich von einer Andachtsstätte im Westen. Hier kann man zwar in tiefer Meditation versunkene Gläubige antreffen, aber nebenan findet man wahrscheinlich eine Familie, die vor einer Buddhastatue ihr Mittagsmahl einnimmt. Man sieht zwar Mönche, die devot um den Stupa schreiten, aber gleichzeitig toben Kinder, laut und lebensfroh auf derselben Terrasse.

Auf dem Tempel- oder Pagodengelände trifft sich abends das ganze Dorf oder die Leute der Umgebung, in der Stadt. Dieses „alltägliche" sollte einen aber nicht täuschen: dies sind Andachtsstätten und sie haben ihre Verhaltensregeln.

Wo immer man in Burma geheiligten Boden betritt, muß man seine Schuhe (und Socken) oder Sandalen ausziehen. Barfuß muß man dann während der Mittagshitze über heiße Marmorplatten oder wie in Mandalay, kilometerlange Treppen hoch und wenn es sich um verfallene Anlagen handelt, über dornenbewachsene Felder.

Auch die Bekleidungsvorschriften sollte man beachten, Hot-pants und kurze Röcke für Frauen sind verpönt. Wer hier zum Meditieren herkam, möchte nicht durch gedankenlose Touristen geschockt werden. Theravadabuddhisten haben nicht nur was das Essen betrifft eine „Anti-Fleisch" Einstellung. Tugendhaftigkeit und ein ausgeprägtes Schönheitsbewußtsein gehört zu ihrer Lebensphilosophie.

Buddhisten, genau wie Hinduisten, werden immer im Uhrzeigersinn um ein Sanktuarium gehen. Sie halten sich dabei an das Universale Gesetz. Osten steht für Geburt, Süden für Werden, Westen für Sterben und der Norden für den Tod. Der Kreislauf der Sonne und der des individuellen Lebens werden symbolisch vereint. Die Planetenandachtsstellen auf der Shwedagon und auf anderen Terrassen führen den Gläubigen an Wochentagen und an Jahreszeiten vorbei. Die letzten vier Buddhas gemahnen an die verschiedenen Weltzeiten. Hier wird ihm klar, wie

klein und vergänglich er ist. Hier erwacht so auch sein buddhistisches Selbstverständnis. Dieser Rundgang um den Stupa, der ja selbst an den Erleuchteten gemahnt, bringt ihn auch zu Terrakottatafeln, die das Leben des Buddha oder Szenen aus seinen unzähligen ehemaligen Leben darstellen und dabei wird er wahrscheinlich die „Drei Juwelen“ murmeln: „Ich nehme meine Zuflucht zum Buddha, ich nehme meine Zuflucht zur Dharma, ich nehme meine Zuflucht zur Sangha“. Eine Welt ohne Gott, in der die Menschen nur auf ihre guten Werke aufbauen können. Hier in den Tempeln und auf den Pagodenterrassen holen sie sich ihr Selbstvertrauen.

Niemand hat etwas dagegen, wenn man diese Anlagen fotografiert, aber Fotos sollten das einzige sein, was man mitnimmt, auch wenn kleine Buddha- und Natfiguren scheinbar sinnlos überall herumstehen.

Auf Seite 320–323 sind detaillierte Tempelpläne zu finden.

Die Mudras

Eine Reise durch Burma ist meist eine Reise zu Buddhaandachtsstätten. Wenn man nicht ein wenig systematisiert, verschwimmen sie zur Unterschiedslosigkeit. Mit Buddhafiguren ist es wie mit Tempeln, sie haben alle einen gewissen Stil. Die Haltung des Körpers, der Beine und der Hände haben eine spezielle Bedeutung. Diese ist uralt und auch heute noch Grundlage des Tanzes und des Marionettentheaters. Religion und Kunst sind hier eine untrennbare Einheit.

Wir unterscheiden vier Körperhaltungen. Die **stehende Haltung** stellt Buddha nach seiner Rückkehr aus dem Himmel der 33 Götter dar. Dorthin ging er, um seiner, kurz nach seiner Geburt verstorbenen Mutter, das ewige Gesetz zu predigen.

In der **gehenden Haltung** stellt er die Zähmung des Nalagiri-Elefanten dar.

Die **sitzende Haltung** kann drei verschiedene Vorgänge darstellen: er ruft die Erde als Zeugen an; er hält die Dharmacakrapredigt oder er ist in tiefer Meditation. Drei Beinhaltungen gibt es dabei: die Beine liegen so übereinander, daß die Fußsohlen nicht zu sehen sind; die Beine liegen so über Kreuz, daß die Füße auf den Oberschenkeln liegen und die Fußsohlen nach oben zeigen. Der rechte Fuß liegt dabei vorne. Dies ist der Lotussitz, und schließlich eine quasi europäische Haltung, wobei die Beine von der Sitzfläche runterbaumeln.

Der Buddha kann auch noch in einer **liegenden Haltung** dargestellt werden. Ist der Kopf dabei nach Norden gerichtet (die Richtung des Todes), so geht er gerade ins Nirwana über. Schaut der Kopf in eine andere Richtung, so befindet sich der Erleuchtete im Schlaf.

Die Haltung der Hände hat die stärkste Aussagekraft. Man unterscheidet vier Gesten.

1. Die Bhumisparsa Mudra

Bei dieser Mudra liegt die linke Hand mit der Handfläche nach oben im Schoß, die rechte Hand, mit der Handfläche nach unten, liegt auf dem rechten Knie, wobei die Fingerspitzen den Boden berühren.

Dies ist die am öftesten dargestellte Mudra. Buddha ruft die Erde als Zeugen an. Sie stellt den Augenblick der Erleuchtung dar.

Mara, der Gott der Lust und Zerstörung, griff Buddha unter dem Bodhibaum mit seinen Armeen an und versuchte ihn, mit seinen Töchtern, Begierde, Vergnügen und Leidenschaft, in Versuchung zu führen. Buddha rief daraufhin Vasumdarhi, die Göttin der Erde als Zeugen, daß er die Erleuchtung und das perfekte Wissen gefunden habe. Als die Erde daraufhin zu Beben begann, flüchtete Mara.

2. Die Dhyana Mudra

Hier liegt die nach oben zeigende Handfläche der rechten Hand in der linken. Beide liegen im Schoß des sitzenden Buddhas.

In dieser Haltung werden viele Begebenheiten im Leben Buddhas, vor und nach der Erleuchtung dargestellt. Gegenstände in der Handfläche oder Figuren an der Seite zeigen an, um welche Begebenheiten es sich handelt.

3. Die Dharmacakra Mudra

Hierbei hält er beide Hände vor der Brust, wobei der Daumen und der Mittelfinger der linken Hand sich berühren und der Daumen und Zeigefinder der rechten Hand einen Kreis bilden.

Diese Geste stellt die erste Predigt des Gesetzes in Sarnath bei Benares dar, wo er das Rad des Gesetzes, das manchmal auch „das Reich der Rechtschaffenheit“ genannt wird, ins Leben rief.

4. Die Abhaya Mudra

Ein stehender Buddha, der die rechte Hand erhoben hat, während die linke nach unten zeigt.

Dies ist die Haltung, die Furchtlosigkeit, Ruhe und Schutz ausdrückt. Sie erinnert an den Mordanschlag auf den Erleuchteten, den sein Vetter Devadatta angestiftet hatte.

5. Die Varada Mudra

Ein stehender Buddha, dessen halb ausgestreckte Arme nach vorne zeigen. Auch die Handflächen zeigen nach vorne, die Fingerspitzen nach unten.

In dieser Haltung verteilt Buddha seinen Segen.

6. Die Kombination der Abhaya und Varada Mudras

Die rechte Hand ist hier in der Abhaya Mudra, die linke in der Varada Mudra. Diese Haltung stellt Schutz und Segnung dar, auch die Rückkehr aus dem Tavatimsahimmel.

Die Herstellung einer Buddhastatue unterliegt auch heute noch ganz genauen Vorschriften. Im Dikka Nikaya, einem der buddhistischen Texte, sind ingesamt 112 Merkmale genannt, die eine Buddhafigur besitzen muß.

Klöster

Wer von den Tempeln und Pagoden Burmas noch nicht genug hat und vor seiner Abreise aus Rangun noch weitere religiöse Gebäude sehen will, der kann sich an die, von der burmesischen Regierung herausgegebene Liste „beeindruckender Klöster" in Rangun halten. In manchen dieser Klöster gibt es noch schöne Holzschnitzereien zu sehen. Man sollte sich aber stets bei dem *Sayadaw* die Genehmigung zum Besuch einholen.

Aletawya Kyaungtaik, Boundary Road.
Bagaya Kyaungtaik, Bagaya Road, Kemendine.
Bahan Kyaungtaik, Bahan.
Kyaunggyi Kyaungtaik, Kemendine.
Mingun Tawyar, Lewis Road.
Mya Theindan Kyaungtaik, Kemendine.
Naw-man Kyaungtaik, Pazundaung.
Ngadatkyi Kyaungtaik, Ngadatkyi Road.
Payagyi Kyaungtaik, Shwegondine Road.
Pazundaung Kyaungtaik, Pazundaung.
Pyinnya Ramika Maha, Theinbyu Road.
U-kyin Kyaungtaik, Bagaya Road, Kemendine.
Weluwun Kyaungtaik, Kemendine.
Zeyawaddy Kyaungtaik, Kemendine.

Museen

Die Pagoden und Tempel Burmas sind die schönsten Museen des Landes. In ihnen findet man unschätzbare Wertstücke religiöser Art. In den folgenden Museen findet man Ausstellungsstücke historischer und anthropologischer Art.

Nationalmuseum, Pansodan Street, zwischen Strand Road und Merchant Street. Man findet dort die Königsschätze aus Mandalay und andere geschichtliche Ausstellungsstücke. Geöffnet von 10:00 bis 15:00 von Sonntag bis Donnerstag und von 13:00 bis 15:00 am Samstag. Freitags und an Feiertagen ist das Museum geschlossen.

Nationalmuseum und Bibliothek An der 24. Road, Ecke West Moat Road, in Mandalay. Verschiedene Artifakte der burmesischen Geschichte und wertvolle Bücher, besonders alte buddhistische Schriften kann man hier besichtigen.

Pagan Museum Nicht weit vom Thiripyitsaya Hotel entfernt. Die schönsten Stücke, die in Pagan ausgegraben wurden, findet man hier.

Taunggyi Museum Auf der Hauptstraße in Taunggyi. Stellt Shankostüme, ein doppelköpfiges Kalb und Gebrauchsgegenstände der Shan aus.

Sport

Wie in anderen Ländern dieser Welt, gehört auch in Burma der Sport zu den beliebtesten Freizeitbeschäftigungen der Menschen. Fußball spielt man nicht nur im Aung San Stadion, sondern auf allen zur Verfügung stehenden Feldern des Landes. Am beliebtesten sind jedoch *Chinlon* und das traditionelle Boxen.

Chinlon

Chinlon ist Burmas Nationalsport. Man sagt, es wurde bereits im 7. Jahrhundert in Prome gespielt. Ein Rattanball muß dabei solange wie möglich in der Luft gehalten werden. Der Spieler darf außer mit Fuß und Knie, mit keinem Teil seines Körpers den Ball berühren.

Meist wird es von einer unbestimmten Anzahl von Spielern gespielt. Die All Burma Chinlon Association hat jedoch bereits Regeln für ein Mannschaftsspiel aufgestellt, die überall anerkannt werden. Eine Mannschaft von sechs Spielern steht in einem Kreis mit einem Durchmesser von 6½ Meter. Der Ball wird zwischen den Spielern hin und her gespielt. Punkte gibt es entsprechend dem Schwierigkeitsgrad und der Balltechnik, die angewandt wird. Für gewisse „Schläge" gibt es festgesetzte Punkte. Fällt der Ball zu Boden oder tritt der Spieler aus dem Spielfeld, werden Punkte abgezogen. Der Rattanball wird aus Zuckerrohrstauden hergestellt, die getrocknet und geflochten werden, wobei Öffnungen entstehen, die etwa vier Zentimeter von einander entfernt liegen. Der Ball hat einen Umfang von 40 Zentimeter.

Burmesisches Boxen

In den Augen eines Europäers scheint das burmesische Boxen eine gemeine und brutale Sportart zu sein. Die Boxer können jedes Körperteil zum Angriff verwenden. Verloren hat, wer zuerst blutet. Trotzdem gibt es gewisse Regeln, die den Sport im Rahmen halten. Das burmesische Orchester, das den Kampf begleitet, macht ihn noch unwirklicher.

Die Zeitschrift *Forward* beschrieb am 1. August 1964 einen solchen Kampf:

„Mit dem Kopf wird gestoßen, entweder um den Angriff des Gegners zu stoppen, oder um den Gegner weichzuklopfen, während man ihn festhält. Mit den Händen wird geschlagen und festgehalten. Auch mit den Ellbogen wird dem Gegner in die Seite geschlagen. Mit den Knien schlägt derjenige, der festgehalten wird. Mit den Füßen wird der Gegner getreten, in der Hoffnung, daß er das Gleichgewicht verliert.

Dies gehört zur normalen Taktik beim burmesischen Boxen. Damit die Schläge aber sitzen, muß man die Beinarbeit beherrschen, eine Kunst, die man auch für die burmesische Selbstverteidigung, *Thaing*, genannt, können muß. Ein burmesischer Boxer muß wissen, wo er seine Füße placiert, wie er vorgeht und zurückweicht und aus welcher Position er am besten in einen Angriff springen kann, aber auch wie er stehen muß, um den Schlag des Gegners abzuwehren. Im Nahkampf muß er die Technik des Ringens beherrschen.

... Um den Boxer vor Verletzungen zu schützen, gibt es Regeln gegen Kratzen, Beißen, Haare ausreißen und gegen Tritte in die Weichteile des Gegners. Die Finger- und Zehennägel der Boxer müssen kurz geschnitten sein. Ein Boxer der am Boden liegt, darf nicht mehr getreten werden . . .

Wenn Blut zu sehen ist, geht der Kampf zu Ende. Jeder Boxer darf sein Blut dreimal wegwischen, bevor er zum Verlierer erklärt wird. Der Kampf ist auch zu Ende, wenn einer der Boxer zu angeschlagen ist, um weiterzukämpfen, auch wenn kein Blut zu sehen ist."

Allgemeine Informationen

Fluggesellschaften

Die folgenden Fluggesellschaften haben Büros in Rangun:

Aeroflot, 18 Prome Road, 7th Mile, Tel. 61066; Airport Tel. 40435.
Air France, 69 Sule Pagoda Road, Tel. 74199.
Burma Airways Corporation, 104 Strand Road, Tel. 84566. Airport Tel. 40397.
Civil Aviation Administration of China (CAAC), 67-A Prome Road, Tel. 75714; Airport Tel. 40113.
Indian Airways, 533 Merchant Street.
KLM Royal Dutch Airlines, 104 Strand Road, Tel. 74840.
Pakistan International Airways, 510 Merchant Street, Tel. 74807.
Thai Airways International, 441–445 Tavoy House, Maha Bandoola Street, Tel. 75936; Airport Tel. 40112.

Burma Airways vertritt die folgenden Gesellschaften: Air India, British Airways, Czechoslovak Airlines, Cathay Pacific, Japan Air Lines, Lot-Polish Airlines, Lufthansa, Pan American, Royal Nepal Airlines und S.A.S.

State Trade Corporations

Alle Geschäfte in Burma sind verstaatlicht. Die nationale Wirtschaft wird von elf sogenannten „State Trade Corporations" geführt. Unter vorgehaltener Hand sagen manche Burmesen, es gäbe zwölf Trade Corporations, die zwölfte ist das private Schmuggelgeschäft zwischen Burma und Thailand. Man schätzt, daß 70 % des Außenhandels davon betroffen sind.

Die elf offiziellen sind:

Agricultural and Garden Produce, 70 Pansodan Street, Tel. 84044.
Foodstuffs and General Supplies, 11/17 Bogale Bazaar Street, Tel. 55355.
Restaurants and Beverages, 186 Maha Bandoola Street, Tel. 77399.
Textiles, 19/43 Maung Taulay Street, Tel. 77077.
Paper, Stationery, Books and Photographic Stores, 550/552 Merchant Street, Tel. 74177.
Medical Stores, 189/191 Maha Bandoola Street, Tel. 81466.
Transport Equipment and Machinery, 180/184 Bogyoke Aung San Street, Tel. 74626.
Construction and Electrical Stores, 170 Bo Aung Gyaw Street, Tel. 75522.
Hotel and Tourist Corporation (Tourist Burma), 73 Sule Pagoda Road, Tel. 77966, or 77/91 Sule Pagoda Road, Tel. 78376.
Stores Inspection and Agencies Corporation, 377 Maha Bandoola Street, Tel. 80429.
Myanma Export-Import Corporation, 34/38 Strand Road, Tel. 80266.

Staatliche Organisationen

Die folgende Liste enthält Adressen und Telefonnummern verschiedener Regierungsstellen, die hilfreich sein könnten.

Agriculture Corporation, 72/74 Shwedagon Pagoda Road, Tel. 72655.
Archaelogy Department, 32-D Prome Road, 6th Mile, Tel. 31699.
Bureau of Special Investigation, 67/69 Seikhantha Street, Tel. 82086.
Burma Broadcasting Service, Prome Road, Tel. 31355.
Burma Five Star Shipping Corporation, 132/136 Theinbyu Road, Tel. 80022.
Burma Historical Research Department, Culture House, Nawarat Yeiktha, Tel. 81088.
Burma Pharmaceutical Industry, Gyogon, Tel. 40099.
Burma Ports Corporation, 10 Pansodan Street, Tel. 83122.
Burmese Literary Commission, 27 Prome Road, 6½ Mile, Tel. 31068.
Central Accounts Office, 1 Pansodan Street, Tel. 84199.
Central Court of Justice, Barr Street, Tel. 82249.
Central Research Organization, Kanbe and Kaba Aye Pagoda roads, Tel. 50544.
Central Statistical Organization, Government Office Complex, Strand Road, Tel. 81166.
Cigarette Industry Management Committee, 30·Strand Road, Tel. 84028.
Civil Aviation Department, Mingaladon Airport, Tel. 74011.
Construction Corporation, 60 Shwedagon Pagoda Road, Tel. 80955.
Co-operative Department, 259/263 Bogyoke Aung San Street, Tel. 75611.
Cultural Institute Department, 26/42 Pansodan Street, Tel. 81321.
Customs Department, 132 Strand Road, Tel. 84533.
Department of Higher Education, Prome Road, Tel. 30611.
Directorate of Trade, 228/240 Strand Road, Tel. 84299.
Education Research Bureau, 426 Prome Road, Tel. 31522.
Electric Power Corporation, 197/199 Lower Kemendine Road, Ahlone, Tel. 15366; Rangoon Division, 503/509 Merchant Street, Tel. 72303.
Fire Services Department, 371 Ahlone Road, Tel. 72877.
Fisheries Department, 309/313 Pansodan Street, Tel. 78208.
Foreign Languages Institute, 119/131 University Avenue, Tel. 31713.
Forest Department, 62 Pansodan Street, Tel. 81367, 71624.
Health Department, 36 Theinbyu Road, Tel. 84600.
Housing Department, 228/234 Bogyoke Aung San Street, Tel. 71322.
Immigration and Manpower Department, Government Office Complex, Strand Road, Tel. 85505.
Industrial Minerals Corporation, 226 Maha Bandoola Street, Tel. 74711.
Industrial Planning Corporation, 192 Kaba Aye Pagoda Road, Tel. 50744.
Information and Broadcasting Department, 22/24 Pansodan Street, Tel. 31850, 18506.
Inland Water Transport Corporation, 50 Pansodan Street, Tel. 84055.
Internal Revenue Department, Head Office, 59/61 Pansodan Street, Tel. 83055. Income Tax and Commercial Taxes Division, 554/556 Merchant Street, Tel. 83055.
Marine Administration Department, Government Office Complex, Strand Road, Tel. 85555, 81889.
Medical Research Department, 5 Zafar Shah Road, Tel. 72033.
Meteorology and Hydrology Department, Kaba Aye Pagoda Road, Tel. 60824.
Motion Picture Corporation, 379/383 Bo Aung Gyaw Street, Tel. 81267. Documentary Films, 35-A Hermitage Road, Tel. 50194.
Myanma Bawdwin Corporation, 104 Strand Road, Tel. 75300.
Myanma Development Corporation, Kanbe Road, Yankin, Tel. 50166.
Myanma Insurance Corporation, 69 Pansodan Street, Tel. 84166.
Myanma Oil Corporation, 604 Merchant Street, Tel. 82266.
National Health Laboratory, 35 Stewart Road, Tel. 76533.
News Agency Burma, 212 Theinbyu Road, Tel. 77665, 73013.
Pearl and Fishery Corporation, 654 Merchant Street, Tel. 78022.
People's Police Force, Director-General's Office, Duty Room, Tel. 73365. Rangoon Division, 147 Anawrahta Street, Tel. 82511. Special Intelligence, Minister's Office, Tel. 80488.
Posts and Telecommunications Corporation, 43 Bo Aung Gyaw Street, Tel. 85499.
Printing and Publishing Corporation, 228 Theinbyu Road, Tel. 81033.
Prisons Department, Bogyoke Aung San Street, Tel. 74122.
Public Services Selection and Training Board, Government Office Complex, Strand Road, Tel. 84066.
Rangoon City Development Committee, City Hall, Maha Bandoola Street, Tel. 83988.
Religious Affairs Department, Kaba Aye Pagoda Road, 7th Mile, Tel. 31301.
Road Transport Corporation, 375 Bogyoke Aung San Street, Tel. 82252.
Social Security Board, 327/367 Maha Bandoola Garden Street, Tel. 71698.
Social Welfare Department, 17/25 18th Street, Tel. 75344.
Sports and Physical Education Department, Aung San Stadium, Tel. 81726.
Survey Department, 460 Merchant Street, Tel. 50380.
Technical, Agricultural and Vocational Department, 123 Natmauk Road, Tel. 50211.
Timber Corporation, Ahlone, Tel. 83933.
Transport Administration Department, 36 Barr

Street, Tel. 83069.
Union of Burma Bank, 24/26 Sule Pagoda Road, Tel. 85300.
Veterinary and Animal Husbandry Department, 50 Shafraz Road, Tel. 75288.
Youth Affairs Department, Kyaikkasan Grounds, Tel. 51556, 51689.

Clubs

Die folgenden Clubs akzeptieren Besucher und stellen auch ihre Anlagen zur Verfügung.

Burma Golf Club, Prome Road, 9th Mile, Tel. 61702.
Growers Club, Myepadethakyun, Kandawgyi, Tel. 50288.
Kokine Swimming Club, 34 Goodliffe Road, Tel. 50034.
Orient Club, 169 Shwegondine Road, Tel. 50869.
Rangoon Golf Club, Danyingone Mingaladon, Tel. 40001.
Rangoon Sailing Club, 132 Inya Road, Tel. 31298.

Nützliche Telefonnummern

Ambulanz	Tel. 192
Feuer	Tel. 191
Polizei	Tel. 199 (Notfall)
	Tel. 82511 (Präsidium)
Rotes Kreuz	Tel. 71111 (20:00–6:00)
Diplomatic Hospital Rangoon	Tel. 50149
General Hospital	Tel. 81722
Telephonauskunft	Tel. 100
Fernruf Anmeldung	Tel. 101
Störung	Tel. 102
Zeitansage	Tel. 150
Post	Tel. 85499
Telegrammauskunft	Tel. 81133
Zeitungen:	
The Guardian	Tel. 76150
Working People's Daily	Tel. 73202
Zoll	Tel. 84533
Außenministerium (Vermittlung)	Tel. 83333
Union Bank of Burma	Tel. 85300
Eisenbahn (Auskunft)	Tel. 74027
Burma Airways Corp. (Buchung)	Tel. 74874, 77013
Hauptverwaltung	Tel. 82261
Fracht	Tel. 40111
Verkehr (Auskunft)	Tel. 40567

Diplomatische Vertretungen

Burmesische Botschaften

In der folgenden Liste sind die burmesischen Botschaften und konsularischen Vertretungen im Ausland aufgeführt.

Ägypten – 24 Mohamed Mazhar Zamalek, Cairo, Tel. 80-9154, 80-9176.
Australien – 85 Mugga Way, Red Hill, Canberra, A.C.T. 2600, Tel. 95-0045.
Bangla Desh – Plot No. 38, Road No. 11, Banani Model Town, Dacca, Tel. 30-1915, 30-1461.
Bundesrepublik Deutschland – Schumannstraße 112, 53 Bonn, Tel. (0228) 21-0191.
China – No. 6, Tung Chih Men Wai Street, Chaoyang District, Peking, Tel. 52-1488, 52-1425.
Deutsche Demokratische Republik – Niederschonhausen, Heinrich-Mann Street 36, 111 Berlin, Tel. 482-8634.
Frankreich – 60 rue de Courelles, 75008 Paris, Tel. 622-5695.
Großbritannien – 19A Charles Street, London W1, Tel. 629-9531, 629-4486, 629-6966, 499-8841.
Hong Kong – A.I.A. Building, Suite 106, No. 1 Stubbs Road, Hong Kong, Tel. 572-9241.
Indien – No. 3/50 F, Shanti-path, Chanakyapuri, New Delhi, Tel. 70251. Consulate-General, Everest Building, 3rd Floor, 46C Chowringhee Road, Calcutta 16, Tel. 44-8224.
Indonesien – 109 Jalan Haji Agus Salim, Jakarta, Tel. 40440, 47204.
Israel – 12 Mattei Aharon Street, Ramt Gun, Tel Aviv 78-3151.
Italien – Via Vincenzo Bellini, 20 Interno, 10098 Rom, Tel. 85-9374, 85-6863.
Japan – 8-26, 4-chome, Kita Shinagawa, Shinagawa-ku, Tokio, Tel. 441-9291.
Jugoslawien – 72 Kneza Milosa, Belgrad, Tel. 645-420, 645-128.
Kanada – 116 Albert Street, Ottawa, Tel. 236-9613.
Laos – Die burmesische Botschaft ist in Hanoi, Vietnam.
Malaysien – 7 Jalan Taman U Thant, Kuala Lumpur, Tel. 25798.
Nepal – Thapathali, Kathmandu, Tel. 13146, 14083.
Pakistan – 368, Shalimar 6/3, Islamabad, Tel. 22460, 20123.
Philippinen – Ground Floor, ADC Building, 6805 Ayala Avenue, Makati, Rizal, Manila, Tel. 87-2373.
Schweiz – 3 Giacomettistraße, 3006 Bern, Tel. 43-3024.
Singapur – 15 St. Martin's Drive, Singapur 10, Tel. 235-8763.
Sri Lanka – 53 Rosmead Place, Colombo 7, Tel. 91964.
Thailand – 132 North Sathorn Road, Bangkok, Tel. 233-2237, 234-0278.

Tschechoslowakei – Romania Rollanda 3, Bubenec 6, Prag, Tel. 38-1140, 38-1149.
UDSSR – 41 Gertsena Street, Moskau, Tel. 291-0534.
Vereinte Nationen – Permanent Mission of Burma to the United Nations, 10 East 77th Street, New York, N.Y. 10021, U.S.A. Tel. (212) 535-1310.
Vereinigte Staaten von Amerika – 2300 „S" Street N.W., Washington, D.C. 20008, Tel. (202) 302-9044/6.
Vietnam – Hotel Thong Nhat, Hanoi, Tel. 52784.

Ausländische Botschaften in Rangun

Ägypten – 81 Pyidaungsu Yeiktha.
Australien – 88 Strand Road, Tel. 80711.
Bangla Desh – 340 Prome Road, Tel. 23818, 32900.
Belgien – 18B Inya Road, Tel. 32775.
Bundesrepublik Deutschland – 32 Natmauk Street, Tel. 50477, 50603.
China – 1 Pyidaungsu Yeiktha, Tel. 82087, 80841.
Deutsche Demokratische Republik – 60 Golden Valley, Tel. 30837, 30933.
Frankreich – 102 Pyidaungsu Yeiktha, Tel. 82122.
Großbritannien – 80 Strand Road, Tel. 81700.
Indien – 545/547 Merchant Street, Tel. 82933.
Indonesien – 100 Pvidaungsu Yeiktha, Tel. 81714, 83575.
Israel – 49 Prome Road.
Italien – 3 Lewis Road, Golden Valley, Tel. 30966, 30474.
Japan – 100 Natmauk Road, Tel. 52288, 52640.
Jugoslawien – 39 Windsor Road, Tel. 30127, 30399.
Malaysien – 65 Windsor Road, Tel. 31031, 31677.
Nepal – 16 Natmauk Yeiktha, Tel. 50633.
Nordkorea – 30 Tank Road.
Norwegen – 48A Komin Kochin Road. Tel. 50011.
Pakistan – 18 Windsor Road.
Philippinen – 11A Windermere Road, Tel. 32087.
Polen – 31 Aung Minggaung Avenue, Tel. 31562, 32617.
Rumänien – 71 Mission Road.
Schweden – 48A Komin Kochin Road, P.O. Box 1088, Tel. 50011.
Spanien – 26 Prome Road, 7th Mile, Kaba Ave Post Office, Tel. 60723.
Sri Lanka – 34 Fraser Road.
Südkorea – 591 Prome Road, Tel. 30497, 30655.
Thailand – 91 Prome Road.
Tschechoslowakei – 326 Prome Road, Tel. 30515.
Ungarn – 84 Inya Road, Tel. 31687.
UDSSR – 52 Prome Road.
Vereinigte Staaten von Amerika – 581 Merchant Street, Tel. 82055.
Vietnam – 40 Komin Kochin Road, Tel. 50361.

Andere diplomatische Vertretungen für Burma

Afghanistan – 9A Ring Road, Lajpat Nagar III, New Delhi 24, Indien, Tel. 622161.
Bulgarien – House No. 12, Road No. 127, Gulshan Model Town, Dacca 12, Bangla Desh.
Dänemark – 10 Soi Attakarn Prasit, Sathorn Tai Road, Bangkok 12, Thailand, Tel. 286-3930.
Finnland – 15A Jalan Kusumah Atmaja, Jakarta, Indonesien, Tel. 34-6686, 34-5871.
Griechenland – 16 Sundar Nagar, New Delhi, Indien, Tel. 61-7800.
Iran – 65 Golf Links, New Delhi, Indien, Tel. 69-9521.
Irak – 169/71 Jor Bagh, New Delhi, Indien, Tel. 61-8011.
Kanada – 11th Floor, Boonmitr Building, 138 Silom Road, P.O. Box 2090, Bangkok, Thailand, Tel. 234-1561/8.
Kuba – 34 Ward Place, Colombo 7, Sri Lanka.
Laos – 193 Sathorn Tai Road, Bangkok, Thailand, Tel. 286-0010.
Mongolei – No. 2, Hsiu Shui Chien, Chien Kuo Men Wai, Peking, China.
Niederlande – 6/50-F, Shantipath, Chanakyapuri, New Delhi, Indien, Tel. 69-9271.
Neuseeland – P.O. Box 2003, Kuala Lumpur, Malaysien.
Nigerien – Panchsheel Marg, Chanakyapuri, New Delhi, Indien, Tel. 37-4454.
Norwegen – 16 Surasak Road, off Silom Road, G.P.O. Box 81, Bangkok, Thailand, Tel. 31889, 30271.
Österreich – Maneeya Building, 3rd Floor, 518 Ploenchit Road, P.O. Box 27, Bangkok 5, Thailand, Tel. 252-8327, 525-9781.
Schweden – AIA Building, P.O. Box 239, Kuala Lumpur, Malaysien.
Schweiz – 35 North Wireless Road, G.P.O. Box 821, Bangkok, Thailand, Tel. 252-8992/4.
Singapur – 129 South Sathorn Road, Bangkok, Thailand, Tel. 286-2111, 286-1434, 286-9971.
Spanien – 12 Prithviraj Road, New Delhi, Indien, Tel. 37-5892.
Türkei – 27 Jor Bagh, New Delhi, Indien, Tel. 61-1921.

Internationale Organisationen in Rangun

Burma ist Mitglied verschiedener internationaler Organisationen. Einige davon haben eine Zweigstelle in Rangun:

United Nations Program for Drug Abuse Control, Burma (UNPDAC), 557A Prome Road, Tel. 32301.
United Nations Childrens Fund (UNICEF), 132 University Avenue, Tel. 31107, 31895, 31287.
United Nations Development Program (UNDP), 24 Manawhari Road, Tel. 82144.
United Nations Information Center (UNIC), 24 Manawhari Road, Tel. 81037.
World Health Organization (WHO), 11 Goodliffe Road, Tel. 51673.

Einkaufen

Burmas Märkte und Basare sind nicht nur farbenprächtig, sie sind auch sehr preiswert. Der Bogyoke Aung San Markt in Rangun hat von 9:30 bis 16:30 von Montag bis Samstag geöffnet. Der Zegyo Markt in Mandalay öffnet früh morgens und ist bis zum späten Abend geöffnet. Es gibt auch noch verschiedene Nachtmärkte, die erst nach Einbruch der Dunkelheit an bestimmten Stellen ihre Stände haben. Unter anderem im chinesischen und indischen Viertel Ranguns und zwischen der 26. und 28. Road an der 84. Street in Mandalay.

In Rangun gibt es sehr viele Märkte und Basare. Freiluftmärkte liegen gegenüber dem Bogyoke Aung San Markt; an der Ecke St. Johns Road und Prome Road, und östlich der Botataung Pagode. Der **Thein Gyi Zay,** der indische Markt, liegt hinter der Anawrahta Street, und der chinesische Markt an der Ecke Maha Bandoola Street und Lanmadaw Road.

Die Aufgänge zur Shwedagon Pagode sind auch Basare, sehr große sogar, da man links und rechts vom Aufgang Stände und Buden vorfindet. Hier gibt es Puppen, Trommeln und Masken, Spielwaren, Kupfer- und Messingwaren sowie Holz- und Elfenbeinschnitzereien.

Holzschnitzereien gibt es auch im **New Carving Shop,** 20 University Avenue. Andere Arten von Kunsthandwerk findet man in der **Loka Nath Art Gallery,** 62 Pansodan Street, der **Aung Zeya Art Gallery,** 90 Kaba Aye Pagoda Road und im **Curio de City,** 35 Bahan Road. In Mandalay werden Kunsthandwerksgegenstände bei Ausstellungen in der **State School of Fine Arts, Music and Drama** verkauft.

Im **Diplomatic Shop,** 143–144 Sule Pagoda Road, gibt es auch immer eine gute Auswahl an Kunstgewebsgegenständen. Es hat von 10:00 bis 16:00 von Montag bis Freitag und von 10:00 bis 13:00 am Samstag geöffnet. Hier kann man nur mit Devisen bezahlen. Im Inya Lake Hotel und im Strand Hotel gibt es Geschenkartikelgeschäfte. Sie haben von 9:30 bis 17:00 täglich, außer Sonntag, geöffnet.

Die Sprache

Die burmesische Sprache gehört der tibeto-burmanischen Sprachfamilie an, die wiederum eine Untergruppe der sino-tibetischen Sprachen ist. Zwar sprechen 80 % der Burmesen diese Sprache, trotzdem gibt es im Land noch mehr als 100 weitere Sprachen und Dialekte.

Die burmesische Sprache stammt aus der zentralasiatischen Heimat der Vorfahren der heutigen Bewohner des Landes. Im 19. Jahrhundert verbreitete sie sich schnell unter den Shan und der Mon-Khmer sprechenden Bevölkerung, nachdem das Monreich untergegangen war und das Irrawaddydelta erschlossen wurde.

Die burmesische Schrift hat eine ganz andere Geschichte. Sie stammt vom Pali ab und ähnelt stark der Teluguschrift Indiens. Die Mon hatten diese Schrift von indischen Mönchen übernommen und sie nach König Anawrahtas Eroberung von Thaton an die Burmesen weitergegeben.

Das burmesische Alphabet besteht aus 44 Buchstaben, davon sind acht Vokale, vier Doppelkonsonanten und 32 Konsonanten.

Die burmesischen Zahlen bauen auf das Zehnersystem und die arabische Kombinationsgrundlage, wie das westliche Zahlensystem, auf.

Burmesische Zahlen

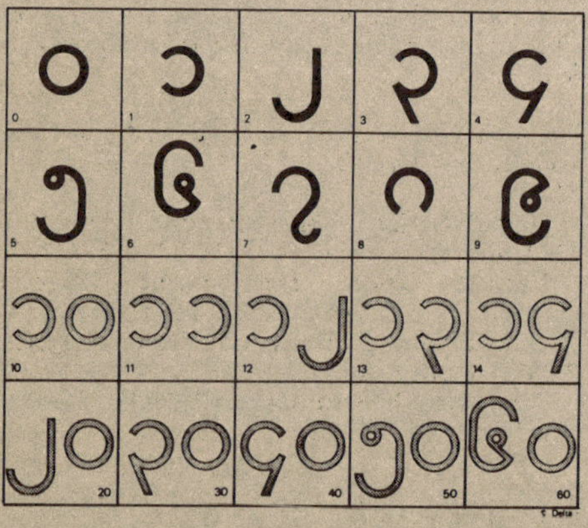

Das burmesische Alphabet

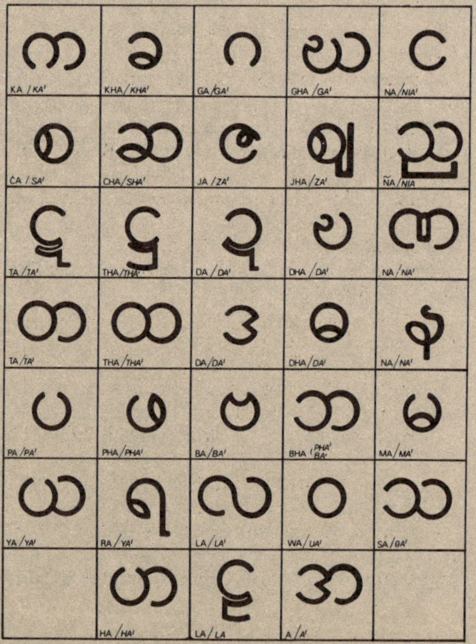

Überleben auf Burmesisch

Wie das Chinesische, ist auch Burmesisch eine tonale Sprache. Die Aussprache bestimmt den Sinn des Wortes. Eine einfache Silbe ergibt bei verschiedener Betonung einen verschiedenen Sinn.

Bei den folgenden Ausdrücken wurden als Akzentzeichen benutzt:

(kein Zeichen)	leiser gleichmäßiger Ton
(:)	langer, fallender Ton
(.)	kurzer, fallender Ton
(')	Kehlkopfverschlußton

Die Transkription folgt William Coryns *Beginning Burmese.* Die Lautschriftwiedergabe beruht auf der englischen Aussprache.

Transkription	Lautschrift	Deutsch
Zahlen		
ti'	tit	eins
hni'	nit	zwei
thoun:	thone	drei
lei:	lay	vier
nga:	ngar	fünf
hcau'	chak	sechs
hkun-ni'	kun nit	sieben
hyi'	shit	acht
kou:	ko	neun
ta hse	ta sair	zehn
hse. ti'	sair tit	elf
hse. hni'	sair nit	zwölf
hnahse	na sair	zwanzig
thoun: ze	thone sair	dreißig
lei: ze	lay sair	vierzig
nga: ze	ngar sair	fünfzig
hcau'hse	chak sair	sechzig
hkun-nahse	kun na sair	siebzig
hyi'hse	shit sair	achtzig
kou: ze	ko sair	neunzig
ta ya:	ta yar	hundert
ta taun:	ta taung	tausend
Unterhaltung		
nei kaun: the la:	Nay gaun the lah?	Wie geht es Ihnen?
nei kaun: ba de	Nay gaun ba day.	Mir geht es gut.
nei ma kaun: ba bu:	Nay magaun ba boo.	Mir geht es nicht gut.
be lou le:	Be low lay?	Wie geht's?
kaun: de	Kaun day.	Das ist gut.
na: le the la:	Na lay the lah?	Verstehen Sie?
na: le ba de	Na lay ba day.	Ich verstehe.
na: male ba bu:	Na malay ba boo.	Ich verstehe nicht.
hkamya	Kamyah.	Ja (männlich).
hyin	Shin.	Ja (weiblich).
hou'ke.	Hout ke(t).	Ja (höflich).
hou'ba de	Hout bah day.	Ja, das ist richtig.
ma hou'ba bu:	Ma hout bah boo.	Nein, so ist das nicht.
ba pyo: the le:	Bah pyaw thelay?	Was sagten Sie?
pyan pyo: ba quon:	Byan pyaw ba own.	Bitte wiederholen Sie.
pyei pyei pyo: ba	Byay byay pyaw bah.	Sprechen Sie bitte deutlich.
ba hpyi'lou le:	Bah pyit lou lay?	Warum?
nei ba zei	Nay bah zay.	Macht nichts.
kei' sa ma hyi ba bu:	Keit sa ma shi bah boo.	Es ist nicht wichtig.
ba le:	Bah lay?	Was ist das?
bama lou da' the la:	Bamah lou dat the lah?	Verstehen Sie Burmesisch?
ne: ne: be: da' ba de	Neh neh beh dat ba day.	Nur ein wenig.
kaun: kaun: da' te	Gaun gaun dat day.	Er spricht gut.
qin: ga lei' la:	Ing gah lay lah?	Sind Sie Engländer?
qin: ga lei' ma hou' ba bu	Ing gah lay ma hout ba boo.	Nein, ich bin kein Engländer.
be ga la the le:	Beh gah la the lay?	Woher kommen Sie?
qameiyika pyei ga la de	Amay yi kah pyay gah lah day.	Ich komme aus Amerika.
cei: zu: pyo: ba	Jay zu pyaw bah.	Bitte.
qamya: gyi: cei: zu: tin ba de	Amyah ee jay zu tin ba day.	Danke sehr.
thwa: me	Thwa may.	Auf Wiedersehen.

Essen

ba htamin: sa: jin the le:	Bah tamin sah jin the lay?	Was möchten Sie essen?
____ hyi, the la:	____ shee the lah?	Gibt es . . .?
____ sa: me	____ sah meh.	Ich esse . . .
we' tha: hin	Wet that hin	Schweine-Curry
ce' than: hin	Chet that hin	Hühner-Curry
qame: tha: hin:	Amay that hin	Rindfleisch-Curry
nga: hin:	Ngah hin	Fisch-Curry
bazun hin:	Bazoon hin	Shrimp-Curry
ce' qu.	Chet oo	Ei
ce' qu. jo	Chet oo jaw	Spiegelei
ngapi. jo	Ngapee	Shrimppaste
hkau'hswe	Kaut sway	Nudeln mit Currysuppe
hin: thi: hin: ywe'	Hin thee hin youwet	Gemüse
thi' thi:	Thit thee	Obst
ma sa: jin ba bu:	Ma sah jin ba boo.	Ich möchte nicht essen.
ba thau' ma le:	Bah thaut ma lay?	Was möchten Sie trinken?
____ thau' me	____ that may.	Ich trinke . . .
kahpi	Kahpee	Kaffee
lahpe	Lapay	Scharzen Tee mit Milch und Zitrone
lahpe yei jan:	Lapay yay john	Grünen Tee
yei nwei	Yay nway	Heißen Tee
yei	Yay	Wasser
biya	Beeyah	Bier
zi: hpyo yei	Zee pyaw yay	Pflaumensaft mit Soda
hin: jou	Hin joe	Heiße Suppe
ba hma, ma thau' ba bu:	Bah hmat ma thaut ba boo.	Ich möchte nicht trinken.

Ortsauskunft

____ ba hma le:	____ beh hmah lay?	Wo ist . . .?
be kou thwa: ma le:	Beh gou thwa melay?	Wohin gehen Sie?
mi: yahta: youn	Mee yatah yown	Bahnstation
hsei: youn	Say yown	Krankenhaus
you' hyin bwe	Yout shin bwe	Theater
ho te	Ho tay	Hotel
sa dai'	Sah daik	Post
ban dai'	Ban daik	Bank
hsabin hnya'thama:	Sabin hnyat the mah	Friseur
be do thwa: ma le:	Beh daw thwa me lay?	Wann gehen Sie?
be qachein pya, me le:	Beh a chain pyat me lay?	Wann wird es anfangen?
be qachein htwe' ma le:	Beh a chain twet ma lay?	Wann fährt er ab?
tana-yi	Ta nai yee.	Ein Uhr.
hnana-yi	Na nai yee.	Zwei Uhr.
thoun: na-yi	Thone nai yee.	Drei Uhr.
be lau' le:	Beh laut lay?	Was kostet es?
taja' nga: pya'	Ta jat ngar byaz.	Ein Kyat, fünf Pyạs

An-ah-deh

Fast jede Sprache hat irgendwelche unübersetzbaren Ausdrücke, so auch die burmesische.

Hinter dem *An-ah-deh* verbirgt sich die hohe Kunst der burmesischen Höflichkeit. Die Kunst, im Leben das Wort „Nein" nicht zu gebrauchen und niemanden in die Situation zu bringen, es gebrauchen zu müssen. Aber auch jemanden dahin zu bringen, daß er was er einmal wollte und was nicht erfüllbar ist, als nicht mehr erstrebenswert ansieht.

Das *An-ah-deh* muß man erlernen, erfühlen. Dem anderen entgegenkommen, seinen Gesichtsverlust vermeiden. Der Unterschied zwischen einer Lüge und einer nicht ganz richtigen Aussage, die das *An-ah-deh* gebietet, erfassen. Für den Burmesen ist dies eine Frage der Bildung und der guten Kinderstube.

Es ist so sehr ein Teil des allgemeinen Sozialverhaltens, daß auch der in westlicher Lebensweise geschulte Burmese hier nicht über seinen Schatten springen kann.

Die Atmosphäre von Harmonie, die ein richtiges *An-ah-deh* Verhalten erzeugt, ist Ausdruck einer tiefen und alten Kultur, Ausdruck einer Lebensauffassung von Kompromiß und Toleranz, die unserer „down to earth" Mentalität sehr oft abgeht.

In dem einen oder anderen Fall mag dies für einen Europäer unangenehm sein, zu Verzögerungen führen, die das Maß unserer Geduld übersteigen. Verständnis wäre hier angebracht, ist dies doch das unvermeidliche Pendant einer Volksmentalität, die uns in anderen Bereichen so sehr verzaubern kann.

Literaturvorschläge

Allgemein

Bixler, Norma. *Burma: A Profile.* New York: Praeger, 1971. Eine gut gemachte Studie.

Burma Research Society. *50th Anniversary Publication.* Zwei Bände. Rangun: 1961. Die besten Artikel aus 50 Jahren.

Collis, Maurice. *Lords of the Sunset.* New York: Dodd Mead, 1938. Eine Reise durch die Shan Staaten.

Donnison, F.S.V. *Burma.* New York: Praeger, 1970. Das Land aus britischer Sicht.

Enriquez, C.M.D. *A Burmese Loneliness.* Calcutta: Thacker, Spink 1918. Reisen durch die Shan Staaten.

Esche, Otto von. *Burma: Land und Leute.* Leipzig: Brockhaus, 1963.

Henderson, John W., and others. *Area Handbook for Burma.* Washington, D.C.: American University Foreign Area Studies, 1971. Ein Überblick.

Kessel, Joseph. *Mogok: La Vallé des Rubis.* Paris: Gallimand, 1955.

Keyes, Charles F. *The Golden Peninsula: Culture and Adaptation in Mainland Southeast Asia.* New York: Macmillan, 1977. Ein Anthropologe sieht das buddhistische Südostasien.

Kipling, Rudyard. *Letters From the East.* London: 1889. Die Reisen des Autors durch Asien.

Maring, Joel M. and Ester G. *Historical and Cultural Dictionary of Burma.* Metuchen, N.J.: The Scarecrow Press, 1973.

Maugham, Somerset. *The Gentleman in the Parlour.* Garden City, N.Y.: Doubleday, Doran & Co., 1930. Untertitel: A Record of a Journey From Rangoon to Haiphong.

Nash, Manning. *The Golden Road to Modernity: Village Life in Contemporary Burma.* New York: Wiley, 1965. Studie einer bäuerlichen Gesellschaft.

Scott, Sir James G. *Burma: From the Earliest Day to the Present Day.* New York: Alfred A. Knopf, 1924.

Shway Yoe (Sir J.G. Scott). *The Burman: His Life and Notions.* London: Macmillan, 1882. Zwei Bände. Eine Goldgrube an kulturellen Informationen. Von einem britischen Kolonialbeamten des 19. Jahrhunderts.

Storz, H.U. *Birma: Land, Geschichte, Wirtschaft.* Wiesbaden: Otto Harrassowitz, 1967. Deutschsprachige Untersuchung.

Theroux, Paul. *The Great Railway Bazaar: By Train Through Asia.* New York: Random House, 1975. Beschreibung der Eisenbahnabenteuer des Autors.

Trager, Helen G. *We the Burmese.* New York: Praeger, 1969. Kultur und Leben der Burmesen wie sie es selbst sehen.

Allgemeine Geschichte Burmas

Bennett, Paul J. *Conference Under the Tamarind Tree.* New Haven, Conn.: Yale University South-east Asian Studies, 1971. Drei Essays über die burmesische Geschichte.

Cady, John F. *History of Modern Burma.* Ithaca, N.Y.: Cornell University Press, 1958. Das wichtigste Geschichtswerk für die Zeit nach 1700.

Hall, D.G.E. *Burma.* London: Hutchinson's University Library, 1960. Eine kurze, aber komplette Geschichtsdarstellung.

Hall, D.G.E. *A History of Southeast Asia.* New York: St. Martin's Press, 1968. Das wichtigste Geschichtswerk über diese Region.

Harvey, Godfrey E. *History of Burma.* London: Longmans, Green, 1925. Reprint 1967. Eine detaillierte Geschichte von Anbeginn bis 1824.

Htin Aung. *A History of Burma.* New York: Columbia University Press, 1967. Burmesische Geschichte aus der Sicht eines Burmesen.

Phayre, Sir Arthur P. *History of Burma.* London: Trübner, 1883. Reprint 1967. Die erste Geschichte Burmas von einem Europäer.

Trager, Frank N. *Burma From Kingdom to Republic.* New York: Praeger, 1966. Eine historische und politische Analyse.

Geschichte des Alten Burmas

Htin Aung. *Burmese History Before 1287.* Oxford, England: Asoka Society, 1970. Eine Schrift, die die burmesischen Chroniken verteidigt.

Humble, Richard. *Marco Polo.* New York: G.P. Putnam's Sons, 1975. Leicht lesbare Darstellung der Reisen Marco Polos.

Luce, Gordon H. *Old Burma – Early Pagan.* Ascona, Schweiz: Artibus Asiae, 1970. Drei Bände. Das krönende Werk einer lebenslangen Arbeit. Studie der Kunst und Architektur Pagans vom 10. bis zum 12. Jahrhundert.

Pe Maung Tin and Gordon H. Luce. *The Glass Palace Chronicle of the Kings of Burma.* Oxford, England: Oxford University Press, 1923. Rangun: Burma Research Society, 1960. Englische Übersetzung der burmesischen Chronik.

Yule, Sir Henry. *The Book of Ser Marco Polo.* London: John Murray, 1929. Marco Polos Reisen, von Sir Henry Yule herausgegeben.

Erste europäische Berichte

Anderson, John M.D. *English Intercourse With Siam in the 17th Century.* London: Kegan Paul, Trench, Trübner, 1890.

Cox, Hiram. *Journal of a Residence in the Burmahn Empire, and more particularly at the Court of Amarapoorah.* London: John Warren and G. & W.B. Whittaker, 1821. Einer der ersten burmafeindlichen Berichte.

Collis, Maurice. *The Land of the Great Image.* New York: Alfred A. Knopf, 1943. Die Erfahrungen des Paters Manrique in Arakan.

Dalrymple, A. *Oriental Repository.* London: Ballantine and Law, 1808. Die Ostindische Kompanie in Burma, 1695 bis 1761.

Fitch, Ralph. „The Voyage of Mr. Ralph Fitch, Merchant of London, to Ormuz & so to Goa in the East Indies, 1583 to 1591." In Band IX von John Pinkertons, *A general collection of the best*

and most interesting voyages and travels . . . London 1808–1814.
Hunter, W.A. *A Concise Account of the Kingdom of Pegu.* Calcutta: John Hay, 1785. Vom Standpunkt der Ostindien Kompanie.
O'Connor, V.C. Scott. *Mandalay and Other Cities of the Past in Burma.* London: Hutchinson, 1907.
Sangermano, Father Vicentius. *Description of the Burmese Empire.* Westminster, England: Archibald Constable, 1893. Dritte Ausgabe. (Erste Ausgabe in Rom 1833) Ein Barnabiter in Burma 1783–1803.
Symes, Michael. *An Account of the Embassy to the Kingdom of Ava sent by the Governor-General of India in 1795.* London: W. Bulmer, 1800. Beobachtungen des burmesischen Lebens.
Symes, Michael. *Journal of his Second Embassy to the Court of Ava in 1802.* London: George Allen and Unwin, 1955.
Yule, Henry. *A narrative of the mission sent by the Governor-General of India to the Court of Ava in 1855.* London: Smith, Elder, 1858. Ein intelligenter Bericht mit vielen Karten und Zeichnungen.

Die Kolonialzeit

Anderson, John M.D. *Mandalay to Momein.* London: Macmillan, 1876. Reprint 1979. A narrative of the two expeditions to western China of 1868 and 1875 under Col. Edward B. Sladen and Col. Horace Browne. Gute Informationen über das Land der Shan und der Kachin.
Banerjee, A.C. *Annexation of Burma.* Calcutta: A. Mukherjee, 1944. Britische Burmapolitik.
Bigandet, Father Paul A. *An Outline of the History of the Catholic Burmese Mission From the Year 1720 to 1887.* Rangoon: 1887. Studie eines französischen Missionars.
Bird, George W. *Wanderings in Burma.* London: Simpkin, Marshall, Hamilton, Kent, 1897. Britisches Reisebuch.
Browne, Horace A. *Reminiscences of the Court of Mandalay.* Woking, England: Oriental Institute, 1907. Auszüge aus dem Tagebuch des letzten britischen Gesandten am Hof von Mandalay.
Bruce, George. *The Burma Wars, 1824–1886.* London: Hart-Davis MacGibbon, 1973. Geschichte der drei Anglo-Burmesischen Kriege.
Chong, Siok-hwa. *The Rice Industry of Burma 1852–1940.* Kuala Lumpur: University of Malaya, 1968. Wissenschaftliche Arbeit über die Reisindustrie.
Collis, Maurice. *Into Hidden Burma.* London: Faber and Faber. 1953. Autobiographie eines britischen Kolonialbeamten.
Cooler, Richard M. *British Romantic Views of the First Anglo-Burmese War, 1824–26.* DeKalb, III.: Northern Illinois University, 1977. Katalog für eine Asienausstellung.
Crawfurd, John. *Journal of an Embassy From the Governor-General of India to the Court of Ava in 1827.* London: Henry Colburn, 1829. Bericht mit Kommentaren über Land und Leute.
Crosthwaite, Sir Charles. *The Pacification of Burma.* London: Edward Arnold, 1912. Das Ende der traditionellen Dorfverwaltung.
Fytche, Albert. *Burma Past and Present.* London: Kegan Paul, 1878. Burma während der Kolonialperiode.
Gouger, H. *A personal narrative of two years imprisonment in Burma 1824–1826.* London: John Murray, 1860. Der Bericht eines britischen Kaufmanns.
Hall, Gordon L. *Golden Boats from Burma.* Philadelphia: Macrae Smith, 1961. Das Leben der Ann Hasseltine Judson, der ersten Amerikanerin in Burma.
Htin Aung. *The Stricken Peacock.* Den Haag: Martinus Nijhoff, 1965. Anglo-burmesische Beziehungen zwischen 1752 und 1948.
Moscotti, Albert D. *British Policy in Burma, 1917–1937.* Honolulu: University Press of Hawaii, 1974.
Orwell, George. *Burmese Days.* London: Secker and Warburg, 1934. Reprinted 1975. Roman über die Briten in Burma.
Rawson, Geoffrey. *Road to Mandalay.* New York: Harcourt Brace and World, 1967. Ein leicht leserlicher Bericht über das Ende des burmesischen Königreiches.
Singhal, D.P. *The Annexation of Upper Burma.* Singapore: Eastern Universities Press, 1960.
Stewart, A.T.Q. *The Pagoda War.* London: Faber, Untertitel: „Lord Dufferin and the fall of the Kingdom of Ava, 1885–86."

Der Zweite Weltkrieg

Collis, Maurice. *Last and First in Burma.* London: Faber and Faber, 1956. Ein Bericht über das Land während und nach dem Zweiten Weltkrieg.
Fellowes-Gordon, Ian. *Amiable Assasins: The Story of the Kachin Guerrillas of North Burma.* London: Robert Hale, 1957. Freiheitskämpfer gegen die Japaner.
Jesse, Tennyson. *The Story of Burma.* London: Macmillan, 1946. Eine Kriegsgeschichte.
Kinvig, C. *Death Railway.* London: 1973.
Morrison, Ian. *Grandfather Longlegs.* London: Faber and Faber, 1946. Eine Biographie von H. P. Seagrim, der hinter den japanischen Linien blieb.
Nu, Thakin. *Burma Under the Japanese.* London: Macmillan, 1954. Ein wichtiger Bericht über die Besatzungszeit.
Seagrave, Gordon S. *Burma Surgeon.* New York: W.W. Norton, 1943. Bericht eines Arztes im Krieg.
Seagrave, Gordon S. *Burma Surgeon Retuns.* New York: W. W. Norton, 1946.
Slater, Robert. *Guns Through Arcady: Burma and the Burma Road.* Madras, India: Diocesan Press, 1943. Ein Bericht über die Vorgänge,die zur Besetzung Burmas durch die Japaner führte.
Slim, W.J. *Defeat Into Victory.* London: Cassell, 1956. Autobiographischer Bericht des militärischen Führers der britischen Armee.
Stilwell, Joseph. *The Stilwell Papers.* Edited and arranged by Theodore H. White. New York: William Sloane Associates, 1948. „Vinegar Joe" mit seinen eigenen Worten.
Takeyama, Michio. *Harp of Burma.* Tokyo: Charles E. Tuttle, 1966. Erste Ausgabe 1949. Roman über die Erfahrungen eines japanischen Soldaten im Krieg.

Tuchmann, Barbara W. *Stilwell and the American Experience in China, 1911–1945.* New York: Macmillan, 1971. Wichtiger historischer und biographischer Bericht.

Williams, J.H. *Elephant Bill.* Garden City. N.Y.: Doubleday, 1950. Eine Autobiographie eines Führers einer Elefantenbrigade im Krieg.

Das zeitgenössische Burma

Butwell, Richard. *U Nu of Burma.* Stanford, Calif.: Stanford University Press, 1963. Zweite Auflage 1969. Eine politische Biographie.

Maung Maung, editor. *Aung San of Burma.* Den Haag: Martinus Nijhoff, 1962. Gesammelte Schriften von und über den Vater des modernen Burmas.

Maung Maung. *Burma and General Ne Win.* Bombay, India: Asia Publishing House, 1969. Eine burmesische Interpretation der nationalistischen Bewegung.

McAlister, John T. Jr., editor. *Southeast Asia: The Politics of National Integration.* New York: Random House, 1973. Eine Sammlung von 30 Essays, viele davon über Burma.

McCoy, Alfred W. *The Politics of Heroin in Southeast Asia.* New York: Harper & Row, 1972. Ein faszinierender Bericht über die internationalen Verflechtungen des Goldenen Dreiecks.

Nu, U. *U Nu: Saturday's Son.* New Haven, Conn.: Yale University Press, 1975. Autobiographie des ehemaligen Ministerpräsidenten.

Pye, Lucian W. *Politics, Personality and Nation Building: Burma's Search for Identity.* New Haven, Conn.: Yale University Press, 1962. Eine Analyse des Landes nach dem Zweiten Weltkrieg.

Silverstein, Josef. *Burma: Military Rule and the Politics of Stagnation.* Ithaca, N.Y.: Cornell University Press, 1977. Eine Analyse von Ne Wins Politik.

Silverstein, Josef, compiler. *The Political Legacy of Aung San.* Ithaca, N.Y.: Cornell University Press, 1972.

Sitte, Fritz. *Rebellenstaat im Burma-Dschungel.* Graz, Austria: Verlag Styria, 1979. Ein deutschsprachiger Bericht über die Karenrebellen.

Tinker, Hugh. *The Union of Burma.* London: Oxford University Press, 1967. Eine Studie über die ersten fünf Jahre nach der Unabhängigkeit.

Völkische Minderheiten

Cochrane, Wilbur W. *The Shans.* Rangoon: Government Printing Office, 1915. Reprint 1978. Der Bericht eines Missionars.

Colquhoun, Archibald R. *Amongst the Shans.* New York: Schribner and Welford, 1885. Reprint 1970. Von geschichtlichem Interesse.

Enriquez, C.M.D. *A Burmese Arcady.* London: Seeley, Service, 1923. Reprinted 1978. Ein Bericht über die Bergstämme Burmas.

Enriquez, C.M.D. *Races of Burma.* Calcutta: Government of India Central Publication Department, 1924. Reprint 1978. Ein Bericht über die Rekrutierung der Minderheiten.

Gilhodes, Charles. *The Kachins: Religion and Customs.* Calcutta: Catholic Orphan Press, 1922. Folklore and Mythologie.

Hanson, Ola. *The Kachins, Their Customs and Traditions.* Rangun: American Baptist Mission Press, 1913. Bericht eines Missionars.

Head, W.R. *Handbook of Haka Chin Customs.* Rangun: Government Printing Office, 1917.

Leach, Edmund R. *Political Systems of Highland Burma.* Cambridge, Mass.: Harvard University Press, 1954. Studie zur Sozialstruktur der Kachin. Das beste Buch dieser Art.

Leber, Frank, Gerald C. Hickey and John K. Musgrave. *Ethnic Groups of Mainland Southeast Asia.* New Haven, Conn.: Human Relations Area File Press, 1964. Nachschlagwerk.

Lehmann, Frederick Y. *The Structure of Chin Society.* Urbana, III.: University of Illinois Press, 1963. Zeitgenössische anthropologische Studie.

Marshall, Harry I. *The Karens of Burma.* London: Longmans, Green, 1945.

McCall, Anthony G. *Lushai Chrysalis.* London: Luzac, 1949. Studie der Chin an der indischen Grenze.

McMahon, A.R. *The Karens of the Golden Chersonese.* New York: 1978.

Milne, Leslie. *The Home of an Eastern Clan.* New York: Clarendon Press, 1924. Reprint 1978. Studie der Palaung im Shan State.

Milne, Leslie. *Shans at Home.* London: Murray, 1910. Reprint 1970. Beschreibender Bericht.

Scott, Sir James G. *Burma: A Handbook of Practical Information.* London: Daniel O'Connor, 1921. Dritte Auflage. Nachschlagwerk über die Minderheiten.

Yegar, Moshe. *The Muslims of Burma.* Wiesbaden: O. Harrassowitz, 1972.

Religion

Appleton, George. *Buddhism in Burma.* London: Longmans, Green, 1943.

Bigandet, Father Paul A. *The Life or Legend of Gautama, the Buddha of the Burmese.* Zwei Bände. London: Kegan Paul, Trench, Trübner, 1911. Reprint 1978.

Bode, Mabel Haynes. *The Pali Literature of Burma.* London: Royal Asiatic Society, 1909. Reprint 1965.

Fielding-Hall, H. *The Soul of a People.* London: Macmillan, 1909.

Htin Aung. *Folk Elements in Burmese Buddhism.* London: Oxford University Press, 1962.

King, Winston L. *A Thousand Lives Away: Buddhism in Contemporary Burma.* Oxford, England: Bruno Cassirer, 1964. Eine der besten Studien von einem amerikanischen Wissenschaftler.

Lester, Robert C. *Theravada Buddhism in Southeast Asia.* Ann Arbor, Mich.: University of Michigan Press, 1973. Hilfreiche Untersuchung.

MacGregor, Allan. *Die Religion von Burma.* Breislau, Germany: 1911. (Nachgedruckt in: The Religion of Burma and other Papers, by Ananda Maitreya, New York, 1978)

Mahasi Sayadaw. *Mahasi Abroad.* Rangoon: 1979.

Mendelson E. Michael. *Sangha and State in Burma.* Ithaca, N.Y.: Cornell University Press, 1975. Das Verhältnis zwischen Staat und Mönchen.

Pe Maung Tin. *Buddhist Devotion and Meditation.*

London: Pali Text Society, 1964.
Ray, Nihar-ranjan. *Brahmanical Gods in Burma.* Calcutta: University of Calcutta Press, 1932. Ikonographische Studie.
Ray, Nihar-ranjan. *An Introduction to the Study of Theravada Buddhism in Burma.* Calcutta: University of Calcutta Press, 1946. Reprint 1978. Geschichtliche Abhandlung.
Ray, Nihar-ranjan. *Sanskrit Buddhism in Burma.* Calcutta: University of Calcutta Press, 1936.
Sarkisyanz, Emanuel. *Buddhist Backgrounds of the Burmese Revolution.* Den Haag: Martinus Nijhoff, 1965.
Smith, Donald E. *Religion and Politics in Burma.* Princeton, N.J.: Princeton University Press, 1965. Ausgezeichnete Abhandlung über den Einfluß des Buddhismus auf die nationalistische Bewegung.
Soni, R.L. *A Cultural Study of the Burmese Era.* Mandalay: Institute of Buddhist Culture, 1955. Abhandlung über die burmesische Zeitrechnung.
Spiro, Melford E. *Buddhism and Society.* New York: Harper and Row, 1970. Wissenschaftliche Arbeit.
Spiro, Melford E. *Burmese Supernaturalism.* Englewood, N.J.: Prentice-Hall, 1967. Expanded edition, 1977. Faszinierende Studie.
Temple, Sir Richard C. *The 37 Nats.* London: W. Griggs, 1906. Mit vielen Zeichnungen und Abbildungen.
Uhlig, Helmut. *Auf den Spuren Buddhas.* Berlin: Safari Verlag, 1973.
Warren, Henry Clarke. *Buddhism in Translations.* Cambridge, Mass.: Harvard University Press, 1896. Reprint 1953, 1962, 1976. Die besten Übersetzungen ins Englische, der wichtigsten buddhistischen Schriften.

Kunst und Kultur

Allott, Anne. „*Burmese Literature*" in *A Guide to Eastern Literatures,* edited by David M. Lang. New York: Praeger, 1971.
Brandon, James R. *Brandon's Guide to Theater in Asia.* Honolulu: The University Press of Hawaii, 1976. Was man wo in Asien sehen kann.
Franz, H.G. *Von Gandhara bis Pagan.* Graz, 1979.
Frederic, Louis. *The Art of Southeast Asia.* New York: 1965.
Griswold, Alexander B. *The Art of Burma, Korea, Tibet.* New York: Methuen, 1964.
Htin Aung. *Burmese Drama.* Calcutta: Oxford University, Press, 1937.
Htin Aung. *Burmese Folk Tales.* Calcutta: Oxford University Press, 1948.
Htin Aung. *Burmese Monks' Tales.* New York: Columbia University Press, 1966.
Htin Aung. *A Kingdom Lost for a Drop of Honey and Other Burmese Folk Tales.* With Helen G. Trager. New York: Parents Magazine Press, 1968. Für junge Leser.
Htin Aung. *Thirty Burmese Tales.* London: Oxford University Press, 1958.
Khin Myo Chit. *The 13-Carat Diamond and Other Stories.* Rangun: Sarpay Lawka, 1969.
Lustig, Friedrich von. *Burmese Classical Poems.* Rangoon: Rangun Gazette, 1966.
Munsterberg, Hugo. *Art of India and Southeast Asia.* New York: H.N. Abrams, 1970.
Myint Thein. *Burmese Folk Songs.* Oxford, England: Asoka Society 1969.
Myint Thein. *When at Nights I Strive to Sleep.* Oxford, England: Asoka Society, 1971.
Rawson, Philip. *The Art of Southeast Asia.* New York: Praeger, 1967.
Swaan, W. *Lost Cities of Asia.* New York: G.P. Putnam's Sons, 1966. Kunst und Architektur in Angkor Wat, Pagan und drei Städten in Sri Lanka.
Thomann, Thomas H. *Pagan: Ein Jahrtausend Buddhistischer Tempelkunst.* Stuttgart: Walter Seifert, 1923. Deutschsprachiger Bericht über Pagan.
Withey, J.A., and Kenneth Sein. *The Great Po Sein: A Chronicle of the Burmese Theater.* Bloomington, Ind.: Indiana University Press, 1965. Bericht über den beliebtesten *Pwe*darsteller Burmas.

Reiseführer

Diezmann, Dr. E. *Birma.* Pforzheim, Germany: 1979. Deutschsprachiger Führer.
Far Eastern Economic Review. *All-Asia Guide.* 11th Edition, Hong Kong: 1980.
Hudson, Roy. *The Magic Guide to Burma.* Chiang Mai, Thailand, Hudson Enterprises, 1977.
Klein, J. *Birmanie.* Paris: 1975. Französischsprachiger Reiseführer.
Le Ramier, Gabriel. *Birmanie.* Paris: 1978.
Moisy, C. *Birmanie.* Lausanne, Switzerland: Editions Rencontre, 1964. Französischsprachige Landeskunde.
Treichler, R. *Südostasien selbst entdecken.* Zürich, Switzerland, 1979. Deutsch.
Wheeler, Tony. *Burma: A Travel Survival Kit.* South Yarra, Australia: Lonely Planet, 1979. Tips

für den sparsamen Reisenden.
Zagorski, Ulrich. *Burma, Unknown Paradise*. Tokyo: Kodansha International, 1972. Kleiner Fotoband.

Burmesische Publikationen

Aung Thaw. *Historical Sites in Burma*. Rangun: Rangoon University, 1972.
Burma Gazetteers. Rangun: Government Printing Office, 1907 through 1967. Regionale Studien über Akyab, Amherst, Bassein, Bhamo, Henzada, Insein, Kyaukse, Lower Chindwin, Mandalay, Myitkyina, Northern Arakan, Pegu, Rangun, Ruby Mines, Salween, Sandoway, Shwebo, Syriam, Tharrawaddy, Toungoo, Upper Burma und die Shan States Upper Chindwin und Yamethin.
Directorate of Archaeological Survey. *The Mandalay Palace*. Rangun: Government Printing Office, 1963.
Directorate of Archaeological Survey. *Pictorial Guide to Pagan*. Rangun: Government Printing Office, 1963.
Directorate of Information. *The Golden Glory: Shwedagon Pagoda*. Rangun: Government Printing Office, 1956.
Directorate of Information. *A Handbook on Burma*. Rangun: Governement Printing Office, 1968.
Directorate of Information. *Rangoon: A Pocket Guide*. Rangun: Government Printing Office, 1956.
Duroiselle, Charles. *Guide to the Mandalay Palace*. Rangun: 1925. Interessanter Bericht aus der Zeit vor dem Zweiten Weltkrieg.
E Maung. *Burmese Buddhist Law*. Rangoon: New Light of Burma Press, 1937. Reprint 1978.
Khin Myo Chit. *Anawrahta of Burma*. Rangun: Sarpay Beikmann, 1970. Historischer Roman.
Lu Pe Win. *Historic Sites and Monuments of Mandalay and Environs*. Rangun: Government Printing Office, 1960.
Lu Pe Win. *Historic Sites and Monuments of Pagan*. Rangun: Government Printing Office. Ministry of Union Culture. *Manao-Kachin Festival*. Rangun: Government Printing Office.

Bibliographien

Aung Thwin. *Southeast Asia Research Tools: Burma*. Honolulu: University of Hawaii Asian Studies Programm, 1979.
Trager, Frank N. *Burma: A Selected and Annotated Bibliography*. New Haven, Conn.: Human Relations Area Files Press, 1973. Die vollständige Bibliographie über Burma.

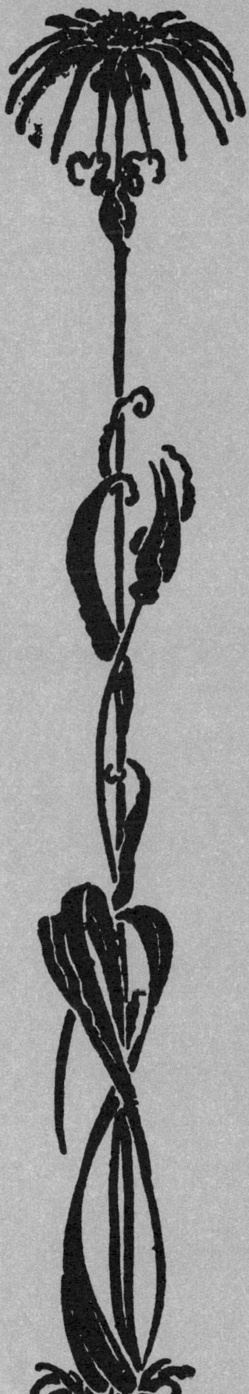

FOTO- UND BILDNACHWEIS

Seiten	
Titel	Günter Pfannmüller; Buddhastatue in der Kaba Aye Pagode, Rangun.
2–3	Ronni Pinsler; sozialistisches Plakat in Maymyo, das um Unterstützung für den „Union Day" wirbt.
10–1	Günter Pfannmüller
12–3	Günter Pfannmüller
14–5	Günter Pfannmüller
16–7	Günter Pfannmüller
18–9	Günter Pfannmüller
20	Günter Pfannmüller
23	Günter Pfannmüller
24	Aus Richard Humble, Marco Polo, G.P. Putnams Sons, New York 1975.
25	Aus Henry Yule, The Book of Ser Marco Polo, John Murray, London 1929.
26–7	Günter Pfannmüller
28–9	Kal Muller
30–1	Günter Pfannmüller
32	Wilhelm Klein
34	Günter Pfannmüller
35	Kal Muller
37	Jan Whiting
38–9	Günter Pfannmüller
40	Günter Pfannmüller
42	Aus G.E. Harvey, History of Burma, Longmans Green, London, 1925.
43	Aus Linschoten, Voyages, Amsterdam, 1638.
45	Aus E.C.V. Foucar, Mandalay the Golden, Dennis Dobson, London, 1963.
46	Aus Maurice Collis, The Land of the Great Image, Alfred A. Knopf, New York, 1943.
47	Aus R.M. Cooler, British Romantic Views of the First Anglo-Burmese War, Northern Illinois University, De Kalb, Ill. 1977.
48–49	Aus R.M. Cooler, wie oben.
50	Günter Pfannmüller
51	Aus R.M. Cooler, wie oben.
52	U.S. Armee
54	U.S. Armee, Neg. Nr. SC 350316
55	U.S. Armee, Neg. Nr. SC 262527
56	Imperial War Museum, London, Neg. Nr. SE 4587
57	Günter Pfannmüller
58	Myoma Studio, aus Maung Maung, Burma and General Ne Win, Asia Publishing House, Bombay, 1969.
59	Günter Pfannmüller
62–71	P. Klier, aus der Sammlung Leo Haks.
72–3	Günter Pfannmüller
74	Günter Pfannmüller
76	Günter Pfannmüller
77	Günter Pfannmüller
78	Kal Muller
80	Pagan Bookstore, Rangun
81	Günter Pfannmüller
82	Günter Pfannmüller
83	Günter Pfannmüller
84	Günter Pfannmüller
85	Günter Pfannmüller
86–87	P. Klier, aus der Sammlung Leo Haks.
88–89	Collage der 37 Nats, aus R.C. Temple, the 37 Nats, W. Griggs, London, 1906.
90	Kal Muller
91	Aus Temple, wie oben.
92–3	Günter Pfannmüller
94	Günter Pfannmüller
95	Günter Pfannmüller
96	Günter Pfannmüller
97	Günter Pfannmüller
98	Günter Pfannmüller
99	Kal Muller
100	Günter Pfannmüller
101	Günter Pfannmüller
102–3	Günter Pfannmüller
104–5	P. Klier, aus der Sammlung Leo Haks.
106–7	Günter Pfannmüller
108–9	Günter Pfannmüller
111	Günter Pfannmüller
114–5	Günter Pfannmüller
117	P. Klier, aus der Sammlung Leo Haks.
118	Günter Pfannmüller
119	Günter Pfannmüller
120–121	P. Klier, aus der Sammlung Leo Haks.
122–3	Günter Pfannmüller
124	Günter Pfannmüller
126	Aus R.M. Coolers British Romantic Views . . . wie oben.
127	Günter Pfannmüller
129	Günter Pfannmüller
130–L	Günter Pfannmüller
130–R	Günter Pfannmüller
131	Günter Pfannmüller
133	Günter Pfannmüller
134	Günter Pfannmüller
135	Günter Pfannmüller
136	Günter Pfannmüller
137	Günter Pfannmüller
138	Günter Pfannmüller
139	Günter Pfannmüller
142	Günter Pfannmüller
143	Günter Pfannmüller
144	Günter Pfannmüller
145	Günter Pfannmüller
146	Günter Pfannmüller
148	Günter Pfannmüller
150–1	Günter Pfannmüller
152	Günter Pfannmüller
154	Günter Pfannmüller
156	Günter Pfannmüller
158	Günter Pfannmüller
159	Günter Pfannmüller
160	Günter Pfannmüller
161	Günter Pfannmüller
162	Günter Pfannmüller
163	Günter Pfannmüller
164	Kal Muller
165	P. Klier, aus der Sammlung Leo Haks.
166	Wilhelm Klein
167	Günter Pfannmüller
168	Günter Pfannmüller
169	Günter Pfannmüller
170	Günter Pfannmüller

171	Günter Pfannmüller
172–3	Günter Pfannmüller
174	Günter Pfannmüller
177	John G. Anderson
178	Günter Pfannmüller
180	Jan Whiting
181	Günter Pfannmüller
182	Günter Pfannmüller
183	Kal Muller
184	Günter Pfannmüller
185	Günter Pfannmüller
186	Günter Pfannmüller
187	Kal Muller
188–9	Ronni Pinsler
190	Günter Pfannmüller
192	Günter Pfannmüller
193	Günter Pfannmüller
194–L	Günter Pfannmüller
194–R	Günter Pfannmüller
195	Kal Muller
196	Günter Pfannmüller
197	Günter Pfannmüller
198	Günter Pfannmüller
199	Günter Pfannmüller
200	Günter Pfannmüller
201–L	Günter Pfannmüller
201–R	Günter Pfannmüller
202	Günter Pfannmüller
203	Günter Pfannmüller
204	Ronni Pinsler
206	Kal Muller
207	Günter Pfannmüller
209	Kal Muller
210–1	Günter Pfannmüller
212	Jan Whiting
213	Günter Pfannmüller
214	Aus R.M. Collers, British Romantic Views . . . wie oben.
217	Jan Whiting
218	John G. Anderson
219	Günter Pfannmüller
220	Günter Pfannmüller
221	Günter Pfannmüller
223	Günter Pfannmüller
225–L	Günter Pfannmüller
225–R	Günter Pfannmüller
226	Günter Pfannmüller
227	Günter Pfannmüller
228	Günter Pfannmüller
229	Günter Pfannmüller

230	Günter Pfannmüller
231	Günter Pfannmüller
232	Günter Pfannmüller
233	Günter Pfannmüller
234	Günter Pfannmüller
235	Günter Pfannmüller
236	Günter Pfannmüller
239	Kal Muller
240–1	Günter Pfannmüller
242	Günter Pfannmüller
244	Günter Pfannmüller
245	Günter Pfannmüller
246	Günter Pfannmüller
247	Günter Pfannmüller
248	Günter Pfannmüller
249	Günter Pfannmüller
250–1	Günter Pfannmüller
252	Günter Pfannmüller
253	Aus Maurice Collis, The Land of the Great Image, wie oben.
254	Günter Pfannmüller
255	Günter Pfannmüller
256	Aus Maurice Collis, The Land of the Great Image, wie oben.
257	Günter Pfannmüller
258	Günter Pfannmüller
259	Günter Pfannmüller
260	Günter Pfannmüller
261	Günter Pfannmüller
262–3	Günter Pfannmüller
264–5	Günter Pfannmüller
266–7	Günter Pfannmüller
268	Günter Pfannmüller
270	Günter Pfannmüller
271	Günter Pfannmüller
272	Saparudin B. Sahir
274	Günter Pfannmüller
275	Günter Pfannmüller
276	Kal Muller
277	Kal Muller
278	Günter Pfannmüller
279	Kal Muller
280	Günter Pfannmüller
281	Günter Pfannmüller
282	Günter Pfannmüller
285	Günter Pfannmüller
286–28-	P. Klier, aus der Sammlung
7	Leo Haks.
288	Günter Pfannmüller

Alle Reproduktionen von Hans Höfer.

Pläne von Städten und Tempeln

Die folgenden Zeichnungen sollen einen Einblick in die alte burmesische Stadtplanung und die religiöse Architektur geben. Sie helfen auch, sich in manchen, wie Irrgärten angelegten Tempeln, zurechtzufinden.

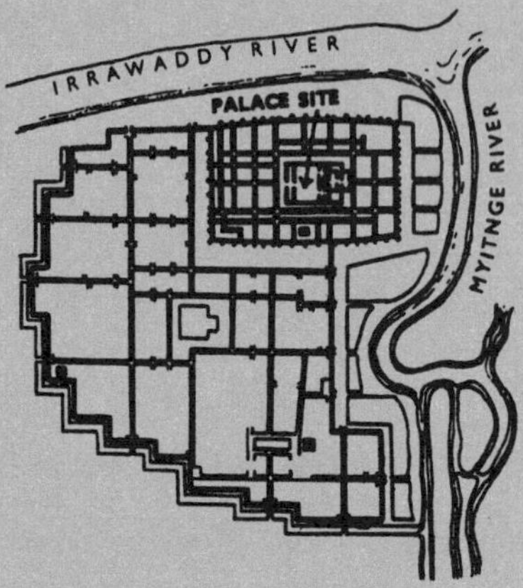

(Abbildung 1)
Plan von Ava, etwa 1837. Die Stadt ist in Form eines Löwenkopfes angelegt.

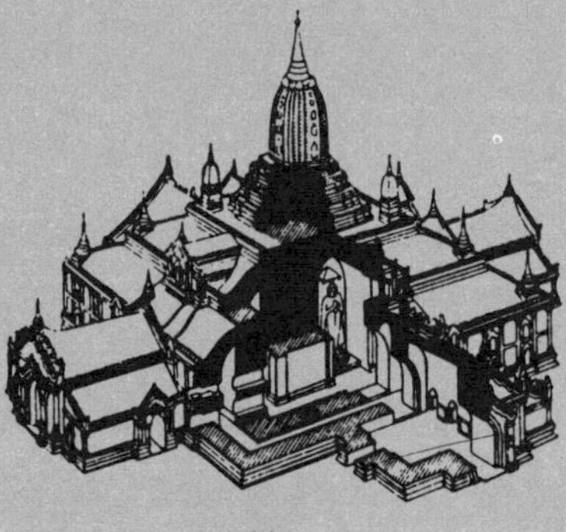

(Abbildung 2)
Innenansicht des Ananda Tempels, Pagan

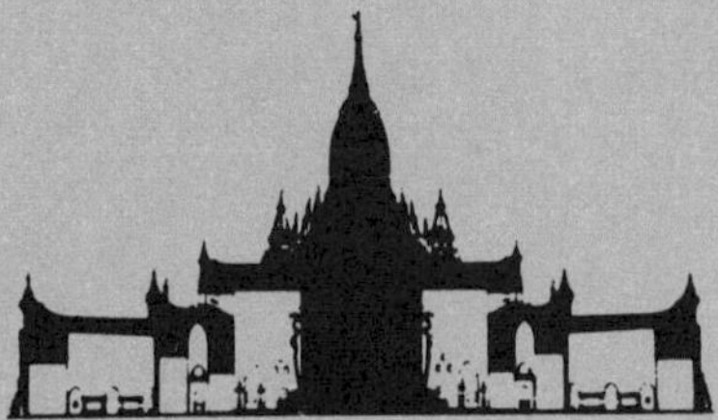

(Abbildung 3)
Schnitt des Ananda Tempels, Pagan

(Abbildung 4)
Grundriß des Ananda Tempels, Pagan

(Abbildung 5)
Schnitt des Thatbyinnyu Tempels, Pagan

(Abbildung 6)
Grundriß (Erdgeschoß) des Thatbyinnyu Tempels, Pagan

(Abbildung 7)
Grundriß (erster Stock) des Thatbyinnyu Tempels, Pagan

(Abbildung 10)
Schnitt des Dhammayangyi Tempels, Pagan

(Abbildung 8)
Schnitt des Shwegugyi Tempels, Pagan

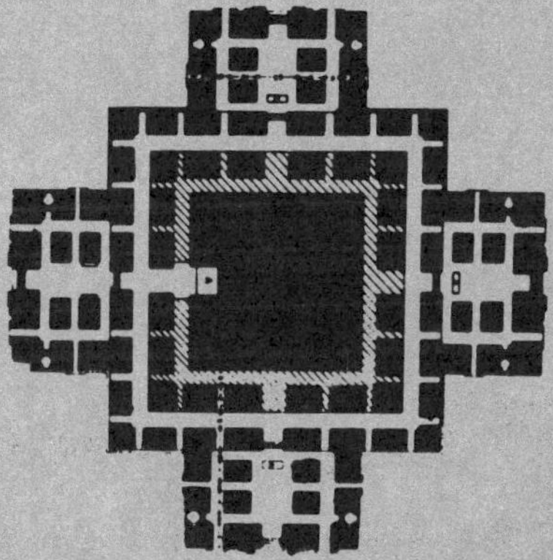

(Abbildung 11)
Grundriß des Dhammayangyi Tempels, Pagan

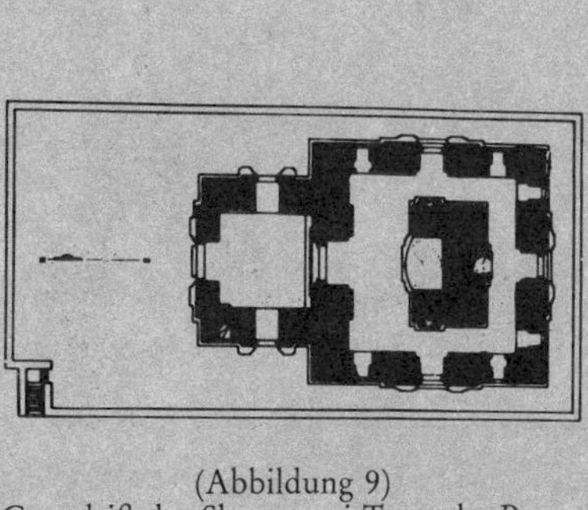

(Abbildung 9)
Grundriß des Shwegugyi Tempels, Pagan

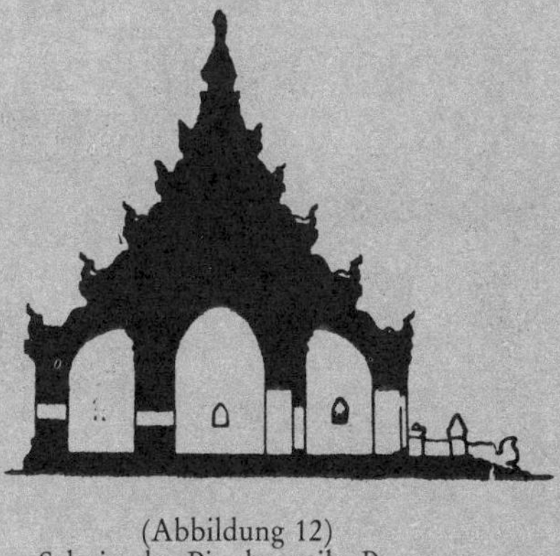

(Abbildung 12)
Schnitt der Pittakat-taik, Pagan

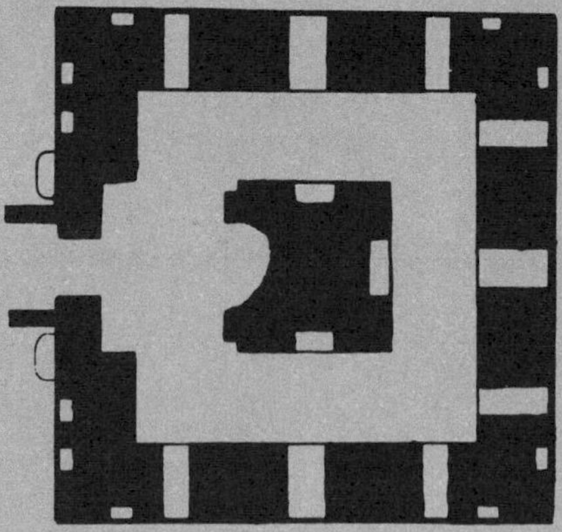

(Abbildung 13)
Grundriß des Nat-hlaung Kyaung, Pagan

(Abbildung 16)
Schnitt des Abeyadana Tempels, Pagan

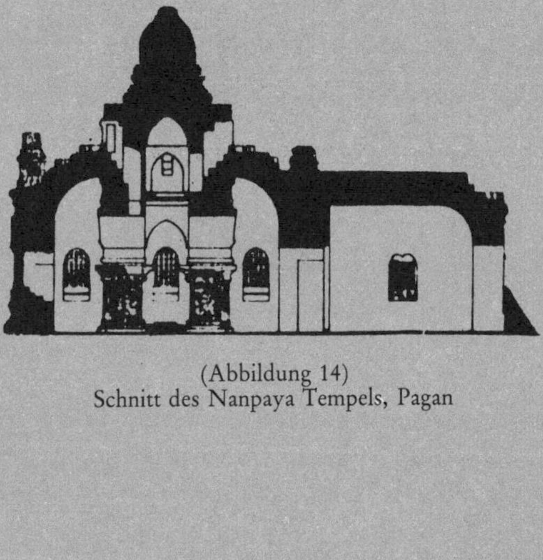

(Abbildung 14)
Schnitt des Nanpaya Tempels, Pagan

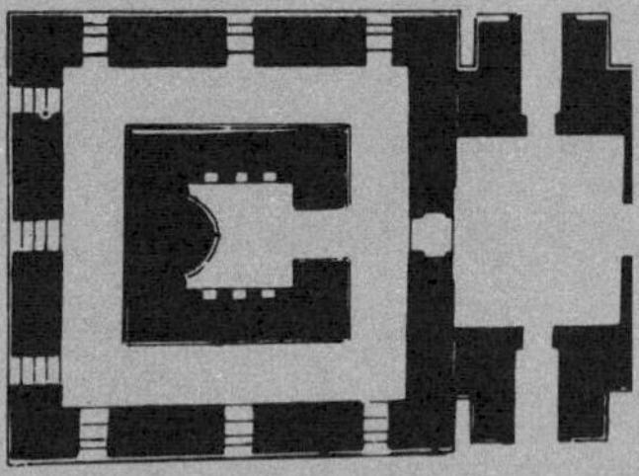

(Abbildung 17)
Grundriß des Abeyadana Tempels, Pagan

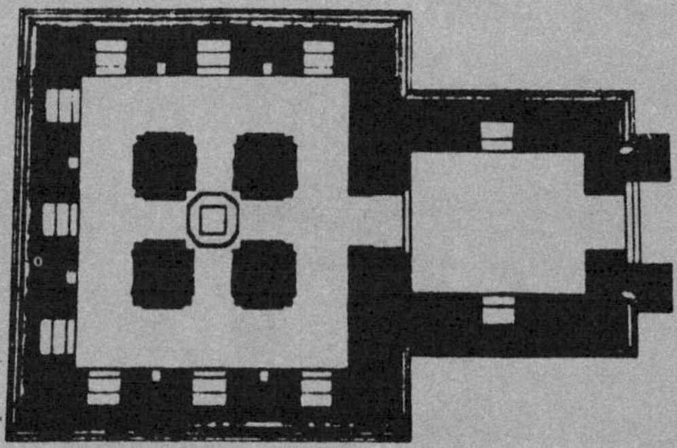

(Abbildung 15)
Grundriß des Nanpaya Tempels, Pagan

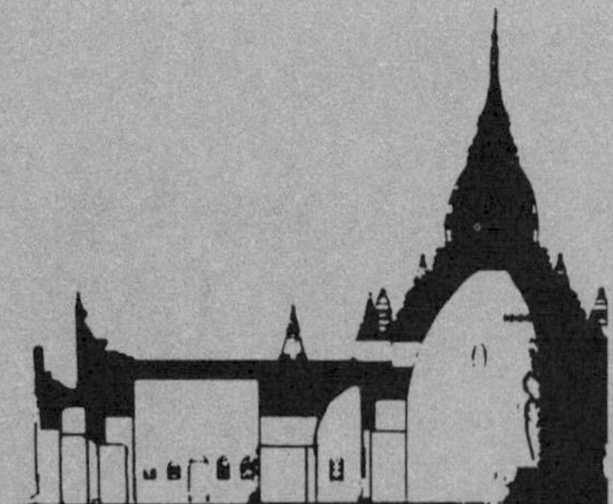

(Abbildung 18)
Schnitt des Nagayon Tempels, Pagan

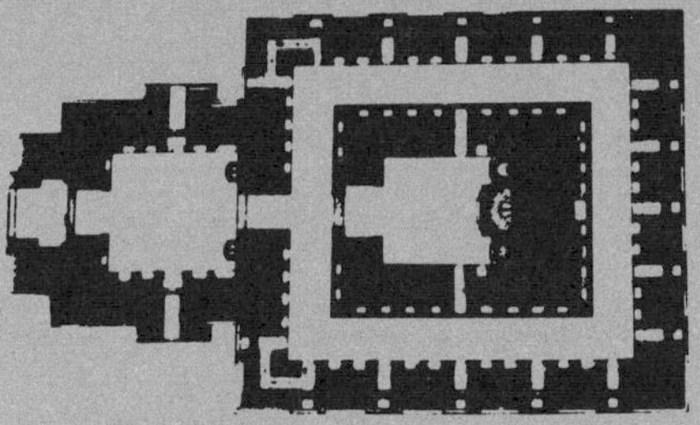

(Abbildung 19)
Grundriß des Nagayon Tempels, Pagan

(Abbildung 22)
Stadtplan von Tagaung mit Alt Pagan

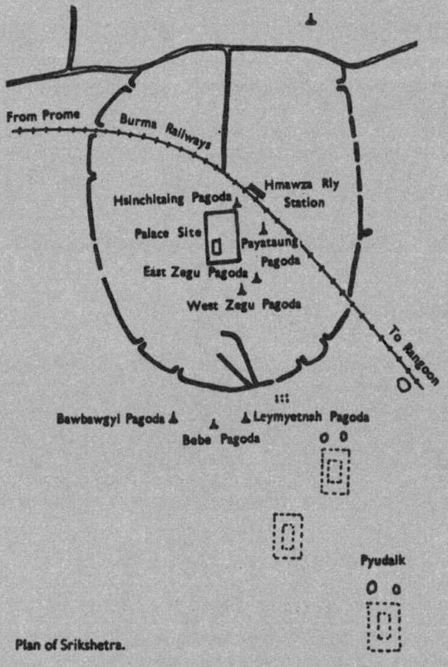

(Abbildung 20)
Stadtplan von Sri Ksetra

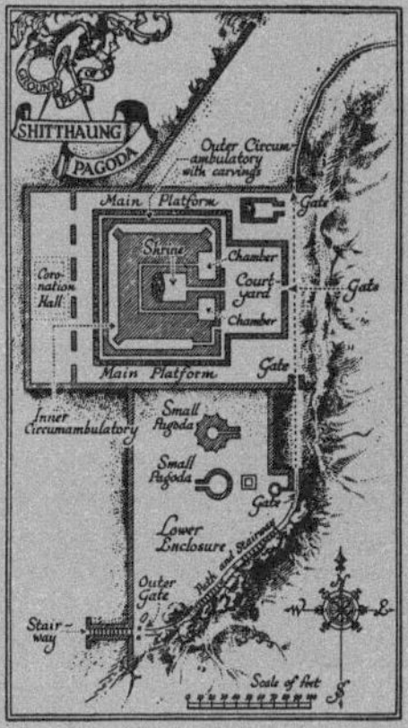

(Abbildung 23)
Grundriß des Shittaung Tempels, Myohaung

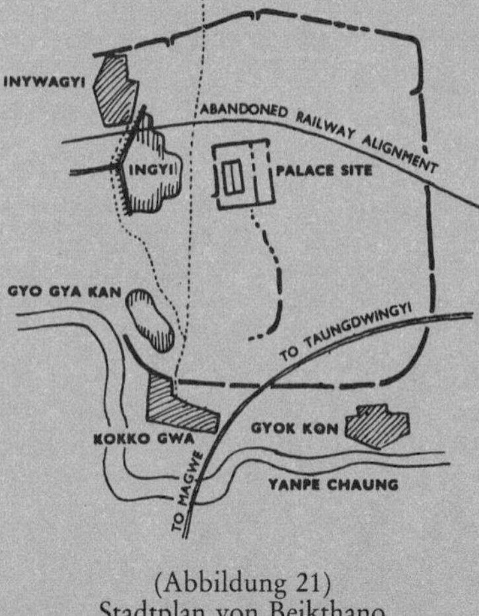

(Abbildung 21)
Stadtplan von Beikthano

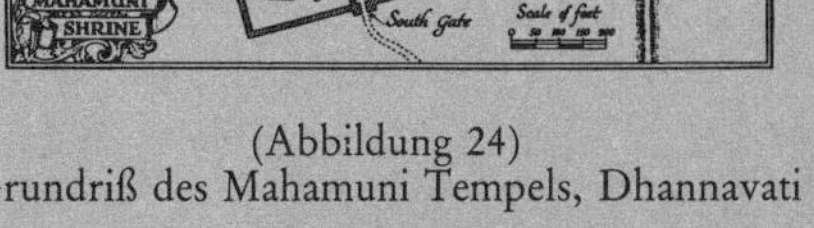

(Abbildung 24)
Grundriß des Mahamuni Tempels, Dhannavati

Glossar

Abhidhamma – Der dritte Teil des Tripitakakanons, Interpretationen zur Dharma.
Acheit-htamein – Festtagslongyi.
Airawata – Der weiße Elefant Indras.
An-ah-deh – Kulturelle Eigenart der Burmesen niemals „nein“ zu sagen.
Ananda – Vetter und Lieblingsschüler Buddhas.
Anyein-pwe – Volkstheater mit Tanz und Erzählungen
Areindama – Anawrahtas mythischer Speer.
Arhat – Buddhistischer Heiliger.
Arimaddana – Alter Name für Pagan.
Arimönche Tantrische Mönchssekte, die vor Anawrahta großen Einfluß in Oberburma hatte.
Ashoka – Buddhistischer König aus der indischen Maurya Dynastie (ca. 274 bis 232 v. Chr.).
Avatar – Vergangene oder zukünftige Inkarnationen einer religiösen Gestalt (Insbesondere Vishnu).

Bakri-Idd – Islamischer Feiertag Ende November
Baungyit – Der turbanähnliche Teil in der Stupaarchitektur
Bayingyi – Europäer oder Eurasier.
Bidauk – Tempeltrommel.
Bo – Offizier.
Bodhgaya – Der Ort an dem Buddha erleuchtet wurde.
Bodhibaum – Der Baum, unter dem Buddha erleuchtet wurde.
Bodhisattva – Zukünftiger Buddha.
Boddhahu – Burmesischer Wochentag, dauert von Mittwoch Mitternacht bis Mittag.
Brahma – Der Schöpfer im Hindupantheon.
Bu – Eine kürbisartige Schlingpflanze.
Buddha – Einer der erleuchtet wurde und dem Rad der Wiedergeburt (Samsara) entronnen ist. Meist ist Gautama, der letzte Buddha gemeint.

Cetiya – Religiöses Bauwerk.
Chakravarti – Der universale König.
Cheroot – Handgedrehte, weiße oder grüne burmesische Zigarre.
Chettyar – Mitglied einer Geldverleiherkaste aus Südindien.
Chindawya – Fußabdruck Buddhas.
Chinlon – Burmesischer Nationalsport, bei dem ein Bambusball mit Hilfe von Knie und Fuß solange wie möglich in der Luft gehalten werden muß.
Chinthe – Mythologische Figur, Wächter an burmesischen Tempeleingängen.
Crore – Indische Mengenangabe, entspricht 10 Millionen Einheiten.

Daboai – Tötliche Schlange, auch Russels Viper genannt.
Daw – Anrede für ältere oder vorgesetzte Frauen.
Devadatta – Vetter Buddhas, der sich gegen ihn stellte.
Dewali – Hindu-Lichtfest im Oktober
Dhammasetkya – Vollmondtag im Monat Waso (Juni/Juli). Beginn der buddhistischen Fastenzeit.
Dharma – Daseinsfaktor, auch das Recht, die Lehre, die buddhistische Doktrin (Pali: Dhamma).
Dvarapala – Krieger, Tempelwächter

Eingyi – Durchsichtige Seidenbluse

Galon – Mythologischer Vogel, der an den Hängen des Berges Meru lebt, auch als Garuda bekannt.
Ganesh – Sohn Shivas, halb Mensch, halb Elefant.
Gautama – Der letzte Buddha
Glaspalastchronik – Chronik der Könige Burmas, 1829 zusammengestellt.
Goldenes Dreieck – Mohnanbaugebiet an der Grenze zwischen Thailand, Laos und Burma.

Hamsa – Mythologische Ente, Wappentier der Mon-Könige.
Hinayana – Buddhistische Sekte, das „Kleine Fahrzeug“.
Hluttaw – Burmesische Volksvertretung.
Hne – Oboeartiges Instrument.
Hnget-pyaw-bu – Babanenähnlicher Teil des Stupa.
Htamane – Erntedankfest im Februar.
Hti – Der „Schirm“ über dem Stupa.
Htwa – Burmesisches Maß, ca. 23 cm.

Indra – Vedischer Gott.

Jambudipa – Südliche Insel im buddhistischen Kosmos, auf dem die Burmesen leben.
Jatakas – Geschichten der ehemaligen Leben Buddhas.

Kakusandha – Einer der vier letzten Buddhas.
Kalasa – Indischer Topf (Kala-Inder).
Kappa – Kosmologisches Zeitmaß, entspricht 4320 Millionen Jahren; einer Weltzeit.
Karaweik – Mythologischer Vogel, Wappentier der burmesischen Könige.
Karma – Das Tun und die schicksalshafte Vergeltung der Taten in den Wiedergeburten.
Kason – Burmesischer Monat (April/Mai).
Kassapa – Einer der vier letzten Buddhas.
Kaukswe – Burmesisches Nationalgericht mit Huhn und Nudeln.
Khaung-laung-bon – Die Glocke in der Stupaarchitektur.
Ko – Anrede für jüngeren Mann.
Konagamana – Einer der vier letzten Buddhas.
Konbaung – Die letzte burmesische Königsdynastie.
Ku – Höhlentempel, Ort der Meditation.
Kyahlan – Lotosblütendekoration am Stupa.
Kyaik – Mon-Ausdruck für Pagoda.
Kyat – Burmesische Währung.
Kyaung – Buddhistisches Kloster.
Kye-waing Gong im burmesischen Orchester.
Kyunpaw – Schwimmende Gärten auf dem Inle See.

Lakh – Indische Mengenangabe, entspricht 100 000 Einheiten.
La-Mu – Die saure Frucht des Sonneratia-Baumes.
Lingwin – Zimbel im burmesischen Orchester.
Longyi – Sarongähnliches Kleidungsstück, das bis zu den Knöcheln reicht. Wird von Männern und von Frauen getragen.

Ma – Anrede für gleichaltrige und -rangige Frau.
Maha – Groß
Mahaparinirvana – Buddhas Tod oder Übergang ins Nirvana.
Mahayana – Buddhistische Sekte, das „Große Fahrzeug“.
Mahout – Elefantenpfleger und -reiter.
Maitreya – Der zukünftige Buddha.
Manokthiha – Eine Art Sphinx.
Manushia – Mythologisches Wesen, halb Mensch, halb Tier.
Mara – Gott der Lust, auch Inkarnation des Bösen.
Maung – Anrede für gleichaltrigen und -rangigen Mann.
Mintha und Minthani – Prinz und Prinzessin im Pwe.
Mohinga – Fisch-Nudelsuppe.
Mount Meru – Der mythologische Berg Meru, das Zentrum des Universums.
Mucalinda – Ein Naga, der Buddha während eines Sturms beschützte.
Mudra – Eine vorgeschriebene Haltung, in der der Erleuchtete in der buddistischen Kunst dargestellt wird.

Myanma – Der offizielle Name Burmas.
Myothugyi Traditioneller Dorf- oder Bezirksältester.

Nadaw – Burmesischer Monat (Nov./Dez.).
Naga – Mythologische Schlange.
Naga-Yone – Religiöses Bauwerk, das Buddha darstellt, als er von einer Schlange beschützt wurde.
Nahtwin – Die „Ohrdurchbohrungszeremonie" bei jungen Mädchen.
Nat – Animistisches Wesen in Geister- oder Götterform. Zentrale Figuren der burmesischen Mythologie.
Nat-pwe – Geistertanz.
Nayon – Burmesischer Monat (Mai/Juni).
Ngapi – Fermentierte Fisch- oder Shrimppaste. Grundlage vieler burmesischer Gerichte.
Niowana – Der Endzustand, wenn man dem Samsararad entronnen ist. Weder Sein noch Nichtsein.

Paddy – Ungeschälter Reis.
Pagode – Buddhistischer Schrein. Stupa und Umgehungsterrassen.
Pali – Südindische Sprache und Schrift, in der der Tripitakakanon abgefaßt wurde.
Palwe – Bambusflöte.
Pandauk – Andamanisches Rotholz, gesuchter Exportartikel.
Pathi – Burmesischer Name für Moslems.
Pattala – Bambusxylophon.
Patt-me – Große Trommel.
Patt-waing – Trommelkreis, Zentrum des burmesischen Orchesters.
Peith-tha – Ein Viss, ca. 1633 Gramm.
Pice – Alte indische Kupfermünze.
Pichaya – Pagodenterrasse.
Pitaka – Einer der drei „Körbe" des buddhistischen Kanons.
Pitakat-taik – Bibliothek, Ort der Aufbewahrung der Pitakas.
Pongyi – Buddhistischer Mönch.
Ponna – Brahmanischer Hofastrologe.
Pwe – Burmesisches Bühnenstück.
Pya – Burmesische Münze. 100 Pyas ergeben einen Kyat.
Pyathat – Turm mit fünf oder sieben Dächern.
Pyatho – Burmesischer Monat (Dez./Jan.).
Pya-zat – Ballett mit mythologischem Thema.
Pyi-gyi-mun – Königliches Boot.

Rahu – Imaginärer Planet, Pendant zum achten Wochentag.
Rakhaing – Arakaner. Indo-arische Bezeichnung für „wilde, unzivilisierte Menschen".
Rama – Held des Ramayanaepos. Inkarnation Vishnus.

Saing – Burmesisches Orchester.
Sakka – König der himmlischen Wesen.
Sakya – Familie und Stamm Buddhas.
Salon – Seezigeuner an der Küste Tenasserims.
Samsara – Das Rad der Wiedergeburten.
Sangha – Die buddhistische Gemeinschaft der Gläubigen. Der Mönchsorden.
Sanskrit – Altindische Sprache und Schrift, in der die Mahayanatexte abgefaßt sind.
Sarnath – Der Ort, in der Nähe Varanasis (Bernares), wo Buddha das Rad der Lehre in Bewegung gesetzt hat.
Sawbwa – Erblicher Fürst der Shan und Kayah.
Saya – Lehrer.
Sayadaw – Abt eines buddhistischen Klosters; gelehrter, alter Mönch.
Seinbu – Goldene Kugel auf der Spitze eines Pagodenschirms.
Shin-pyu – Initiationszeremonie, „Auszug aus der Welt", für junge Buddhisten und Aufnahme in die Gemeinschaft der Gläubigen.
Shiva – Hindugottheit.
Sikhara – Bienenstockähnlicher Aufbau auf einem Tempel.
Sima – Ordinationshalle, auch **Thein** genannt.
Stupa – Buddhistisches Heiligtum, enthält meist eine Reliquie.
Sutra – Religiöse Abhandlung.
Suvannabhumi – Altes Königreich der Mon, „das Goldene Land".

Tabaung – Burmesischer Monat (März/April).
Tabodwe – Burmesischer Monat (Jan./Feb.).
Tagu – Burmesischer Monat (März/April).
Tantrismus – Mystischer Buddhismus aus Tibet.
Tathagata – Titel Buddhas, „der so gegangen ist".
Taunggya – Landwirtschaft mittels Brandrodung.
Tavatimsa – Die Himmelsebene auf der Spitze des Berges Meru.
Tawthalin – Burmesischer Monat (Aug./Sept.).
Tazaung – Pavillon.
Tazaungmone – Burmesischer Monat (Okt./Nov.).
Thabeik – Bettelschale der Mönche.
Thadingyut – Burmesischer Monat (Sept./Okt.)
Thagyamin – Höchster burmesischer Nat, anderer Name für Sakka.
Thakin – Früher Ehrenbezeichnung für die europäischen Kolonialherren, dann Titel der burmesischen Freiheitskämpfer.
Thanaka – Baumrinde, deren Pulver als make-up verwendet wird.
Thein – Ordinationshalle, auch **Sima** genannt.
Theravada – „Die Lehre der Alten", konservative Auslegung des Buddhismus.
Thingyan – Burmesisches Neujahr. Wasserfest im Monat Tagu (April).
Thitsi – Baum aus dem Lack gewonnen wird.
Tical – Gewicht, entspricht 16,33 Gramm.
Tong – Eine Elle, ca. 46 cm.
Tonga – Pferdekutsche.
Tripitaka – Der buddhistische Kanon. Die „drei Körbe" (Pali: Tipitaka).
Triratna – Die drei „Juwelen". Die Zuflucht zum Buddha, der Dharma und der Sangha.

U – Titel für ältere und vorgesetzte Männer.

Vinaya – Der zweite Korb des buddhistischen Kanons; enthält die Regeln des Mönchtums.
Vishnu – Hinduistische Gottheit.

Wagaung – Burmesischer Monat (Juli/Aug.).
Wah-let-khok – Bambusklappern.
Waso – Burmesischer Monat (Juni/Juli).

Yahu – Der achte burmesische Wochentag, der von Mittwoch mittag bis Mitternacht geht.
Yoma – Bergkette, Gebirgszug.
Yuzena – Längenmaß, entspricht 28000 Ellen.

Zat-gyi – Höfisches Bühnenstück mit maskierten Tänzern.
Zat-pwe – Burmesisches Theater mit Musik und Tanz.
Zaungdan – Überdachter Treppenaufgang.
Zawgyi – Alchemist, Zauberer.
Zayat – Rasthaus in einer Pagode.
Zedi – Andere Bezeichnung für Stupa.

Index